TRES HORAS
EN EL
MUSEO DEL PRADO

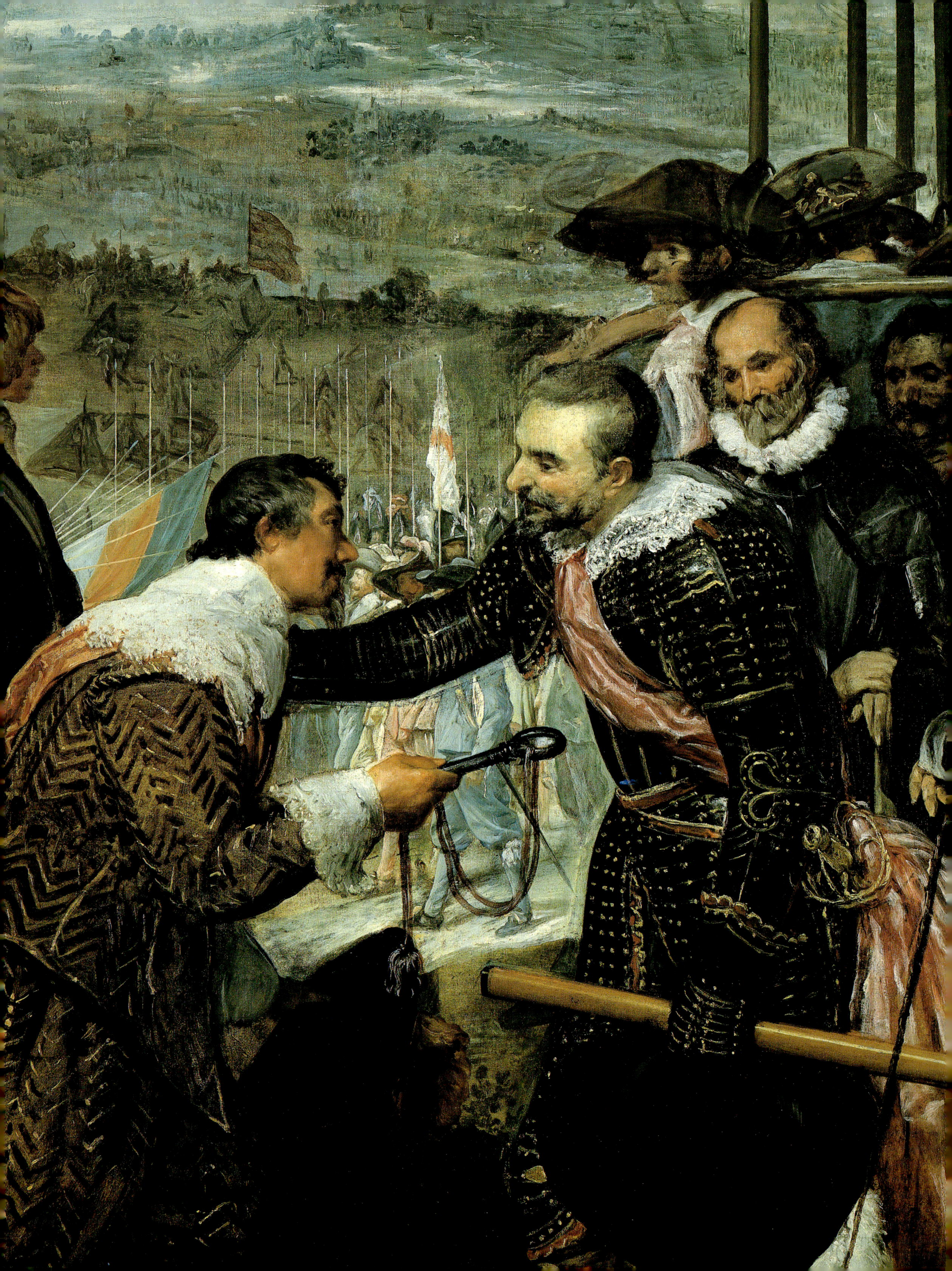

TRES HORAS EN EL MUSEO DEL PRADO

Eugenio d'Ors

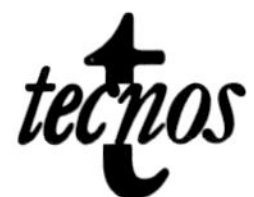

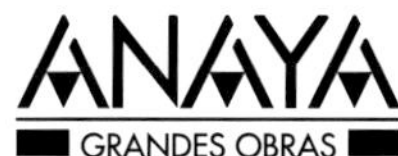

En la página 2, frente a la portada, un detalle de La rendición de Breda, *de* Diego *de* Velázquez. *La llave de la ciudadela nos abre la puerta a las salas de una fortaleza del arte: el* Museo *del* Prado.

Creación editorial:

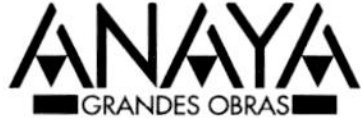

Edición de textos: Enrique Prado
Maquetación: Carlos Pardo
Composición: Milagros Recio
Fotomecánica: Datacolor (Bilbao)

ISBN; 84-207-5001-8
Depósito legal: M-24374-1993
ISBN: 84-207-5001-8

Impreso en Madrid por: Aries, S.A.
Encuadernación: Atanes-Laínez, S.A., Móstoles(Madrid)

SUMARIO

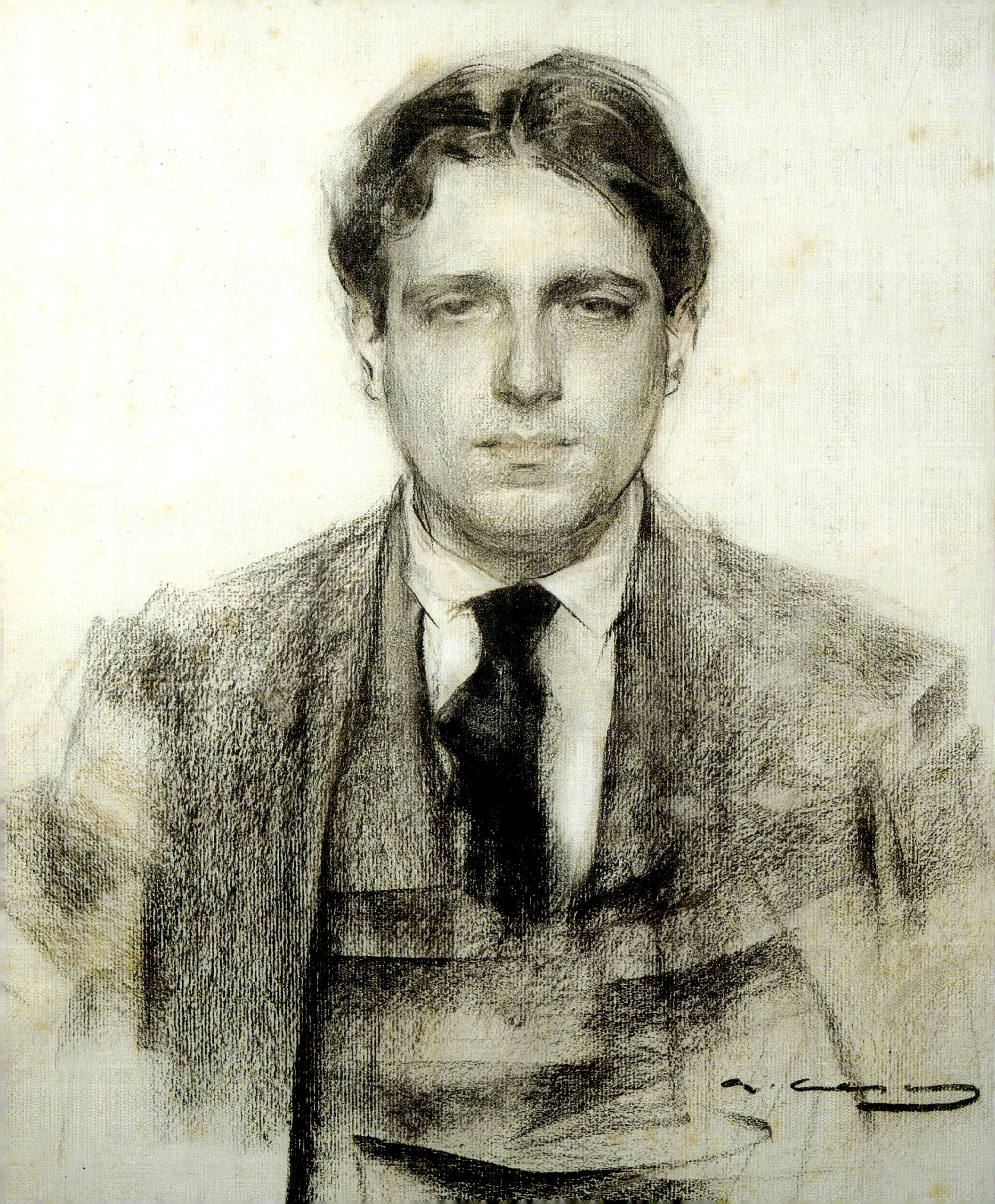

MÁS aún que la largueza de la afición con que el favor público ha recompensado esta obrilla, sorprende lisonjeramente a su autor la monarquía con que ella se goza en tal beneficio. ¿Cómo las bodas de plata de su publicación han podido cumplirse sin que, en el horizonte de nupcias tales, asomara rival?

Bien deberá creerse lo que, ante fidelidades parecidas dice la gente, de que los así ejemplarmente conjugados "han nacido el uno para el otro"... Algún momento de pesimismo pudo hacernos calumniar al gusto en torno, en lo tocante a la producción intelectual, atribuyéndole una constante preferencia por las cosas oscuras y vulgares; cuando lo cierto es que vemos también premiados, o colocados fuera de concurso, en esta especie de juegos florales, a lo asistido por la doble condición contraria, de ser a la vez claro y difícil. Las ciencias matemáticas son más arduas sin duda que las naturales: a claras, empero, no les gana a las primeras ninguna.

La claridad exige cierto nivel de permanencia en el objeto. Desde luego, cuanto es histórico, poco a ello se presta. Un Museo no es un órgano de historia, sino de cultura. Quiere decir que en gran modo conviene a un Museo el no cambiar a cada instante. La mudanza, si bien se mira, es lo contrario de la mejora. La sacudida en los árboles no favorece en nada la maduración de los frutos.

El Museo del Prado ha mejorado mucho en el tiempo en que vienen durando la vigencia de aquellas adecuación y nupcias. Ha mejorado mucho, justamente como consecuencia de haberse transformado poco. Las diez ediciones españolas sucesivas, alcanzadas por nuestro Itinerario estético, han podido mantener su actualidad, refrescarla inclusive, con sólo recurso a dos abstenciones. Cifrada la una en omitir a nivel, si mal no recordamos, de la cuarta de aquellas, supérfluas alusiones a la situación de los cuadros en las salas donde reinaba, gracias a Dios, una disposición a la vez orgánica y estable; que ojalá dure, a cubierto de pedantes novelerías.

La otra abstención, y ésta le ha costado al autor algún esfuerzo, consistía en prescindir del acrecentamiento en obras de escultura, reconstrucciones románicas, y otras adquisiciones que, a tiempo de enriquecer nuestro Museo, lo desdibujaban. Sin contar con que alguna, como la tan sonora de unos Botticelli, más bien parecía rebajar un poco, así como la de cierto misterioso Rembrandt, el nivel de exigencia en que generalmente la preclara Pinacoteca se ha mantenido.

Deben igualmente considerarse mantenidas las verdades, alma de los Avisos, que, desde la anterior edición, completan el "Itinerario". Centro de los tales es la prevención esencial de que no hay una "belleza moderna", del orden de la que tomó, como ideal para el artista, el poeta Baudelaire; demasiado amigo, quizá, de "curiosidades estéticas". Para los persuadidos por nuestra admonición, no habrá otra belleza moderna que la belleza antigua; quiere decir, la provista de la condición de eternidad. El resto es moda; y, por consiguiente, falsía. Nadie habrá ganado al autor de las páginas que siguen en

De la mano de Ramón Casas salió el espléndido retrato de Eugenio d'Ors que aparece a la izquierda, cuando Xènius comenzaba a adquirir prestigio en una España que se sacudía la resaca del 98 a través de una nueva generación intelectual, de la que él sería destacado representante.

atención hacia las realizaciones, e incluso hacia los ensayos de la producción artística su contemporánea. Pero nadie habrá insistido tanto, a la vez, en la demostración de que los mejores de entre ellos no sólo continuaban una imprescriptible tradición; sino que –ventajosamente a las varias repeticiones escolásticas, traídas por el siglo XIX*– se encuadraban dentro de la misma.*

Si algún posesor del presente volumen, aun antes de hacerse con su contexto, recorre las ilustraciones, no deberá forzarse demasiado en percibir el significativo aire de familia que reúne a los de las postreras páginas con las que documentan sus principios. Un Ingres no corresponde a otras concepciones estéticas que las de un Rafael; un Zabaleta, que a las de un Zurbarán. Lo espurio, aquí –hay que meterse bien esto en la cabeza–, son los Minghtti y los Bouguereau.

Esto, para cuya sospecha basta mirar, quede remachado con leer, en una de las razones que movieron al autor a ordenar nuestras Tres horas, a sus editores a repetir las ediciones y, tal vez, a los amigos del arte, a agotarlas.

E. D'ORS
PRÓLOGO A LA UNDÉCIMA EDICIÓN

Ya no quedan "isidros" extasiados ante los grandes de la pintura, pero el museo y sus obras siguen contemplando a los nuevos visitantes con la segura confianza que da un prestigio mundialmente reconocido .

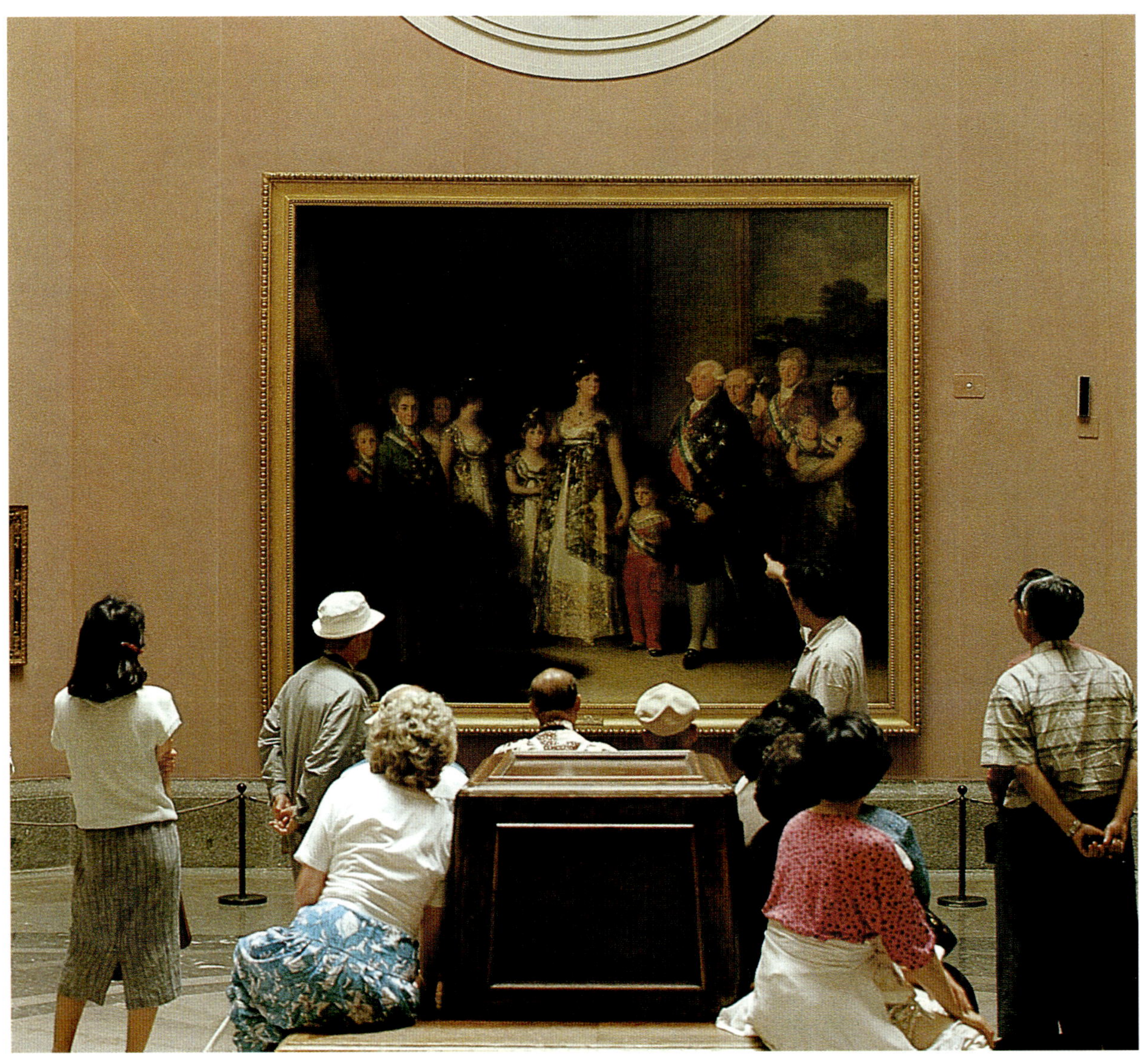

INTRODUCCIÓN A LA EDICIÓN ILUSTRADA

LLEVAR *a cabo la edición gráfica de un clásico como* Tres horas en el Museo del Prado, *y su anexo* Avisos al visitante de las exposiciones de pintura, *ha representado un difícil reto para los editores, no tanto por las especiales características de los textos de* Eugenio d'Ors, *que servían de soporte, sino más bien, como consecuencia de nuestro deliberado propósito por captar plásticamente el muy personal espíritu del autor en sus juicios y opiniones sobre el arte y los artistas.*

De esta manera hemos atravesado con el maestro la cómoda frontera de la neutralidad y nos hemos atrevido a sugerir, mediante fragmentos de las obras citadas, o a través de paralelismos con otras pinturas del museo no mencionadas expresamente por él, una visión distinta a la simple reproducción de las obras de referencia en el texto.

El resultado es el volumen que se abre a continuación, una edición que sin renunciar a los valores propios del libro de arte, aporta además, un capítulo escrito por Jaime Brihuega, titulado Breve Historia de un museo *que resume la significación en el tiempo del gran museo madrileño. A continuación, sigue el texto de* Tres horas... *en el que se han incluido, a modo de informaciones prácticas, los números de catálogo, en arábigos, y de sala, en romanos (siempre que los cuadros estén expuestos), para aquellas obras citadas por el autor.*

El libro se completa con un Apéndice, *que comienza a partir de la página 202 y en el que se identifica, en sendos planos en sección de las plantas del museo, la localización espacial de las escuelas y artistas mencionados en la edición. A continuación se han reproducido en color, a tamaño reducido, aquellas pinturas citadas en* Tres horas... *que han sido fragmentadas, o se han omitido, en función de los criterios de la edición gráfica. Todas estas imágenes llevan a modo de pie de ilustración los datos referidos al* Título y autor, dimensiones y soporte, y número de catálogo y sala del museo *en la que se hayan expuestas las obras.*

En el caso de los Avisos, *las imágenes que acompañan el texto también proceden del museo, con lo que se refuerza el criterio de conseguir un volumen dedicado por entero a la mejor pinacoteca del mundo, a través de unos textos, que a lo largo de este siglo han adquirido la valoración internacional de obras maestras del ensayo artístico. Por la unión de todos estos elementos, confiamos en un resultado editorial digno de los materiales empleados.*

Los editores

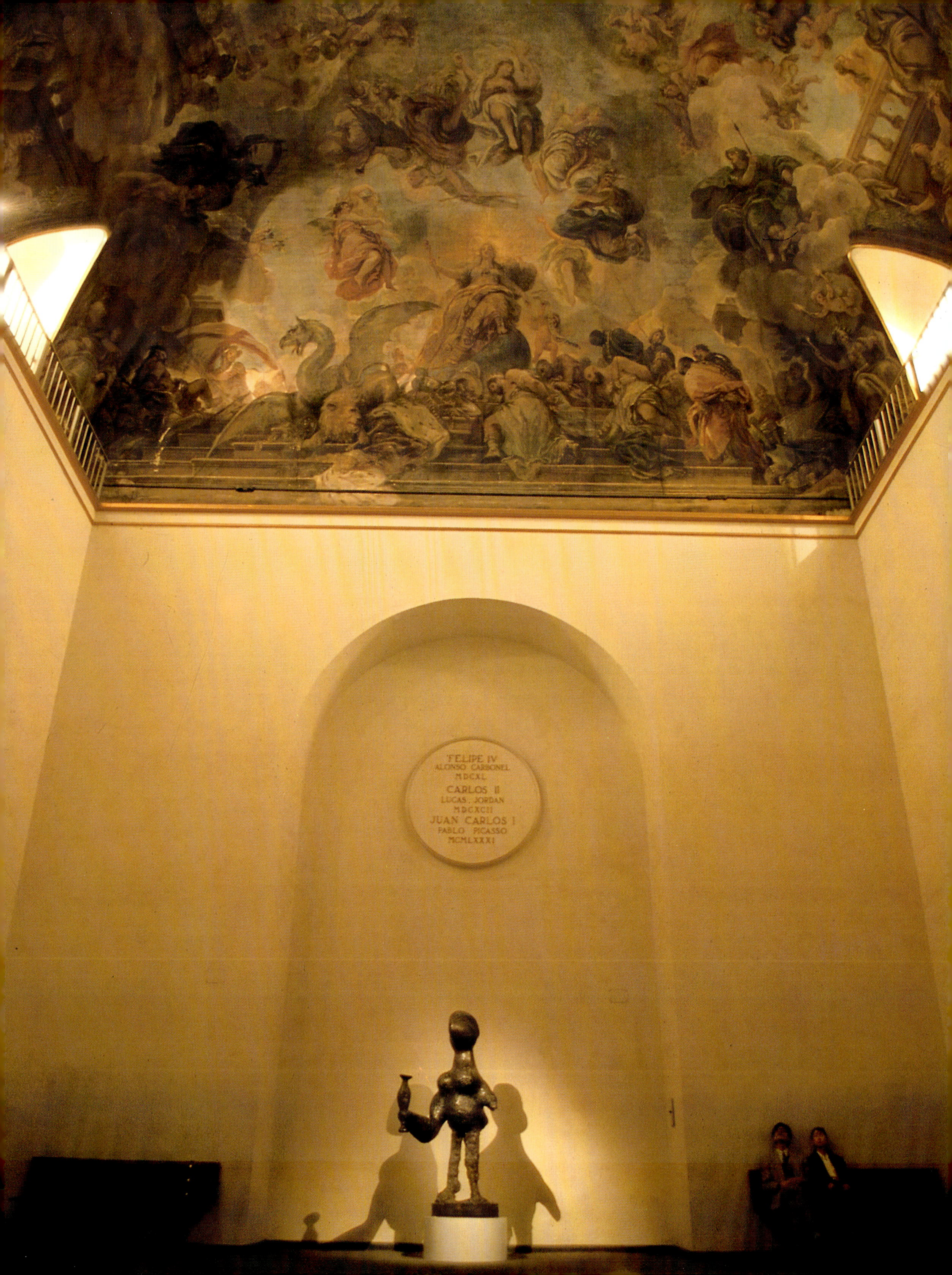
FELIPE IV
ALONSO CARBONEL
MDCXL
CARLOS II
LUCAS. JORDAN
MDCXCII
JUAN CARLOS I
PABLO PICASSO
MCMLXXXI

BREVE HISTORIA DE UN MUSEO

JAIME BRIHUEGA

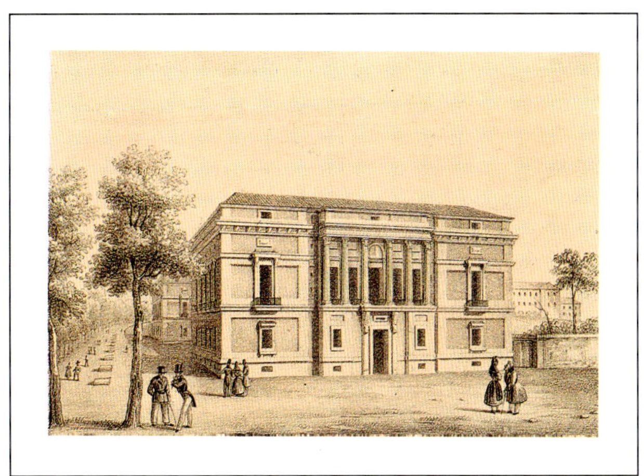

Después de 175 años, el Prado ha crecido en espacios y firmas, la imagen del grabado romántico, y la fotografía del interior del Casón del Buen Retiro, unen el pasado y el presente del museo.

El Prado

Hay muchas maneras de establecer contacto con las cosas, sus fragmentos o los lugares donde se alojan. Generan situaciones cargadas de ingredientes íntimos, biográficos o puramente circunstanciales. Factores que, sin embargo, casi siempre son el condimento, o como mucho, la contrafigura, de un estatuto de relaciones establemente asentado en nuestro marco sociocultural. Algo cuya identidad se traslada hasta las dimensiones radicales de lo antropológico. Un ventilador, un lápiz, la lucecita roja de un altar o la de un club de carretera, el níquel de los bisturíes, un precipicio, la escalerilla de una piscina, un cuadro, una farmacia, un lecho, un cadáver, un superior, un estuche, una peonza, una escuela de pueblo... un museo...

La trama de relaciones que habita en la distancia psicológica y física que nos une a un museo (o nos separa de él) es, posiblemente, de las más complejas. El museo es un espacio, un *topos*, sobre el que se escenifican situaciones de argumentos diversos: la luz de la reflexión, el temblor embargante del gozo, la lenta aritmética del aprendizaje, el silencio encogido de la veneración, las pruebas iniciáticas y el vértigo de la mensuración del yo...

Pero, además, cada museo tiene un alma propia que modela esa comunicación con factores insoslayables, condicionantes que emergen desde sus contenidos, sus pobladores, su historia, la contemplación y travesía de su arquitectura, su imagen mítica, mistificada, cierta, críptica o aquellas que están cargadas de evidencias.

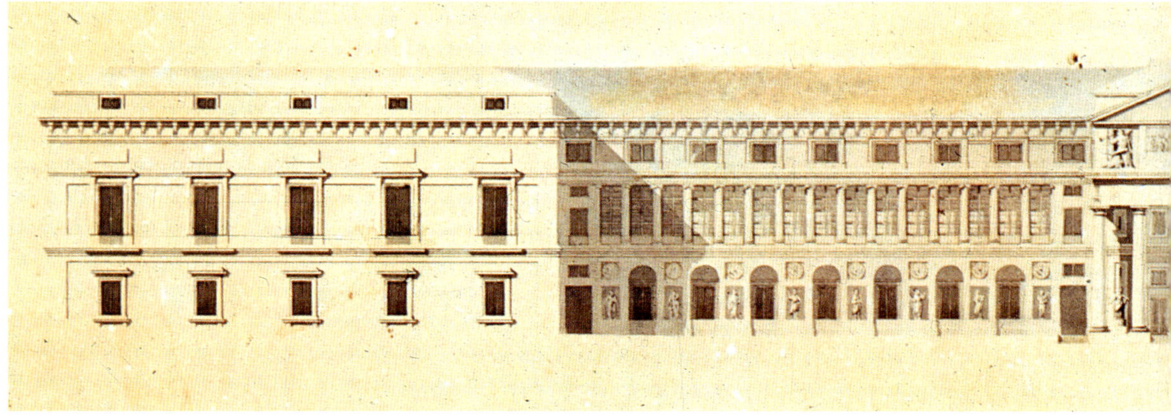

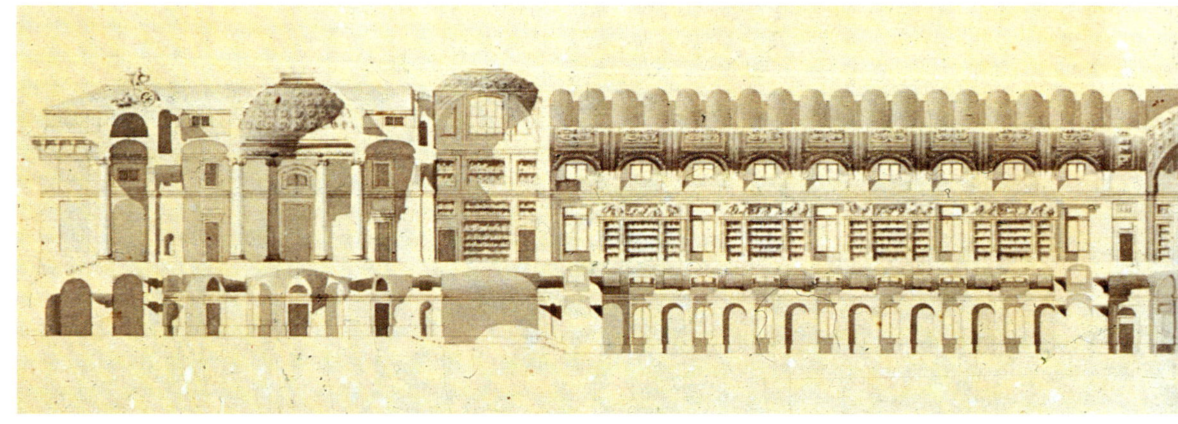

La magia que André Breton percibía en el parisino museo Moreau es tan cierta y tan falsa como la realidad de ese museo imaginario de Malraux, que a veces sentimos la tentación de buscar en las guías de una ciudad soñada, de la misma manera en que nos detenemos ante piezas invisibles al recorrer las calles de cualquier necrópolis.

Pierre-Joseph Proudhon detestaba el museo argumentando, desde su utopismo revolucionario, que transformaba las obras de arte en inválidos separados de su vida activa. Marinetti predicaba retóricamente su quema, encaramado en el fervor de un activismo presentista enardecido y chirriante. En una verdadera orgía milenarista, el poder político de nuestro tiempo, en alianza cuasi substancial con tupidas redes de intereses que rebasan lo público, quiere convertir los museos en templos que jalonen y encubran, con tangibilidad reluciente, el espectáculo agónico de ideologías y valores que han ordenado nuestra visión del mundo durante casi un siglo.

Sea cual sea el gesto, la reflexión o el manantial emotivo, nuestra civilización contemporánea lleva adherido en sus raices ese universal consenso que presupone el museo como un lugar muy especial.

Si se trata del Museo del Prado, la situación adquiere, para nosotros, una singularidad excepcional. Al magnetismo propio de un museo extraordinario se une el contraste circunstancial de su ecología urbana. Madrid fue una capital edificada a toda prisa, a lo largo de las interminables sangrías y crisis económicas que identifican la monarquía de los austrias. A pesar del encanto, el ingenio y la claridad de pensamiento de algunas de sus construcciones, Madrid tejió su territorio urbano con ma-

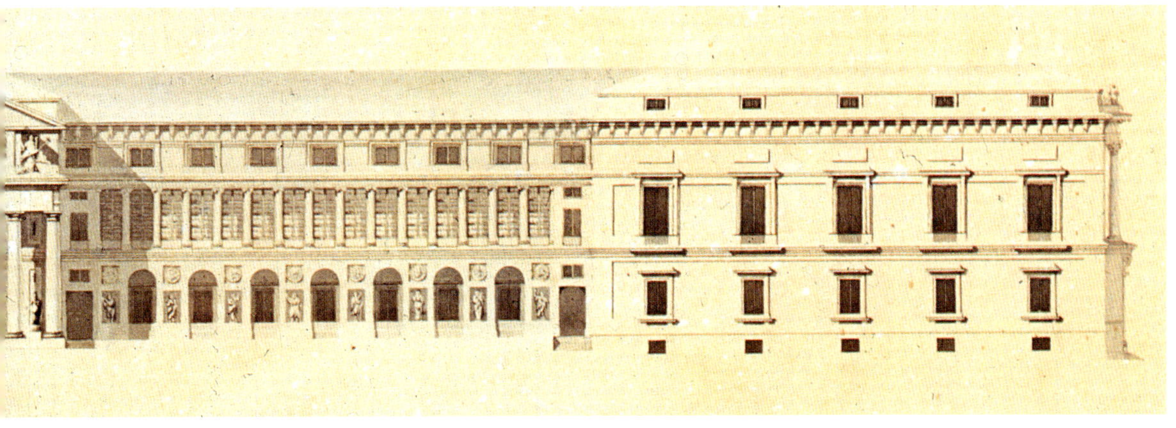

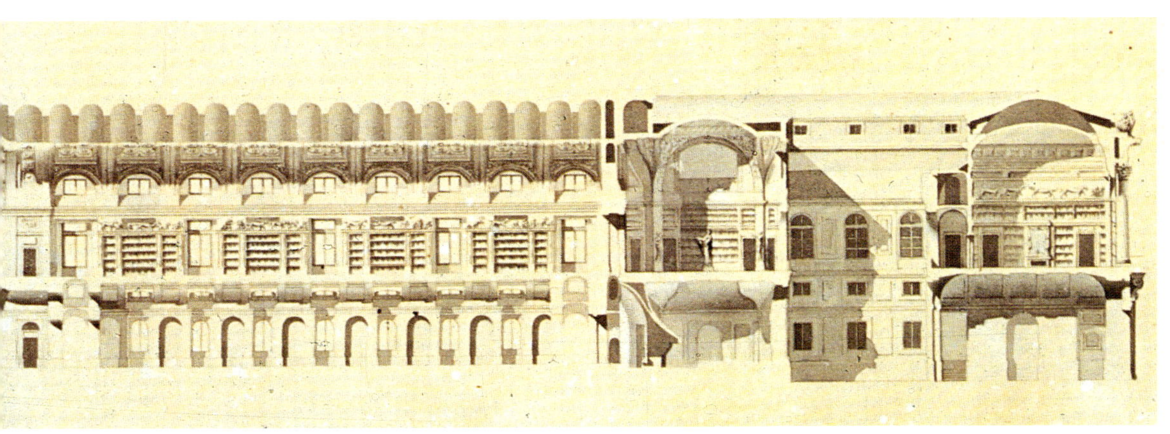

Cuando Juan de Villanueva diseña el gran edificio, de acuerdo a los mejores cánones de la arquitectura neoclásica europea, cuyo destino era albergar el Museo de Ciencias Naturales, nadie podía esperar que tan magnífica construcción –de la que podemos apreciar en esta doble página, sendos dibujos de la fachada, y el corte en sección de sus galerías– llegara a convertirse en el cotizado museo que es hoy en día. Eso sí, después de servir de cuartel de caballería a las tropas francesas durante la Guerra de la Independencia.

teriales pobres, sin operaciones urbanísticas ni monumentos de envergadura parangonables a la de las grandes capitales europeas del Barroco. Ni las empresas de la ilustración borbónica, ni las que resultaron de una tardía y tenue revolución industrial, lograron corregir, sino en la dimensión de lo puramente adjetivo, lo esencial de las magnitudes de su situación de partida. El siglo XX entró a regañadientes, tajado por una guerra, cuya amarga convalecencia en los años de la Autarquía, no tendría ni la imaginación ni la potencia para impulsar esa metamorfosis radical que Madrid siempre tuvo pendiente. El desarrollismo, el primero, y ese segundo que llega hasta nuestros días, no ha hecho sino cristalizar para siempre las constantes estructurales de un destino urbano y de sus mitologías arquitectónicas. Por eso, precisamente por eso, la conciencia de que Madrid posea una de las mejores pinacotecas del mundo, si no la mejor, nos condiciona a entablar con el Prado relaciones ungidas por una singular dialéctica.

El Salón del Prado

En 1656, el mismo año en que Velázquez pintaba las *Meninas*, Pedro Texeira dibujó su famosa *Tipografía de la villa de Madrid*, plano en que calles y edificios fueron representados con una extraordinaria minuciosidad. Nada hace pensar que el conjunto de huertas que el grabado señala pormenorizadamente, vecinas al monasterio de

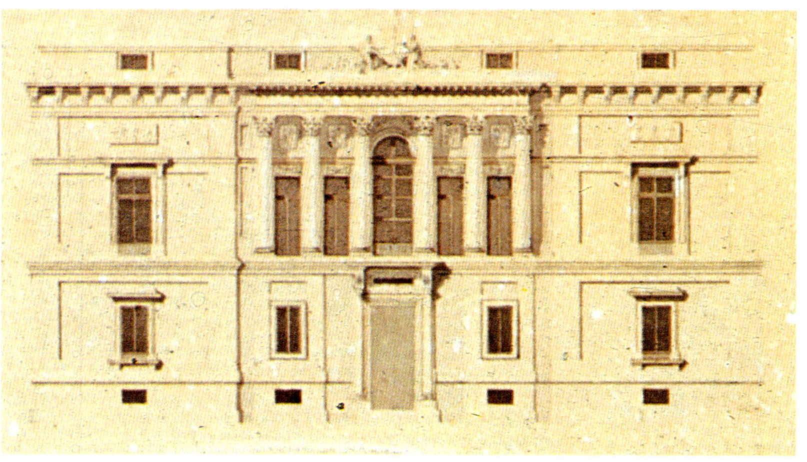

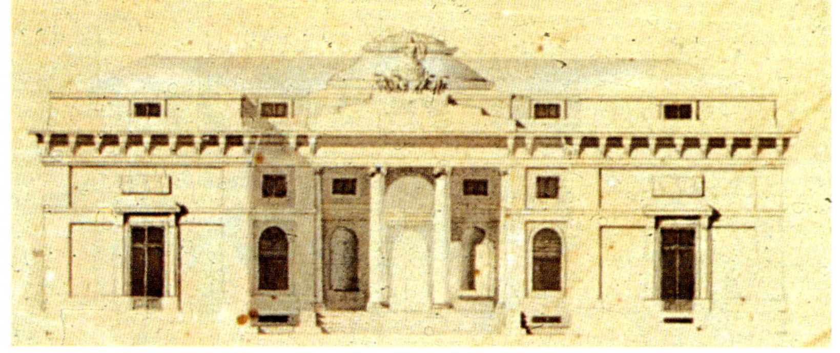

Junto a estas líneas dos dibujos del arquitecto creador, para las dos fachadas laterales del edificio. Arriba el ala sur, con columnas corintias, y abajo el piso superior de la fachada norte, con un pórtico de columnas jónicas.

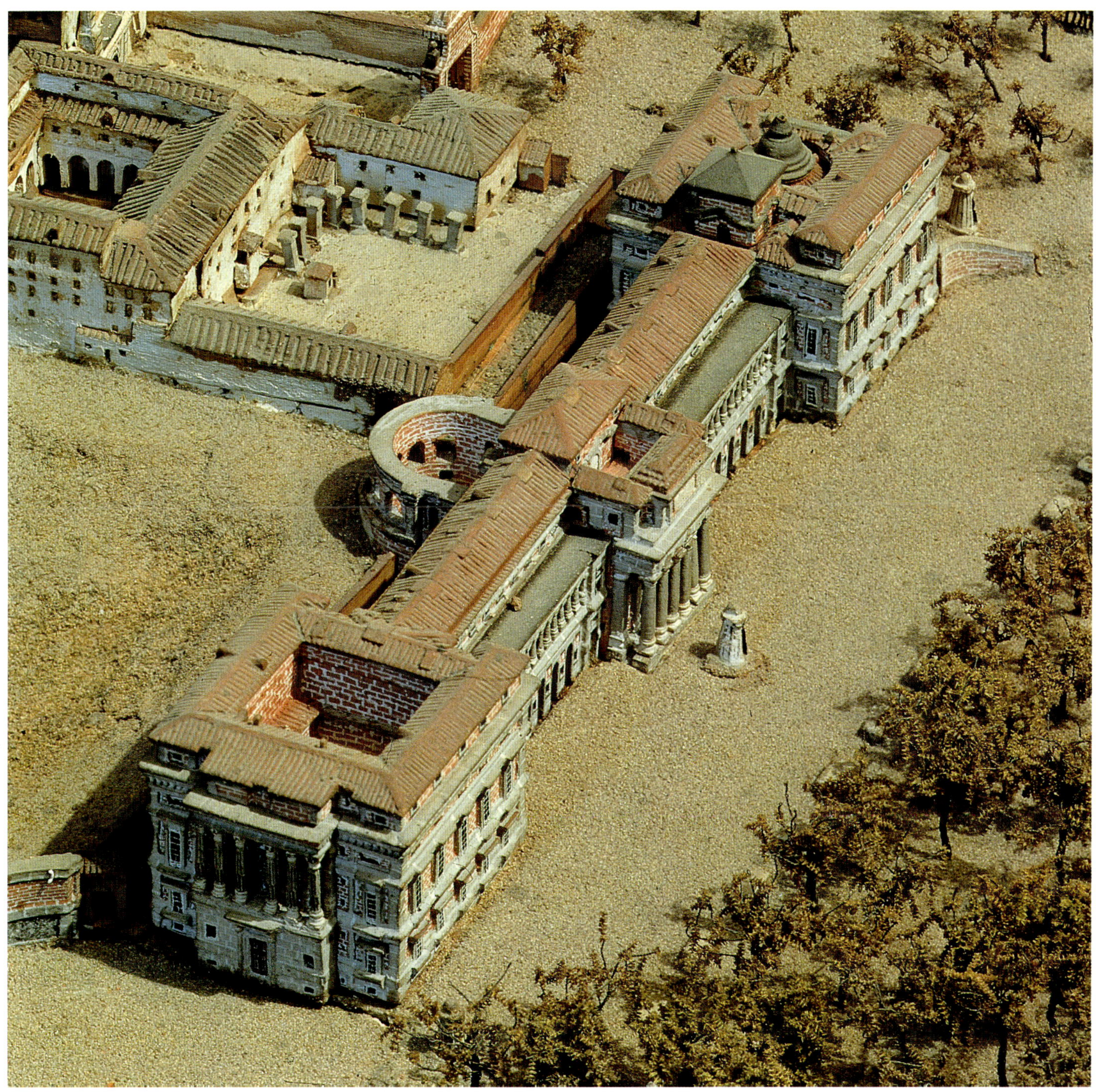

San Jerónimo y al desaparecido Palacio del Buen Retiro, se convertirían en el solar sobre el que hoy se erige el Museo del Prado. Habría que esperar a que el criterio y la praxis ilustrada del entorno cortesano y político de Carlos III concibiera la idea de dotar a Madrid de un gran eje, un escenario urbano alrededor del que se cifraran, simbólicamente, algunos de los conceptos capaces de expresar el talante ideológico y pragmático de la nueva monarquía. Así, además de acciones de infraestructura sobre la topografía del terreno del Prado de San Jerónimo y del de Atocha, encaminadas a "civilizar" lo que no había pasado de ser un suburbio campestre que flanqueaba un arro-

La maqueta del siglo XIX *que se conserva en el Museo Municipal de Madrid, reproduce fielmente la mole del edificio, libre entonces del actual trazado urbano.*

yo, se realizaron trabajos en el complejo del Buen Retiro, se construyeron las fuentes de Apolo, Neptuno, Cibeles y de La Alcachofa, hoy tan unidas a la imagen de Madrid, el Jardín Botánico, el edificio de las Platerías Martínez (hoy desaparecido), el Hospital General (sólo se llegó a construir una parte del vasto proyecto, la que hoy ocupa el Museo Reina Sofía) y, en estrecha relación espacial con este nuevo segmento de la ciudad, el Observatorio y la Puerta de Alcalá. Junto a todas esta realizaciones, de las que fundamentalmente se ocuparon Sabatini y Ventura Rodríguez, surgía una idea paradigmática: la creación de una Academia de Ciencias Naturales.

Acto primero: Un edificio ilustrado

El conde de Floridablanca, Primer Secretario de Estado del Rey, había sido el promotor de la empresa. En 1785, el arquitecto Villanueva, apoyado por el ministro, presenta al monarca el proyecto arquitectónico definitivo para un "Gabinete de Historia Natural y Academia de Ciencias", denominación bajo la que cobran forma las primeras ideas sobre la nueva institución.

Los trabajos comienzan enseguida. Por noticias del conde de Maule, viajero que visita Madrid en 1798, sabemos del avanzado estado de unas obras que, sin embargo, habían sufrido un parón a partir de la caida de Floridablanca, en 1792.

Aunque gran parte de la documentación del edificio debió perderse durante la Guerra de la Independencia, conocemos aspectos de la génesis del proyecto de Villanueva gracias a una detallada lámina dibujada por el arquitecto y una maqueta de madera realizada como modelo para las obras, cuyas reproducciones fotográficas podemos observar en las páginas 13, 14 y 15, respectivamente, de esta edición.

Villanueva aportaba lo mejor de su pensamiento proyectivo: claridad racional en el uso de un vocabulario arquitectónico de órdenes, elementos, masas y vacíos, que ponía punto final a la herencia barroca todavía presente en Ventura Rodríguez; concepción fraccional del espacio, orquestado mediante una concatenación de bloques independientes que, sin embargo, permitía una macla orgánica de los distintos planteamientos funcionales presentes en el programa de la institución pensada por Floridablanca; consecución de unos ámbitos arquitectónicos internos cuya potente identidad ha trascendido a los sucesivos intervenciones sufridas por el edificio, permitiendo esa peculiar densidad homogénea y equilibrada del aire, que todavía percibimos interpuesta entre los cuadros y nuestra mirada.

Al colapso de las obras, que fue casi total en tiempos de Godoy, se sumó la circunstancia de la Guerra de Independencia, durante la que el edificio sirvió de acuartelamiento a las tropas de Murat, como cuartel de caballería acentuándose aún más el abandono y la sensación de "ruina no construida". Se tienen noticias de que, hacia 1813 la inconclusa construcción está sufriendo deterioros y se ve sometida a la rapiña de sus materiales arquitectónicos.

Fernando VII, que aparece en el bajorrelieve que corona el pórtico central, fue el artífice del acondicionamiento del edificio para museo de pinturas. A la decisión del monarca hay que sumar el entusiasmo en el proyecto puesto por la tercera esposa del rey, María Isabel de Braganza, a la derecha, retratada por Bernardo López.

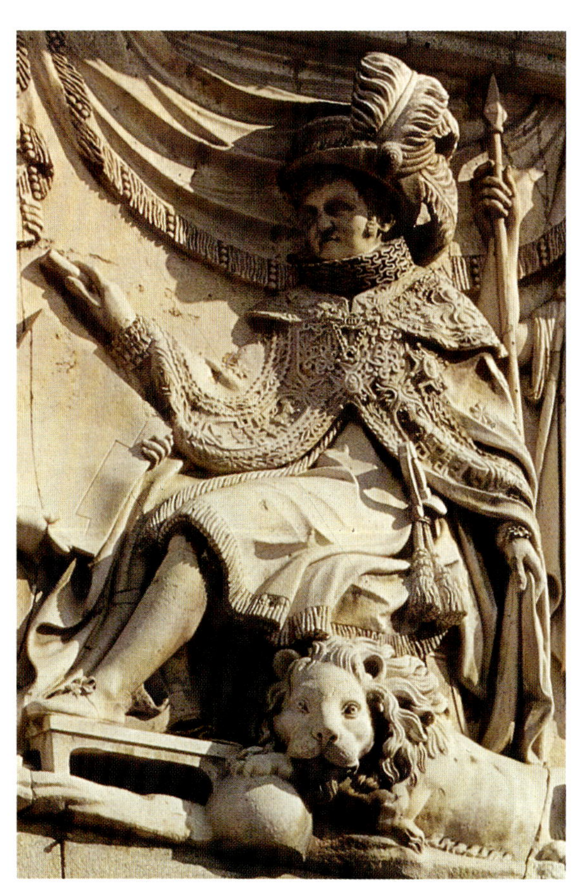

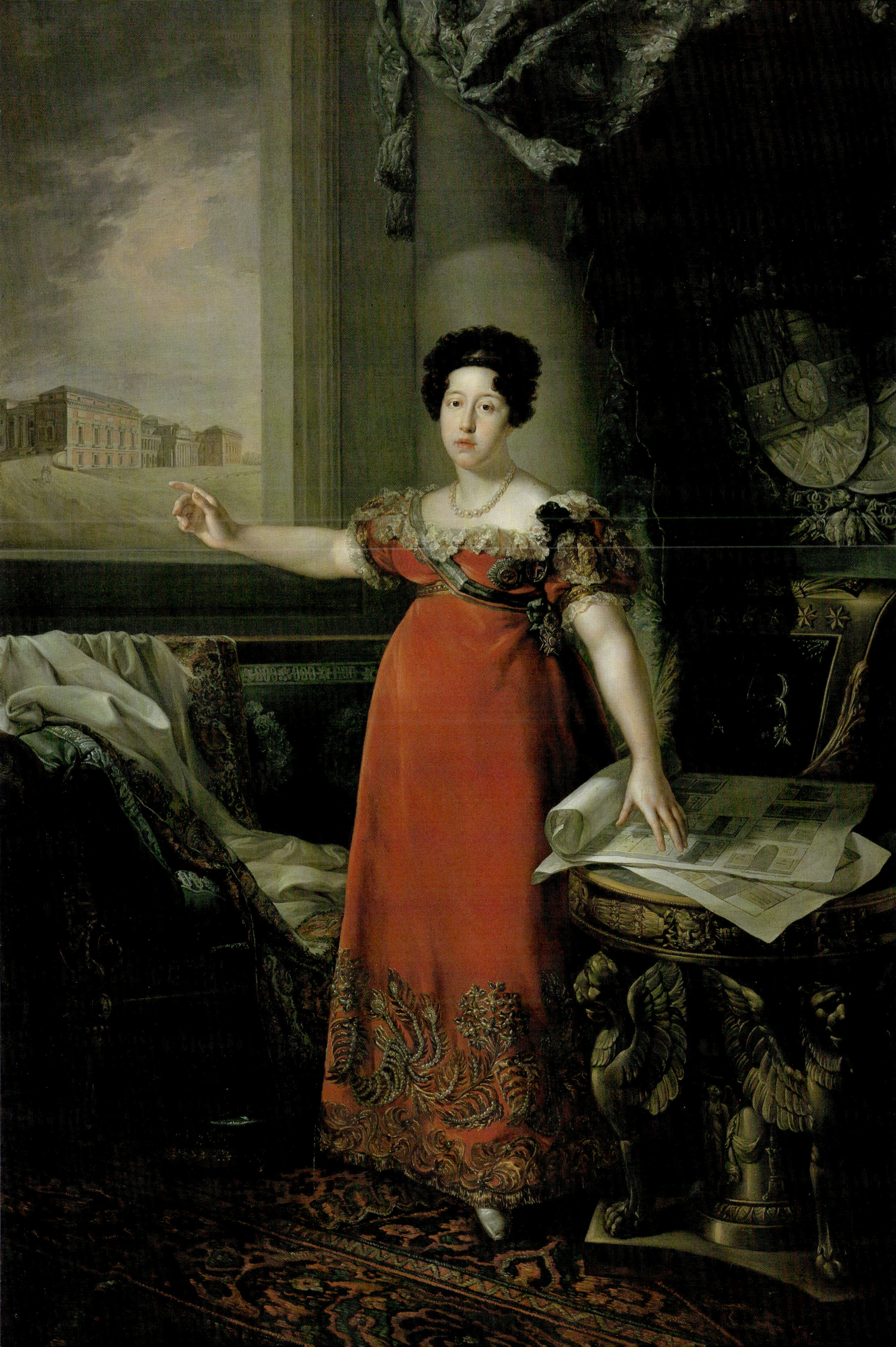

Acto segundo: Iniciativas para la creación de un museo

DEBEMOS a José Bonaparte la promulgación, en diciembre de 1809, de un Decreto por el que se creaba un Museo de Pinturas, destinado a agrupar los fondos provenientes de la incautación de bienes tras la supresión de los conventos y órdenes religiosas. Era una de esas consecuencias de la Revolución Francesa que el imperialismo bonapartista, paradójicamente, estaba exportando. Se pensó en alojar estos fondos en las Salesas Reales, incluso sabemos que llegó a plantearse la posibilidad de utilizar el edificio del Gabinete de Historia Natural, pero nada llegó a concretarse y Villanueva, ahora Arquitecto Mayor Inspector de Obras Reales de José I, moría en 1811 sin ver materializado un destino para el arruinado edificio.

En mayo de 1814, Fernando VII regresa a la capital y, en julio del mismo año, decide constituir una galería de pinturas. Al principio se piensa establecer su sede en el Palacio de Buenavista pero, tras una serie de cavilaciones de la Academia de San Fernando

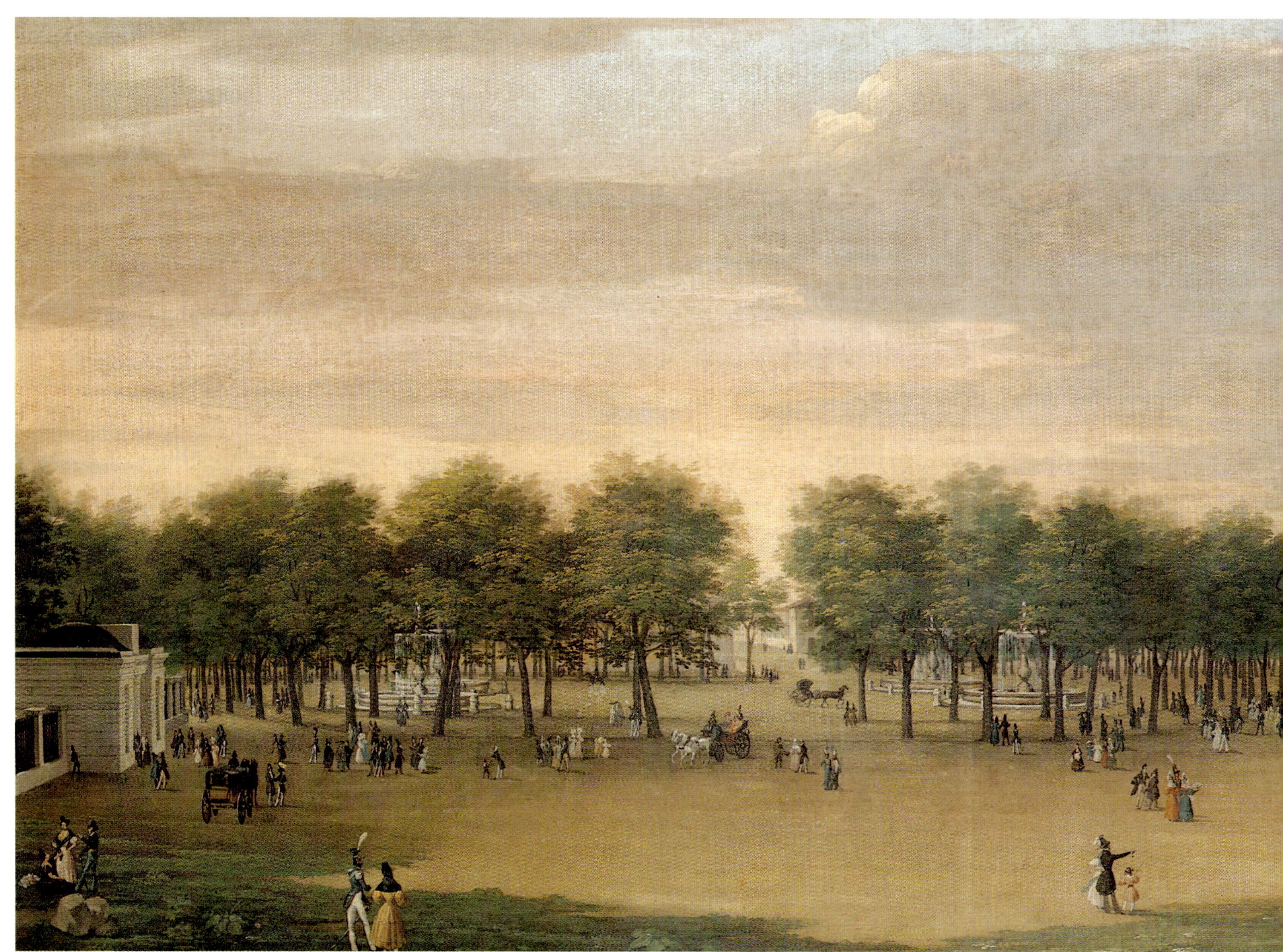

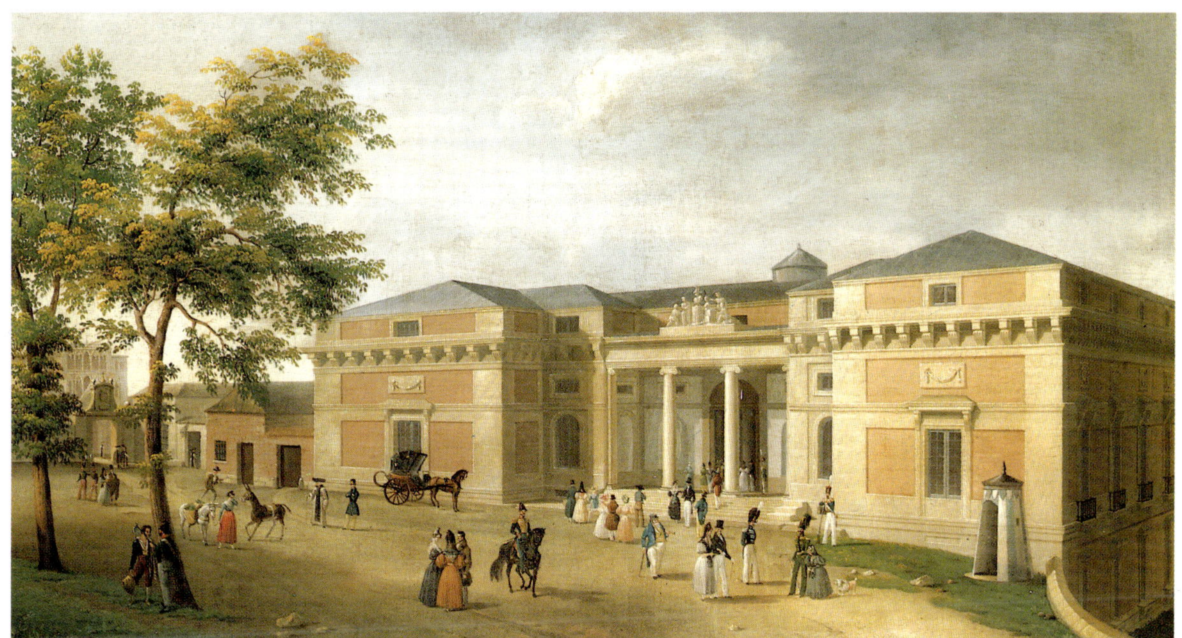

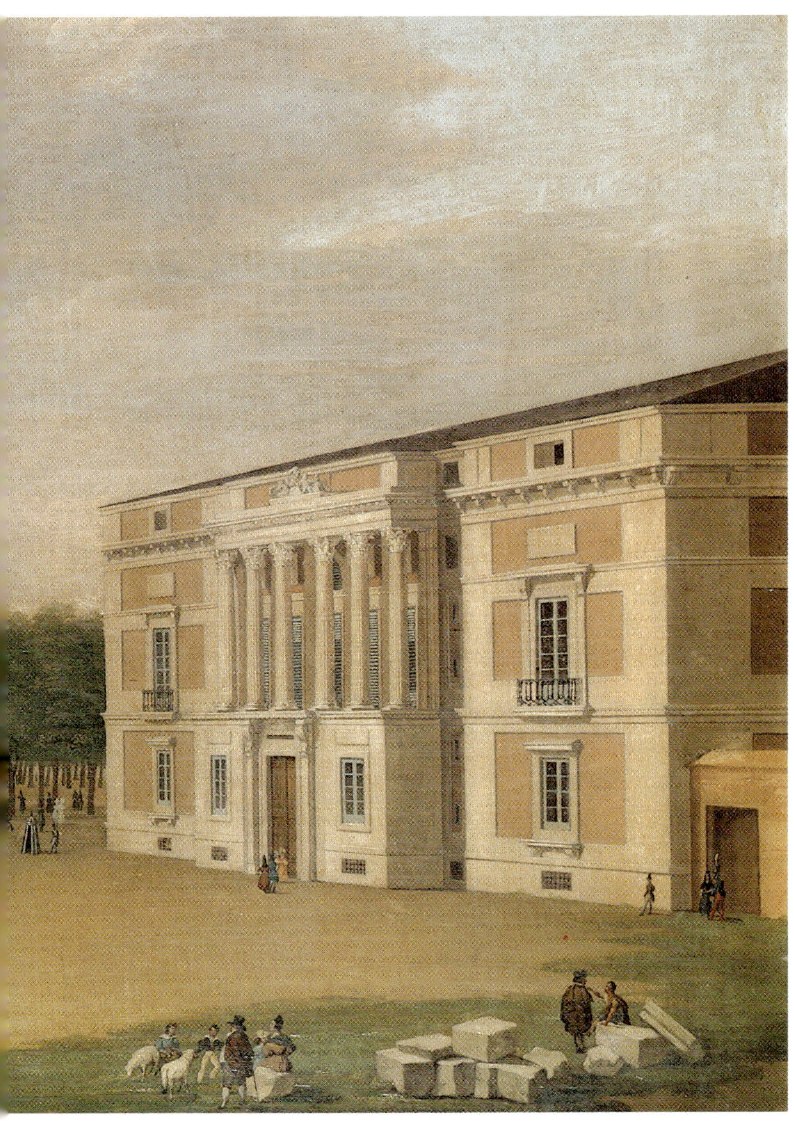

El Madrid romántico, que aparece en las dos imágenes de Brambila en esta doble página, contaba a mediados del siglo XIX *con un suntuoso paseo, presidido por el museo. Con la urbanización de esta zona de la ciudad, planificada un siglo antes por José de Hermosilla y Ventura Rodríguez, se había materializado uno de los espacios más acogedores de la capital, calificación que aún hoy se puede mantener.*

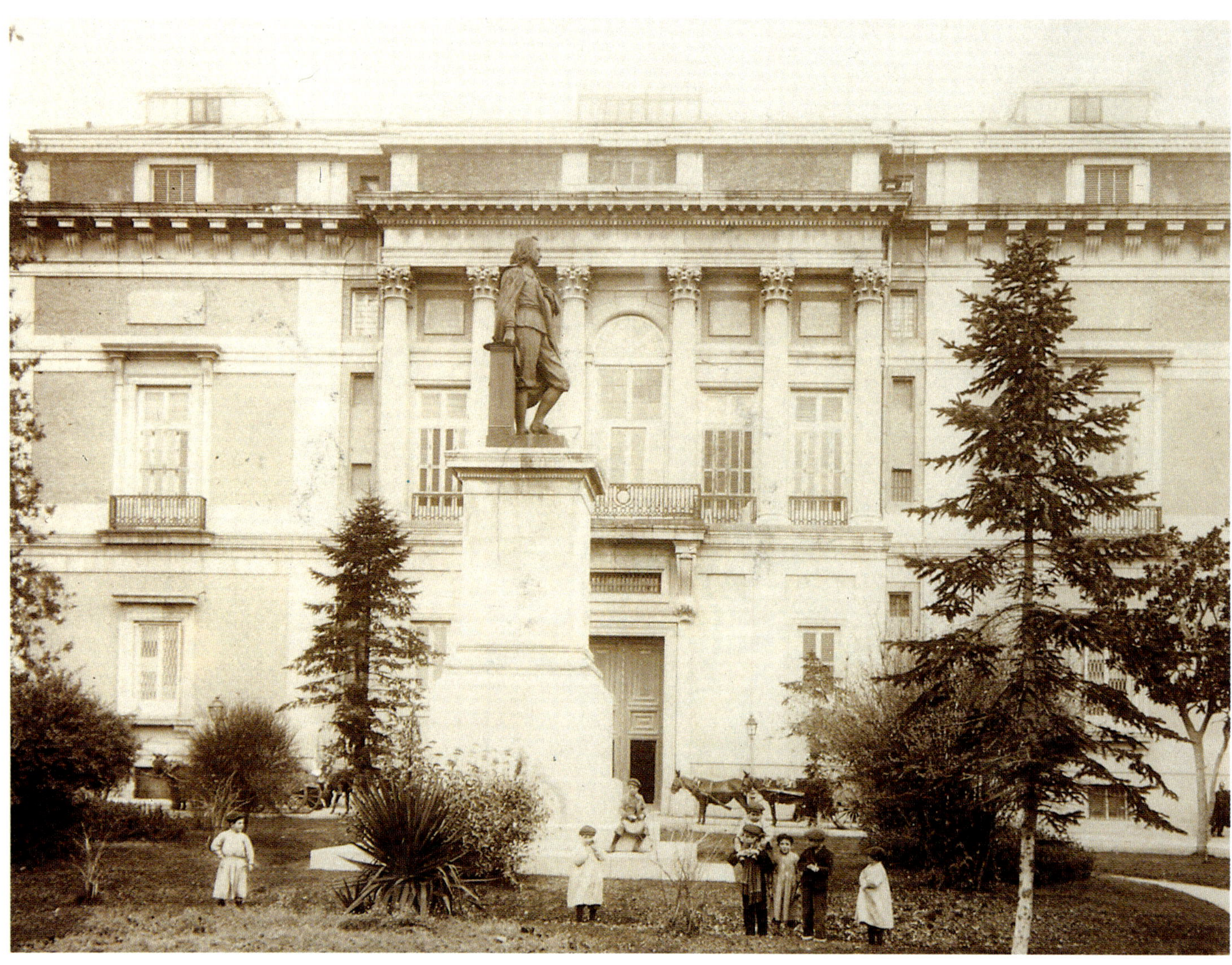

La estatua de Murillo, vigilaba a este grupo de chiquillos que, una mañana de 1905, jugaban frente a la fachada sur, cuando el fotógrafo les pidió atención para ver salir de su cámara un pajarito. Nos consta que el truco siguió empleándose mucho tiempo después.

y otras instituciones, a finales de 1814 cobra forma la idea de ocupar la abandonada construcción del Paseo del Prado. Finalmente, un decreto de marzo de 1818, creaba un Real Museo de Ciencias y Artes con sede en el edificio de Villanueva donde, desde febrero, el arquitecto Antonio López Aguado se encargaba ya de las obras de rehabilitación. Estaba naciendo el actual museo.

El Museo ante la Historia

Desde su génesis, hasta hoy, la historia del museo se mezcla con un denso caudal de circunstancias, que van de la pequeña anécdota al paso por coyunturas históricas trascendentales. Entre ellas, las guerras. Primero, la de la Independencia, que además de transformar en cuartel su edificio, estuvo a punto de privarle de sus fondos cuando aún no existía como museo, ya que al evacuar Madrid, en 1813, José Bonaparte envió a París un gran convoy con patrimonio artístico requisado; este botín habría de regresar a España un año más tarde, tras la firma del Tratado de París. Luego fue la Guerra Civil de 1936, que obligó al gobierno republicano a emprender una serie de medidas de protección contra los bombardeos del ejército franquista y a disponer la evacuación de una parte importante de los fondos a Valencia y a Ginebra. Es esa recurrente *Noche de guerra en el Museo del Prado* que Rafael Alberti reconstruyó poéticamente sobre sus recuerdos.

Esta situación bélica constituye un breve paréntesis de casi tres años en la cita diaria del museo con sus visitantes. El 7 de julio de 1939, el museo vuelve a abrir sus puertas, si bien, aún permanecen en Suiza buena parte de sus fondos. Será con el inicio de la Segunda Guerra Mundial, cuando regresen de Ginebra los cuadros evacuados y además el gobierno del Mariscal Petain reintegre algunos de los cuadros que aún permanecían en Francia desde comienzos del siglo XIX. Tal vez no falte quien fabule un "día después" para un Prado testigo de hecatombes en el tercer milenio, como lo ha sido, sensible, de la primera guerra significativa del nuevo orden mundial.

También en estos últimos años, como casi todas las grandes instituciones culturales públicas, el Prado se ha transformado, más de una vez, en oscuro objeto de deseo para esa lógica de las metáforas emuladoras del ámbito privado, inevitable retórica del pensamiento débil con que se comporta la ideología hegemónica en nuestra particular posmodernidad.

Tal vez la mayor aventura en la historia del museo haya sido el traslado provisional de buena parte de sus fondos durante la Guerra Civil española. La imagen recoge el embarque de los cuadros con destino a Ginebra (Suiza).

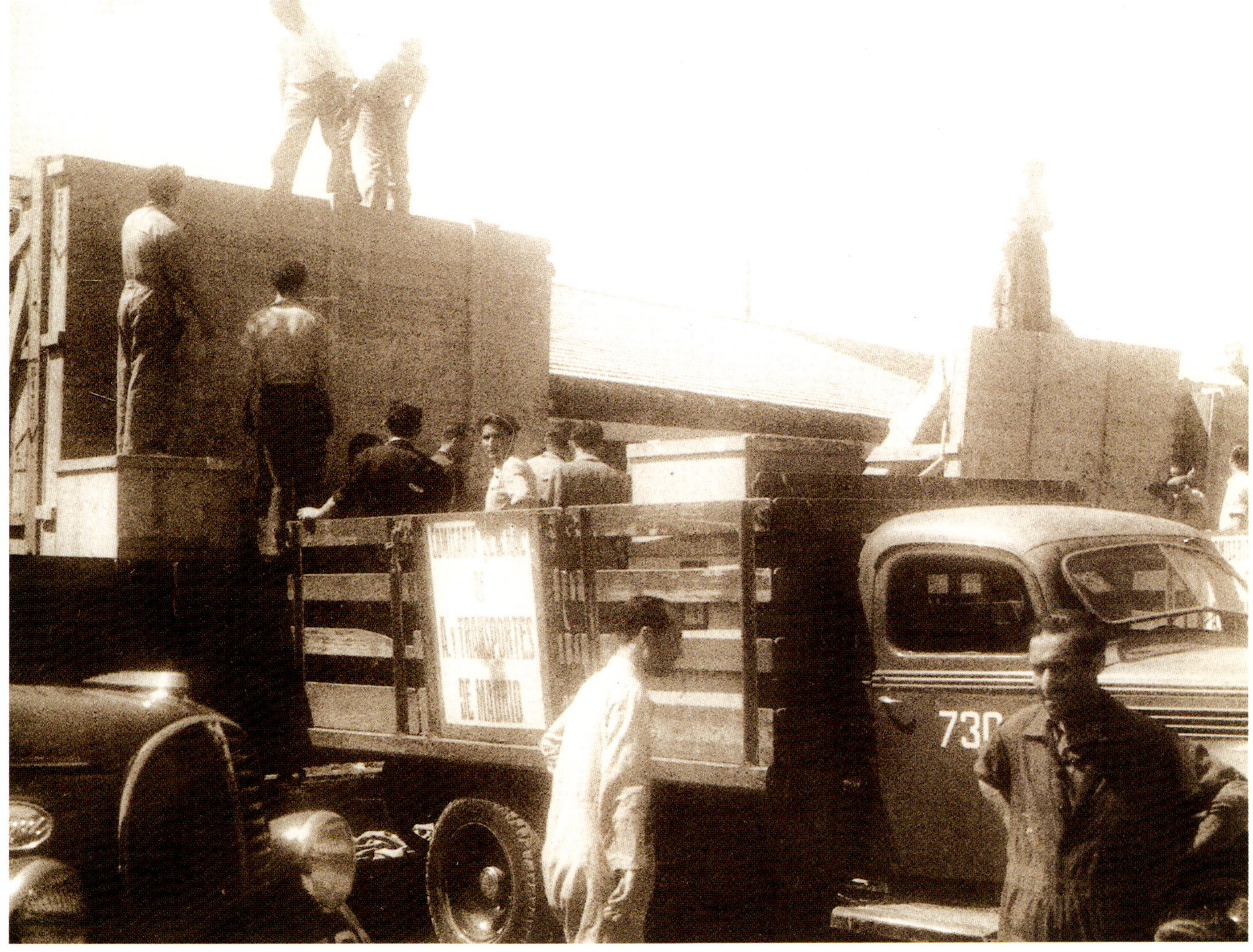

El museo ante el público

CUANDO, en 1819, se inauguraron las primeras salas del museo fernandino, apenas obtuvo eco en un público poco acostumbrado a ver en un cuadro algo distinto de su valor conmemorativo o de su función como imagen religiosa. En el otro extremo cronológico de su historia, sucesos como la exposición Velázquez han rayado en la significación de un verdadero espectáculo de cultura de masas. Entre ambos momentos, la presencia del museo en la conciencia del público ha ido ocupando un espacio que no ha dejado de crecer y transformarse. Algo que hoy congrega ante

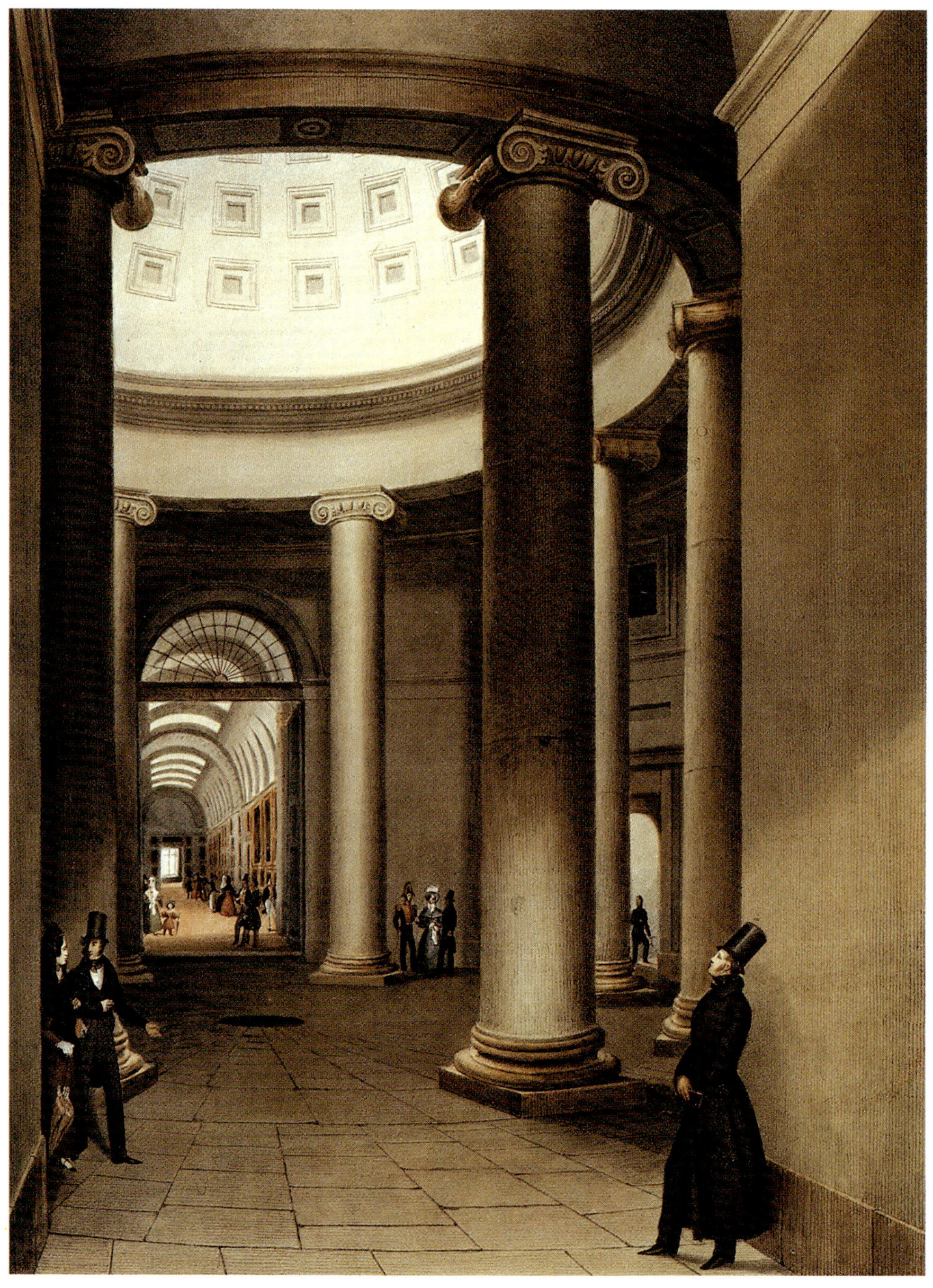

En el cuerpo norte destaca la monumental rotonda de columnas jónicas, que sostienen la bóveda de casetones, iluminada por una gran linterna. La fidelidad del grabado romántico es patente en la fotografía de la derecha.

sus puertas a ciudadanos de todos los rincones del planeta. Misa dominical de ateos, espejo paradisiaco para artistas miméticos, kaleidoscopio alquímico para los que proyectan su ojo sobre los fragmentos, las estructuras formales, las idas y venidas de los conceptos clave, progenitor asesinable de vanguardistas iniciáticos, mapamundi para estudiosos, compañero de diálogos para meditabundos, título nobiliario de turistas apresurados o viajeros ilustrados.

Como una caja de Pandora, el Prado desafía al que, con suficiencia petulante, cree haber enjaulado en guías de teléfonos el árbol genealógico de la mirada de su conocimiento.

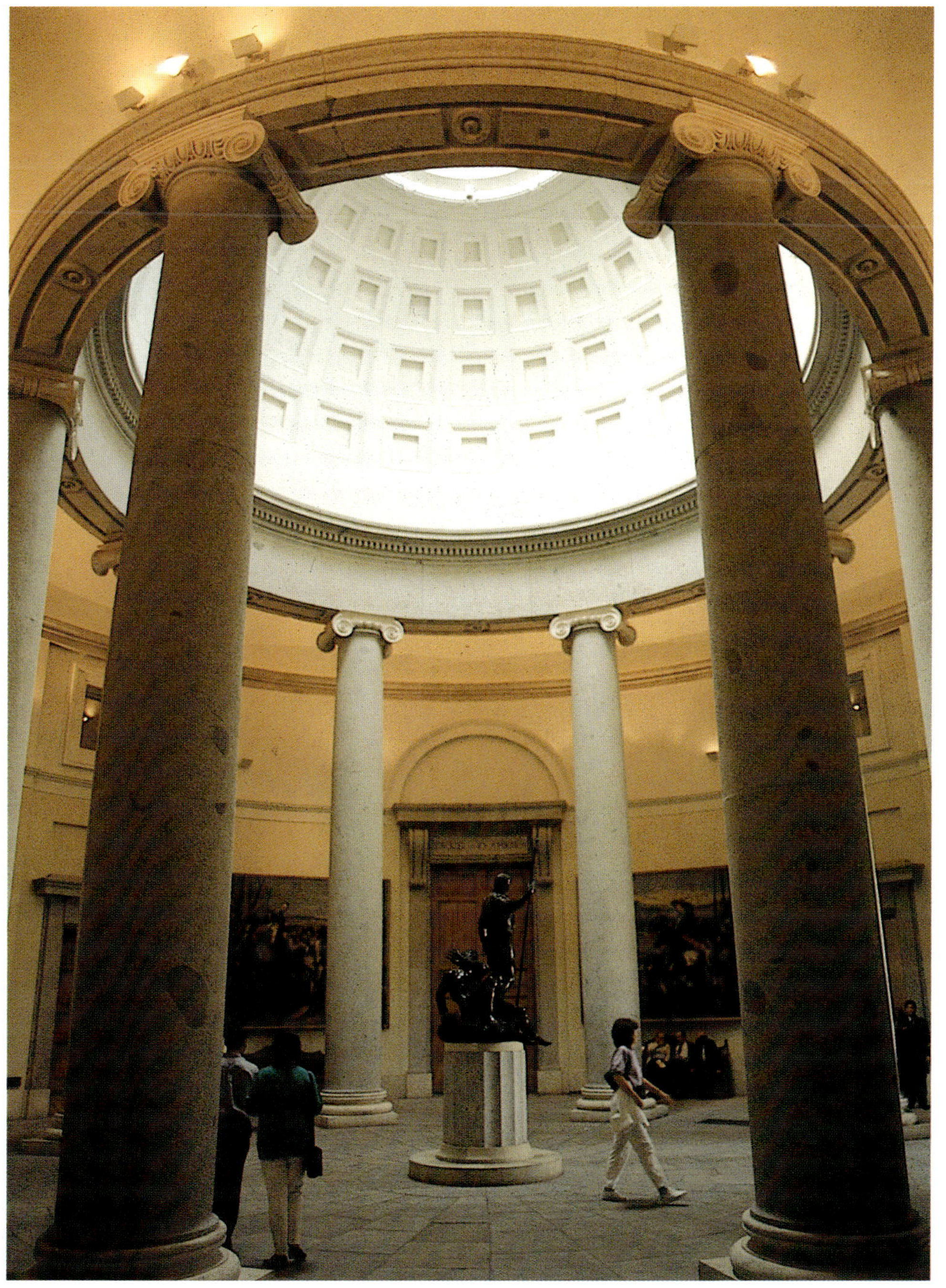

Juan de Villanueva quiso con esta rotonda rendir homenaje al gigantesco Panteón de Agripa en Roma. La inspiración clasicista del conjunto arquitectónico ha sido reforzada con el magnífico grupo escultórico dedicado al emperador Carlos V: un bronce de Pompeyo Leone, que preside el círculo.

Un universo pintado

En un pricipio, los fondos del Museo del Prado estuvieron formados por una parte de las colecciones reales, luego se fueron acrecentando con sucesivos traslados de éstas, más tarde tuvieron un tirón de crecimiento con la fusión, en 1872, de las colecciones del museo de la Trinidad (que desde 1837 reunía piezas procedentes de la desamortización) y, finalmente, fueron cuajando con una cadena de adquisiciones, donaciones e incorporaciones, como la de 1971, que puso bajo la tutela del Prado las colecciones estatales del siglo XIX. En su conjunto, estos fondos forman hoy un inmenso patrimonio que supera las ocho mil piezas, cuya localización está repartida entre paredes y almacenes del edificio de Villanueva, el Casón del Buen Retiro y un gran número de depósitos distribuidos entre museos y edificios administrativos de España. Un patrimonio artístico, en parte no visible más que por especialistas, que pide a gritos desperezar en público sus energías sobre nuevos espacios, para los que están previstos la construcción de dos nuevas plantas excavadas bajo los sótanos del actual edificio.

El paseo y su museo, forman parte de la iconografía decimonónica de la ciudad. En este grabado, se percibe el caracter de punto de encuentro, que poseía la zona en el siglo anterior.

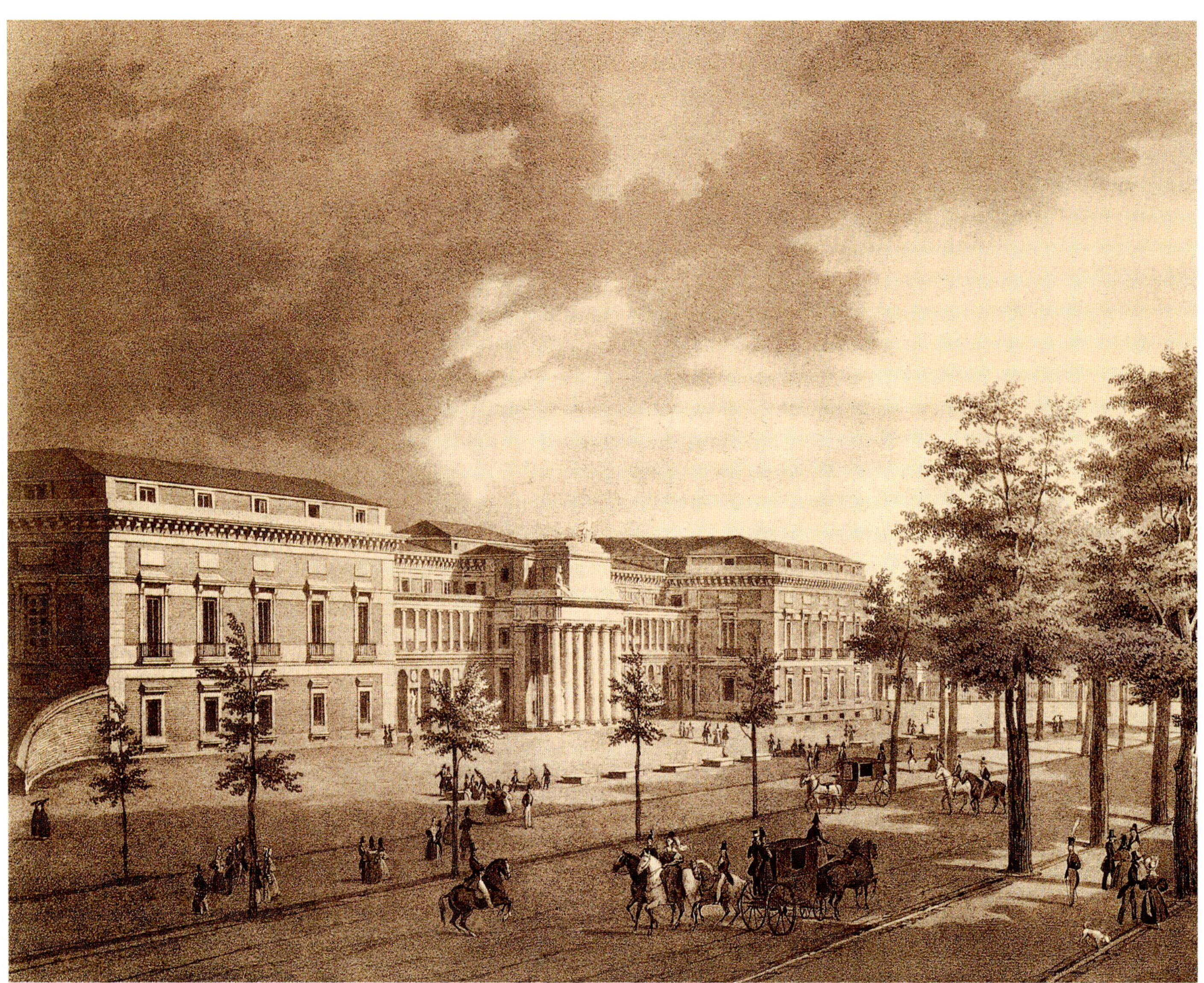

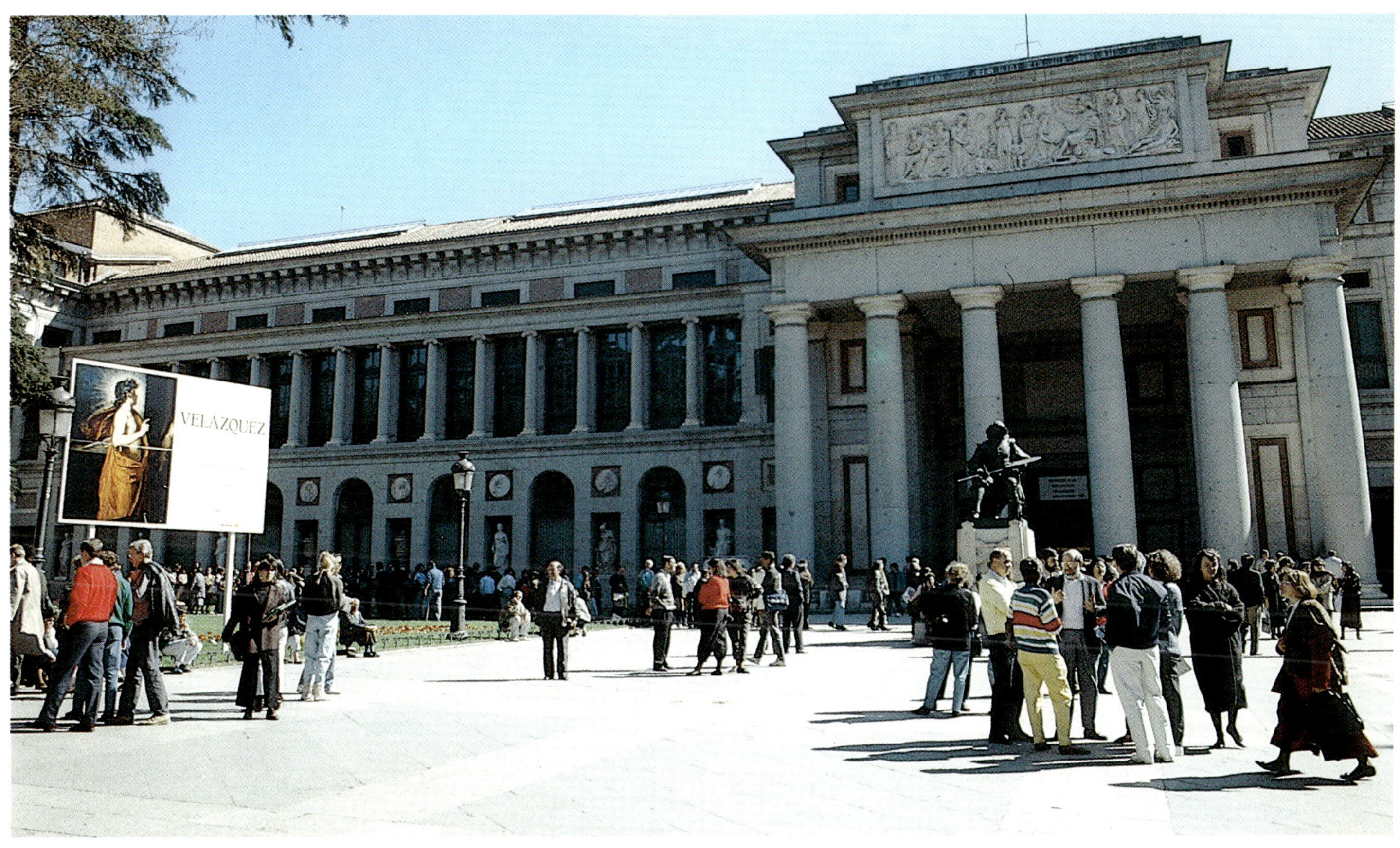

El incesante tráfico automovilístico, que corre en paralelo a la fachada de la pinacoteca, no ha conseguido evitar que la noble estructura del edificio siga acogiendo a miles de visitantes a diario; convocados por los fondos propios y las numerosas exposiciones temporales que en él tienen cabida.

Sería absurdo intentar siquiera poner los signos de admiración, las versales, los subrayados, necesarios para dibujar la magnitud del espectáculo histórico y estético que constituyen estos fondos: no tendríamos sitio en estas líneas ni para esos simples recursos ortográficos. En 1435, Leon Battista Alberti definía el cuadro como una ventana sobre la realidad. Hoy sabemos que, además, detrás de cada una de estas obras arrebatadas del contexto en que se generaron, se abre un mirador privilegiado que nos enlaza con trozos de la Historia, en los que están escritos los genes de nuestra configuración civilidada, las raices de nuestro pensamiento, el entramado de nuestra sensibilidad estética y hasta gran parte de los fundamentos por los que discernimos nuestras nociones éticas. Por ello, esa especie de inmenso palinsesto que custodia el Prado tiene algo de ese *Aleph* que fabuló Jorge Luis Borges, un lugar desde el que contemplamos vastísimas regiones de universos ajenos en los que, tarde o temprano, acabamos por reconocer el nuestro. También se asemeja a un voluptuoso harén donde, arbitrarios y clandestinos, elegimos el sueño favorito, o a un tribunal implacable en el que la evidencia de vastísimos sedimentos de sabidurías de las más diversas índoles destruyen nuestras presunciones intelectuales, cuando carecen de peso específico.

Hermanados los unos con los otros por una residencia común, estos testigos y actores excepcionales de nuestro ser civilizado, forman un país imaginario en el que conviven por encima del tiempo y del espacio que los separaba en su origen. Es un concierto mágico a través del que se descubren identidades y divergencias, armonía y dialéctica entre contrarios, oscuridad y luz, estrépito y silencio como en un culto dionisiaco donde la ménade corre enloquecida hasta caer agotada, en una búsqueda inconsciente de la región de Apolo.

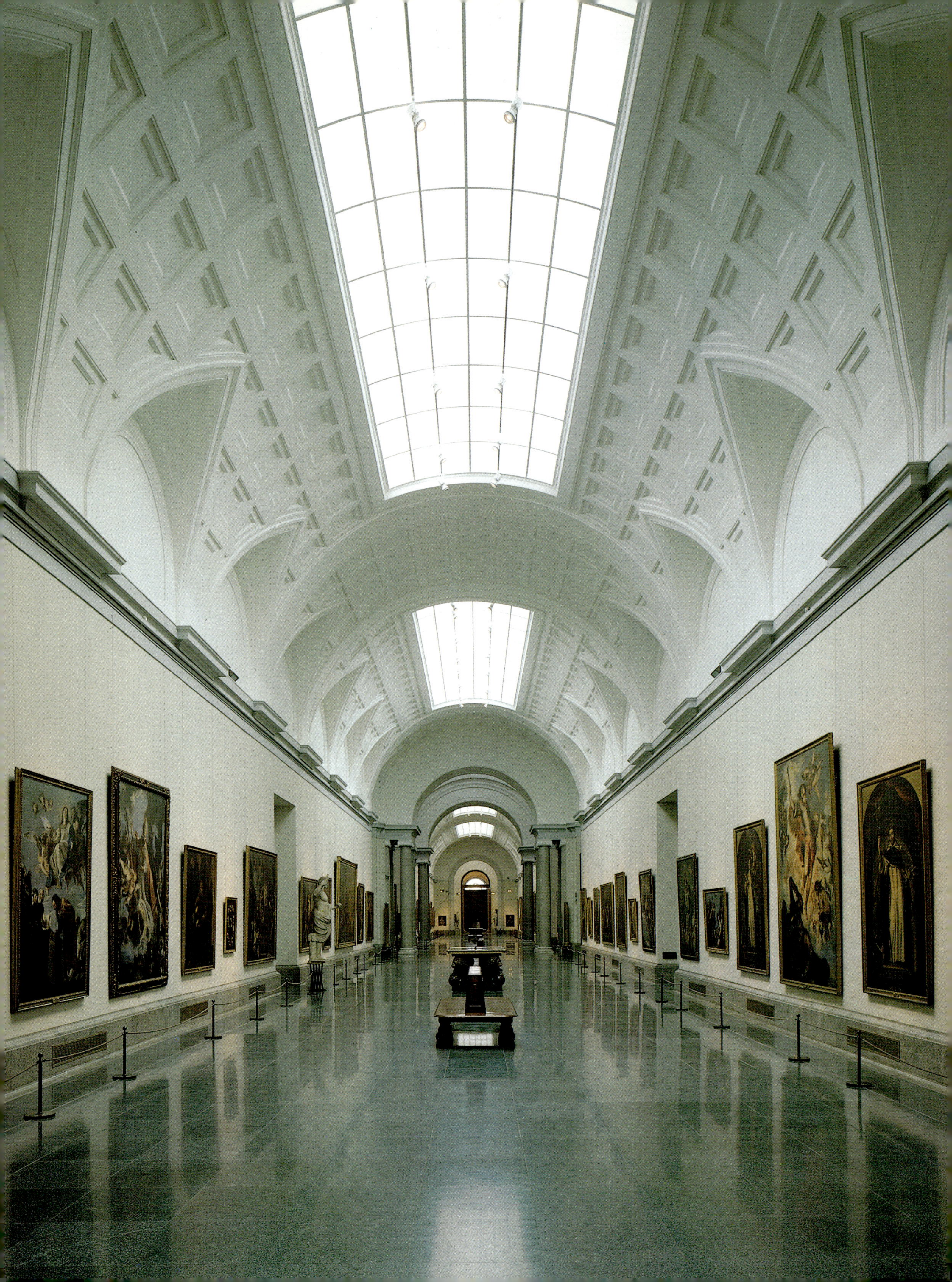

PRIMEROS PASOS

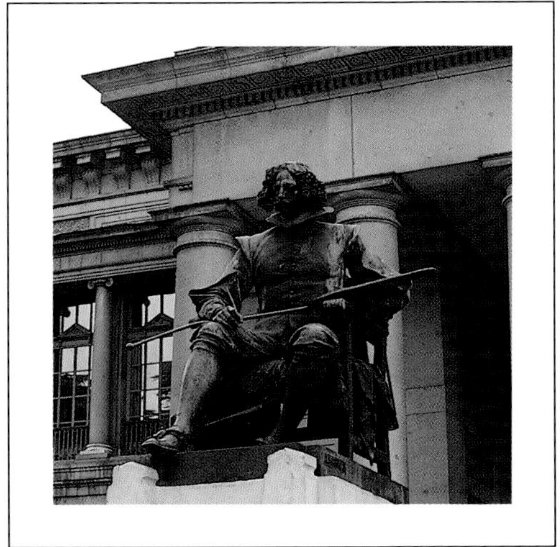

La estatua de Velázquez, abre el paso a las espaciosas galerías, recientemente reformadas, con lucenarios artificiales sobre las bóvedas.

Abril. El Museo. Un amigo

DULCES son de dormir las mañanitas de abril, dice el dicho. Dulces de vivir también, cuando la vida no aprieta demasiado. Cuando deja, por ejemplo, tres horas completas para el goce del arte. Ejercicio mejor, y fruición, que el sueño y que la vida.

Madrid tiene abriles exquisitos (afirmaba Octavio de Roméu que Madrid era una villa de *muchos cientos de abriles* de edad) y un sin par Museo... Tantas veces he asociado yo entrambos elementos de felicidad, que ya suele tentarme la inclusión de un tercer elemento: la alegría de servir de cicerone a un amigo, para una visita así, en una mañana así.

El Prado es mucho más que una buena colección de cuadros. Y sin embargo, arquitectura, escultura y mobiliario, de reconocido valor, suelen quedar eclipsados por la impresionante presencia de las pinturas.

El amigo ideal para el ensayo es joven, inteligente; posee un buen gusto instintivo y sólo atisbo de cuatro confusas generalidades en materia de arte. Conviene, además, que el doctrino no sea vanidoso: rara vez el vanidoso entiende; nunca, a media palabra.

No es tampoco mala condición, antes deseable estímulo, que el tiempo disponible para la visita no exceda a las tres horas susomentadas. Ya sabemos que, en cualquier negocio espiritual, nuestra principal riqueza cífrase en nuestros límites.

Jamás he alcanzado a conocer bien aquellas ciudades del mundo adonde llegué creyendo tener mucho tiempo por delante. En cambio, en ocasión de breves excursiones

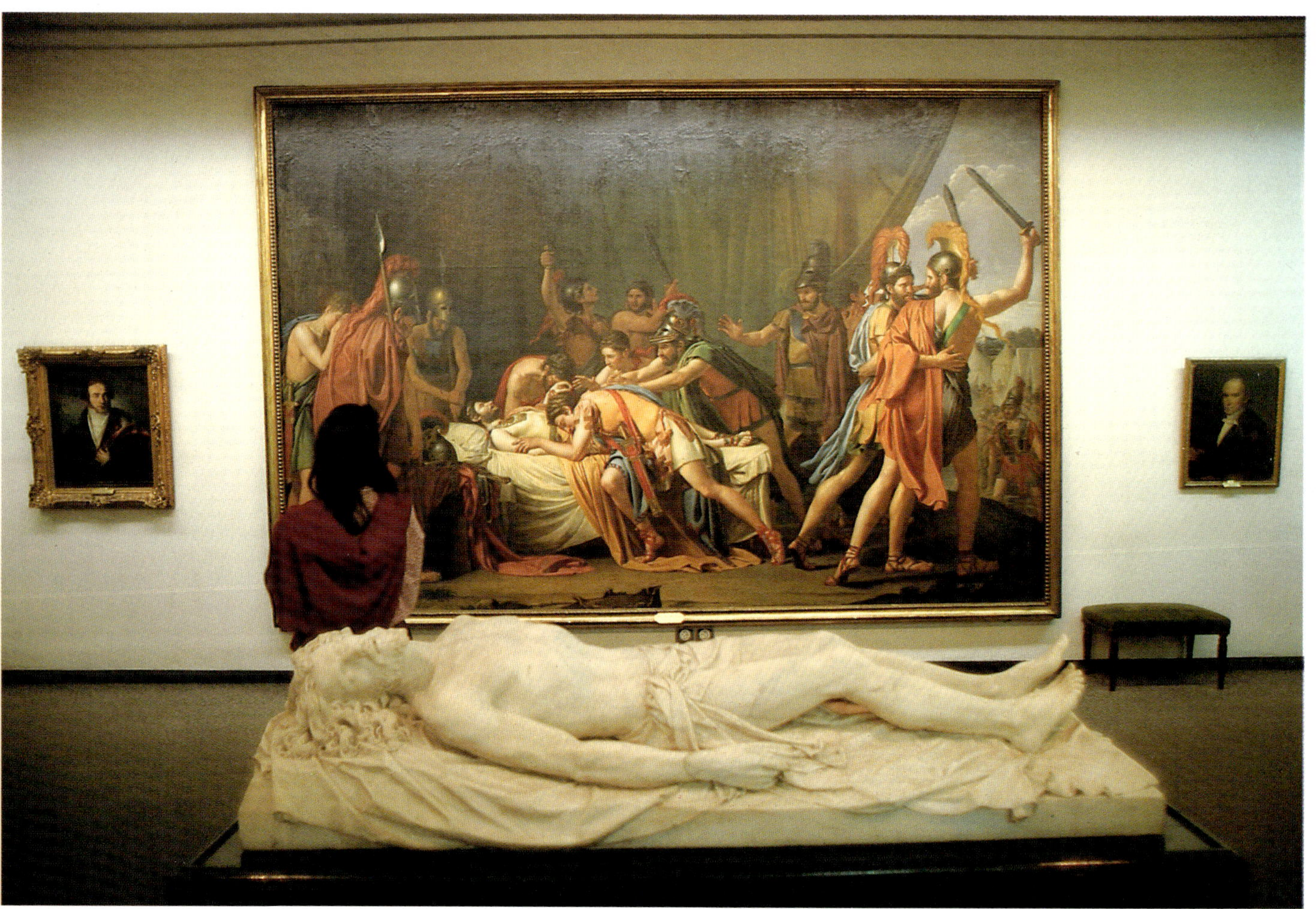

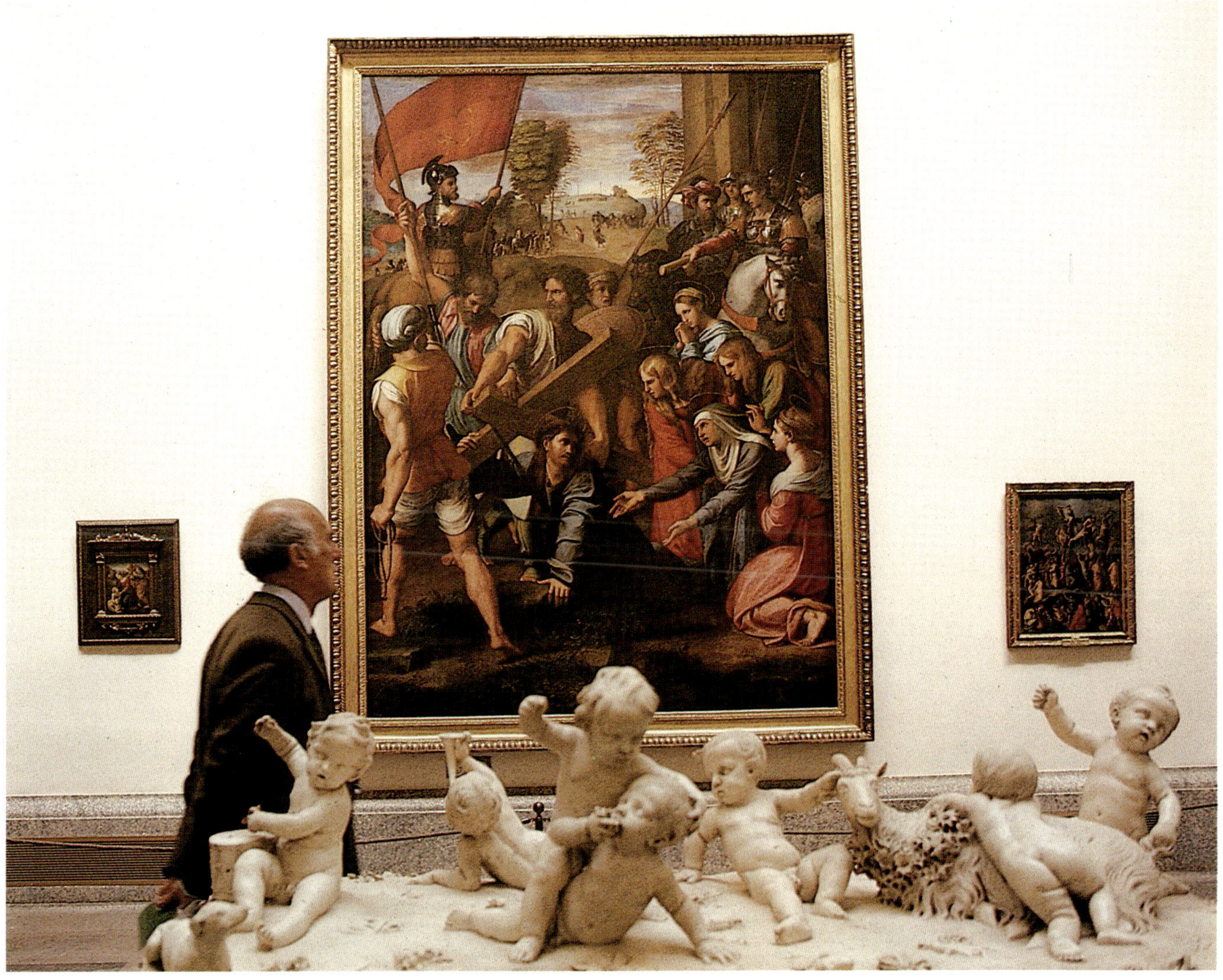

de turista, ocho días pueden bastar para una ciudad entera, sus monumentos y curiosidades.

Digo lo mismo de un Museo y, acaso, de un hombre. Y también de un estilo de hablar o de escribir; en el sentido de que me parece haber en la elocuencia dilatada –en la elocuencia en sí misma, aun independientemente del hecho de que se la deje vacía o se la llene y aun hinche de conceptos– cierta ineptitud radical para instruirnos con precisión sobre las cosas... En otros términos, que la doctrina de posible desarrollo en media página, *no podría desarrollarla* –aunque la conociera íntegramente; aunque yo, y luego mi lector, tuviéramos tiempo y humor compatibles con tal desarrollo– en doscientas páginas.

Estrechez de tiempo. Derecho a la abreviatura. Congruentemente, información muy concreta... Clasificación clara, acusada, racional... Como un cuadro las cuatro rectas de su marco, tan rígidas limitaciones van a apretar *–a nutrir secretamente también–* las páginas que dedicaremos en esta breve guía de juicios y de emociones, en una visita que fue realmente la de una sabrosa mañana de abril y con amigo tal como el deseo más difícil codiciara; pero que puede repetirse en infinitas mañanas más y con tantos amigos cuantos lectores concedan a este libro su buena fortuna y la mía.

Tres horas para este museo es una cifra aleatoria, el visitante tendrá que elegir entre lo aconsejado y lo que le salga al encuentro, que no siempre será arte.

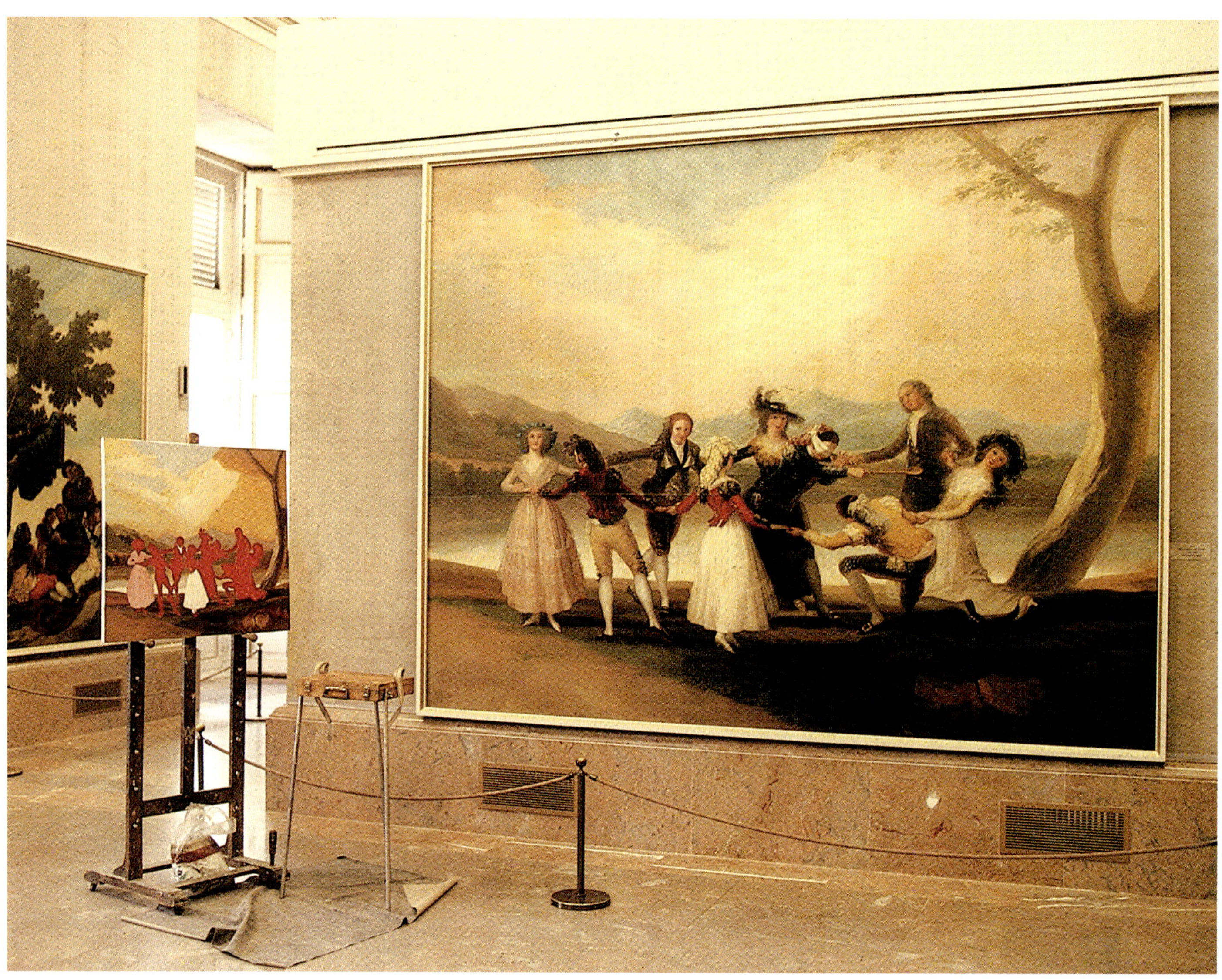

Los cuadros famosos, como esta Gallina Ciega *de Goya, son los más copiados y visitados. La copia es muchas veces otra forma de ver un cuadro.*

La noticia y el orden

Imagino que en la sabrosa mañana de abril –le voy diciendo a mi amigo– gozándonos en la calle madrileña, cuando este delicioso momento del año en que tan grata es la acera de la sombra como la del sol:

–Vamos a ver el que llama el pueblo de Madrid "Museo de Pinturas", y llama bien; que la pintura, o, con más exactitud, "las pinturas", es lo que en él nos interesa. *Las pinturas*, en plural; puesto que no debemos llevar a nuestra visita propósito filosófico, preceptivo, ni siquiera estético, y no vamos, por consiguiente, a asignarle al Arte un ideal único, sino designio histórico y de placer; designio que se complace en la diversidad, y aun en la mutua oposición de los ideales, los temperamentos y las escuelas.

El filósofo sabrá acaso, puede investigar sin duda, quién, del arte clásico o el romántico, del idealismo o el naturalismo, de Rafael o Goya, Poussin o el Greco, cumple mejor con las normas supremas del Espíritu. Más de una vez, lector amigo, tu actual cicerone hubo de ocuparse en tareas así. Pero hoy, en nuevas funciones, sólo sabe, sólo quiere y puede saber que el Greco y Poussin, Goya y Rafael están en el Museo del Prado: lo que desea es conocerlos. Que están representados por obras admirables, cuyas cualidades de vigor o de nobleza hacen palpitar cálidamente al corazón –naturalismo o idealismo, arte romántico o arte clásico–: lo importante es distinguirlas.

El conocimiento concreto, la *noticia*, nos da la mitad del saber; la clasificación, el *orden*, la otra mitad. Lo primero satisface a nuestro ímpetu de curiosidad; lo segundo, a nuestra exigencia de razón. Sabemos del león y de la paloma, cuando en detalle recordamos sendas figuras y tenemos concepto de las mutuas relaciones. Sabemos de Rembrandt y de Mantegna, cuando recordamos de sus criaturas, que son las obras, y hemos ordenado las semejanzas y las diferencias de altura y de timbre entre las voces de espíritu que cada uno de estos artistas escuchó y obedeció.

Quisiéramos poner, en este pequeño itinerario nuestro, muchas noticias, tantas como la brevedad del mismo permita; pero, sobre todo, *mucho orden*, tanto como la complejidad histórica de lo real consienta sin traición.

Para quien pasa ante un cuadro los detalles nimios son difícilmente apreciables. Para el copista estos detalles son la clave de su trabajo y de sus horas en el museo.

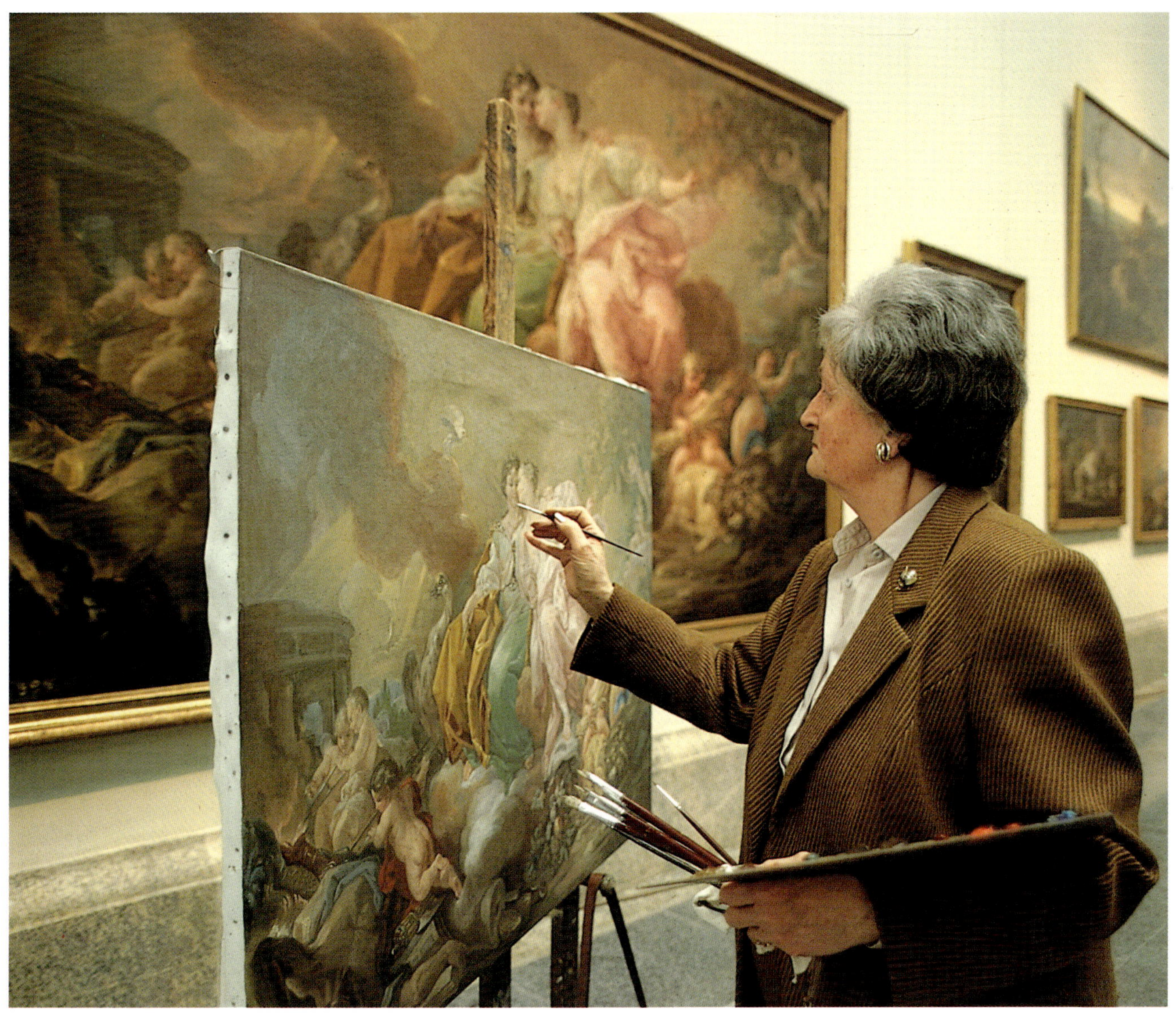

Los dos valores del arte

EXCELENTE para orientación cardinal en nuestro negocio es una tesis del escultor Hildebrand, coincidente con teorías que siempre nosotros hemos propugnado. Adolfo Hildebrand afirmaba, estudiando "el problema de la forma" en las obras de arte, que esta su forma encierra siempre dos "valores": un *valor arquitectural* y un *valor funcional*. Por el primero las obras se presentan en el espacio; por el segundo, encierran una expresión.

Llamaríamos, pues, de preferencia, al primero *valor espacial*; al segundo, *valor expresivo*. El valor espacial se acerca al dominio de la pura geometría; el valor expresivo, al campo de la pura significación.

Entiéndase bien: son ambos valores indispensables a la forma artística y, por ende, a la obra artística. Ni la significación más etérea, vibrante, espiritualizada, deja, en cuanto se concreta en obras, de trascender al espacio; ni la figura geométrica más sosa está jamás desprovista de alguna alusión emocional. Evidentemente, una recta vertical es algo más *sereno*, más *sencillo* que una caprichosa voluta. Evidentemente también, aun entre las más vagas figuras de nuestros ensueños, distínguense las *grandes* de las *pequeñas*. Ahora, si en toda forma, en cualquier obra, coexisten el elemento espacial o arquitectónico y el elemento expresivo o funcional –que podríamos llamar igualmente *musical*–, la respectiva proporción y dosis puede ser distinta, lo es naturalmente, en cada caso. En tales obras, en tales artistas, en tales países o épocas tenderá el arte a la gravedad arquitectónica; en tales obras se musicalizará. En éstas se sentirá la emoción predilecta de vencer las fatalidades de la caída mediante

Dependiendo de las horas y del día de la semana, podremos encontrar salas vacías. Es el momento ideal para el descanso y la simple contemplación, habrá que aprovecharlo, porque tanta calma suele durar poco.

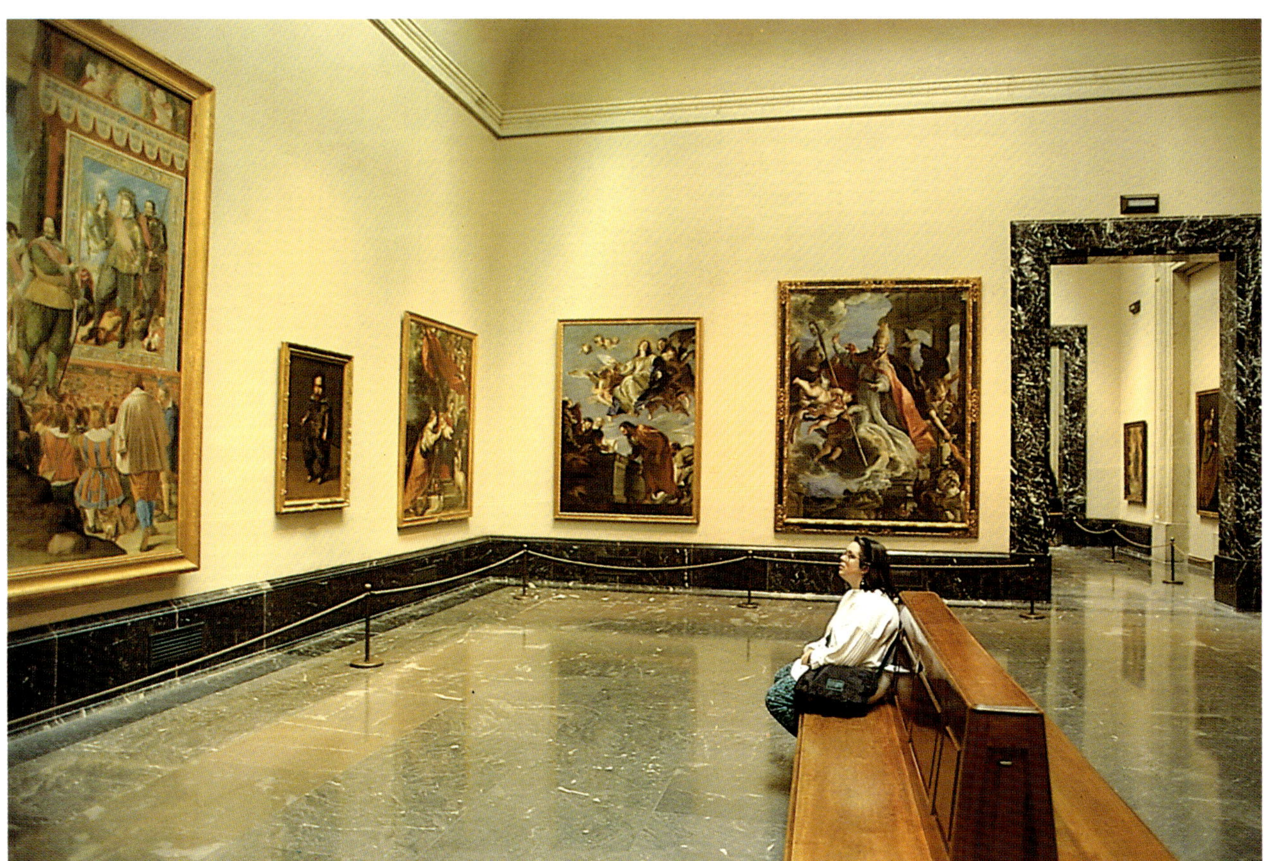

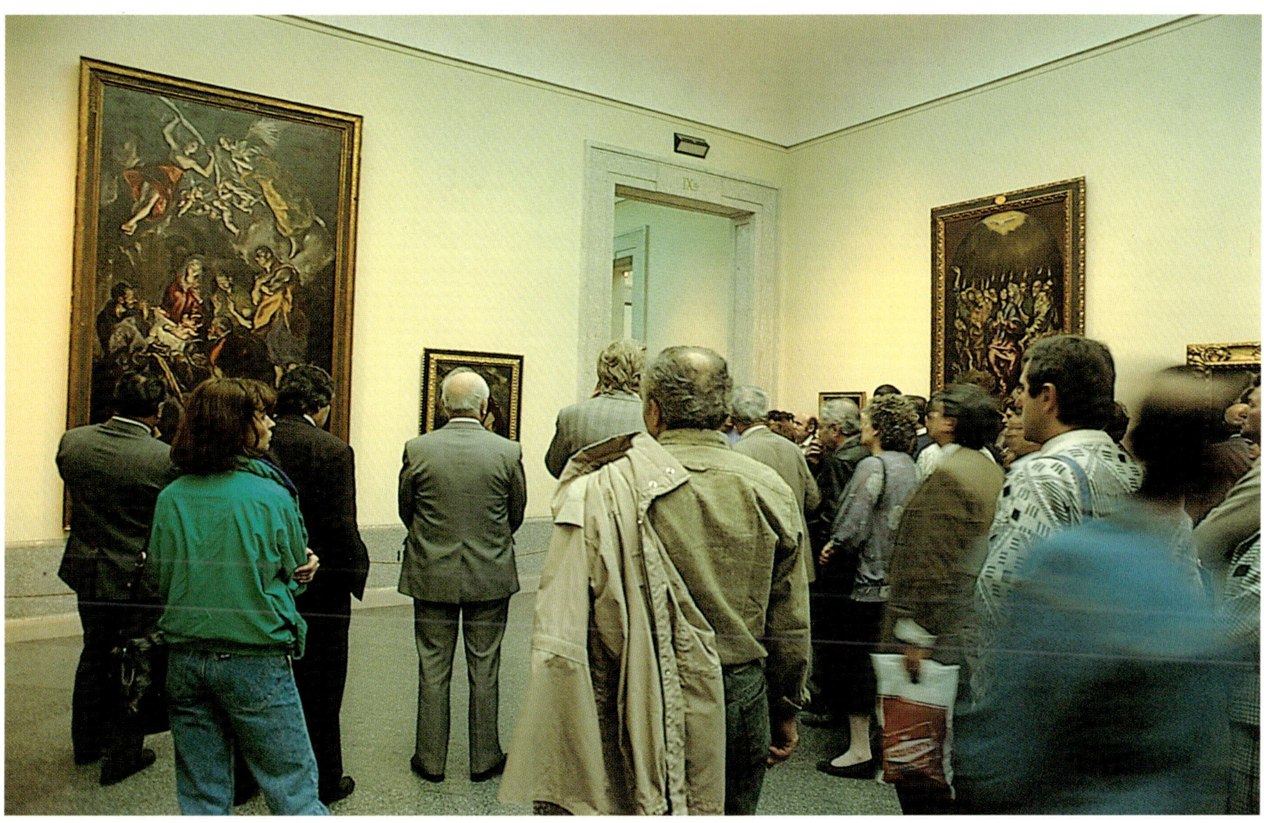

Los grupos son otra de las formas de visitar la pinacoteca, ellos sí que tienen un tiempo inexorable para el recorrido. Con un cicerone como Eugenio d'Ors nosotros no necesitaremos más guía que nuestro libro.

el impulso que lleva a lo alto; en aquéllas, de vencerlas mediante el equilibrio. *Mundo de las formas que vuelan y mundo de las formas que se apoyan*, he llamado alguna vez a cada uno de ellos[1].

Para entendernos más de prisa, adelantemos que debe llamarse en arte *Clasicismo* la tendencia a la supremacía de las formas que se apoyan, y *Barroquismo*, el culto de las formas que vuelan.

Y que, entre los artistas antiguos, Mantegna nos dará ejemplo de aquéllas; Rembrandt, de éstas. Como entre los modernos, respectivamente, Paul Cézanne y Monticelli.

Gradación de las artes

MIENTRAS avanzamos camino del Museo, sigo diciéndole al amigo:

–La pintura ocupa, entre las Artes, la región central. Parte de acá, está la escultura, y aun antes, la arquitectura; feudos por excelencia de esta función de lo bello que, siguiendo a Hildebrand, hemos llamado *espacial*. Parte de allá de la pintura, en zona progresivamente romántica e inconcreta, caen la música, la poesía tal vez, los dominios en que lo expresivo y su función preponderan. La pintura puede recorrer una serie infinita de matices, acercándose a cualquiera de estos extremos, sin llegar a confundirse con él.

Cuando la pintura se acerca a lo escultórico, el color pierde en ella interés, desaparece cualquier preocupación de luz y ambiente; triunfa el dibujo, y, del dibujo, el contorno; cada objeto en la representación se recorta, se individualiza, valiendo justamente tanto como su grado de precisión. El ejemplo más radical de un arte así lo

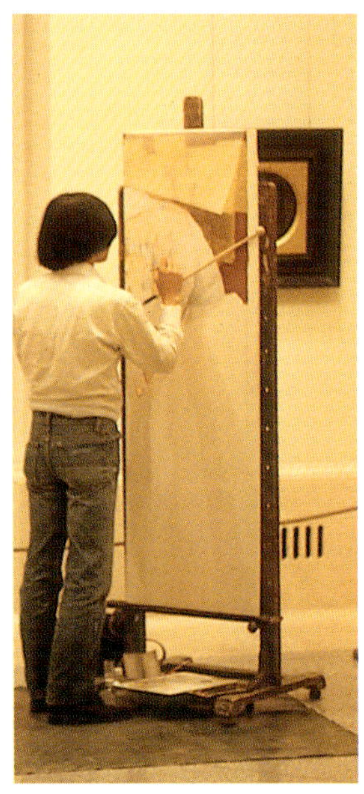

dan ciertas especialidades de la pintura antigua, por ejemplo, *la pintura de vasos*. Negras sobre rojo, rojas sobre negro, recórtanse aquí unas figuras, no ya sin las pompas del color, pero incluso sin los dones del relieve, casi reducidas completamente a puras siluetas... Al contrario, cuando nos acercamos al límite opuesto, el dibujo es sacrificado al color; y, dentro del dibujo, el contorno es quien más padece; el interés capital de la sensibilidad del artista dirígese al aire y a la luz; el ambiente desindividualiza, funde, hace vibrar los objetos. ¿No son éstas las características del grupo y escuela de pintores modernos que han recibido la denominación de *impresionistas*? El impresionismo no significa otra cosa, en esencia, que la pintura llevada al límite extremo de la musicalidad.

Entre un *vaso griego decorado* y *un paisaje impresionista*, cabe, como entre dos fronteras remotas, todo el tesoro, toda la historia universal de la pintura.

No alcanza a tanto, en lo más antiguo, el Museo del Prado, que contenga vasos griegos[2]; no alcanza a tanto, en lo moderno, que se incluyan en sus colecciones telas de pintores impresionistas (a diferencia del Louvre, por ejemplo, donde se encuentran hoy uno o dos Manet –continuador, por otra parte, de una tradición bien española). Así no podremos acudir, en nuestra visita, a la consideración de estos casos-límites de la se-

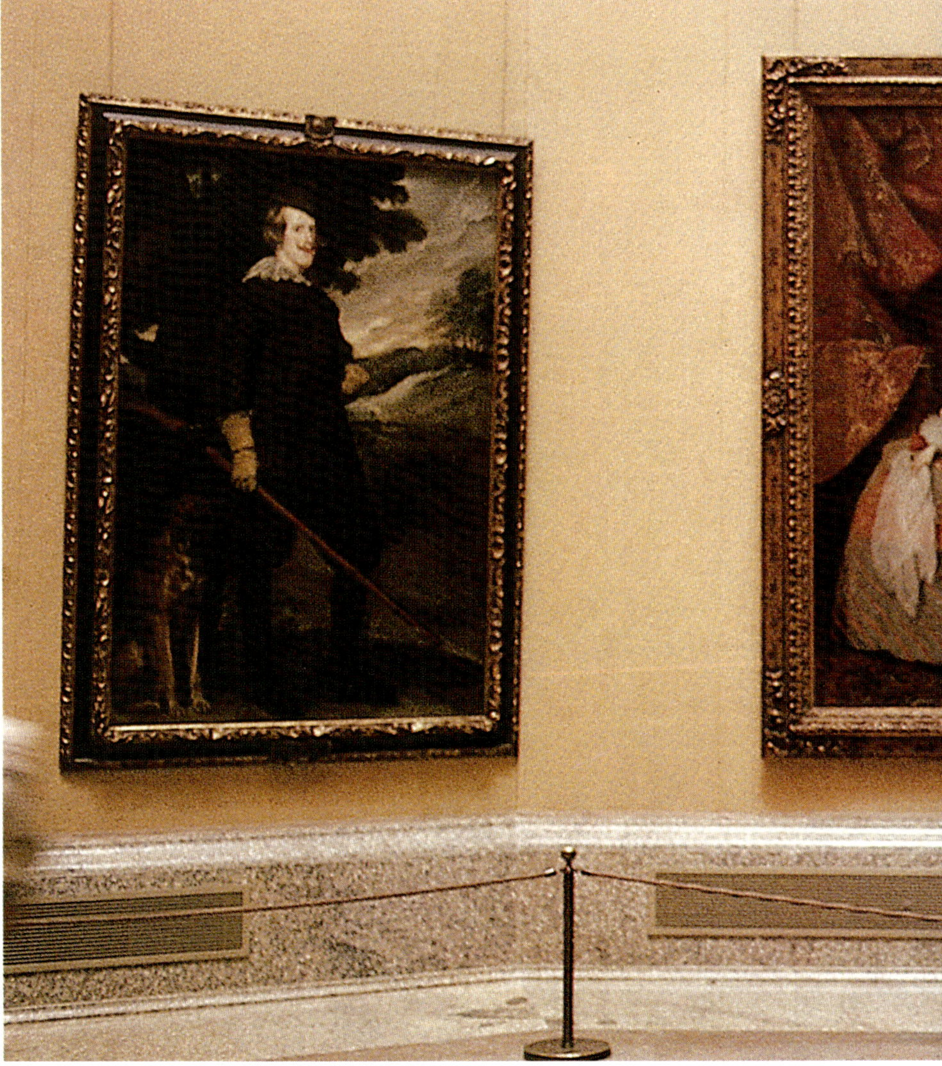

Entre tanta obra maestra, dos opciones para apreciar el predominio del dibujo sobre el color, –o viceversa–, la composición, la armonía, y otros elementos propios de la pintura: con la técnica del iniciado (arriba), o con la ayuda de opiniones críticas como las que nuestro autor nos propone.

rie. Tendremos que recurrir, parte de acá, parte de allá, a ejemplos menos radicales, aunque más valiosos.

La máxima proximidad de la pintura a la escultura y la arquitectura nos la darán las obras de Poussin y Mantegna; la íntima vecindad con lo musical y lo poético, el Greco y Goya.

El término medio, la equidistancia entre los dos límites, la pintura-pintura, ¿quién la representaría mejor que nuestro tranquilo y poderoso Velázquez? De Velázquez al Greco va ascendiendo, a través de múltiples artistas y escuelas, la escala de la expresividad. De Velázquez a Poussin, con no menor riqueza de ejemplos, la escala de la construcción.

Puesto que por algo hay que empezar, amigo mío, buscaremos a Poussin, en seguida. Afortunadamente, desde hace unos pocos años –respondiendo tal vez a una de estas *palpitaciones de los tiempos*, cuya invención constituye a la vez para mí una profesión y un goce–, una sala especial de pintura francesa se ha arreglado en el Museo. El "Fin de Siglo" del XIX –también obedeciendo a su *palpitación*– había arrinconado estas obras en oscuros desvanes...

Para dar en seguida con ellas conviene que nuestra entrada en el Museo sea por la puerta del Paseo del Prado, ahora tan verde y agradable...

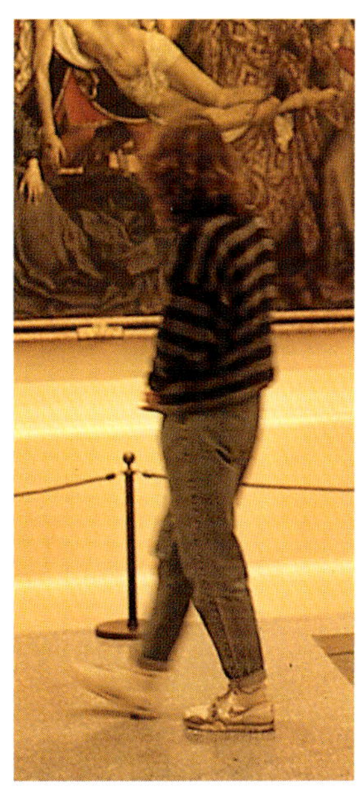

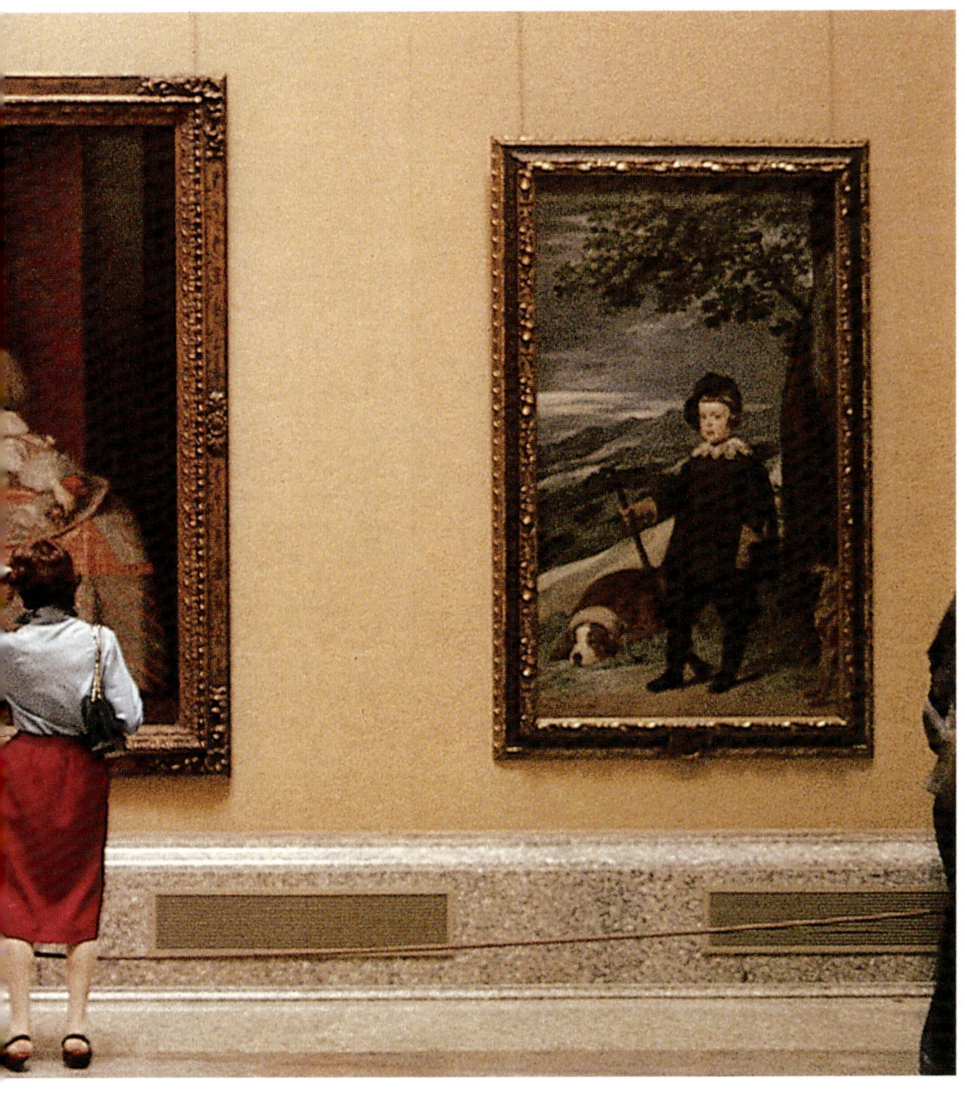

Ante el cuadro, en la soledad de nuestros propios juicios, también es posible la coincidencia o la discrepancia con nuestro autor. Ni los genios como Velázquez se verán libres de este "examen".

Ventajas de un pequeño rodeo

ESTO nos facilita ocasión de contornear un poco el edificio y admirar su gracia, que acaso el amigo no aprecia cumplidamente de una vez; porque no es gracia exclusiva en estética y estilo, sino en valor de seducción, que reconocemos ser impuro, porque mil sugerencias de historia y aun de fantasía van ligadas a su prestigio.

Que la pasión por "las luces" del siglo de Carlos III destinara primitivamente este edificio a Museo de Historia Natural, aquí, tan lejos del Palacio Real, tan cerca del Jardín Botánico, es cosa que a nuestra sensibilidad no puede menos de abrirle graciosas perspectivas; pero el imperativo de la prisa nos defenderá hoy de su tentación. Fábrica inteligente del italianizado arquitecto Juan de Villanueva, aquél nos parece a la vez algo muy siglo XVIII y muy español, y aun castellano, y aun madrileño; con la característica armonía entre el blanco gris de la dura piedra y los panes de tierno rosa de los ladrillos, aliviadora de cualquier aspecto de frialdad.

En cualquier rincón del museo surge la pintura, y no siempre es fácil su localización. El medallón de Goya dedicado al comercio, que aparece bajo estas líneas, se encuentra sobre las cabezas de La familia de Carlos IV.

Piedra y ladrillo, gris y rosa, bien era ésta la decoración oportuna para un Museo donde se contiene, en máxima representación de primor, lo neoclásico y lo romántico, el estilo y la naturaleza. Museo donde tanto Poussin como el Greco pueden sentirse como en su casa.

También da ocasión el corto rodeo a que el amigo y el cicerone admiren cuatro árboles magníficos que dan guardia de honor a la entrada en el Paseo del Prado. ¡Cuán altos árboles éstos, cuán nobles, dignos y profundos! En cierta colección que, un día u otro, he de publicar, con el título de *Los cien mejores árboles del mundo*, no faltarán estos admirables centinelas de nuestro Museo; los cuatro en una sola página, a fin de no abusar –y a fin de que me queden para otros árboles noventa y nueve páginas en lugar de noventa y seis[3].

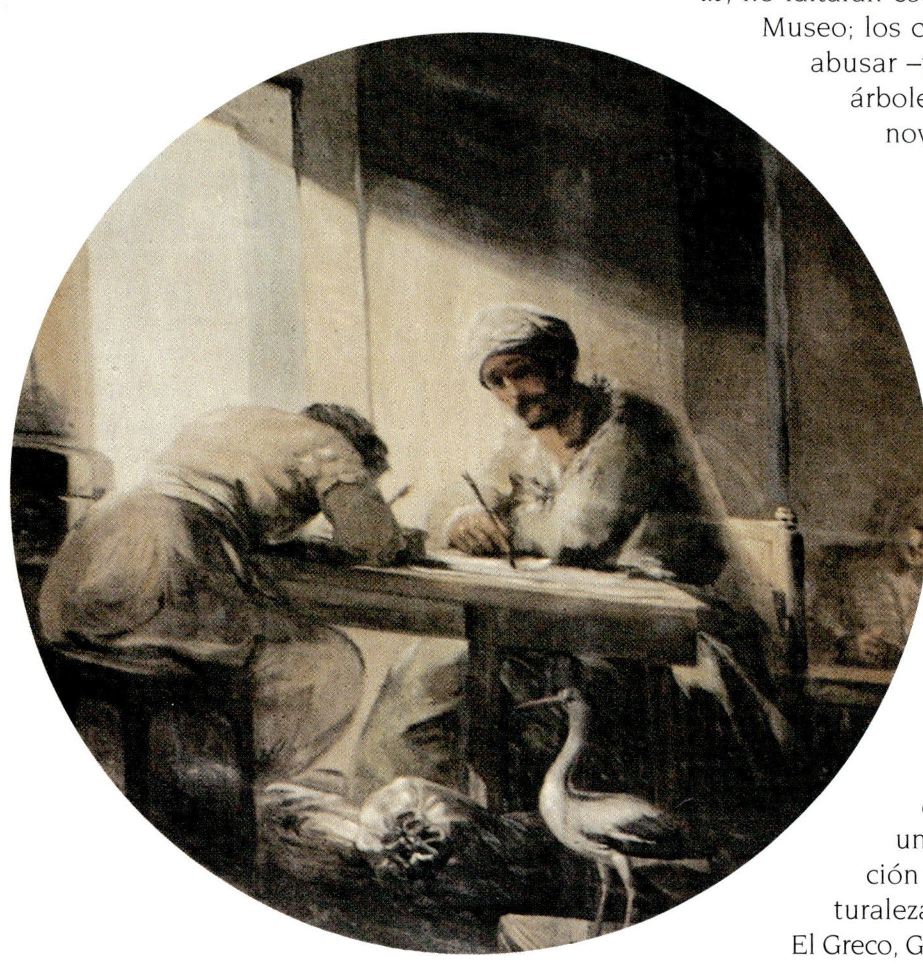

Digamos, por último, que el preferir, a la puerta de la rutina, que es la de la calle de Felipe IV, esta otra, ligeramente más lejana, nos dará tiempo para advertir que, hasta ahora y siempre, cuando hemos hablado, hablamos y hablaremos de romanticismo, incluimos bajo esta etiqueta el llamado *Barroquismo* también. Dentro del tecnicismo más generalmente aceptado en la historia de la cultura, el Greco, Goya, son dos grandes artistas barrocos; y suele reservarse el nombre de romántico para el arte propio del XIX... Pero ya creo haber demostrado alguna vez que el barroquismo no es sino el romanticismo *avant la lettre*. Que, al romper el arte, en un momento dado, con toda una tradición de estilo, se echa en brazos de la naturaleza, y esto es lo que le da tanta fiebre[4].

El Greco, Goya, significan, sustancialmente, lo mis-

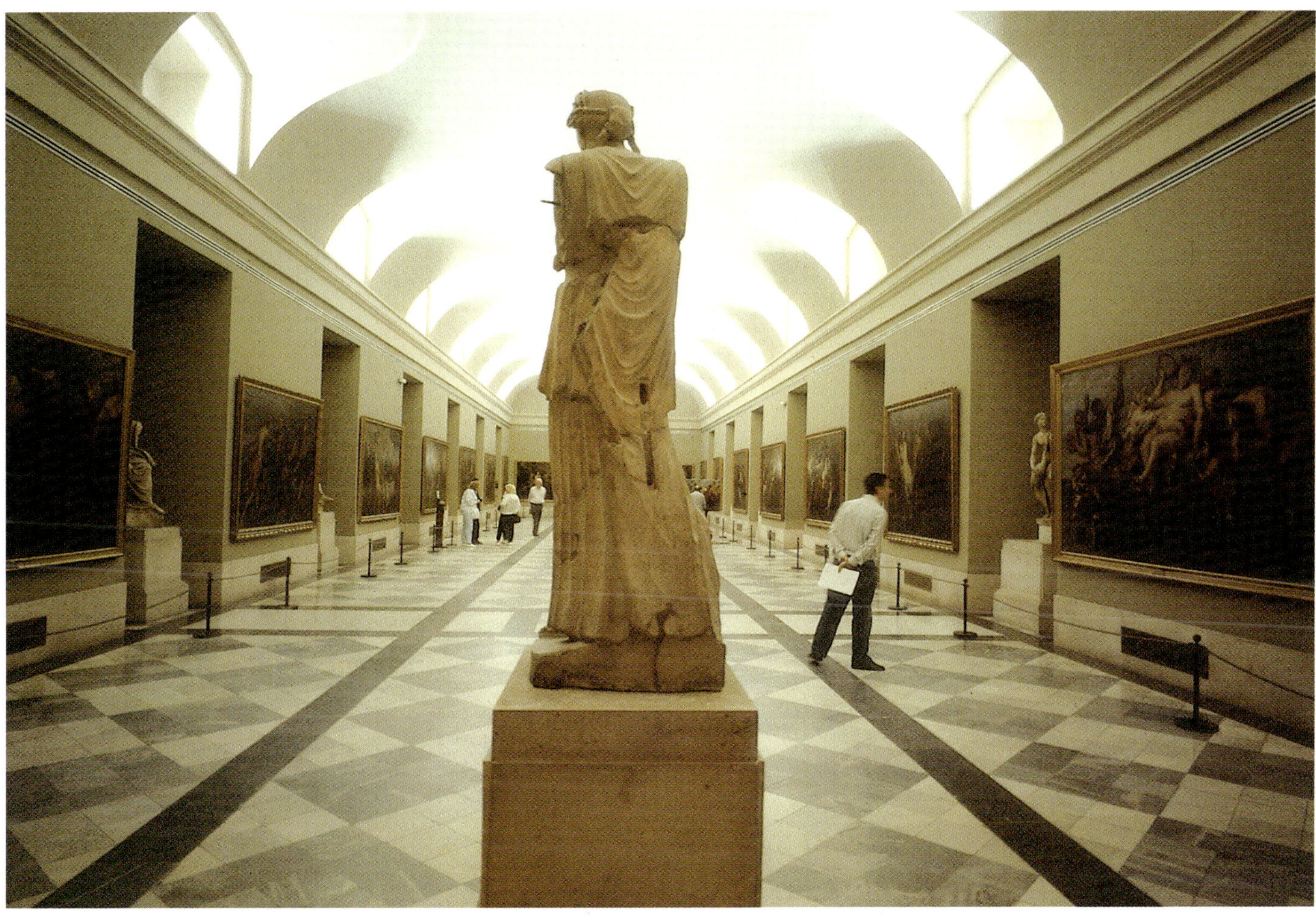

mo que Rousseau; no necesitan ser góticos ni acordarse de la Edad Media para que la pasión romántica los agite. Ni en el hijo del relojero de Ginebra, ni en el baturro de Fuendetodos, la peluca –tan precaria sobre su cráneo, después de todo– estorba al romanticismo profundo.

Dicho esto, cumplidos además los ritos de entrada nos encaramos con las pinturas, por fin; y, después de atravesar un vestíbulo y unas foscas salas de escultura –donde, entre ésta y con más emoción religiosa que artística, saludamos a la famosa *Dama de Elche*– entramos en una salita, que está muy bien decorada, y buscamos una apaisada composición, que está muy mal colocada: *La caza de Meleagro*, por Nicolás Poussin.

Ya hemos efectuado nuestra primera y libre incursión por el museo, a partir de ahora, la visita estará dirigida por el texto del autor y las imágenes que lo acompañan.

NOTAS

[1] Véase, del autor, *Nuevo Glosario* (*Glosario completo*).

[2] A la altura de estas últimas ediciones, el detalle no es exacto ya. Pero una cosa es el Prado en sí, y otra, el Prado de nuestras tres horas.

[3] *¿Qué fueron sino verduras de las eras?* (Nota de las ediciones recientes.)

[4] El autor, por razones poderosas, ha invertido, después, los términos de este su tecnicismo. Hoy es, para él, el fenómeno de lo romántico el que entra dentro de la constante barroca.

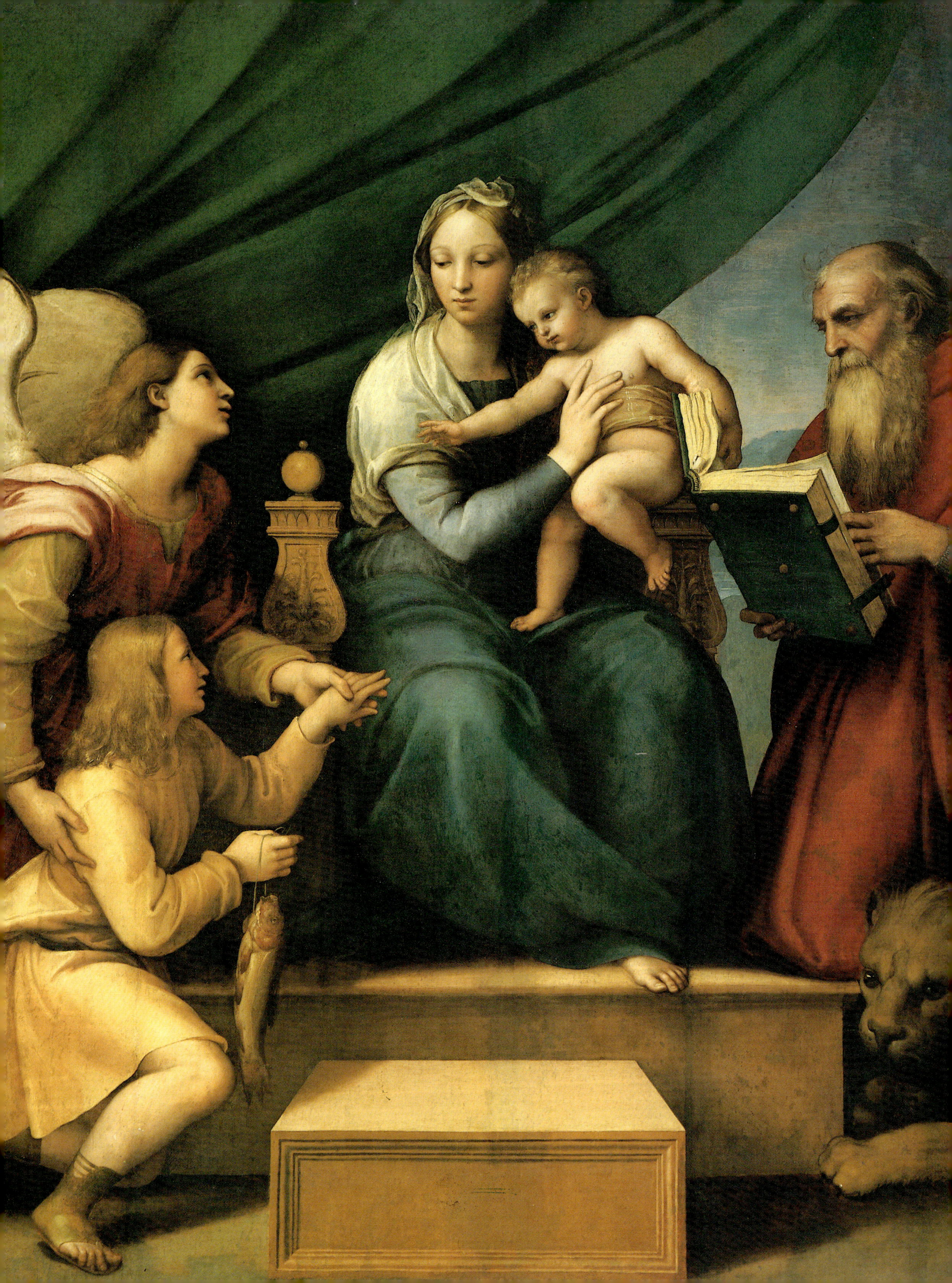

CLÁSICOS FRANCESES E ITALIANOS

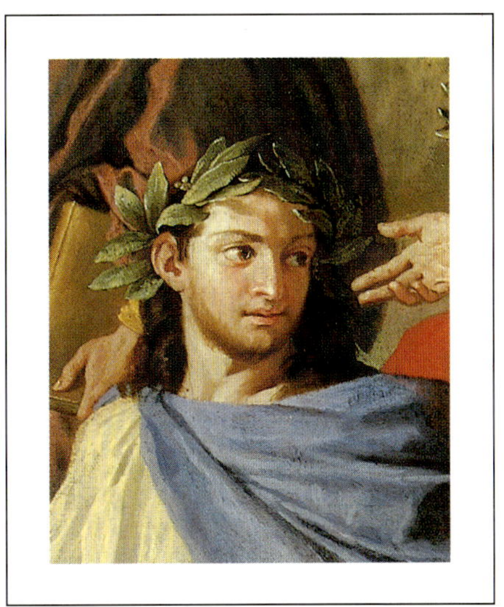

La laureada cabeza de uno de los integrantes del Parnaso *de Poussin, junto a la serena armonía de* La Sagrada Familia del pez, *de Rafael, nos adentran en el Olimpo del clasicismo francés e italiano.*

La caza de Meleagro

No es probablemente *La caza de Meleagro* (2320–XI) el mejor Poussin del Museo: es el más didácticamente significativo. Para ejemplo de una vecindad de la pintura con la escultura, nada mejor.

Está pintado –pintado apenas– más genéricamente diríamos: tratado –como un relieve. Está compuesto como un friso. Es un *desfile*, una *profesión*, que en griego se dice *théoria*. Sí, una teoría, como las Panateneas, como los *Triunfos* del Mantegna (y también, a su modo, la tapicería de la reina Matilde, en Bayeux)... Los jóvenes príncipes griegos acompañan a Meleagro y a la bella Atalanta a cazar el jabalí; pero no es la caza lo que aquí se nos muestra, sino la salida para la caza.

En otros Poussin, el orden, la reposada arquitectura, han tenido que imponerse filosóficamente a un asunto tumultuoso; entonces la geometría ha vencido a la vida, pero la vida burbujea aún. Así en la *Bacanal* (2312), que está aquí al lado, en cuya descripción se le escaparon al buen don Pedro de Madrazo notaciones de un dinamismo tan gracioso como la de decir que allí los bacantes de ambos sexos "*prosiguen* su *bulliciosa* marcha", "*repitiendo* sus libaciones...". En *La caza*, el mismo tema es casi estático; el caballo se encabrita (¡y cuán bellamente!) lo bastante, para no tener que avanzar.

Véale usted, este caballo –le dirá siempre el cicerone al amigo–, y dígame si no tiene calidad de escultura.

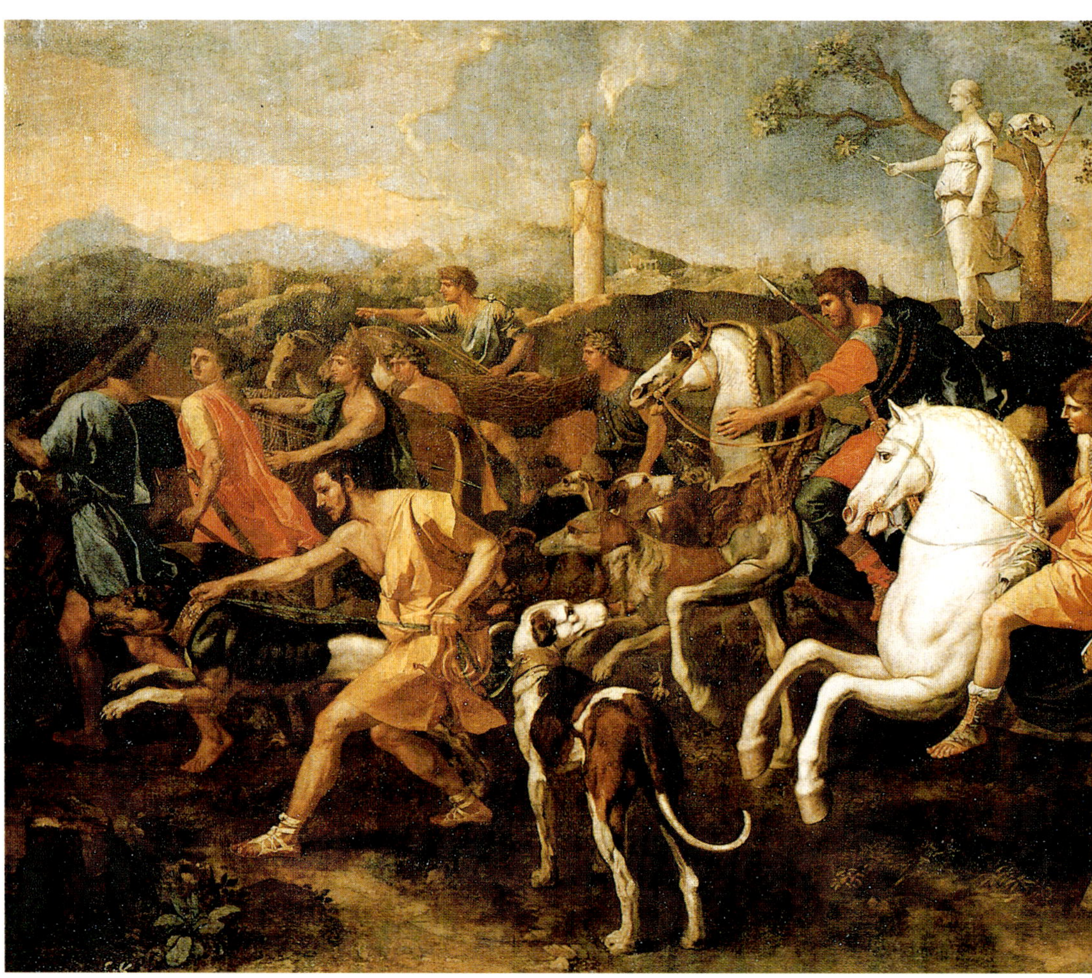

La caza de Meleagro *de Nicolás Poussin es la mejor demostración del estilo de una escuela de pintura en "relieve", en la que las figuras adquieren la plástica de la escultura.*

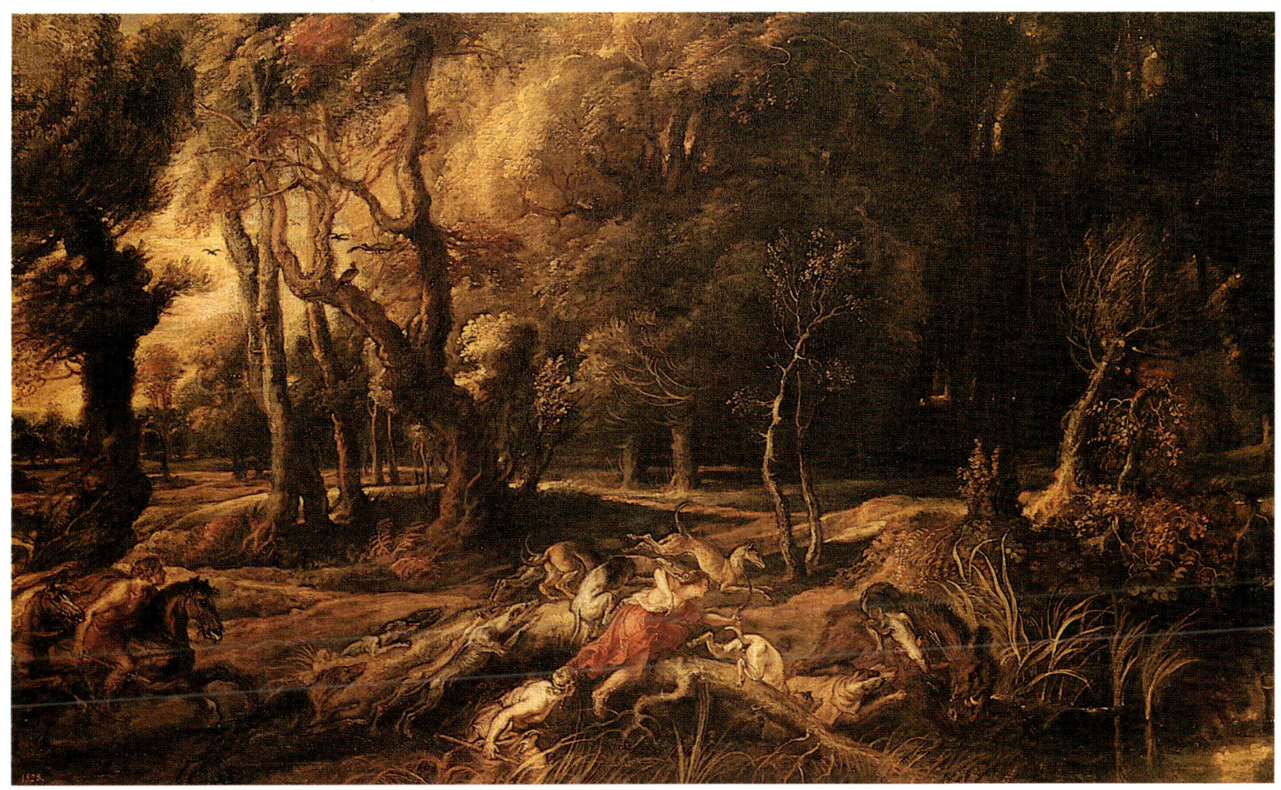

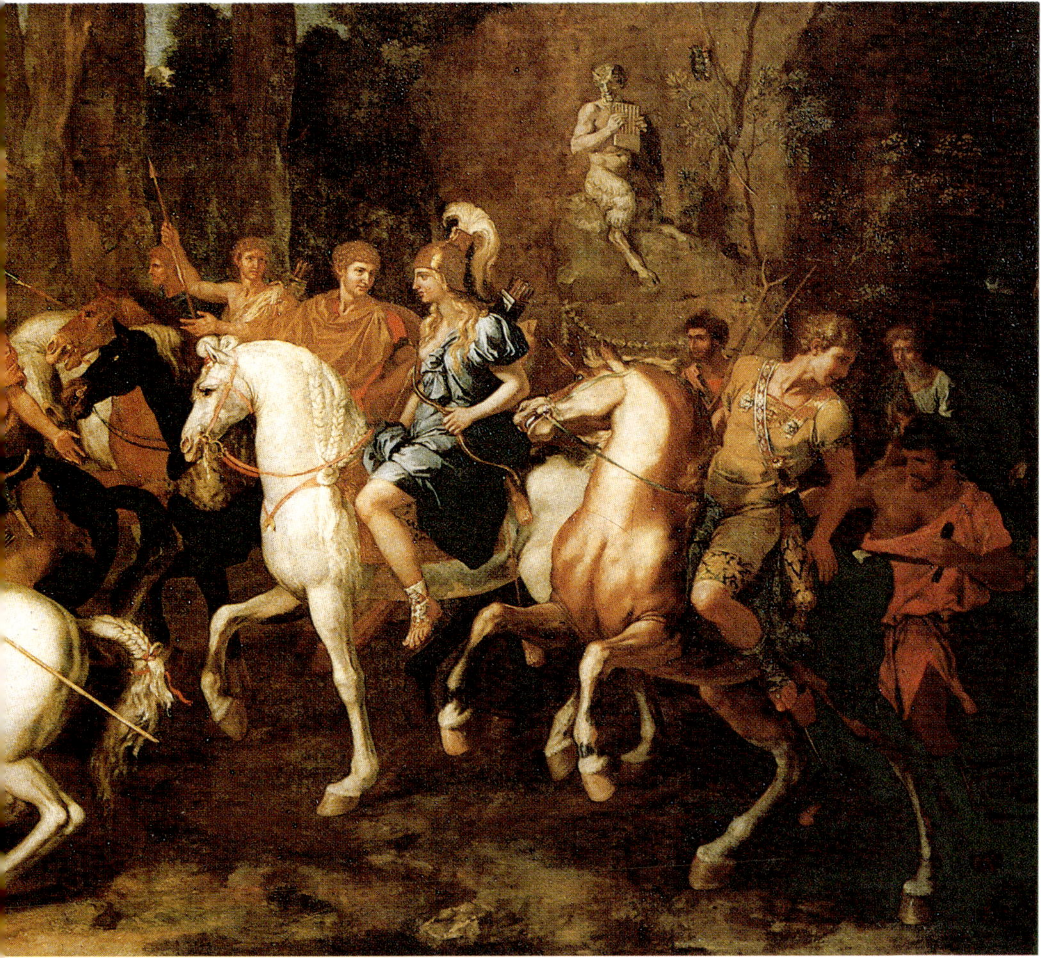

Como demostración de la eterna antítesis entre Barroco *y* Clasicismo, *podemos admirar sobre estas líneas* La caza de Meleagro, *de Rubens, quien ha abordado el mismo tema de forma radicalmente distinta. La serenidad estática de Poussin ha sido aquí rota por el agreste dinamismo del maestro flamenco.*

Algunas esculturas como documento

EN una galería inmediata[1] están las esculturas del Museo. Puede volverse un momento a ellas y comparar.

Puede verse, en réplica, pero réplica exquisita, la *Atenea Partenos* de Fidias, la que lució en oro y marfil en el Partenón, y otra réplica no menos clásica del *Diadúmeno* de Policleto, el escultor canónico, el que exigía a las bellas estatuas la altura de siete cabezas.

Y, aunque obra helenística –es decir, de decadencia–, y aunque probablemente retrato –es decir, probada muy directamente por la tentación de naturalismo–, ¡cuánta idealidad, qué soberana energía de abstracción, en la colosal cabeza de bronce de un efebo *que ya*, por otro lado, *está a punto de entrar en los dominios de la pintura*!

Otros Poussin

VOLVAMOS a ésta, volvamos a Poussin. Le hemos visto triunfar de la tentación de naturalismo, como el anónimo autor del bronce helenístico: le hemos visto imponer la geometría a la vida en la *Bacanal*, tan compuesta, tan grave, tan lejana al sensualismo, que nos seducirá, que nos inquietará tal vez cuando demos con la *Bacanal* (418–IX) del Tiziano, ya muy cerca del otro extremo de la serie. De otras tentaciones parecidas le vemos triunfar también, en la misma sala, a este racionalista purísimo, a este francés, a este arquitecto.

He aquí, en *el Parnaso* (2313–XI) la tentación de los árboles. Hay el grupo de los grandes poetas: Homero, Virgilio, Horacio; el Dante, Petrarca, Ariosto; hay el nuevo poeta, recibido por Apolo, a quien ciñe las sienes Calíope, entre las otras musas; hay, en el centro, Castalia, en cuyas aguas suelen beber los poetas. Muy bien. Esto se compone en arquitectura perfectamente. Pero aquí no estamos entre columnas y graderías, como en la *Escuela de Atenas*, de Rafael; estamos en el Parnaso; hay árboles; ¿qué hacer de los

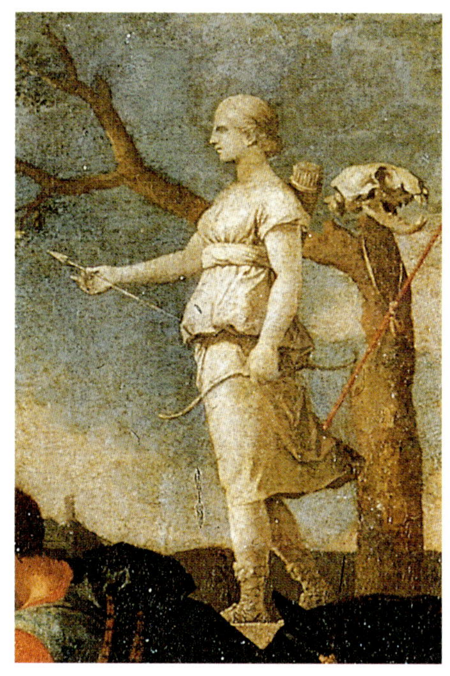

La pretensión de Poussin de lograr que sus personajes asuman las formas escultóricas se puede advertir en este detalle de La caza de Meleagro, *en el que la estatua de la diosa Diana parece ocupar su lugar en la partida de caza, como un miembro más del grupo.*

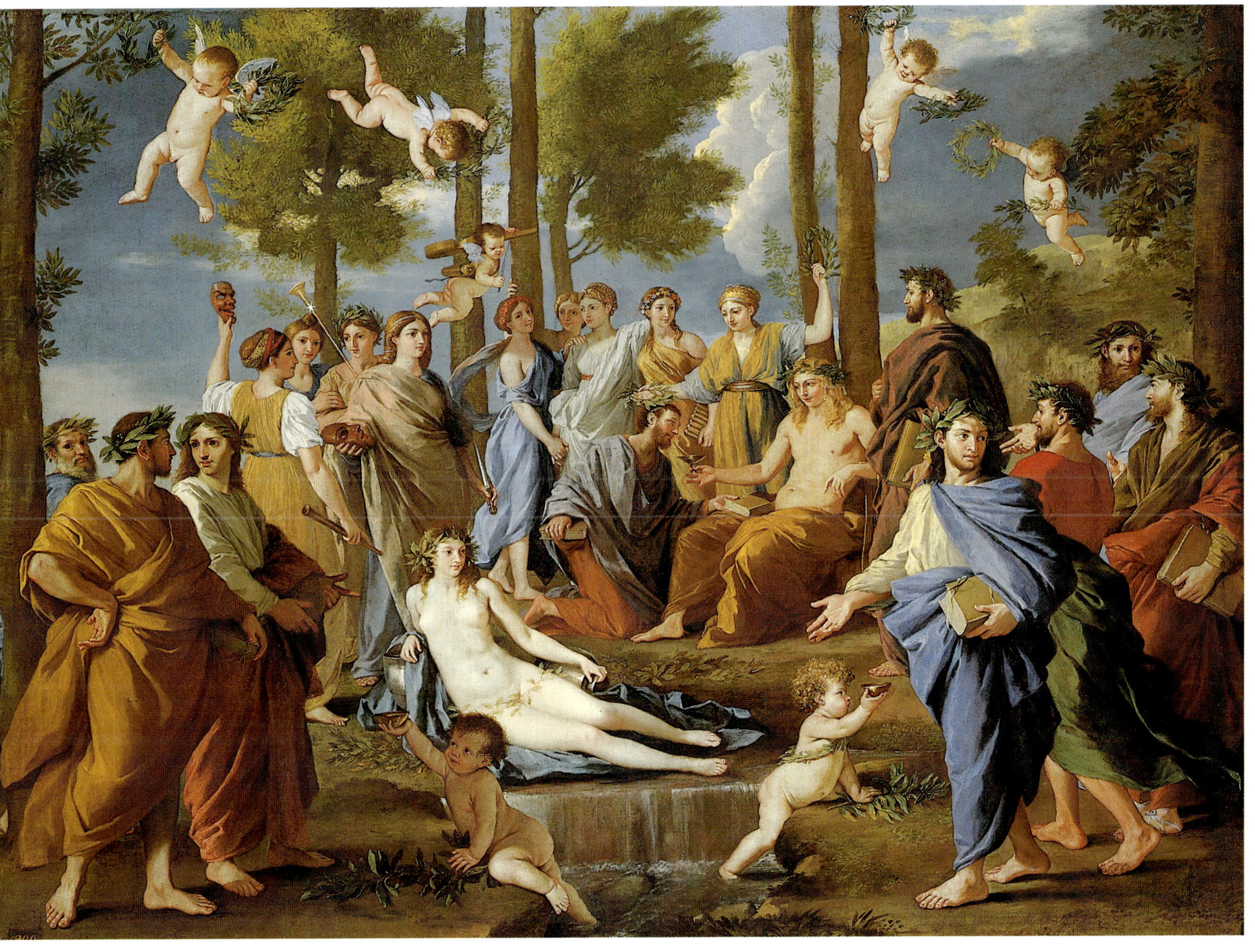

árboles?... ¿Qué hacer? Convertirlos en columnas. Tanto peor para la naturaleza. Las secciones verticales, casi regulares como las huellas de una parrilla, con que rayan los troncos el cielo de *El Parnaso*, de Nicolás Poussin, me parecen una de las victorias más suntuosas e inequívocas del espíritu, en la historia universal de las artes.

El Parnaso *de Poussin. Apolo, las musas y los poetas conviven en la bucólica arquitectura del jardín de los dioses.*

El paisaje y sus peligros. Claudio Lorena

TODAVÍA parece más grave tentación para un artista que así compone la de un paisaje entero. Pero en el *Polifemo* también la vida sale vencida; la naturaleza, ordenada. Lo es con la ayuda de la mitología. No hay acaso paisaje menos romántico en el mundo.

Los de otro gran pintor, vecino de Poussin en las Salas francesas, los de Claudio Lorena, *El muelle de Ostia* (2254–XL) y *Tobías y el ángel* (2255–XL), guardan ya casi un temblor sutil de romanticismo; tal vez hay en ellos un prenuncio remoto de Chateaubriand;

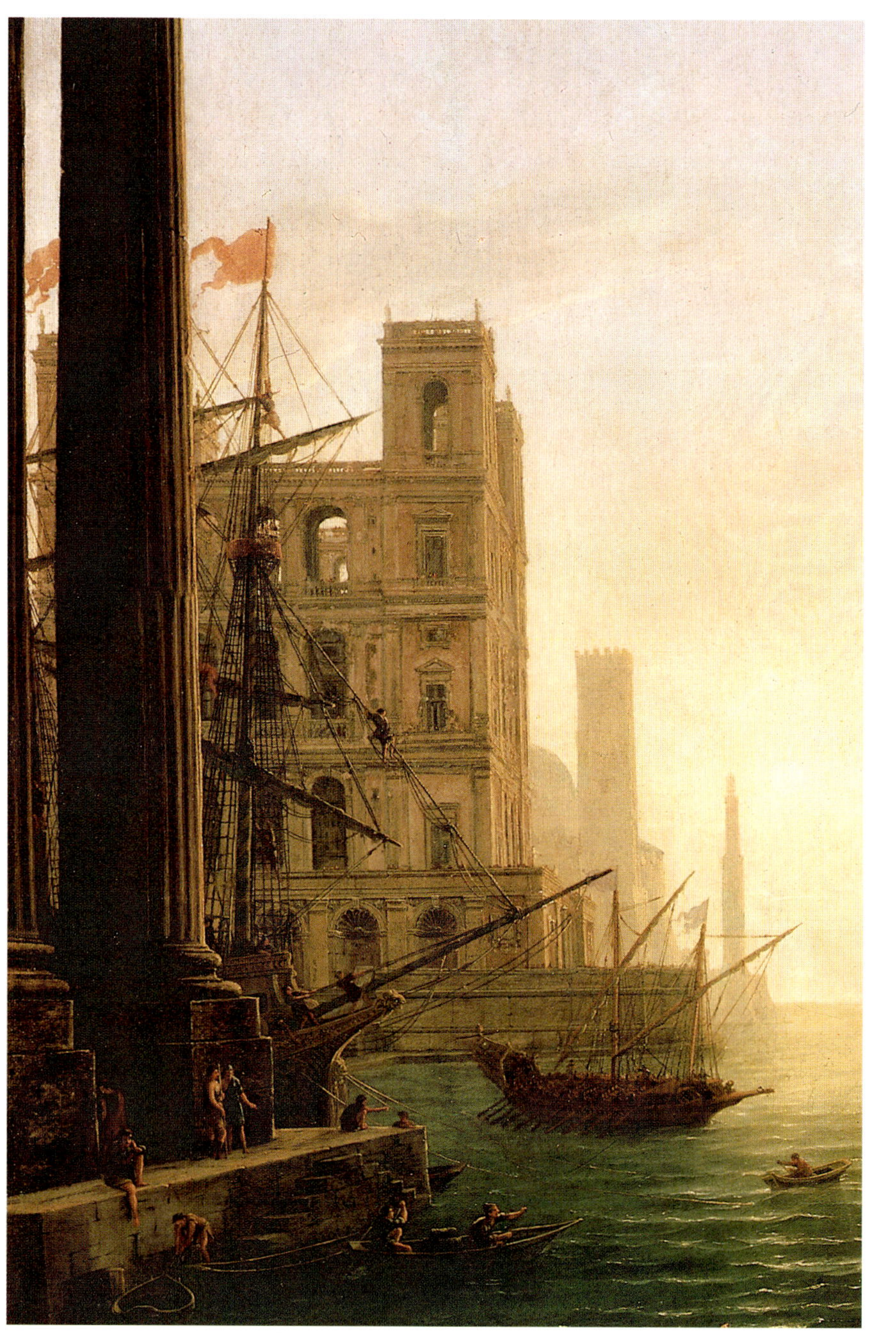

El muelle de Ostia *de Claudio de Lorena. La parte izquierda del imaginario puerto recoge en primer plano una conjunción de mástiles y arquitecturas, con la perspectiva de un lejano foco de luz.*

y desde luego, genéticamente, se puede reconstruir (con la cadena, *Claudio Lorena-Constable-Turner-los impresionistas*) cuán rápidamente se recorre el plano inclinado que lleva hacia el naturalismo toda pintura de puro paisaje.

Pero, cualquiera que sea el porvenir del género, y acaso el germen peligroso que las obras de este romano de adopción escondan ya, su estilo es todavía muy noble, y su clasicismo ha podido pasar como tipo de lo académico. Sí, aquí estamos todavía muy lejos de la apoteosis panteística del aire y de la luz.

Son paisajes espirituales, humanizados por las alusiones literarias, por las construcciones, por las ruinas. Sobre todo en *El muelle de Ostia*, los elementos naturales han desaparecido casi totalmente. Apenas unos árboles, muy finamente estilizados, apun-

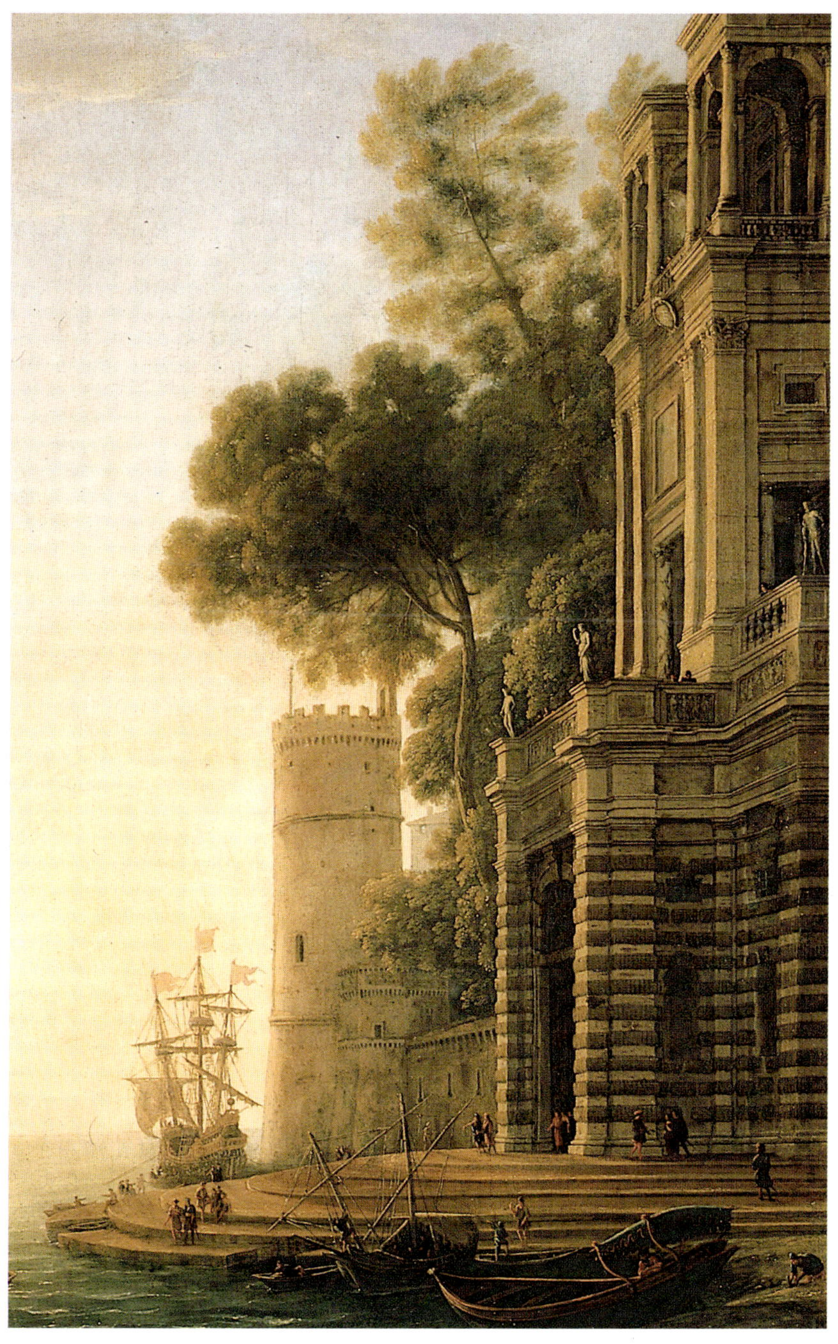

Esta es la parte derecha del mismo cuadro. El fervor clasicista se armoniza con la irrupción de las gigantescas copas de los árboles. La luz deja su dorado sello en la naturaleza, las construcciones y los diminutos seres humanos.

tan entre el palacio y el castillo, frente al magno templo y la serie de construcciones civiles que le suceden; el agua, casi dormida, aparece poblada por la muchedumbre de las barcas y los navíos; y hasta la luz misma, para resignarse a tener un valor secundario en el lienzo, es una indecisa y pálida luz de amanecer.

Baudelaire, que amaba los paisajes sin la indiscreta pompa vegetal, adoraría en éste. Donde también, a pesar de lo que hagan o puedan hacerse las figurillas (que, por otra parte, parece resultar que no son pintadas aquí por la mano del maestro, sino por la de Guillermo Courtois),

"...tout n'est qu'ordre et beauté, luxe, calme et volupté."

Watteau

VOLUPTUOSIDAD intelectual, geométrica, digo. Antes de abandonar esta Sala francesa, lancemos una ojeada, para obtener (cosa muy útil al momento de este Itinerario en que nos encontramos) toda la ejemplaridad de un contraste, a los deliciosos, a los dos venenosos Watteau. Que muestra aquí su gracia turbia y barroca; es decir, según hemos visto, extremadamente romántica.

Lo que voy a arriesgar acaso parezca una herejía, pero en lo hondo de lo hondo, yo no creo que Watteau sea un francés; a no serlo en aquella medida y de aquella manera en que a un francés puede llamársele germánico. El *Guilles* del Louvre podría hacernos vacilar; pero las *Capitulaciones de boda* (2353–XXV) y la *Vista de Saint-Cloud* (2354–XXV), del Prado, no dejan lugar a duda. Como de alegría o de tristeza –o lo que se llama tristeza y alegría– no hay cuestión, y de lo que se trata es de la dualidad entre espíritu y naturaleza, este pintor de lo palpitante inconsciente; este destructor de líneas y contornos en beneficio del aire y de la luz, de quien está seguramente más cerca, en el mundo del arte, es de Rembrandt. También esto es claroscuro, aunque aquí lo claro cante victoria y baile y carnavalee en las humanas sombras; en lugar de dejar aquel triunfar a las penumbras de una sala de anatomía y dedicarse éstas a abrir el frío cadáver de su hermano muerto...

Aquí, en Watteau, los árboles, que en Poussin eran columnas, están ya muy cerca de ser fantasmas.

Pero volvamos a los clásicos puros y atendamos ahora *El tránsito de la Virgen*, de Mantegna.

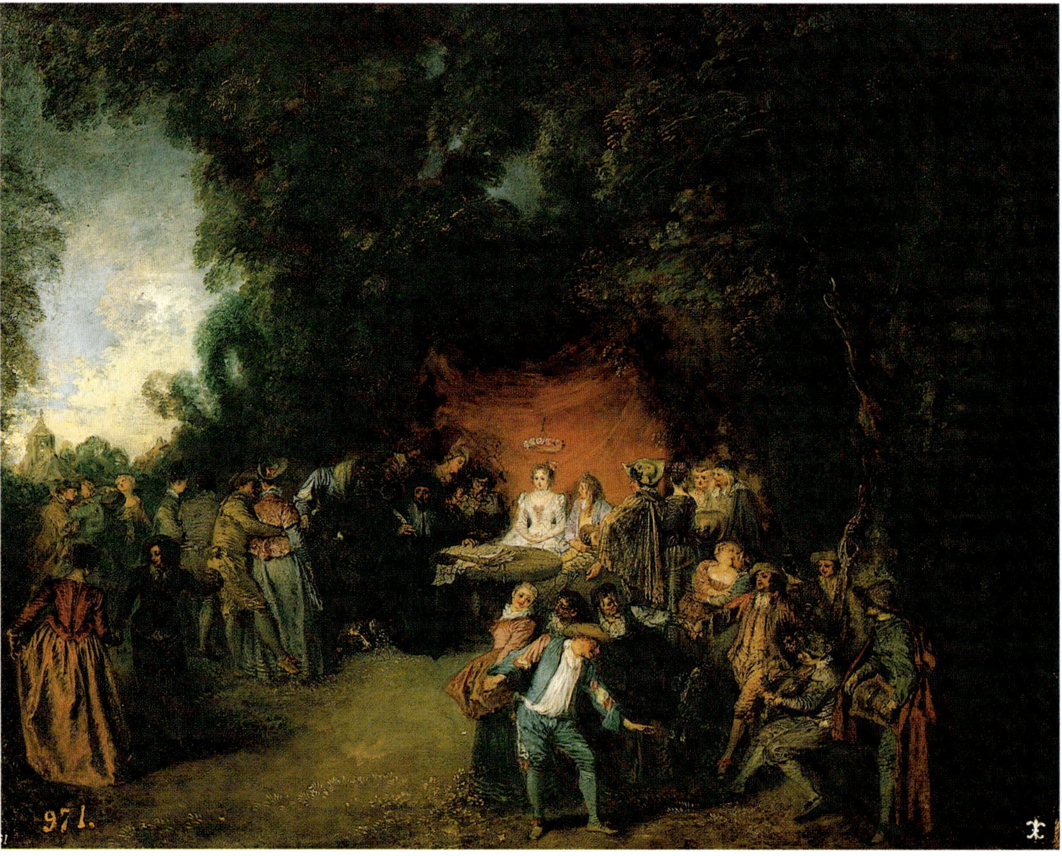

En los dos Watteaus de estas páginas, la naturaleza gana el protagonismo al resto de la composición. El acogedor bosque de las Capitulaciones de boda, *junto a estas líneas, se torna en paisaje casi fantasmal en el fragmento de la* Vista de Saint-Cloud, *catalogado en la actualidad como* Fiesta en el parque.

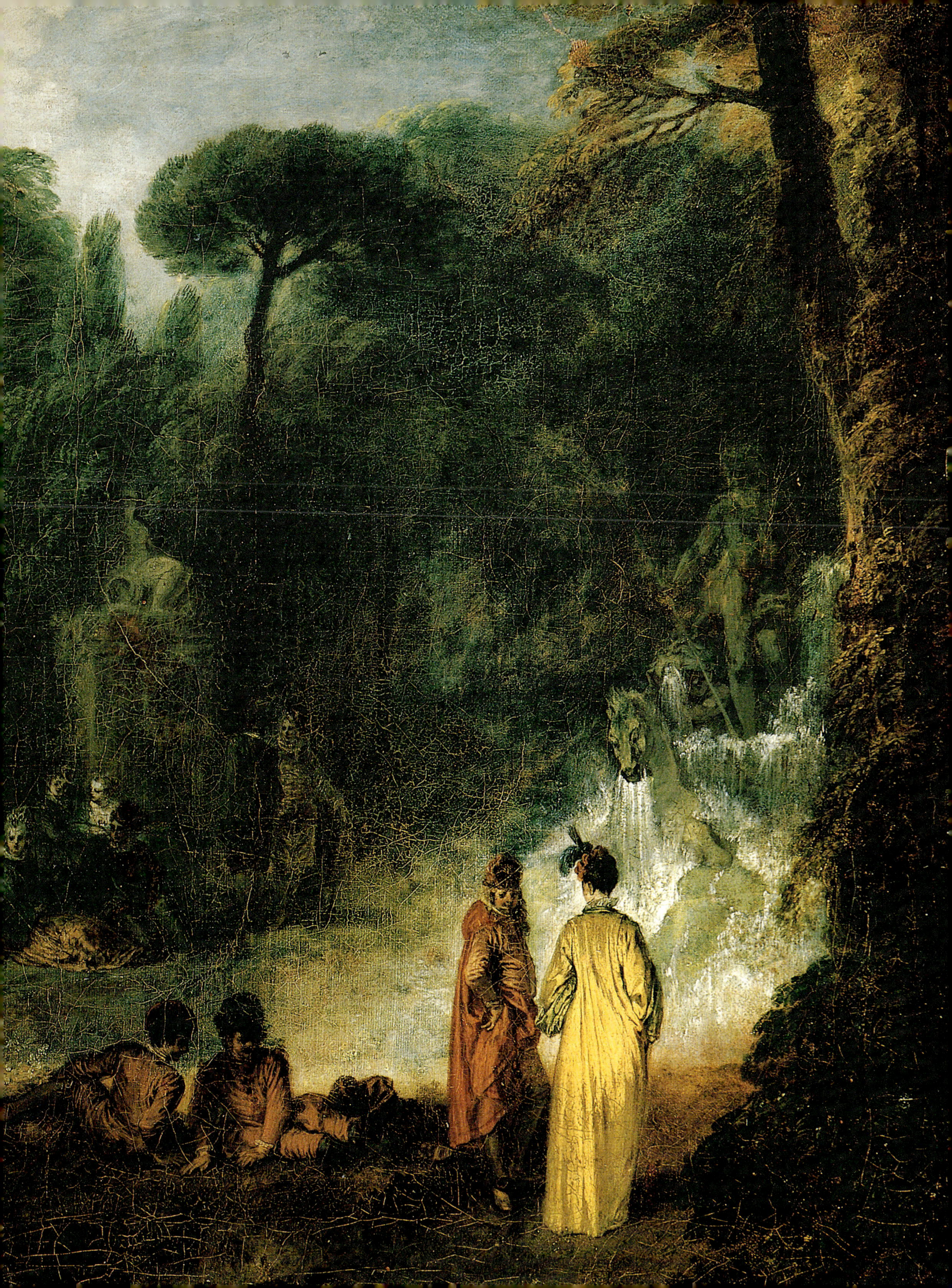

El Mantegna

EL *tránsito de la Virgen* (248–III), de Mantegna, se guarda hoy en la sección del Museo donde se agrupan los pintores italianos. Como se trata de un cuadro de cortas dimensiones, el visitante novicio no lo encuentra en seguida. Además está colocado como al descuido, sin ningún aparato de supremacía presidencial. Tampoco llama la atención por la pompa o la simpatía del color, por ninguna de las seducciones de la vivacidad. Pero yo te juro, amigo mío, que en esta tablilla lívida se encierra una de las más puras realizaciones de belleza que hayan conocido los hombres. De ferviente del arte sé (muy pocos, pero, en fin, de entre los mejores) que, si un día el fuego debiese consumir todo este Museo y en manos de ellos estuviera salvar una obra nada más, no vacilarían y se precipitarían hacia el Mantegna.

El cuerpo sin vida de María preside el centro del Tránsito de la Virgen *de Mantegna, a modo de galería de retratos y actitudes.*

Inteligible, claro, *El tránsito de la Virgen*, lo es plenamente. Claro, no quiere decir precisamente fácil. Al contrario, este linaje de belleza trae para su goce mucha dificultad y exige en el gozador estar de vuelta de muchas cosas.

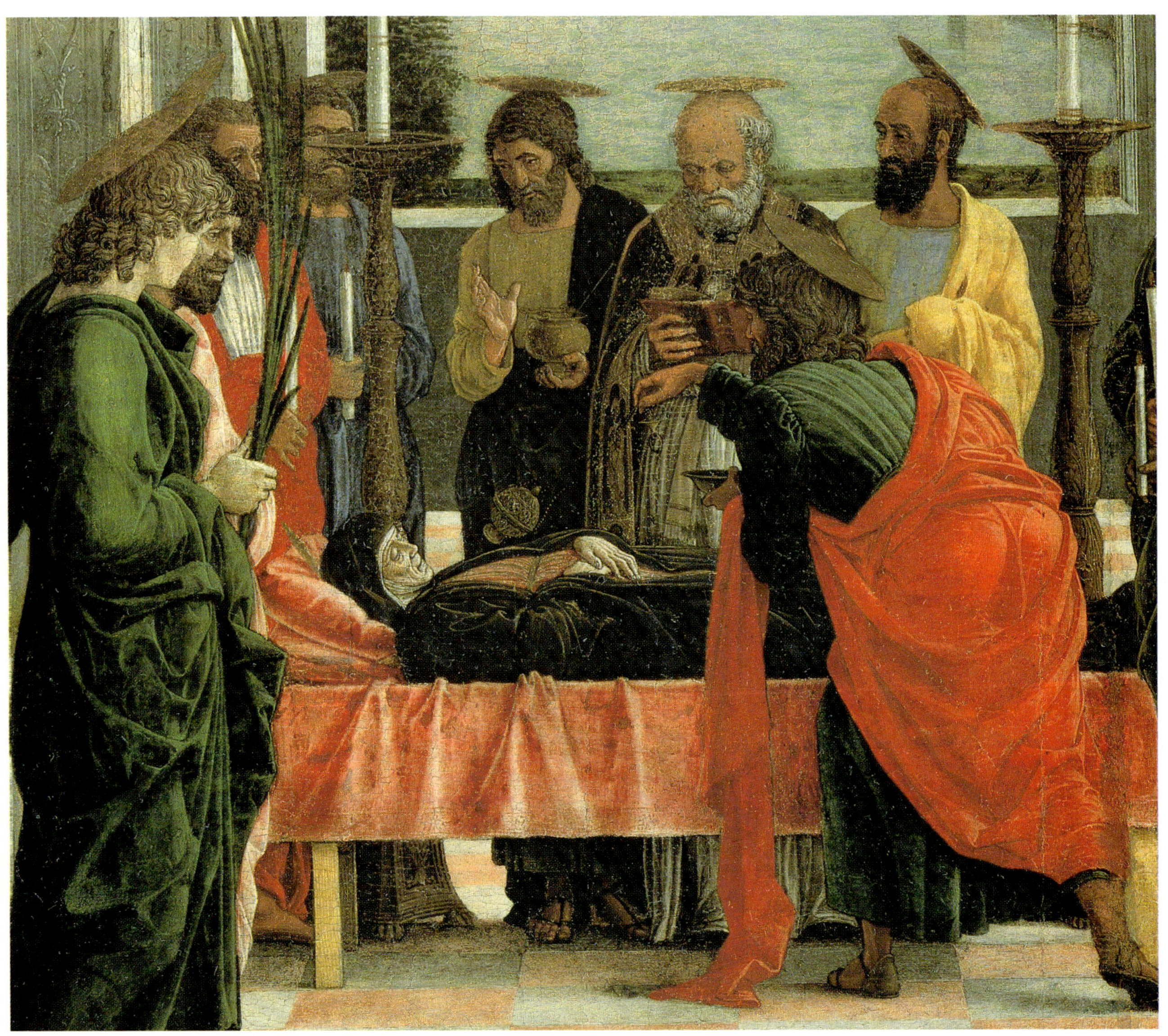

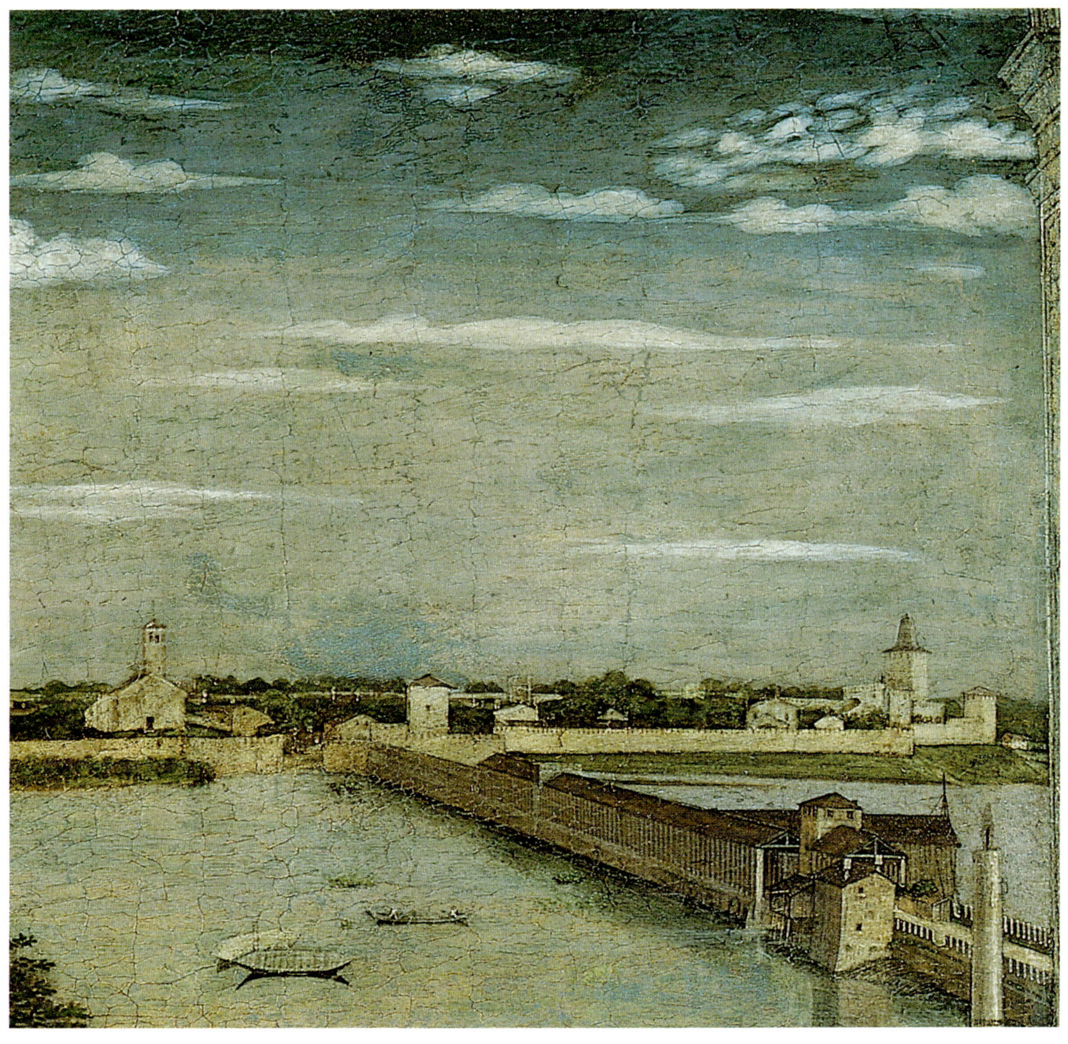

He aquí, en resumen, cómo he intentado, dando un rodeo, definir el supremo valor de esta obra en mi libro *El viento en Castilla*: "Decimos, para elogio de unas flores artificiales: *Parecen naturales*. En cambio, unas flores naturales exquisitas pueden proporcionarnos la ilusión de la artificialidad... Paralelamente en la obra de un grabador elogiamos –elogiábamos, ayer, con el naturalismo, sobre todo– que, a fuerza de habilidad, reproduzca la morbidez de la pintura. Pero unas predilecciones más austeras llegarán a valorar, en una obra de pintura, la seca, precisa, áspera calidad de grabado. La pintura que se asemeja más abnegadamente a un grabado es *El tránsito de la Virgen*, del Mantegna..."

Sí, aquí ya no queda ni siquiera rastro de sensualidad, de halago, de brillo. Todo distribuido, estructurado, lógico. "Parece que un viento frío ha secado todas las cosas –recuerdo haber dicho en otra parte. Hasta los nimbos de santidad que rodean las cabezas son (perdóneseme la grosería de la expresión) discos *amojamados*..." Si *La caza de Meleagro* recuerda a un frontón ático, *El tránsito de la Virgen*, a una columna dórica. También recuerda a la geometría de Euclides, a la prosa de Tucídides, a la psicología de Stendhal... La cima de la dignidad. Una apariencia fría, pero, en lo hondo de lo hondo, ¡qué pasión!

No hay cuadro mejor compuesto que éste, en la antología de la pintura universal.

No es este un gran cuadro en formato, pero los tres planos de su composición son otras tantas creaciones autónomas, plenas de significados y cualidades. El fragmento de esta página recoge el distante y frío paisaje, que espera la ascensión del hasta entonces cadáver de la madre del Salvador.

Andrea del Sarto

CON Andrea del Sarto, que está muy cerca, la gracia se insinúa. He aquí el *Asunto místico* (334-V) que también suele designarse con el nombre de *La Virgen y San Juan*. Del *grabado* hemos pasado a la *estampa*. Esta coloración delicada encierra ya todo el hechizo del milagro de Florencia. Pero todavía las cualidades racionales del arte no han hecho ninguna concesión.

Artictúlase la composición en arquitectura perfecta. El dibujo, impecable. Por algo Del Sarto es para la leyenda *Andrea senza errori*. El color, una especie de *iluminación*, nada más. No recuerda ya la geometría de Euclides; pero sí la Astronomía de Pitágoras; en espera de que Rafael, en seguida, nos recuerde la filosofía de Platón.

Mantegna es el pintor de la Razón, Rafael, el pintor de la Inteligencia. Ni tan puro como aquél, ni tan armonioso como éste, Andrea del Sarto pasa ante nuestro ojos como un *artista meditabundo*.

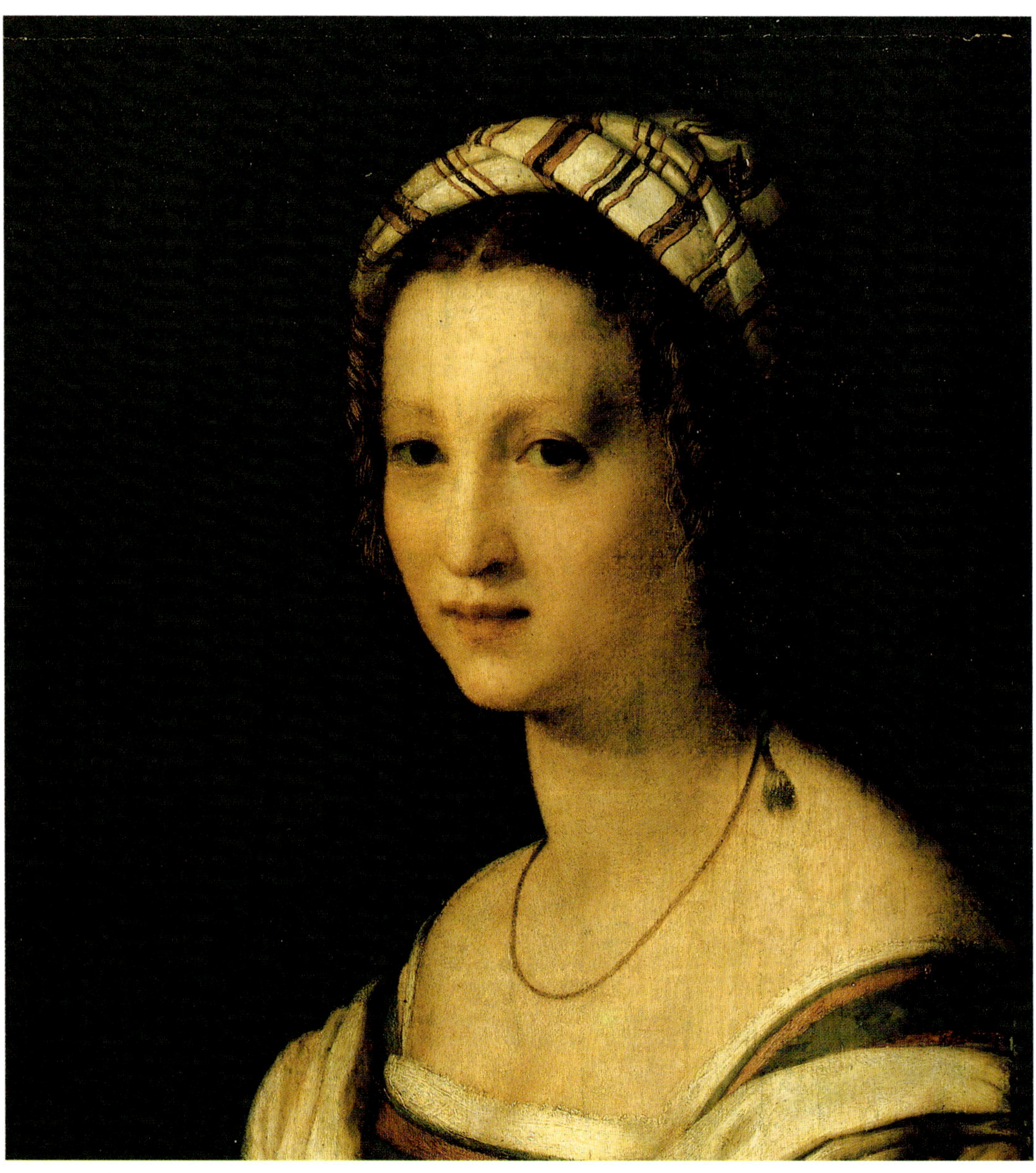

Junto a estas líneas el retrato de Lucrecia Baccio dei Fede, esposa de Andrea del Sarto. Todo un modelo de perfección técnica, que, sin embargo, no consigue trasmitir el retrato psicológico del personaje.

Rafael

Atención. Estamos en una cumbre humana. A estas alturas, ya no parece cosa lícita *juzgar.* Sin embargo, puédese todavía *preferir.*

Según cual sea su preferencia en este trance, clasifícanse los hombres y los siglos. Tradicionalmente, el Rafael más glorioso del Prado venía siendo la *Caída de Cristo llevando la cruz* (298–II). En él adoró la sensibilidad académica. Llamáronle, para encomio de admiración, *El Pasmo (Spasimo) de Sicilia.* De tiempo sabíase que la obra había sido ejecutada por los discípulos. No importaba. De tiempo también se acusó el color de pobreza. Mejor que mejor. Así la pintura aparecía, como de Poussin hemos dicho, pero más altamente que Poussin todavía, cercanísima a la escultura. Hay algo aquí, realmente, del más supremo sentido clásico.

Un día, hubo un salto en la rosa de los vientos del gusto. Rompióse con la Academia, y entonces diéronse las gentes en invocar la naturaleza y la vida. Así vinieron a pre-

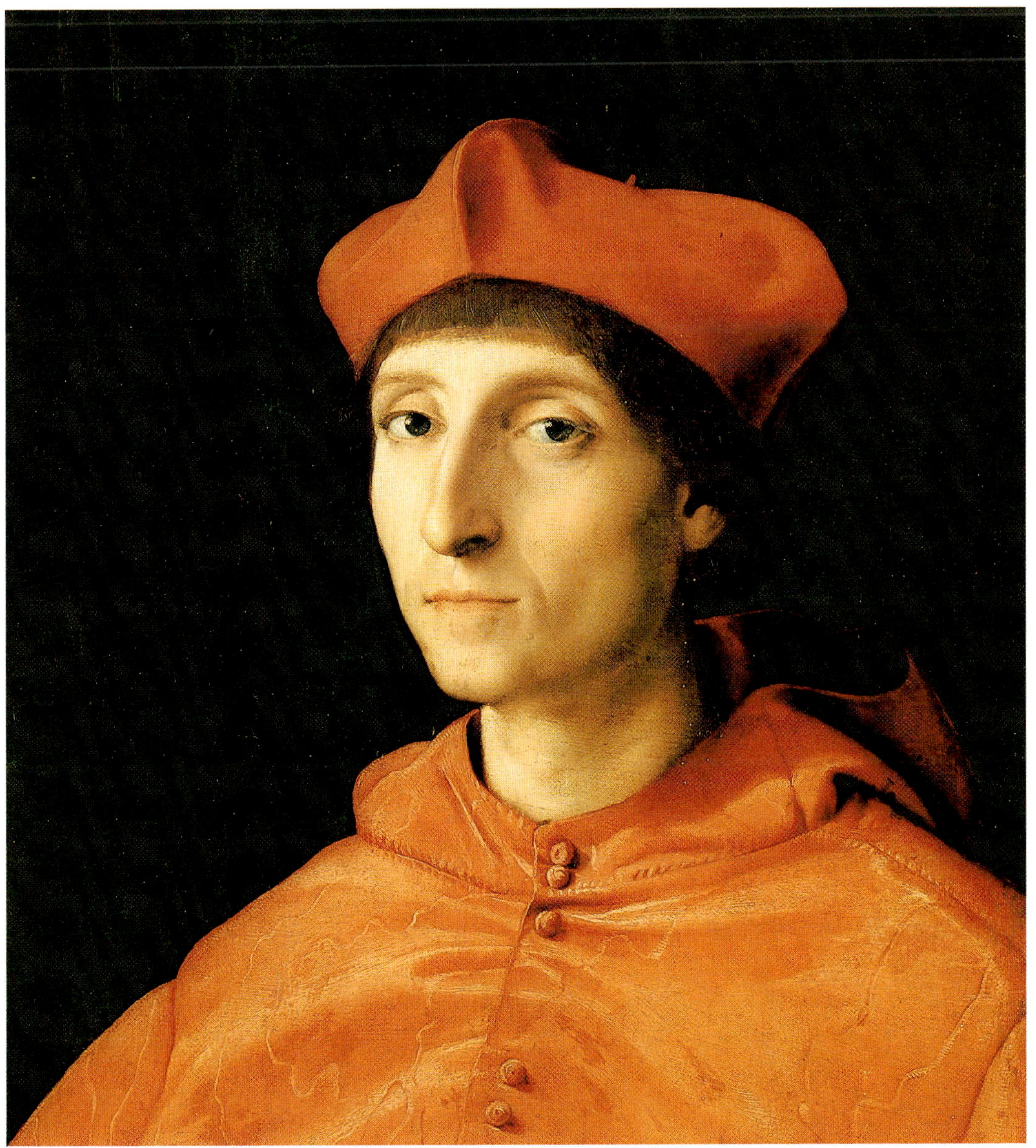

Si en el caso anterior la distancia entre la modelo y su personalidad es excesiva, en este famoso Retrato de un cardenal, *de Rafael, hay demasiada preocupación por acercarse a la psicología del personaje, demasiada ambición por aguzar ciertos rasgos físicos para lograr reacciones inmediatas en el espectador. Pese a ello, y no por ello, es una obra maestra.*

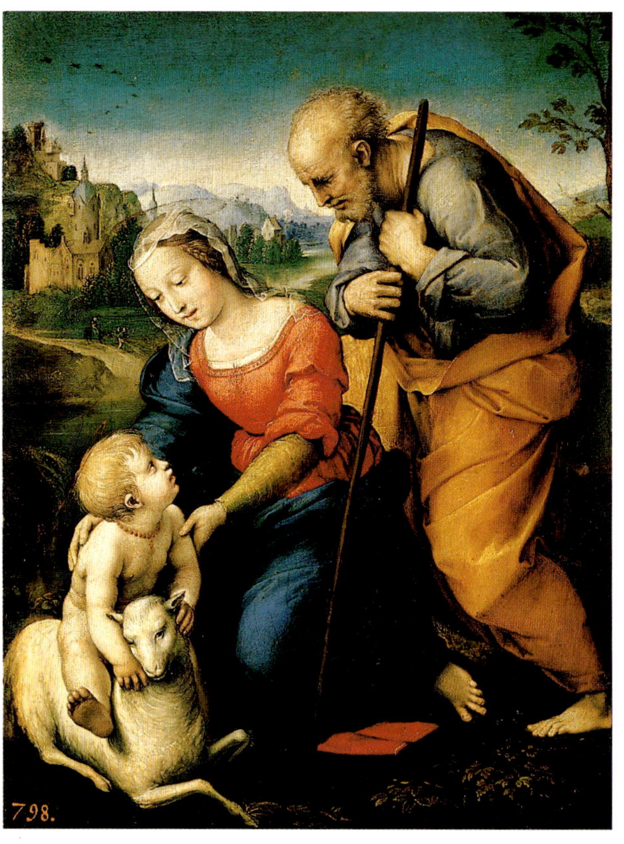

Reducida de tamaño pero plena de aciertos artísticos, La Sagrada Familia con el cordero *resume lo mejor del talento de Rafael, capaz de dignificar hasta lo excelso, las estampas más tiernas.*

ferir, probablemente a cualquier otro Rafael, el *Retrato de un cardenal* (299–II). En el Prado, esta pintura se encuentra entre las más gustadas por aquellos que, en realidad, no gustan de la pintura. Después la veremos, amigo mío, porque, si usted no ha visto eso, les parecerá a las gentes con quien hable que no ha visto el Museo. En cuanto a mí, le confesaré que, personalmente, la obra no me es simpática.

El valor del rostro es valor de psicología. Decimos ante él: "¡Cómo se ve al italiano del Renacimiento!... ¡Qué tipo fino, concentrado, inteligente, inmortal, acaso traidor!" De aquí podemos lanzarnos sin inconvenientes a fantasías sobre Papas, hijos naturales, venganzas, dagas y venenos. Total, literatura...[2]. Todavía es de orden inferior otro de los encantos famosos del retrato. El virtuosismo con que está pintado el cardenalicio rojo, en sus brillos y matices, con el realismo estupendo de su calidad. Bien, pero a mí me parece esto un poco –¿cómo le diré?–, un poco acuarelado. Un poco más y ya caeríamos en pleno Meissonier.

Entre *El Pasmo* y *El Cardenal*, colóquese estéticamente la serie admirable de las Madonas. Como el centro moral de estas obras está siempre en el triunfo y la revelación maravillosos del sentido de la feminidad, puede comprenderse bajo este título genérico incluso a las composiciones que representan la Sagrada Familia.

Escojamos dos obras en este conjunto: una, grande, *La Virgen del pez* (297–II), de serenidad insuperable, aunque el colorido ya empieza a tener algo de la fiebre que luego veremos incendiar a los venecianos; y otra, pequeña, *La Sagrada Familia con el cordero* (296–II), tan maravillosamente minuciosa, tan clara –y, esta vez, tan fácil–, que su valor, aunque purísimo, no escapa al orden de equívoco que hemos visto podía turbar la apreciación de *El Cardenal*... Como Beethoven –y en excepción gloriosa dentro de los fastos universales de la belleza–, Rafael pasma a la vez al avisado y al ingenuo.

Correggio

Nada sexuado en Poussin o en Mantegna. Cuando el triunfo de la feminidad se introduce en un clasicismo, inevitablemente, lo corrompe un poco. Pensemos en lo que va de Fidias a Praxíteles. Pensemos en la escala Esquilo-Sófocles-Eurípides. Recordemos que triunfa Eurípides cuando las mujeres empiezan a ser admitidas en el teatro. Entonces entran, con ellas, el *pathos*, las lágrimas, la sensualidad.

Un momento así es el de Correggio. Un artista a la manera de Praxíteles. Un Eurípides, después de Rafael, que era Sófocles; después de Mantegna, que era Esquilo. Aquí está el *Noli me tangere* (111–VI), una de las pinturas más tiernas, más dulcemente conmovedoras del mundo. ¡Esta morbida mujer, esta pecadora, rendida en el suelo, anonadada, extasiada! ¡Y tan cerca, el blanco cuerpo desnudo del Señor!

¡Cuidado! El barroquismo se halla a la vuelta. Un instante ha cruzado por nuestra imaginación el recuerdo de la Santa Teresa en aquel altar, en aquella que alguna vez me he atrevido a llamar *alcoba*, erigido un día en Roma por el caballero Bernini.

NOTAS

[1] En la planta baja del Museo, y ahora algunas en la primera planta.

[2] Tan literatura, en el peor sentido de la palabra, que, identificado el modelo del Cardenal, resulta ser un suizo.

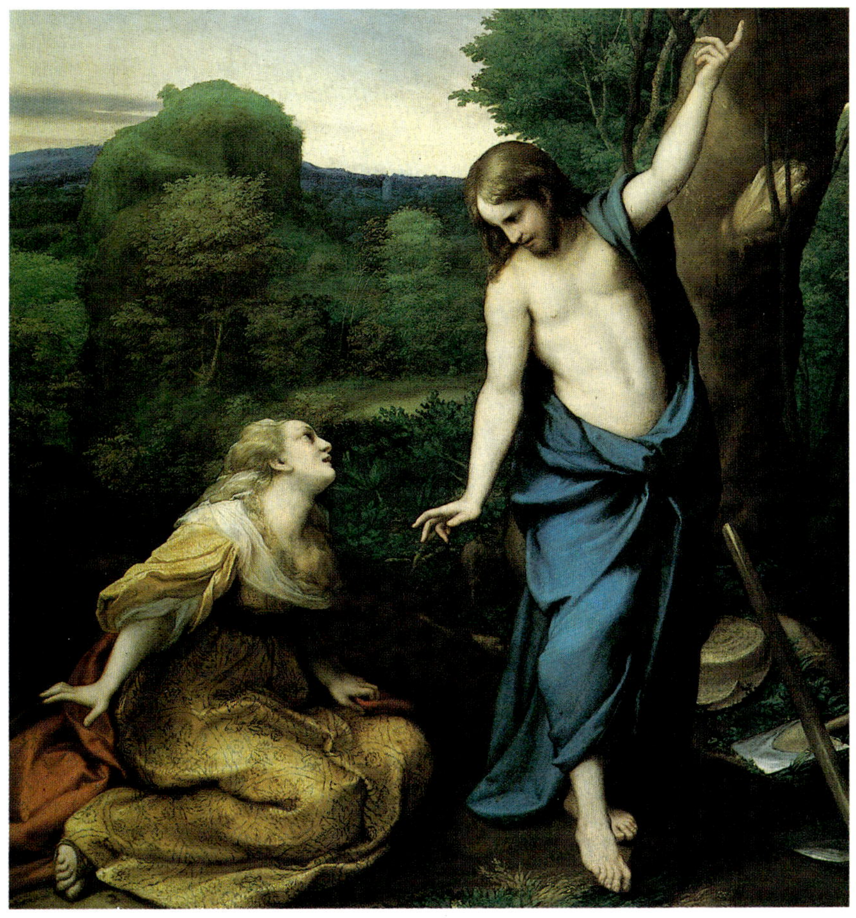

Con Noli me tangere *de Corregio, se han realizado todo tipo de tesis acerca del ambiguo tratamiento de la escena. ¡Claro que hay sensualidad!, y hasta podríamos utilizar un término poco piadoso, como "morbo", pero este cuadro es, por encima de todo, una hermosa escena de amor, con o sin adjetivos.*

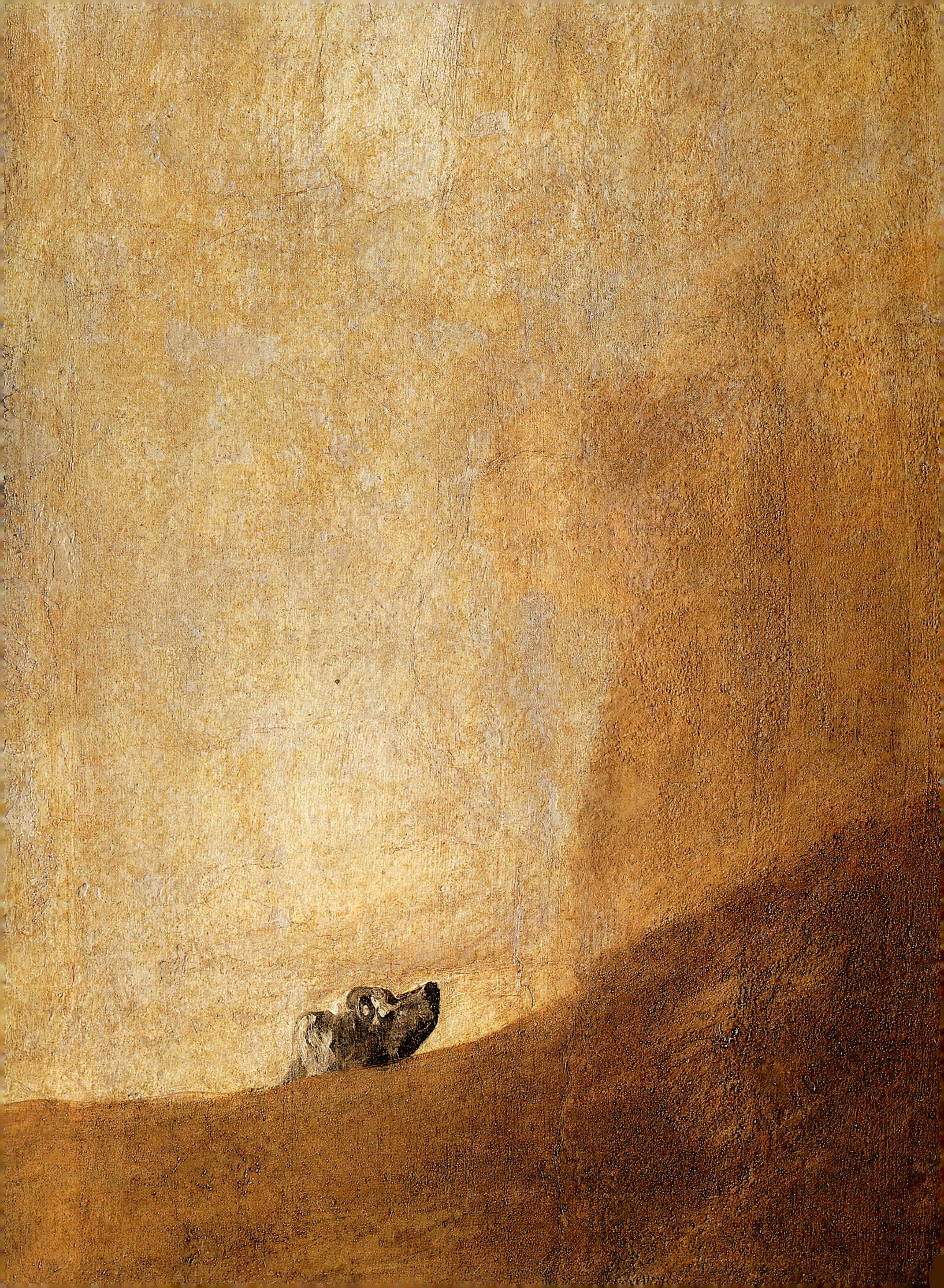

EL GRECO
Y GOYA

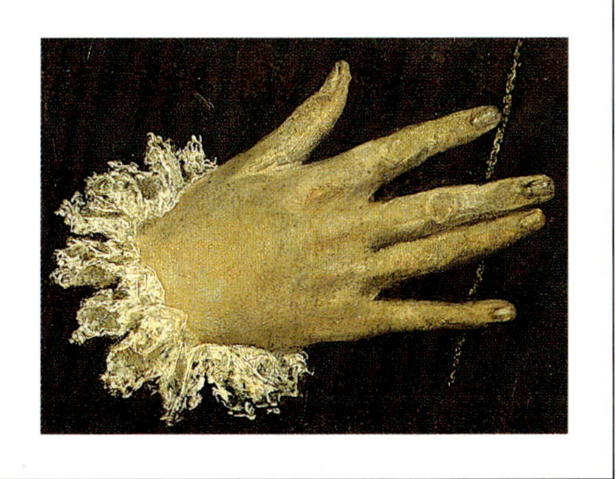

En los más exiguos detalles aparece el genio. Sobre estas líneas la mano más simbólica de la creación del Greco. También Goya nos asombra con su Perro semihundido, *obra de complejos significados psicológicos.*

Introducción a la pintura española

Un gran salto. La frontera opuesta en los dominios de la pintura. Si Poussin, Mantegna, Rafael mismo, están situados en vecindad con la escultura y la arquitectura, y representan el señorío de los valores espaciales, ahora alcanzaremos aquellas ardientes regiones en qué la pintura, agitada por una ambición febril de expresión, está a punto de volatilizar su materia para convertirla en música o en poesía, en *lirismo* y *carácter*.

Dos gigantes gobiernan estas regiones: Domenico Theotocópuli, llamado el Greco, y Francisco Goya Lucientes. Los dos, españoles, o, por lo menos, adalides de la llamada escuela española... Parece demostrado definitivamente que Theotocópuli era, originariamente, un griego de Creta; de dónde el apodo. Pero siendo Grecia en la edad moderna –para decirlo con las palabras de Houston S. Chamberlain– "un caos étnico", puede proporcionar sin dificultad individualidades geniales asimiladas al espíritu de otros países y aun arquetípicas dentro de él. Griego ha sido Moréas, el más alto de los poetas franceses en los últimos tiempos; griego fue Theotocópuli, iniciador magnífico de la escuela española en pintura.

Su actualidad

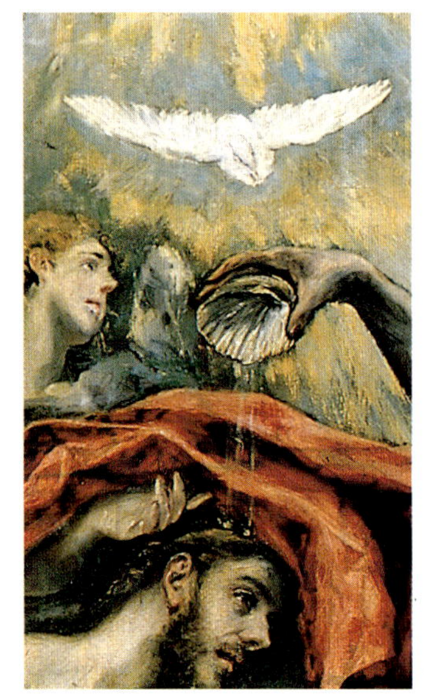

El detalle del Bautismo de Cristo, *en esta página, y la reproducción completa del* Cristo abrazado a la cruz, *a la derecha, ilustran perfectamente el mágico tratamiento de la luz que ilumina los fondos de las pinturas del Greco.*

Aun sin exagerar las cosas, aun sin desconocer cuánto hay de veneciano y romano en este último artista, y cuánto, en Goya, de la estética francesa del Setecientos, bien puede considerarse de una racialidad superior a cualquier anécdota natalicia el mundo moral creado por la obra de cada uno de estos pintores.

Este mundo, su hechizo casi venenoso, la brutal impresión de su fuerza, su alejamiento soberano de cuanto en la evolución de las artes significa tradición, academia y aun racionalidad, sus anticipaciones prodigiosas de casi todo lo que ha venido luego a revolucionar el alma y las técnicas del siglo XIX es –no puede desconocerse– lo que todavía buscan con preferencia los visitantes del Museo del Prado; especialmente los visitantes extranjeros, siempre ganosos de los espectáculos de emoción que proporciona el *carácter*.

En este sentido, nada más elocuente que las fluctuaciones en la reputación del Greco. Casi olvidado por el siglo XVIII, apenas vuelto a apreciar por algún viajero sensible de la primera era romántica, por un capitán Cook, por un Théophile Gautier, su gloria viene a florecer –diríamos más propiamente a *estallar*– en el "Fin de Siglo", hacia el mil ochocientos noventa y tantos, por influjo de los románticos decadentes y gracias a una moda de que en España se hicieron campeones algunos artistas y, sobre todo, los poetas y literatos.

Nada en ello que las leyes (si son leyes) de la historia de la cultura no puedan explicar. Más difícil se nos antoja dar la razón del éxito del Greco en su propio siglo y en Toledo, su ciudad de adopción. ¿Cómo pudo retratista tan poco lisonjero recibir tantos encargos de retratos? ¿Pintaba los retratos por *encargo*, propiamente dicho...?

Lástima que el apremio de nuestro programa de tres horas nos prive incluso de la posibilidad de plantear debidamente tales cuestiones. Contentémonos con recordar la identificación, aquí mismo propuesta, entre el extremo romanticismo y el barroquismo; y con precisar que el pintor coincidía cronológicamente con Pascal, con Góngora, con el conceptismo literario, con la descomposición romana de la escuela de Miguel Ángel, con los albores del "estilo jesuita" en Italia, y con otras manifestaciones barrocas también, en el "Fin de Siglo", muy apreciadas por los decadentes.

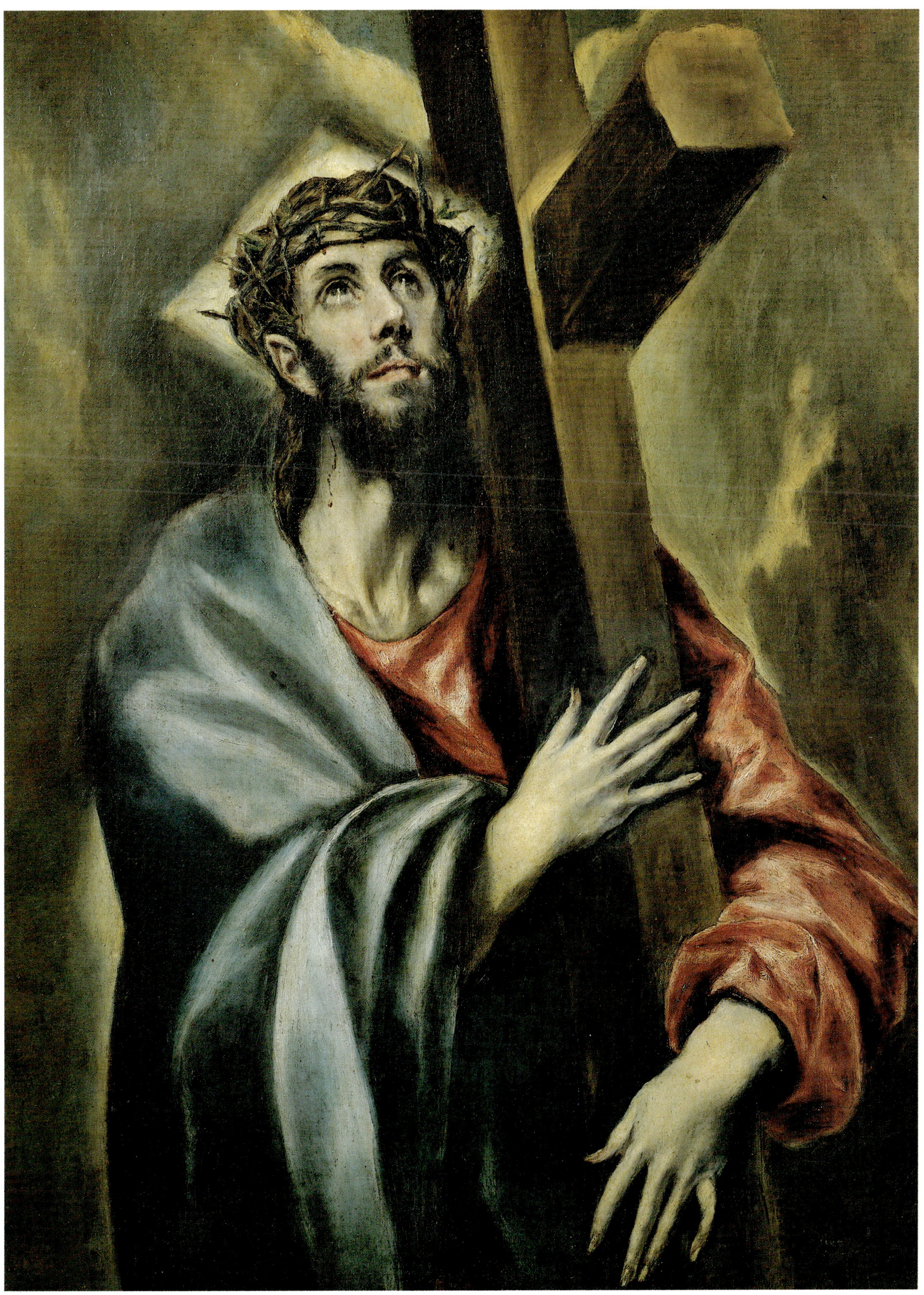

Poussin y el Greco

COMO en todas estas manifestaciones, en el Greco triunfan las que llamaba Pascal "razones del corazón que la razón no conoce". Triunfa lo dinámico, lo embriagado y místico, la supremacía de la pasión. Se ha dicho si el pintor era oftalmópata... No; lo que pasa es que estaba bebido. Bebido de zumos de Dios y de crepúsculo. En esta situación, las cosas contempladas pierden su peso. Y a este perder el peso las cosas le llaman los poetas –o le han llamado– espiritualizar.

Para un Poussin, sin embargo, espiritualizar las cosas no significaba quitarles su peso. Significaba, al contrario, apreciar este peso con exactitud y enlazarlo con otros y conceder a todos así aquella absolución suprema de la gravedad que se llama equilibrio.

La tierra nos atrae. Parece que, de esta atracción, la vida puede emanciparse de dos maneras: volando o manteniéndose en pie. Volar es poético. Pero mantenerse en pie es más noble.

El Greco: pintor de las formas que vuelan.

Poussin: pintor de las formas que se mantienen en pie.

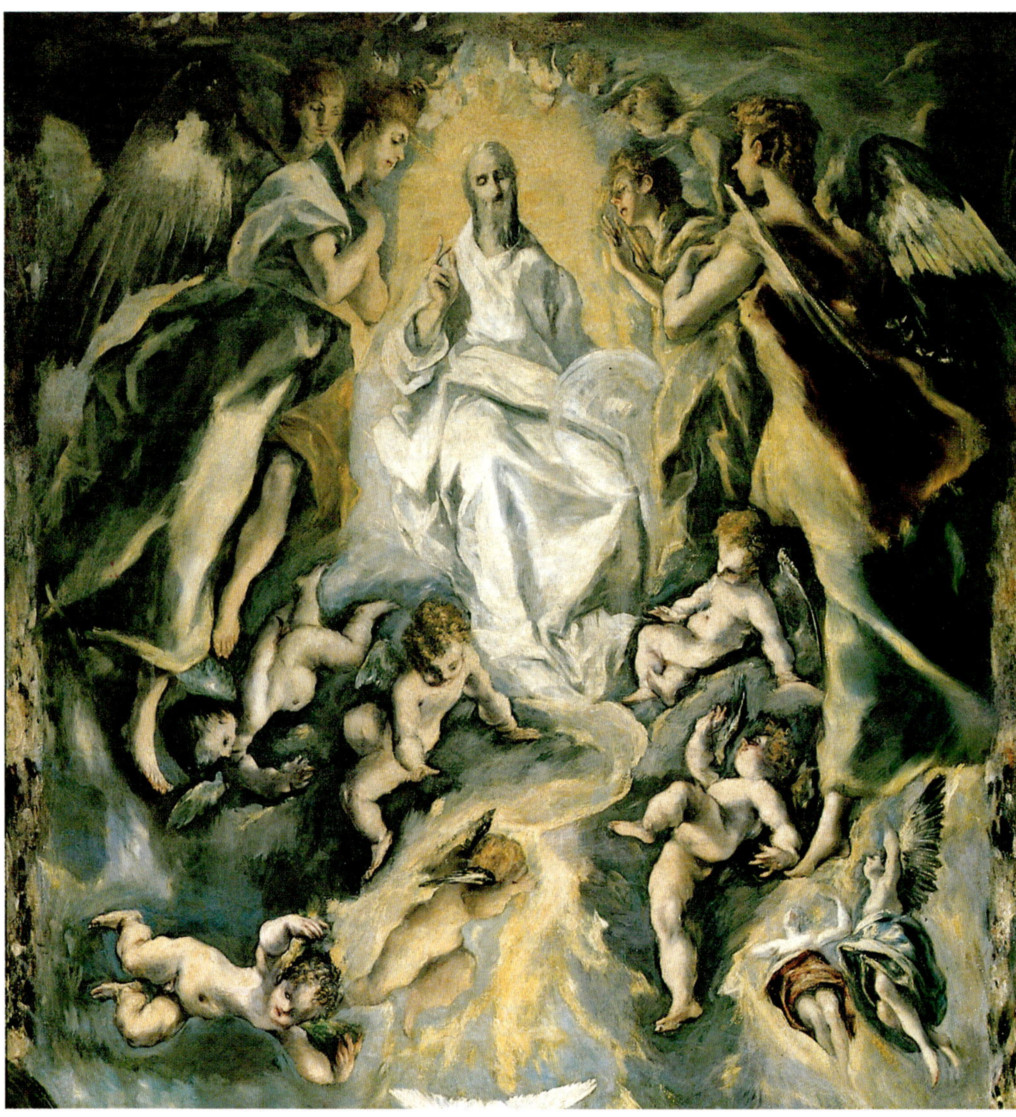

Define nuestro autor al Greco como pintor de las formas que vuelan. He aquí una muestra, Dios Padre, flota arropado por la corte celestial de querubines, ángeles y arcángeles, en la parte superior del Bautismo de Cristo.

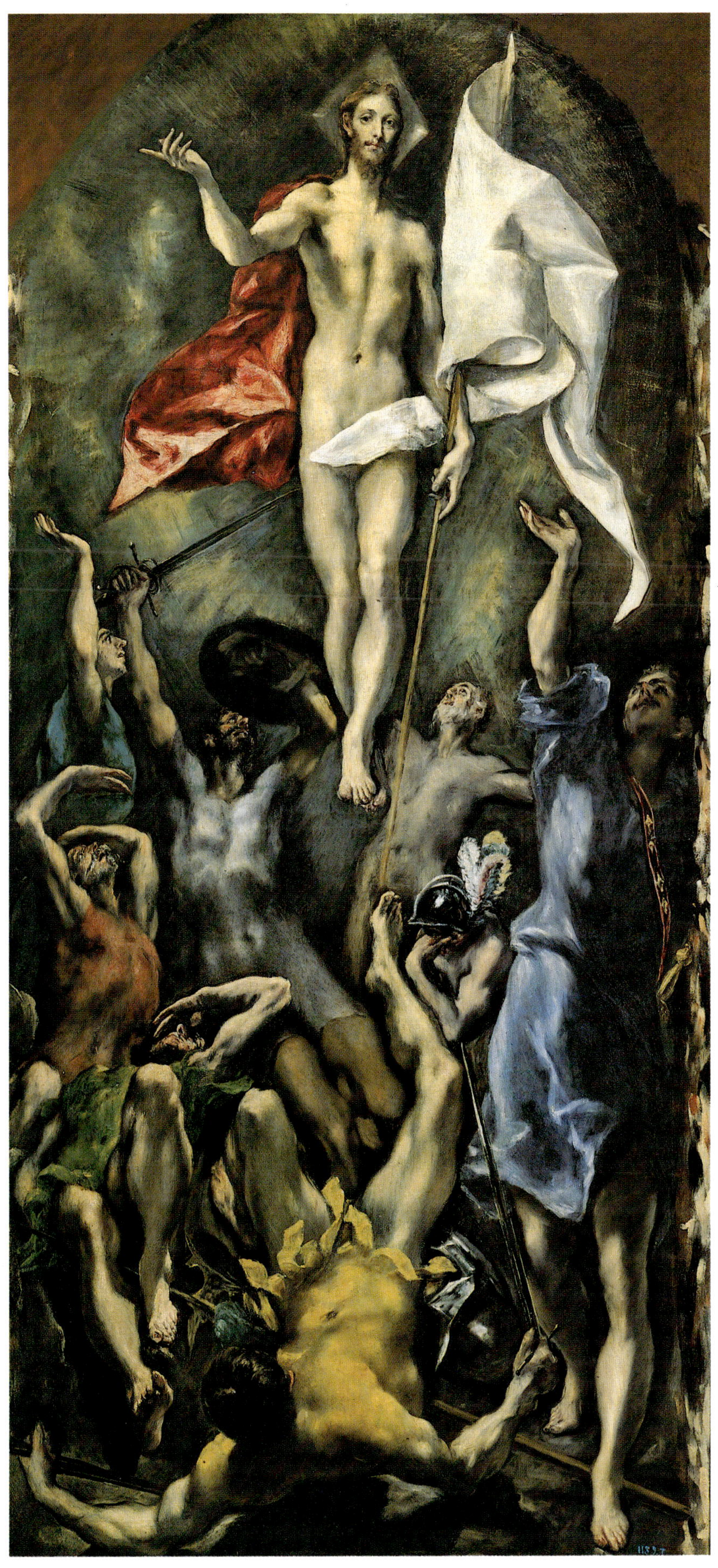

La Resurrección *es otro ejemplo del sentido de la verticalidad ascendente de la obra del pintor cretense. La pálida figura del resucitado emerge entre la guardia del sepulcro, que también parece querer desprenderse del suelo en su intento por seguir, al menos con la mirada, la ascensión del Mesías.*

Los Grecos del Museo. Los primeros Grecos

SÁBESE que el Greco estudió en Venecia, y no es imposible que allí fuera discípulo del Tiziano. También el Veronés parece haber ejercido influencia sobre el nuevo pintor. Pero éste se asemeja más a Tintoretto, bien por el espíritu, en que ya dominaba el sentido trágico, que en el Tintoretto se produjera como una reacción contra la serena alegría comunicada a la escuela por el Giorgione; bien por detalles de técnica y aun de práctica del oficio, tales como la curiosa costumbre –común a Robusti y al Theotocópuli– de *armar*, antes, con marionetas vestidas un modelo para la composición de sus cuadros. Psicológicamente, esta reacción coincide con la que, en otros países, significan Alberto Durero y Rembrandt. Más tarde hemos de encontrar a tales pintores en proximidad de los dominios donde reina el Greco. Cook el viajero decía de éste que "dibujaba como Miguel Ángel y coloreaba como los venecianos".

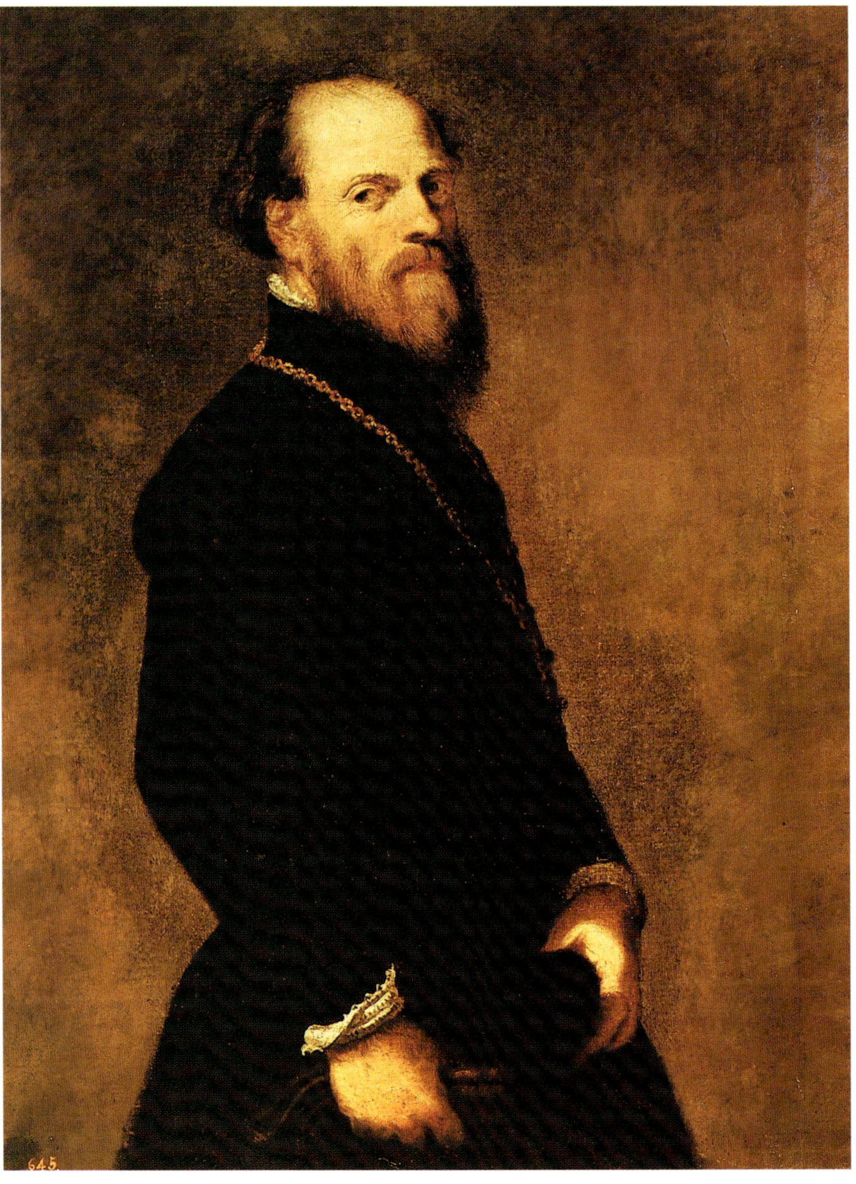

El paso de Domenico Theotocópouli por Venecia es mucho más decisivo de lo que la obra madura del pintor pudiera a primera vista reflejar. El retrato de la derecha titulado El caballero de la cadena de oro, *obra de Tintoretto, pese a no contar con una composición similar al famoso* Caballero de la mano al pecho, *muestra unas semejanzas estéticas indudables con el retrato del noble español.*

Sus primeras obras pintadas en Italia son aún de sabor muy veneciano. *La purificación del templo*, que hoy está en Londres, conserva íntegramente el tono triunfal de la sensualidad adriática. Emigrado, venido de Toledo, el artista no abandona inmediatamente esta primera manera suya, o, por lo menos, no la abandona del todo.

En el Prado está *La Trinidad* (824–IXB), que recuerda en más de un respecto las obras de la vejez de Miguel Ángel. Todavía aquí el cuerpo de Cristo aparece hermosamente atlético. Todavía, en el mundo de las formas que vuelan, recuerda al mundo de las formas que pesan. A esta misma época de la producción del pintor corresponden el *Retrato de un médico* (807–XB) no demasiado lejos del Tintoretto, y el famoso retrato de *El caballero de la mano al pecho* (809–XB), obras de intensa pasionalidad melancólica, pero todavía emancipadas de la fatalidad de la deformación. Este caballero de la mano en el pecho, con su aire de documento étnico, con su espiritualidad recogida, ha desencadenado en la España de hoy un verdadero torrente de vaga literatura. Por mucho tiempo, los jóvenes intelectuales españoles han gustado de tener en sus estudios una reproducción de este cuadro.

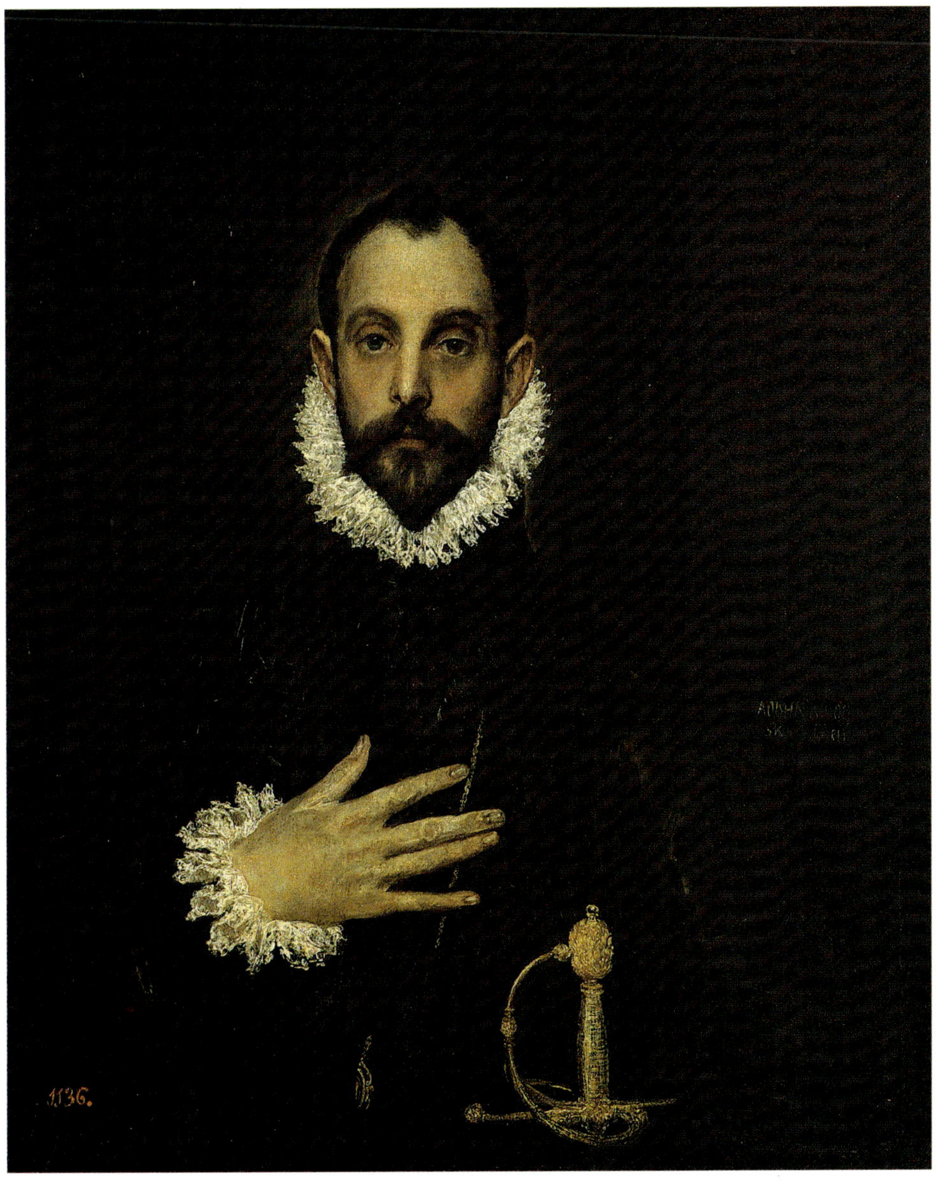

Este hombre, que parece haber perdido su brazo izquierdo, en la combinada negrura de la pátina del tiempo y el oscuro fondo del cuadro, pudo haber sido Juan de Silva, marqués de Montemayor, y sin embargo, la historia ha querido que sea conocido como un anónimo estereotipo de valores espirituales, asociados a la clase dirigente de un país, que vivía en el siglo XVI, *su época de esplendor.*

El Greco, pintor maldito

ALGÚN día se dijo que el Greco, llegado a España, cambió de manera, consciente e intencionadamente, para que no se confundieran sus obras con las del Tiziano; y aunque en esta leyenda haya, sin duda, tanto como equívoco documental (por lo dudoso de un aprendizaje del cretense con el maestro de Cadore), incomprensión miope de las relaciones necesarias entre estilo y alma, yo te confieso, amigo mío –tal vez al oído, discretamente–, que no puedo evitar del todo una impresión que me hace ver cierto elemento *querido*, forzado, en la originalidad que muestra el Greco, en la violencia de su color, en la extrema libertad de sus formas.

El anciano San Pablo, *que con su esquelética mano, sostiene la pesada encuadernación mudéjar, posee los rasgos físicos que delatan su intensa vida interior, y a la vez identifican a su creador como retratista de seres iluminados.*

Naturalmente, los retratos de caballeros prestábanse menos a la ascética deformación que las imágenes de santos. En el *Retrato de Rodrigo Vázquez* (808–XB) de tan estupendo valor psicológico, todavía el ascetismo ha de limitarse a lo interior; pero ya en el *Apóstol*, que el catálogo del Museo llama *San Pablo* (814–XB), con la mano apoyada en el gran libro cerrado; en el *San Juan* (2444–IXB), tan prodigiosamente dramático de color, y, más notoriamente, en el *San Antonio* (815–IXB) y en el *Cristo abrazado a la cruz* (822–IXB), obra de la última época del artista, ya trágica y casi delirante, el alma parece haber roto con cualquier respeto a la belleza del cuerpo y se evaporan apasionadamente las que, en tono despectivo, Jáuregui –oportunamente citado por Cossío– llamaba "corpulencias", para dar paso a todo lo que en arte es cohibido y subterráneo, a la loca sensualidad del color: *vidas y espíritus*. Yo no puedo ver a este Cristo, con su innoble nariz, con sus ojos alucinados, sin pensar en el *abetissez-vous*, de Pascal; hijo, en lo espiritual, de la misma reacción barroca contra el racionalismo.

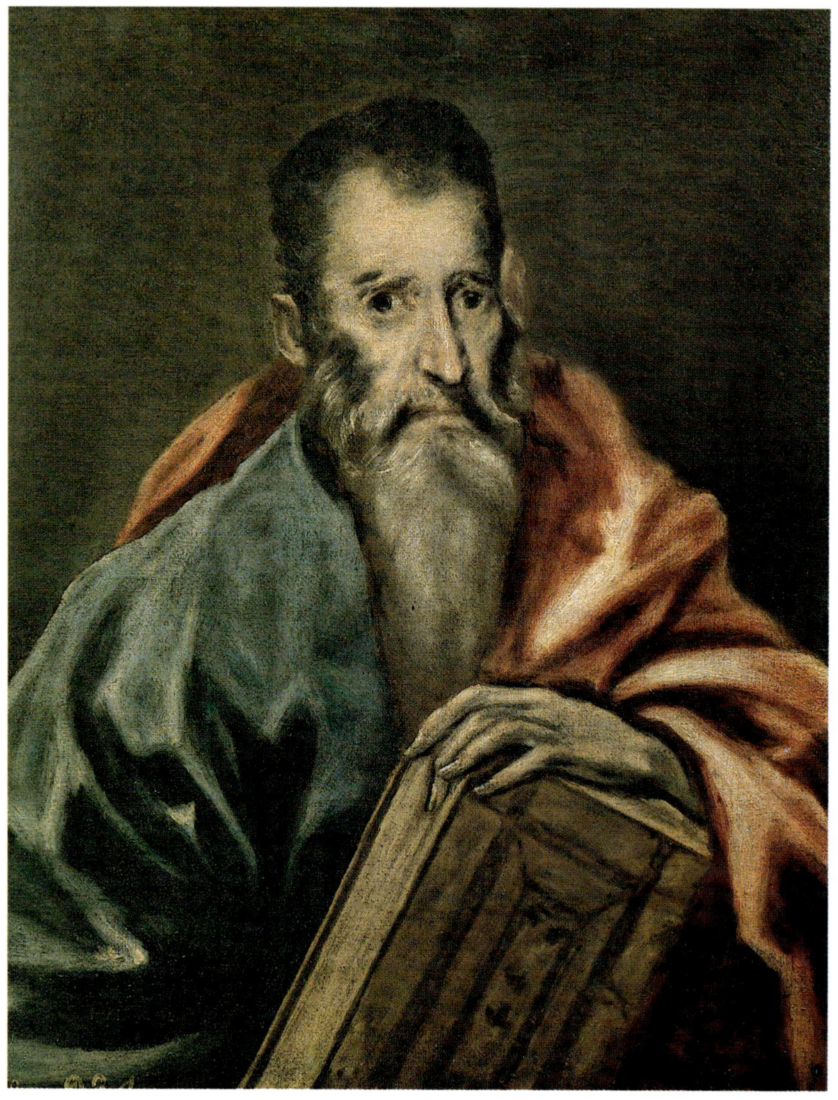

En las grandes composiciories religiosas, aun en campo más adecuado, el mismo progreso ascético. Todavía *La Anunciación* (3888–IXB), que procede de la primera época, es a medias italiana, y las formas que vuelan se mezclan allí con las formas que pesan –algunas de ellas, correctas arquitecturas– en una superposición de cielo y tierra. Véase también, como documento y muestra de una combinación así, en la copia (que probablemente no es del Greco) del *Entierro del conde de Orgaz*, cuyo original está en Toledo, como la literatura ha cuidado de que nadie ignorara.

Pero en *El bautismo de Cristo* (821–IXB), *La Crucifixión* (823–IXB), *La Resurrección* (825– IXB) y *La Pentecostés* (828–IXB), cuatro largos lienzos, apocalípticamente poblados de largas figuras, el Greco es ya por excelencia el "pintor maldito" en que

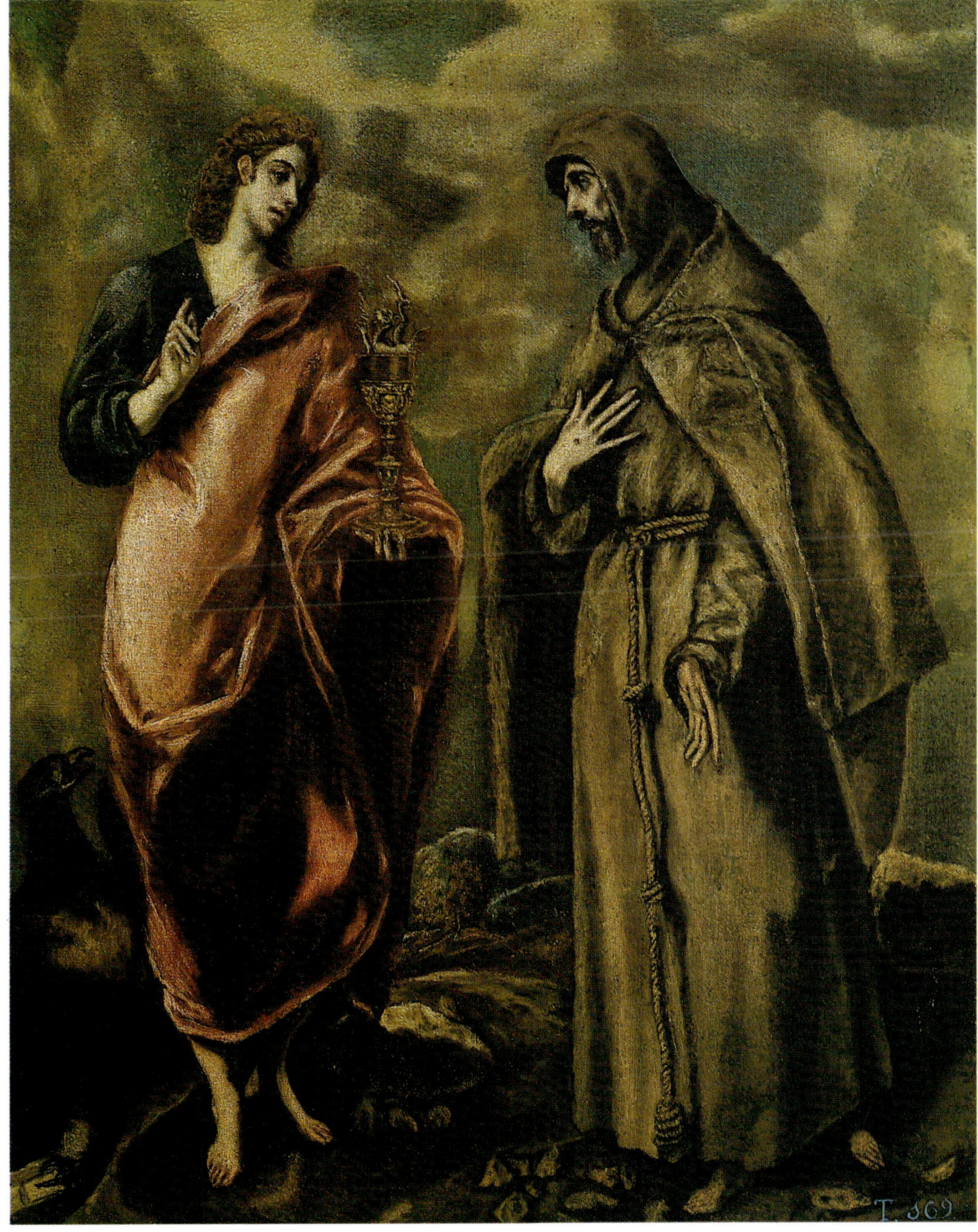

San Juan Evangelista y San Francisco *aparecen envueltos en una inquietante atmósfera iluminada por un cielo de colores imposibles, y acompañados de todos los símbolos que la tradición católica les asigna. Los dos santos parecen estar absortos en un diálogo de profundos contenidos místicos, reservado a los destinatarios del misterioso halo de la santidad.*

ha adorado la misma hora de cultura que anduvo buscando, descubriendo y exaltando a los "poetas malditos".

Es el loco que descubre lo que ignoran los sabios; el *poseído*, que ha roto definitivamente con el ritmo y con la razón; el *músico*, en quien tormentosamente lo inconsciente se exalta y se traduce en las actitudes torturadas, en los miembros torcidos, en los misteriosos celajes, en el color opulentamente podrido; en estas mismas lenguas de fuego que aparecen, por fin, en *La Pentecostés*, obra de la última época, pero que antes ya han sido prefiguradas en todos los cuerpos de los hombres, de las mujeres y de los ángeles.

Epílogo sobre el Greco

La gracia del Espíritu Santo desciende sobre las cabezas de los apótoles y de la Virgen María en La Pentecostés.

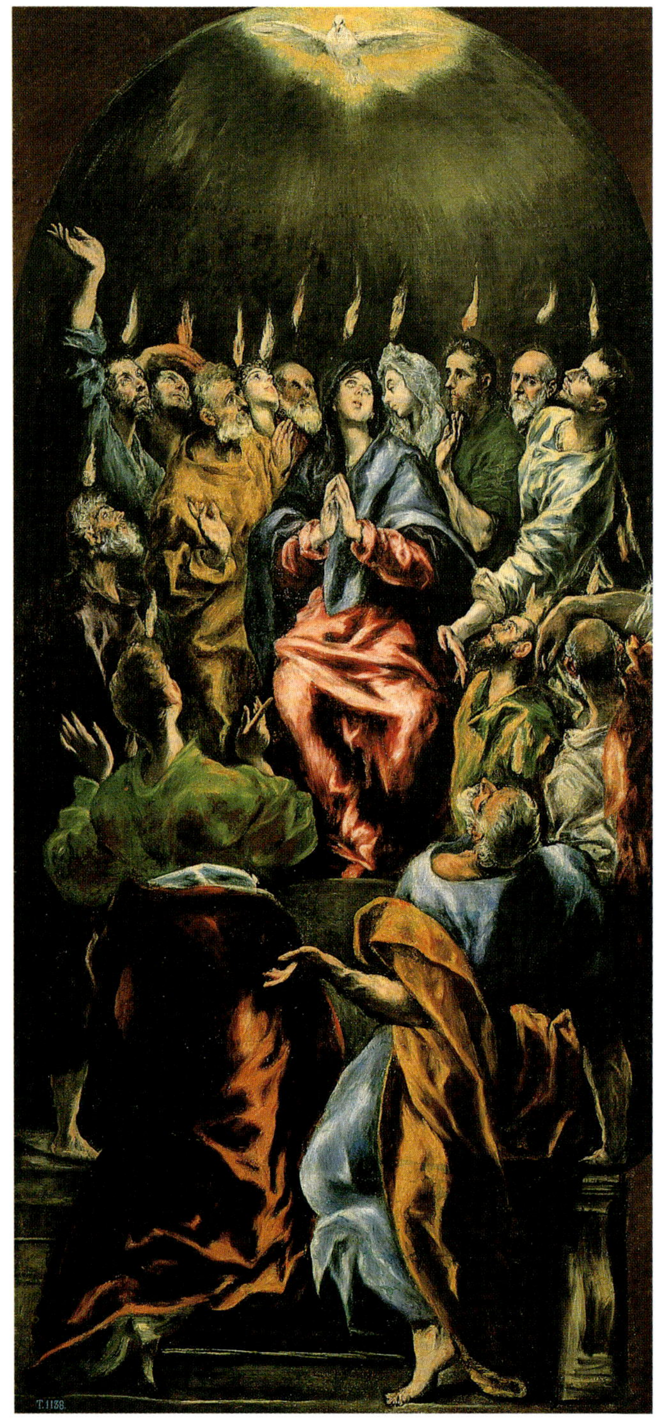

No hay, en visita tan rápida como ésta, coyuntura favorable a ningún intento de valorada revisión. Impórtanos nada más dejar sentado que el amigo y su cicerone están muy lejos de recorrer la Sala con la misma disposición que la generalidad de los turistas leídos.

Suelen éstos traer el prejuicio de un Greco según el "Fin de Siglo" lo interpretaba. Porque hubo un Greco "Fin de Siglo", un Greco visto por "la generación del 98"; como hubo un Cézanne, víctima de la misma falsificación. Naturalmente, ni aquél puede ser ya nuestro Greco, ni éste nuestro Cézanne.

Cierto vago y lúgubre parentesco pudo unir, en aquellas horas, los nombres vitandos de estos pintores con las bombas de dinamita del anarquismo, cuyo estallar ensangrentaba frecuentemente las metrópolis... Todavía hoy suele encontrarse en España, en algún puesto polvoriento de libros de lance, uno, muy característico, de aquella época, cierta colección de cuentos con este título: *Dinamita cerebral*. En la cubierta, una reproducción del cartón famoso de Max Klinger, el hombre desnudo, con la bomba en alto, pronto a lanzarla entre la impasibilidad de las cariátides babilónicas... Pues bien: el Greco que entonces se veneraba en Sitges, como el Cézanne que se veneraba en la escandalosa exposición de la rue Laffite, eran algo de esto: eran "dinamita cerebral".

El tiempo ha transcurrido; nosotros hemos ido pensando detenidamente estas cosas. Y ahora el Greco y Cézanne nos parecen, sencillamente, unos grandes pintores; unos pintores que sabían mucho; que no lo sabían todo; genial, pero no de buen consejo, el primero; genial también, pero de más sana doctrina, el segundo; los dos en regiones estéticamente tan distantes, buenos discípulos de Venecia; es decir, unos sensuales de *cuerpo entero*.

Un "santo de palo"

OTRO documento, capaz de ilustrarnos todavía sobre el orden de sensibilidad que encontró en el Greco genial representación. Muy espiritualmente próximo a éste, un ejemplar de la típica y cada día más interesante escultura policromada española: uno de nuestros violentos "santos de palo", una *Magdalena arrepentida*, de Pedro de Mena. Había en ello alguna osadía; el gesto rehabilitador, vindicativo, significaba el quebranto de una tradición, acaso, es verdad, para alcanzar las esencias de una tradición más castiza...

Felicitémonos del gesto, tanto como reprobaríamos su multiplicación. No podemos sin escándalo imaginar

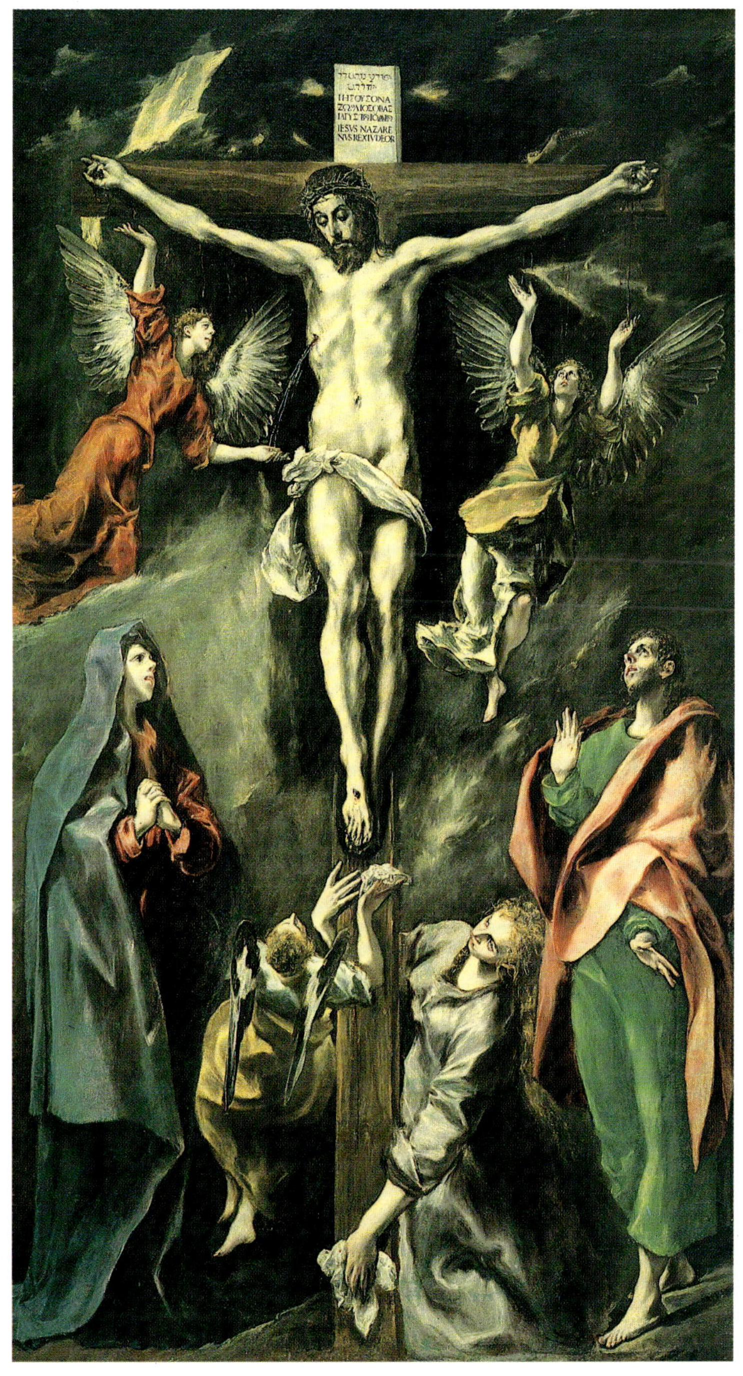

Para muchos críticos esta es la versión más espiritual de la Crucifixión *del Greco. El vigor asignado a la figura de María Magdalena, a los pies de la cruz, contrasta con la patética y lastimera representación que sobre este personaje realizó Pedro de Mena en talla sobre madera, y que nuestro autor se atreve a calificar como* un santo de palo.

las galerías del Prado pobladas de "pasos" de procesión, de "misterios" barrocos –*Ne quid nimis*. Bien están los "santos de palo" en el Museo de Valladolid[1].

La carne triste, imitada con cruel minuciosidad de esta penitente encorvada; sus ojos obsesos; la hórrida estera que la cubre y ciñe desde el estómago a los pies y cuyo trenzado, de aspecto escamoso, comunica a la totalidad de la figura cierta repugnante reminiscencia ictiológica (a la vez que la convierte extrañamente, ante nuestros recuerdos de arte, en algo así como en una réplica romántica del *Auriga de Delfos*): su pecho ausente; y, *a pesar de todo*, la adivinada persistente rotundidad de la cadera, rebelde a la ley de la verticalidad –como lo es el ascetismo, la fisiología–, repiten para nosotros el escalofrío del Greco, en lo que tiene de más agudo, en lo que tiene de peor. No hay aquí una emoción de arte muy pura; pero sí, de seguro, una emoción humana muy fuerte.

Goya: *Los fusilamientos*

¿CUÁL más fuerte, cuál más impura, que la que nos sobrecoge ante *Los fusilamientos del tres de mayo* (749–XXXIX), de nuestro Goya?

Seguimos, con Goya, en el extremo límite romántico. La pintura va a dejar de serlo: es apenas dibujo ya. Soberana de lo inconsciente, asomaba la música, a la vuelta misma del Greco. Detrás, inmediatamente detrás de Goya, está, clarísima, la literatura. Están la historia, la psicología, el etnicismo, el costumbrismo, la sátira, la moral, el humor...

Sin embargo, nadie más instintivamente pintor que este psicólogo, en paradoja análoga a la que hizo que, biográficamente, nadie como este moralista fuese tan inmortal. Y, precisamente, por tales contrastes, ¡tan español! Aunque Goya no hubiese llegado a símbolo vivo de la pintura española, siempre lo hubiera sido de la España pintoresca.

La popularidad le ha otorgado imperturbablemente el primer título. Goya es, para ella, la pintura española; Goya, el Museo del Prado. El turista leído le habrá acompañado, a última hora –o a penúltima hora–, con el Greco; antes, para este público, pudo quedar envuelta su suerte en las oscilaciones del gusto entre Murillo y Velázquez. Para el otro público, el dominguero, para el "buen pueblo" de Madrid, o el maravillado "isi-

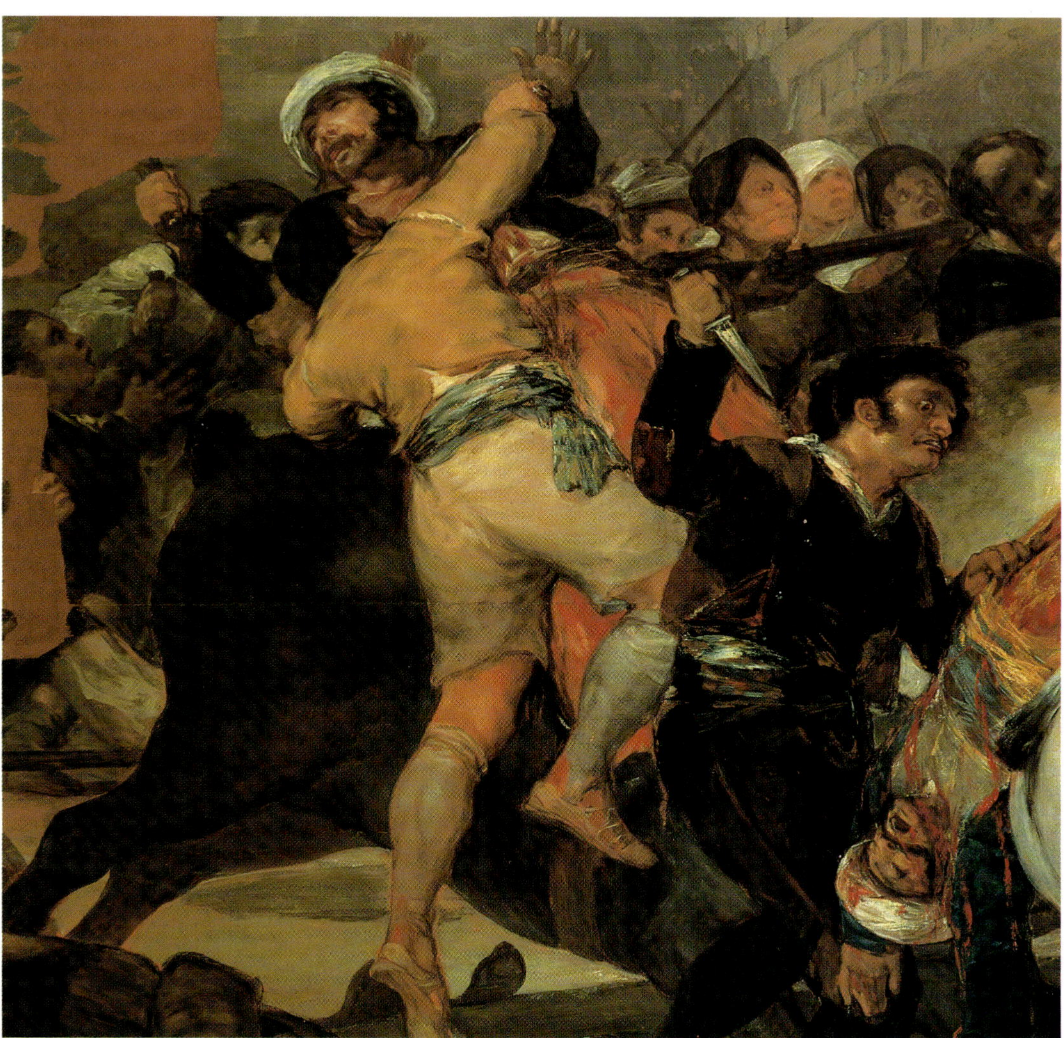

Prólogo sangriento de la feroz represión del día siguiente, es la jornada del dos de mayo. Francisco de Goya hace de cronista gráfico de estos trágicos días y pinta al pueblo de Madrid en el asalto a la caballería mameluca francesa. Seres humanos y bestias se bañan en sangre, mientras los ojos desorbitados de las monturas miran al espectador devolviéndole el sentimiento de horror ante la barbarie.

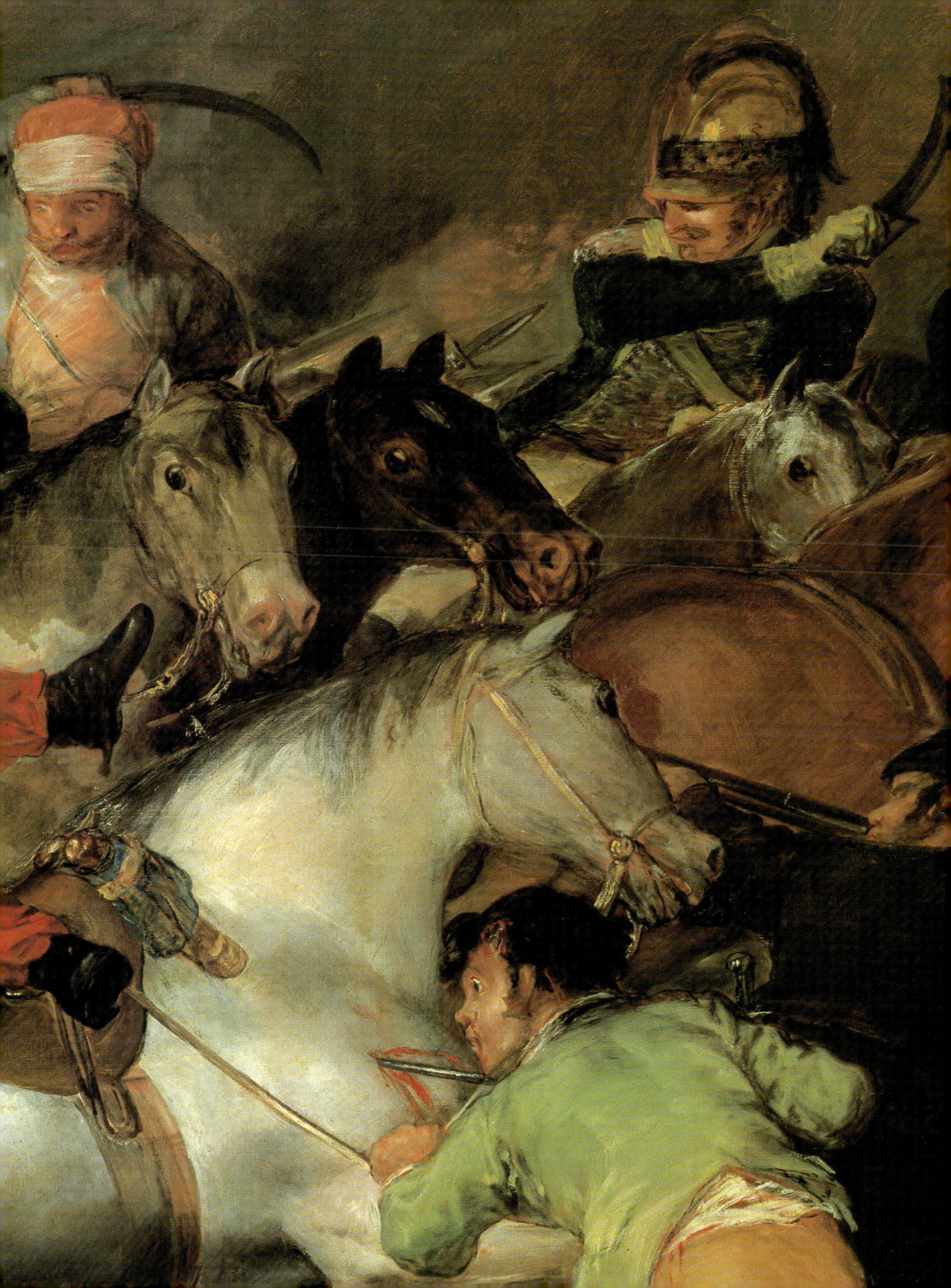

dro", no hay rival posible. Hace casi un siglo que esas gentes acuden al Museo casi exclusivamente para ver los retratos de los Borbones, y cómo los españoles atacan a los franceses el día dos de mayo y cómo los francesen fusilan a los españoles el día tres.

Al sufragio del vulgo ha acompañado –por razones, después de todo, no muy distintas– el de los profesionales de la pintura, especialmente desde que el impresionismo del XX ha dado actualidad y autoridad magistral a la desembarazada y colorista técnica goyesca; y el de los literatos, que encuentran en Goya la ventaja de poder hablar de pintura, *sin salir de casa*. Obsérvese que siempre son elogiadas en sus obras dos cosas: la *calidad* y el *carácter*. En gracia a su maestría en la calidad, conquistan a los pintores. Por razón de la firmeza acusada de su carácter, a los escritores.

Mi amigo el visitante –que no es probablemente pintor, ni escritor, sino puro intelectual– sospechará conmigo que pueda un día este crédito decrecer. Desde luego, le falta a Goya una suprema garantía: aún no ha sido juzgado por otra posteridad que por hombres nacidos en el XIX[2].

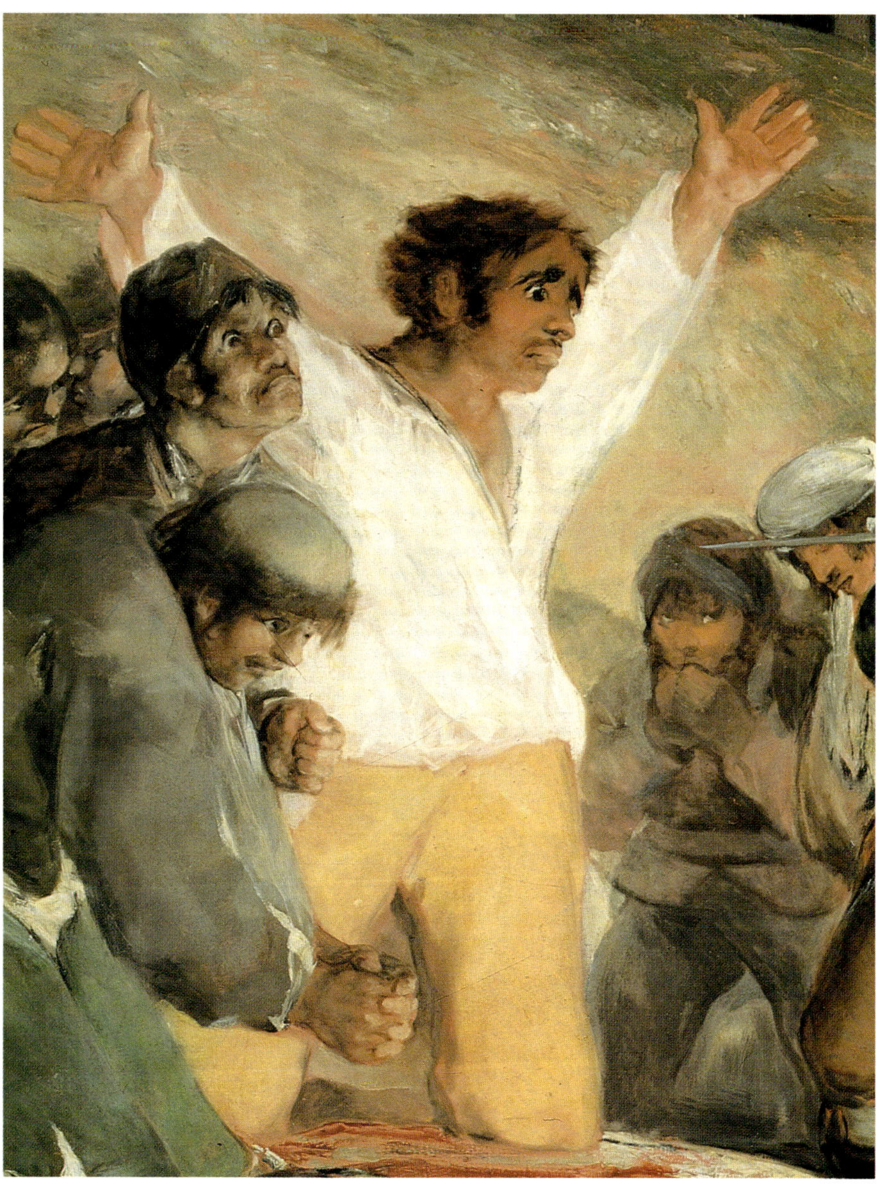

Ciertamente, en su gesto –al levantar los brazos– hay heroismo, pero la escena la domina el terror ante la muerte inexorable. Terror compartido por los desgraciados compañeros que esperan su fatídico turno...; terror que nos solidariza con la angustia de estos héroes anónimos, por encima de cualquier admiración patriótica.

...He aquí al villano que, en la noche de *Los fusilamientos*, se yergue con los dos brazos en alto, la luz del farol en la camisa. Velludo, casi negro, grotesco y sublime, monigote y arcángel, anónimo e inmortal –este madrileño rebelde es, para nosotros, la Revolución. No quiero decir la Revolución política, únicamente. Esta es, pero también la otra, la de la cultura, la del arte, la revolución que el Pasado intenta fusilar y no puede. ¿Qué vemos, anecdóticamente, en este cuadro? Una ejecución. ¿Qué vemos, ideológicamente? Al contrario, una apoteosis. Un grito triunfal de la libertad.

Jamás se ha pintado con tanta libertad. Jamás se ha roto tan descarada, tan violentamente, con cualquier tradición. Late aquí, desnudamente, irracionalmente, la vida misma.

Mas, en los mismos días de Goya, Goethe decía que lo mejor era el orden. El impío querrá fusilar al villano del cuadro como los soldados franceses. Ello estará mal. Pero podría, como un griego hubiera hecho, darle un racimo de uvas y una flauta de siete cañas; y así, serenamente, admitirle en el Olimpo, en categoría de semidiós.

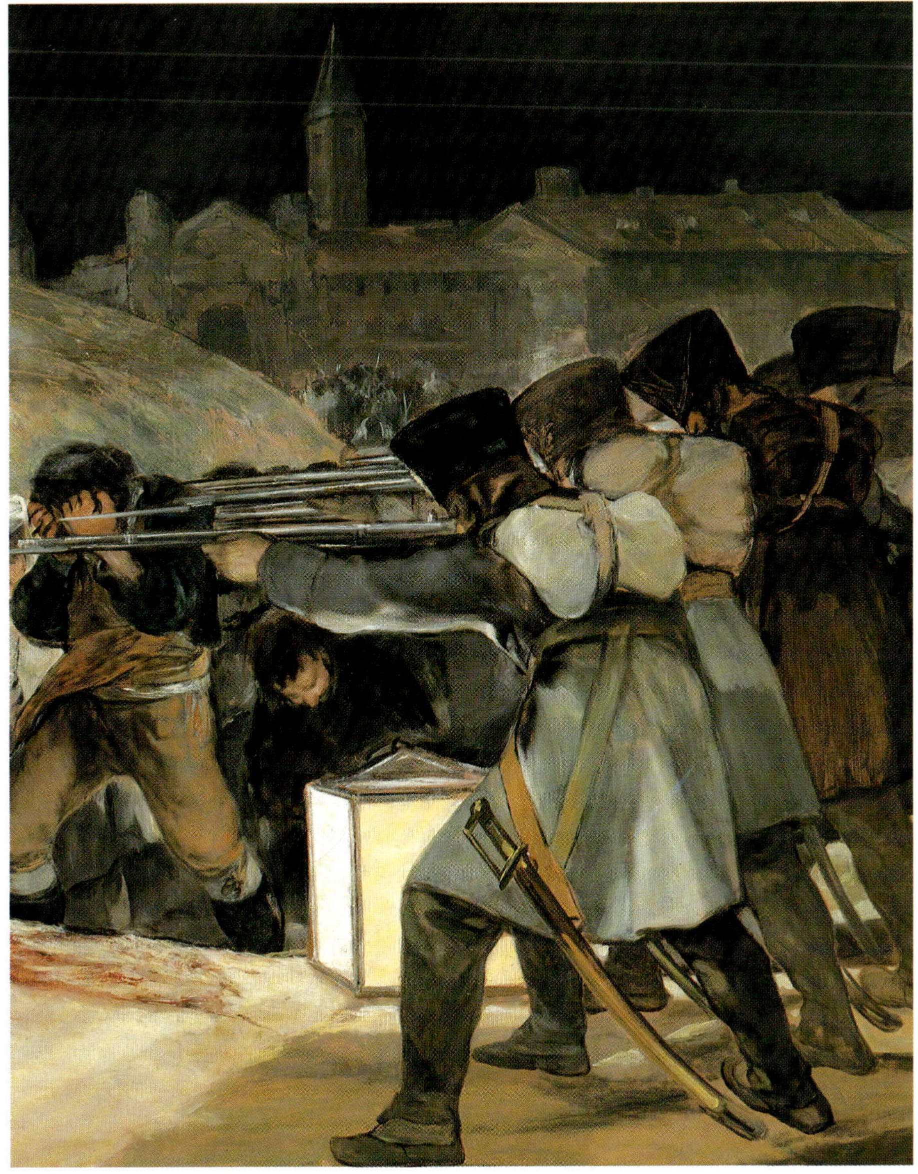

Y los verdugos..., a ellos Goya les ha privado de rostro, los ha desarmado de cualquier gesto emotivo, y desprovisto de toda expresión que les humanice. Están ejecutando órdenes superiores de espaldas al espectador, que es el jurado de sus actos, y que no quiere comprender sus razones, porque el cuadro ya les ha condenado.

El Goya europeo. Los retratos

CLARO que Goya no empezó románticamente. Tuvo también, como el Greco tuvo, su Italia, y estuvo en la escuela. ¡Lástima que fuese destruido aquel su trabajo académico de que hablan los biógrafos, que obtuviera el accésit en un concurso de Parma!

El *Cristo en la cruz* (745–XXXVIII), que está en el Museo, aparece italianizado aún. Es una de las primeras obras conocidas del pintor. Suave y mórbido, el lindo cuerpo deja enteramente a la cara la función expresiva de tragedia.

En obras posteriores aparece, si no el arte italiano, el francés –o, más ampliamente, el espíritu europeo–, como secretamente inspirador. Ciertos cuadros de género, la mayoría de los cartones de los tapices, todo el ciclo de producción cuya influencia corresponde a la condesa de Benavente, rival de la otra influencia, bronca y castiza, de la duquesa de Alba, acercan a Goya a los *maîtres du joli*, a los Watteau, Fragonard, Lancret. *Un embarco para Citerea* castellano, con paisaje más auténtico y realista, es *La pradera de San Isidro* (750–XXXVII). Y el cartón de *La gallina ciega*, que seguramente hoy no tendremos tiempo de ver, podría llamarse, sin que disonaran título y obra, *Le Colin-Maillard*.

Entre estas amables fantasías europeas y los lienzos trágicos del año ocho, se coloca, moral y cronológicamente, la serie maravillosa de los retratos. Tómese aquí, como síntesis de ellos, *La familia de Carlos IV* (726–XXXII), que representa en este ciclo de la obra goyesca lo que soñó el escultor Rodin representara en la suya aquella proyectada y no terminada nunca "Puerta del Infierno". En comparación más castiza, puesto que en lo castizo estamos, diremos de este cuadro que es algo así como, en los toros, la presentación y el paseo de la cuadrilla; luego, cada retrato particular, ejecutará su "suerte".

Son lo que coloquialmente llamamos "gente importante", en este caso una familia real, pero su pintor de corte, no ha contemporizado con sus físicos, se diría que ni siquiera ha tenido piedad con ellos, sobre todo con los adultos. Antes de que la historia reflejara su declive, el retrato colectivo de la familia de Carlos IV les estaba delatando.

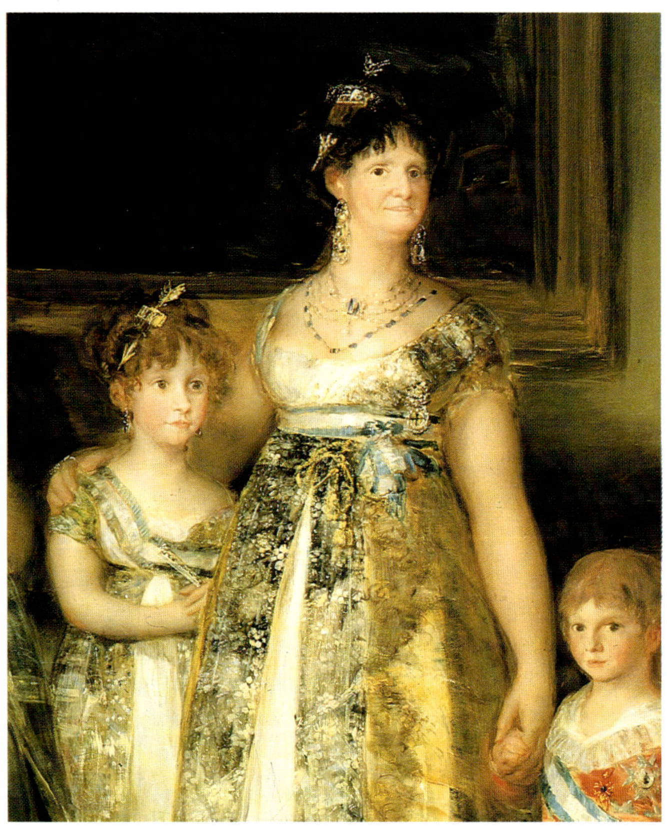

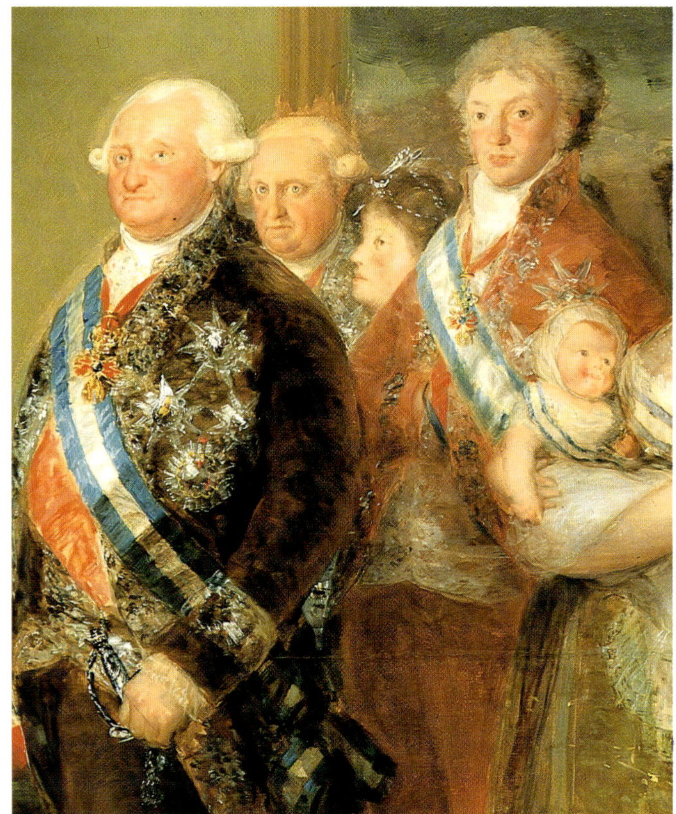

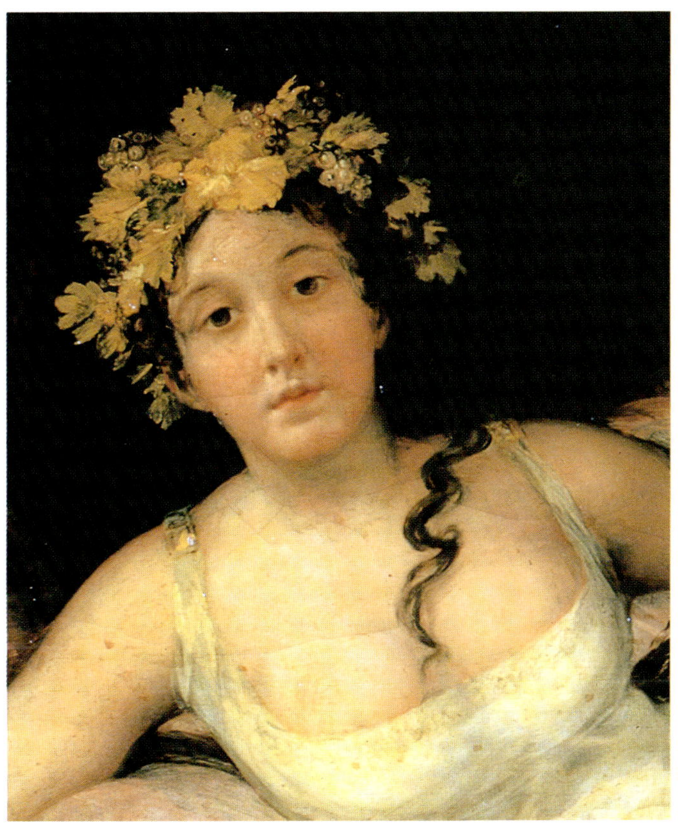

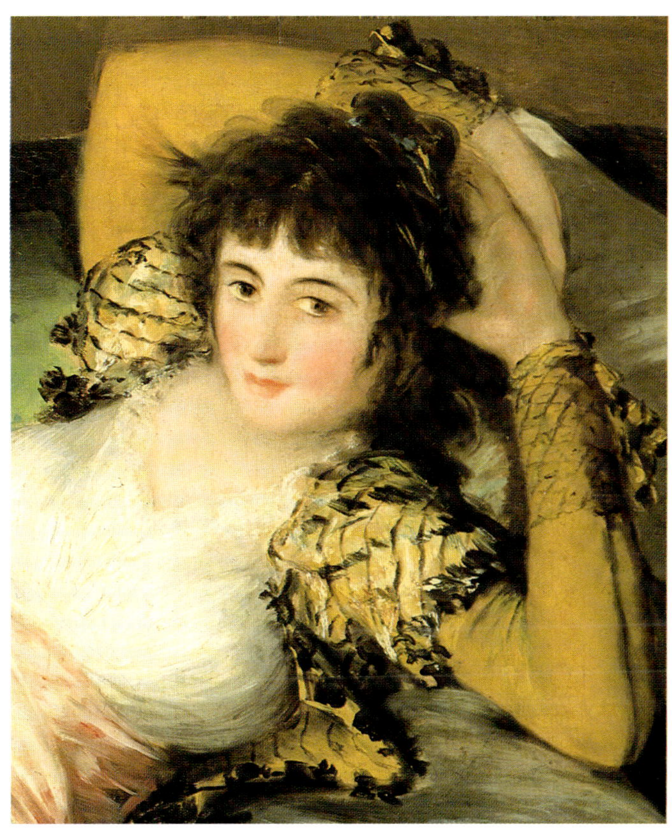

Pero, seguramente, donde más lejos se ha llevado el virtuosismo de la materia pictórica es en otro retrato, el de *Don Francisco Bayeu* (721–XXXVI), suegro del pintor; en tanto que nada supera lo picante de la asociación anecdótica como los archifamosos retratos paralelos *La maja vestida* (741–XXXVI) y *La maja desnuda* (742–XXXVI), verdaderos monumentos de obscenidad; especialmente, como es natural, la vestida... Durante los mismos años a que antes me he referido, los jóvenes intelectuales españoles que no tenían en su estudio *El caballero de la mano al pecho*, tenían una de las majas; cuando no –coherentes en la estética, sí eclécticos en las significaciones– al caballero y a la maja a la vez.

En esta página tres retratos individuales de distinto significado. El rostro de la marquesa de Santa Cruz, arriba a la izquierda, coronado de pámpanos y uvas, tiene demasiada seriedad para armonizar con el tocado. En la sonrisa y la mirada de La maja vestida, *a su derecha, hay tantas sutilezas implícitas, que no es osado calificar este cuadro como más sugerente que su gemelo. En el autorretrato del fondo de la familia de Carlos IV tenemos un autohomenaje, a la manera velazqueña. Mientras, en la doble página siguiente,* La pradera de San Isidro *es un gran retrato colectivo de unas gentes, una ciudad y un tiempo.*

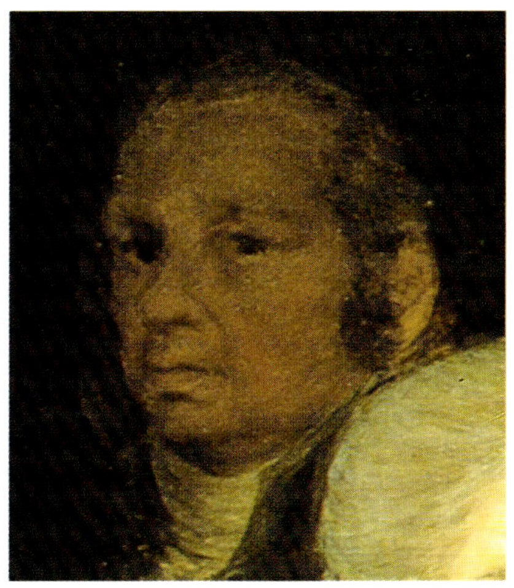

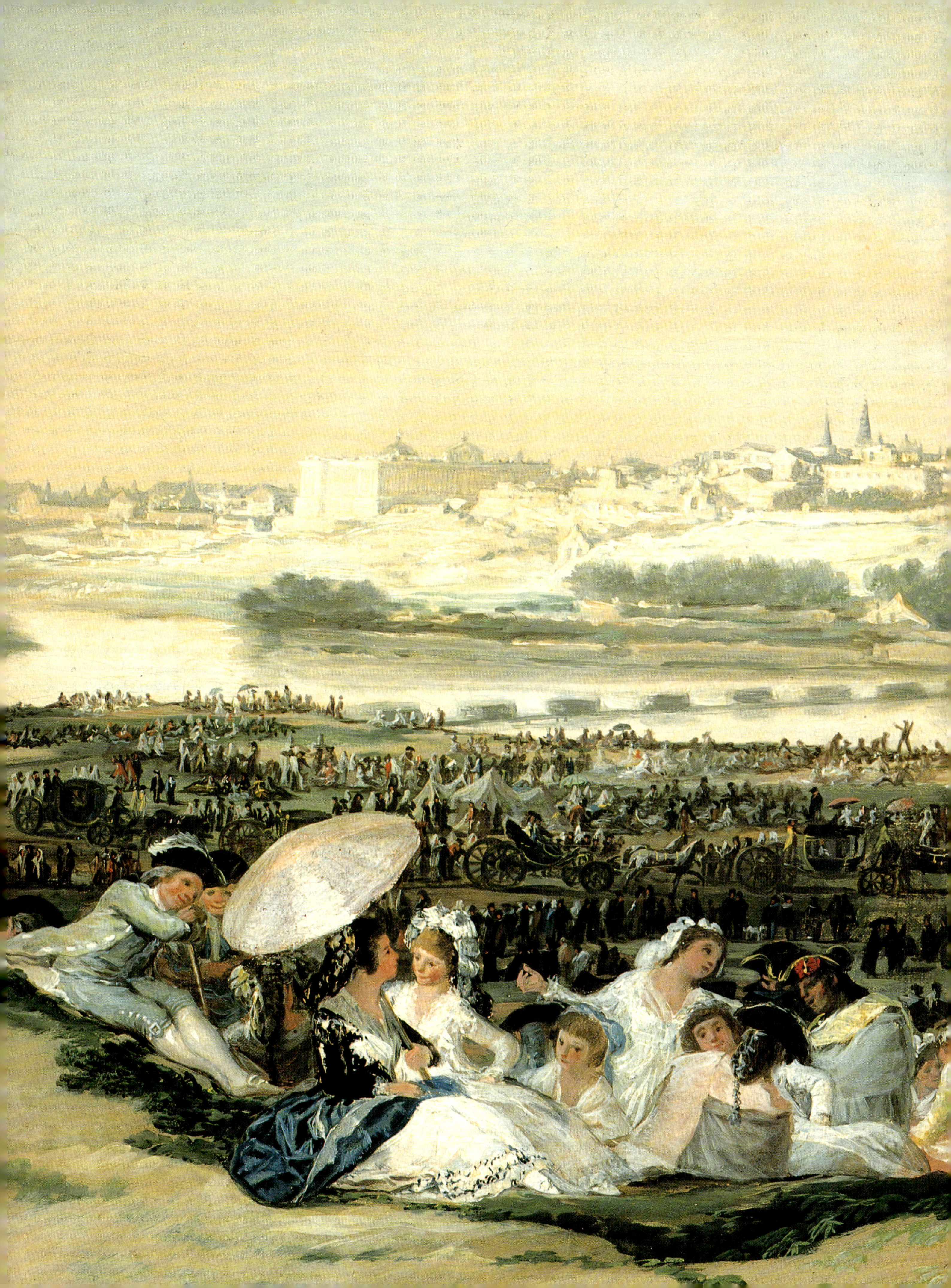

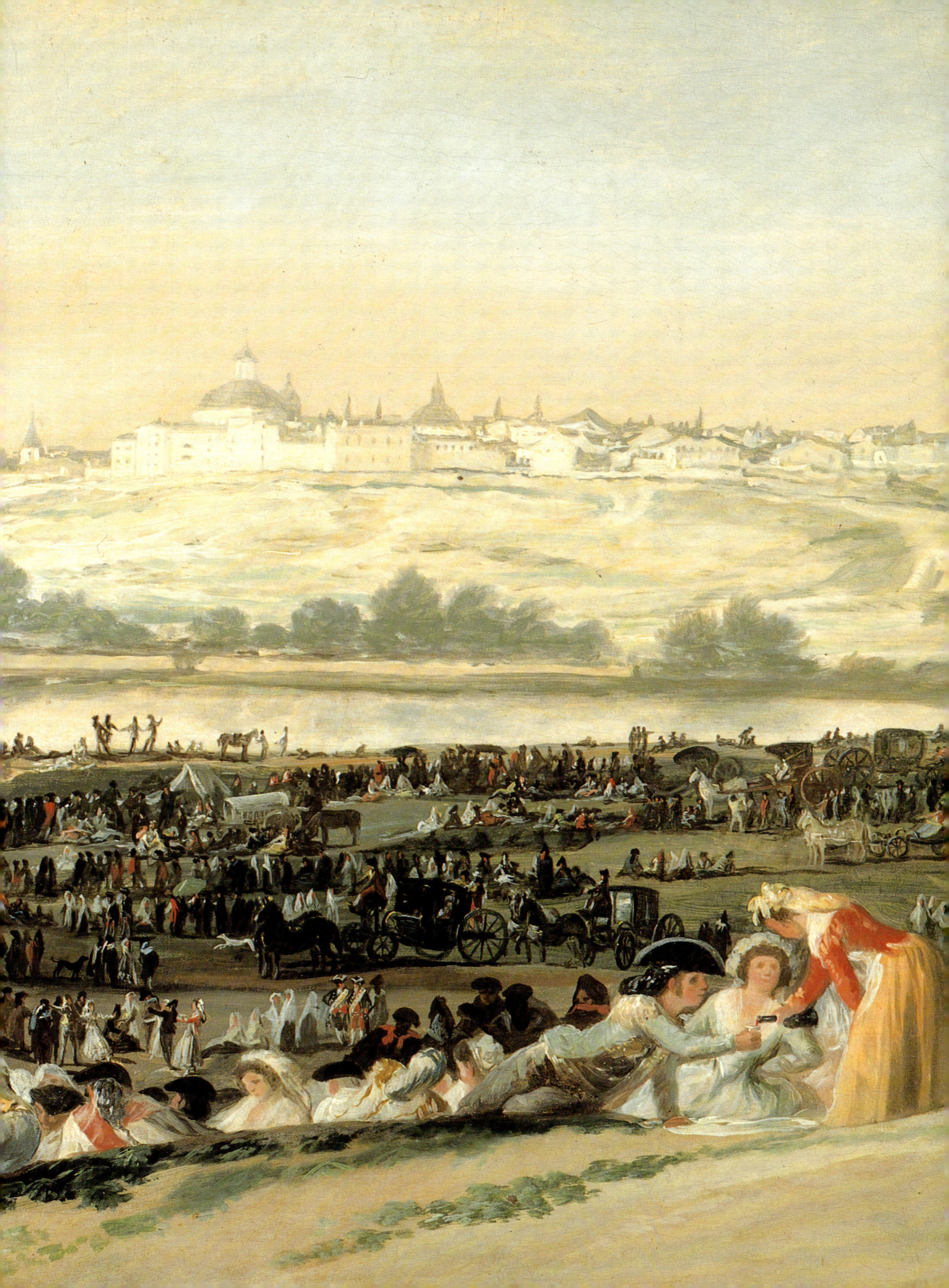

"El sueño de la razón produce monstruos"

VIEJO, sordo, desamparado del amor, nunca abandonado por la violencia, Goya, un día, definitivamente entrado en su casticismo, vierte sobre el mundo, con mano febril, con invención prodigiosa, las grotescas o trágicas opulencias de su humor.

El monigote sublime de *Los fusilamientos* es como el emperador de todo el pueblo pululante y alucinado, de chisperos, majas, lechuguinos, pordioseros, encaperuzados, toreros, soldados, frailes, beatas, rameras, brujas, trasgos, asnos y larvas, que se agita principalmente en la obra grabada y dibujada –muchas veces simplemente *manchada*– del pintor.

Aquí la fantasía recorre el mundo entero de la locura. "El sueño de la razón produce monstruos"; éste es el lema escrito en uno de los aguafuertes de Goya; podría ser el de toda esta sección de sus creaciones. De aquellos dibujos posee el Museo buena colección, parte de la cual puede hojearse en facistoles.

Nosotros, empero, dejaremos la contemplación de tales dibujos, como la de los cartones de tapiz, para otra visita. Porque, de nuestras tres horas, ya estará, sin duda, consumida casi la mitad. Y es probable que nos encontremos en la del mediodía –la mejor para ir a ver a Velázquez–, que es también, estéticamente, un pintor de hora de mediodía.

NOTAS

[1] En la actualidad, la escultura a que se refiere el autor se encuentra en el Museo Nacional de Escultura de Valladolid, en calidad de depósito del Museo del Prado. (N. *del* E.)

[2] Ya empezó a aplicarse a la crítica del arte alguien nacido en el XX. Pero que sepamos, ninguna revisión del tema ha amanecido con ello.

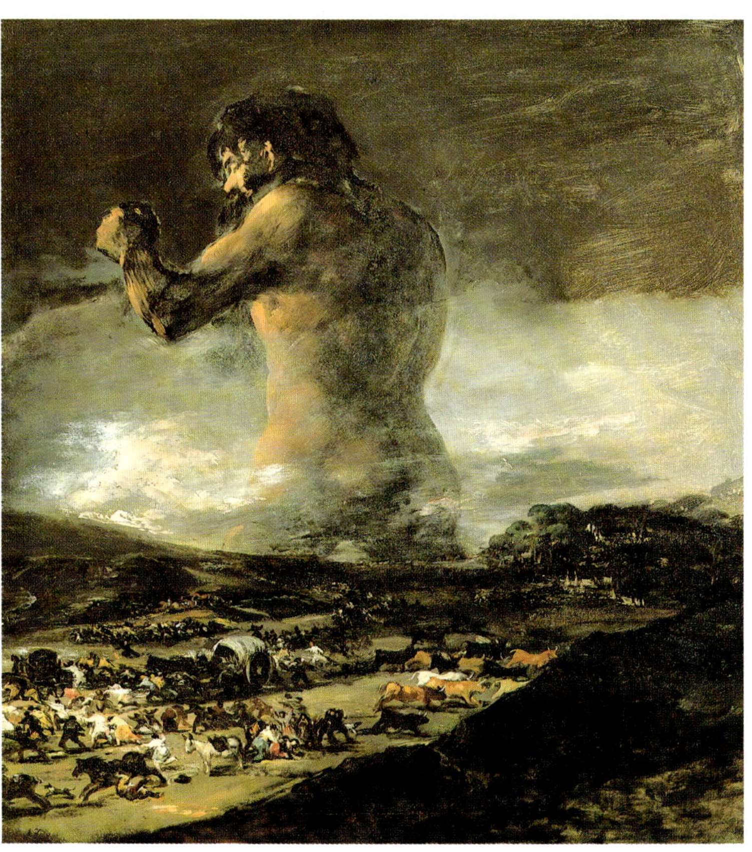

Entre la amable escena de la página anterior y la que aparece en esta, no podemos dejar de asombrarnos ante la evolución del modo expresivo del artista. El Coloso, *símbolo de la guerra, avanza hacia un negro horizonte de muerte y destrucción.*

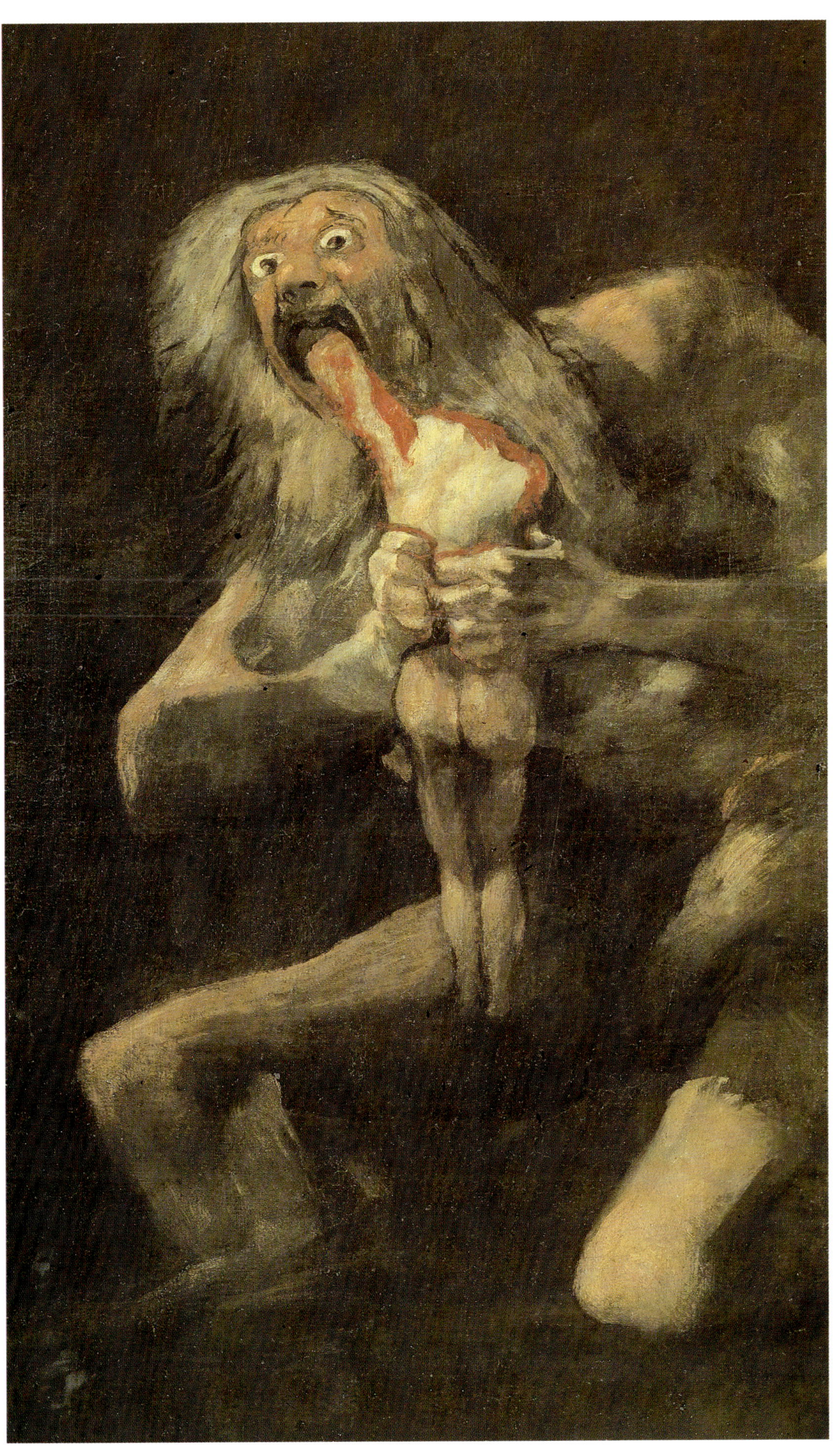

Saturno devorando a sus hijos, otra de las creaciones de la etapa negra, producto de una mente atormentada, incapaz de abstraerse de la amenaza individual de locura, producida por su enfermedad, y de la demencia colectiva de la España de este tiempo, empeñada en el enfrentamiento político y civil entre liberales y absolutistas.

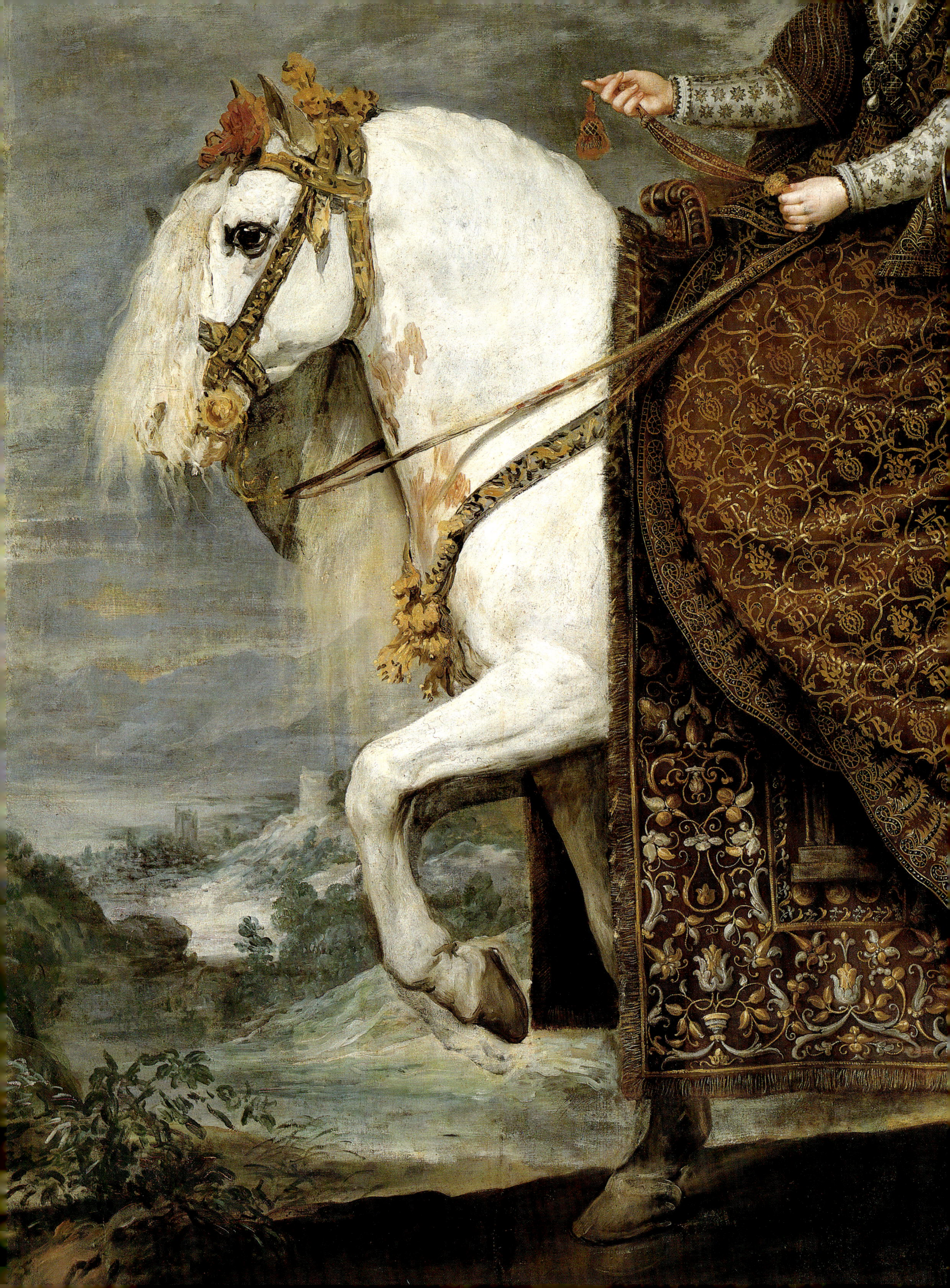

VELÁZQUEZ

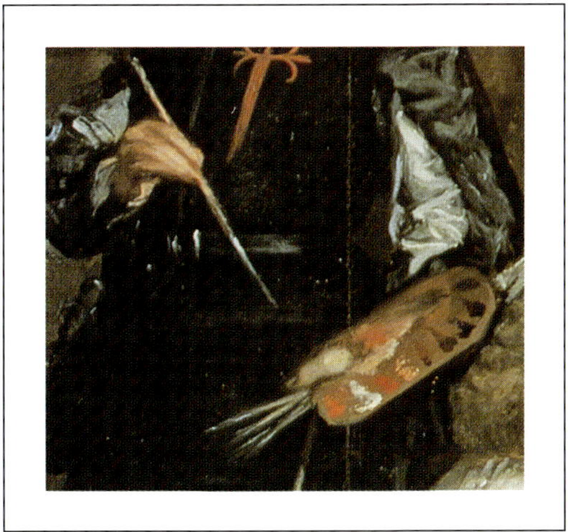

De la paleta de este sevillano, que fue pintor de la corte de Felipe IV, surgen los grandes cuadros, y dentro de ellos, las claves para considerarlos obras maestras.

Mediodía, término medio. Velázquez

Sí, estamos en hora de mediodía.

Entre Poussin y el Greco –entre Mantegna y Goya–, Velázquez.

Entre el clasicismo y el romanticismo, el simple realismo.

Entre la geometría y el lirismo, la objetividad.

Entre la pintura que gravita hacia lo escultural y arquitectónico, y la pintura que está a punto de evaporarse en música o en poesía, la *pintura-pintura*.

Naturalmente, aunque éste sea uno de los lugares del Museo en que hay más que admirar, es donde hay menos que comentar. El comentario casi no puede ser aquí más que histórico. O bien, no ya *psicológico*, sino *metafísico*: desde la extrema objetividad de este arte y aquél, más que sobre *el artista*, tendría que versar sobre *las cosas*.

Velázquez es como un cristal sobre el mundo.

Nada como los cristales para merecer el respeto debido a la veracidad. Nada, sin embargo, que corra tanto peligro de dejarnos en duda sobre si existen.

Pero nadie se perdonaría a sí mismo la necedad de predicarle a Velázquez. El es como es: tranquilo, impasible, irresponsable. Y también sus criaturas, emancipadas aquí de cualquier preocupación de vuelo o de peso, son como son y están como están.

Las afiladas puntas de las armas, que dan título a este lienzo se perfilan en el horizonte cambiante del humo de los incendios y el apresurado paso de las masas de nubes sobre los cielos de la fortaleza de Breda. Esta podría ser una de las múltiples maneras de describir el fragmento reproducido abajo.

Clasificación

PERO todavía es posible establecer una gradación entre los Velázquez según que asciendan –¡oh, cuán poco!– en la escala de la idealidad o, por el lado opuesto, en la escala del lirismo.

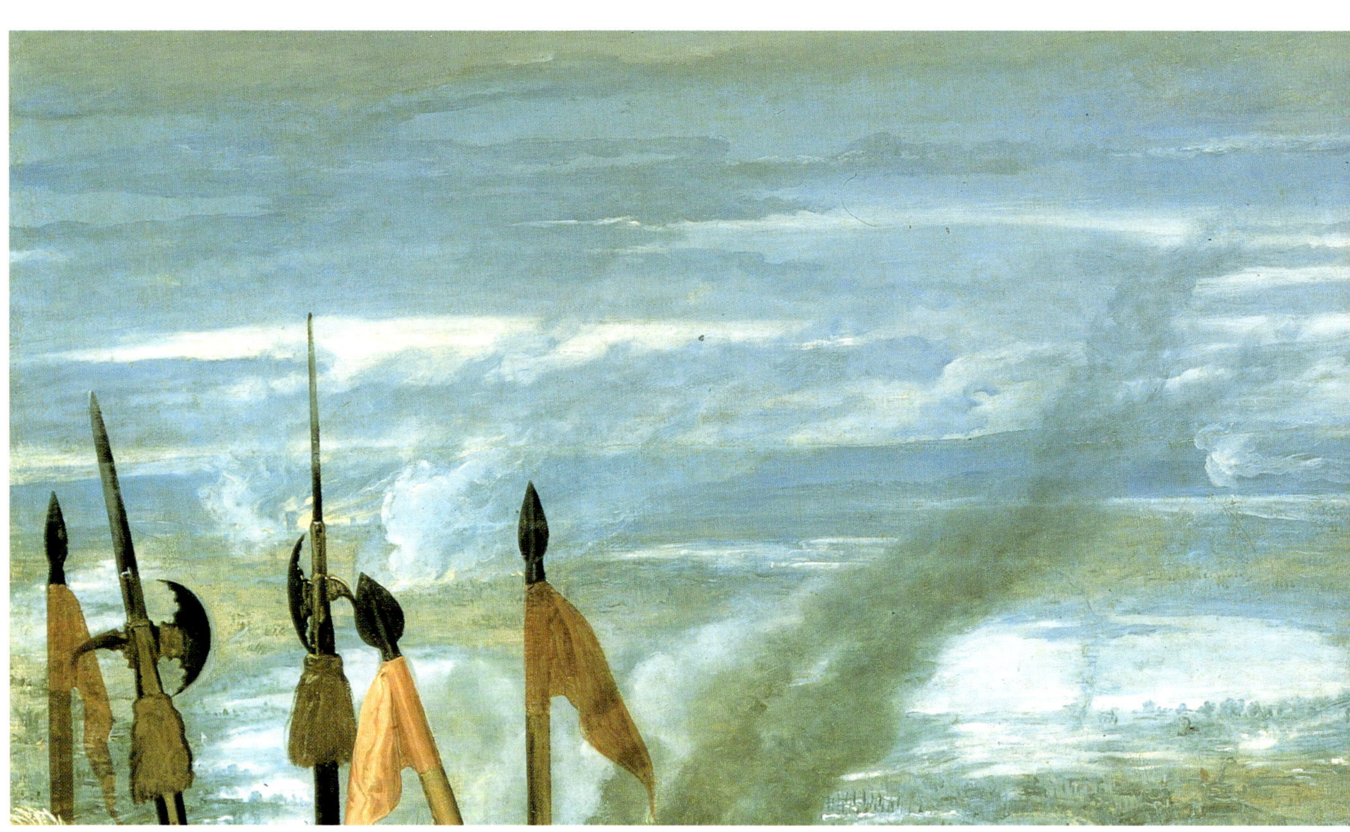

Más altas en la primera, y, por consiguiente, a distancia ligeramente más corta de los dominios de Poussin, encontramos algunas composiciones que, cuando menos por su título –si no por su asunto–, deberían ser –aunque en realidad no lo sean– mitológicas. Ejemplo, *La fragua de Vulcano*.

Más altos en la escala del lirismo, más cerca de Goya, de los impresionistas, de los modernos en general, están los paisajes. Los fondos de muchos lienzos, y, sobre todo, aquella deliciosa pareja de jardines de la Villa Médicis, que todos nosotros hemos querido tanto. Están pintados en una convalecencia y en ellos parece que –¡por fin!– nos habla en voz baja y directamente el alma del hombre.

El centro –el centro del término medio–, el punto por donde pasa el meridiano, aparece, en esta disposición, constituido por la trinidad gloriosa de las grandes composiciones que pueden tomarse como retratos plurales: *Las Lanzas*, *Las Meninas* y *Las Hilanderas*, que son, sencillamente, como unas ventanas abiertas a la realidad. Aun entre ellas cabría decir que el punto central rigurosamente matemático corresponde a *Las Meninas*. En *Las Lanzas* hay todavía un poco más de estilización, de nobleza, que parece conservar algo de idealismo. En *Las Hilanderas*, el fondo luminoso tiene ya cierta fuga, vagamente impresionista, que le aligera.

Entre el grupo de estas composiciones y el de las mitológicas, colocaríamos los cuadros de asunto religioso. Por ejemplo, *El Cristo*.

Entre aquéllas y los paisajes, los retratos. El mundo en que se espejean tranquilamente, pero acaso con secreto –muy secreto–, proceso creciente de ternura, desde los reyes y los grandes hasta los idiotas... Aquí el cicerone no sabría quizá explicarle bien al amigo el porqué; pero le parece que donde la sensibilidad de Velázquez se acerca más a la de sus paisajes es en el retrato del pobre enano *El Primo*.

Si descendiéramos en el cuadro, podríamos comentar la atenta caballerosidad de los vencedores con respecto a los vencidos, la perfecta armonía del grupo humano con los caballos que les acompañan... y todo un sinfín de elementos que por separado merecen tanta atención como los que se pueden dedicar al conjunto.

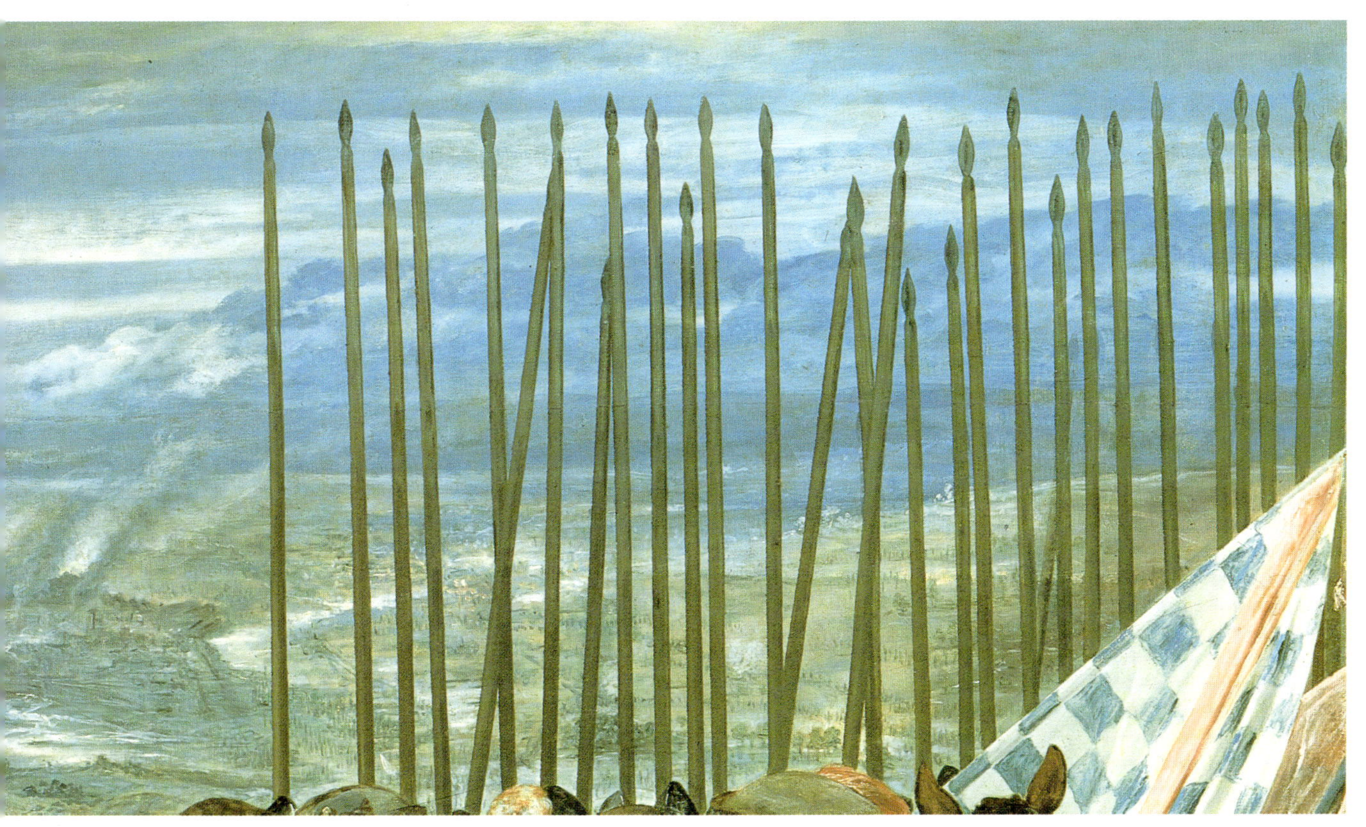

Programa

PARECERÍA efecto de un prejuicio el conceder, en una visita así, menos tiempo a la obra de Velázquez que a la de cualquier otro pintor. Por otra parte, a Velázquez sólo puede vérsele bien aquí, en el Prado. Nuestro visitante deberá detenerse un momento ante cada uno de estos doce lienzos, que ponemos en serie de acuerdo con la clasificación anterior:

Composiciones mitológicas: *La fragua de Vulcano* (1171–XV). *Los Borrachos* (1170–XV).

Composiciones religiosas: *El Cristo* (1167–XIV). *Los ermitaños San Antonio y San Pablo* (1169–XIV). Composiciones profanas: *La rendición de Breda*, llamado *Cuadro de Las Lanzas* (1172–XVI). *Las Meninas* (1174–XII). *Las Hilanderas* (1173–XIII).

Retratos: *El conde-duque de Olivares* (1181–XII). *El infante don Carlos* (1188–XV). *El bufón llamado don Juan de Austria* (1200–XVI). *El Primo* (1201–XII).

Paisajes: *Jardín de Villa Médicis* (1210, 1211; XIV).

No estará prohibido, en el paso de una a otra de estas obras representativas, echar alguna furtiva mirada sobre el resto.

Pasión por los detalles de inventario hay en la artesanal Fragua de Vulcano, *abajo; y detalles con pasión en el tintero de* El Primo, *la coraza de* Don Juan de Austria, *la rueca de* Las Hilanderas, *y la jarra de* Los Borrachos, *en la página contigua.*

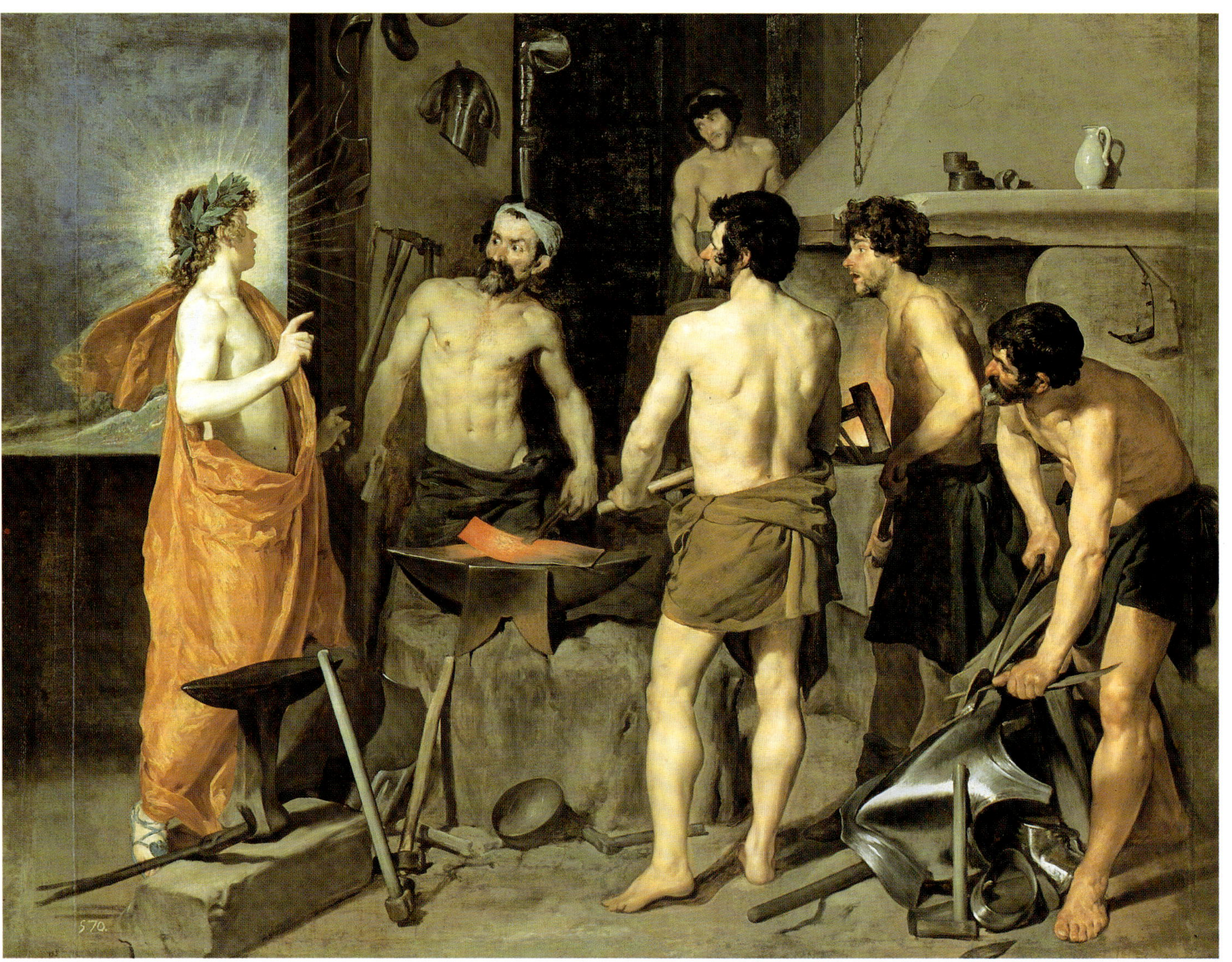

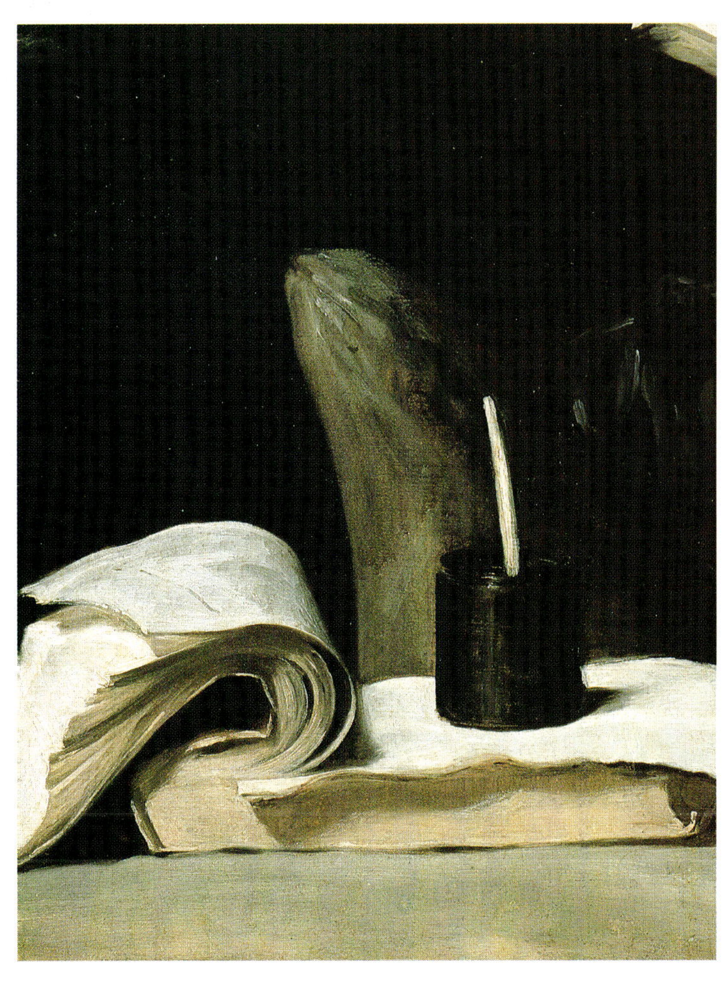

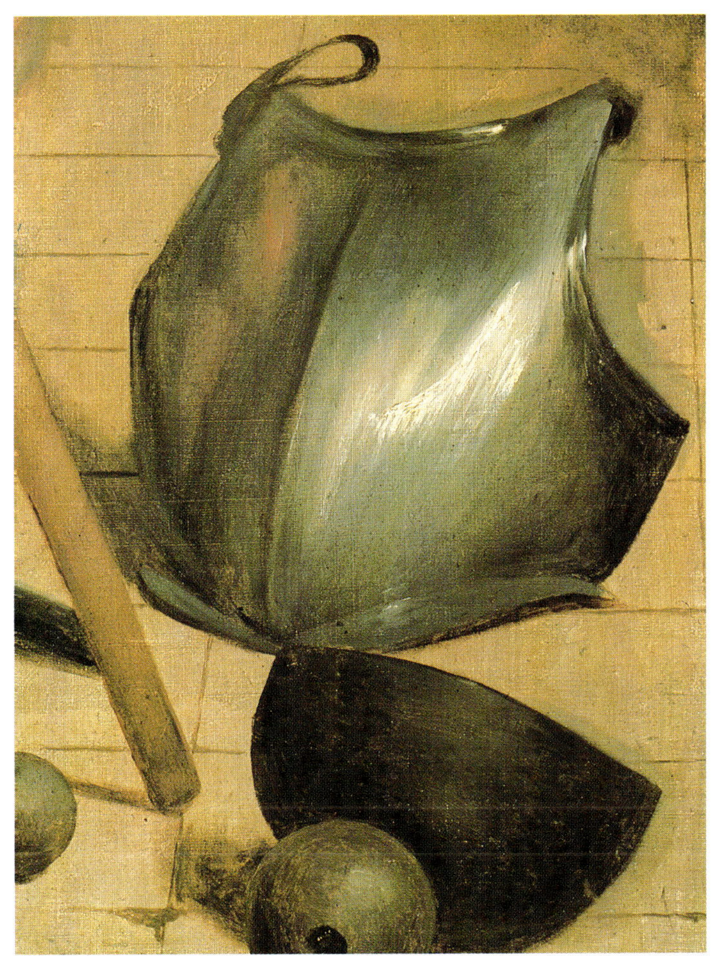

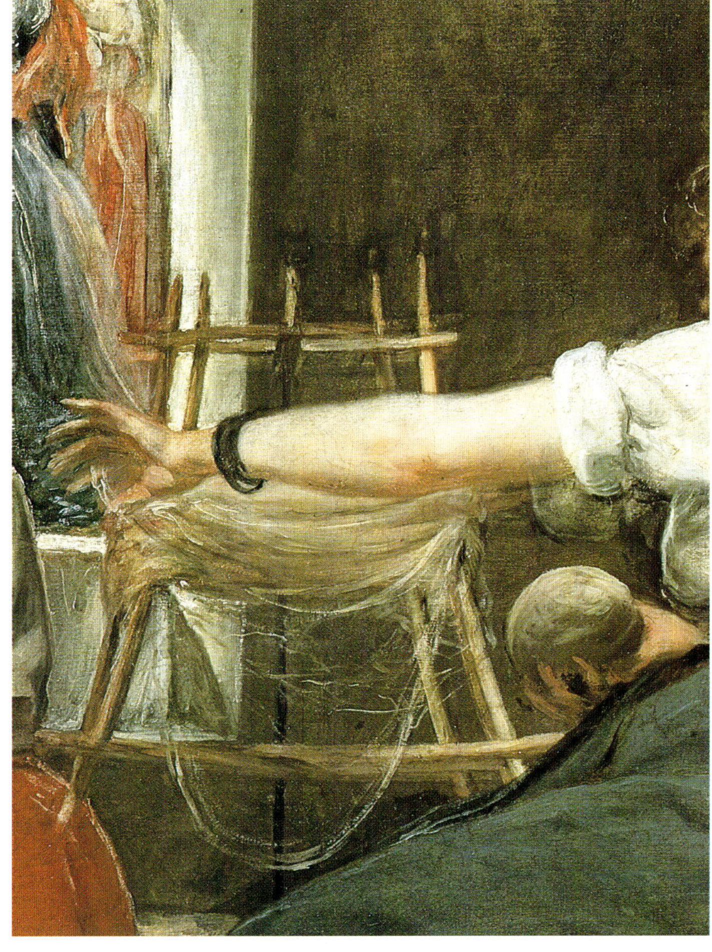

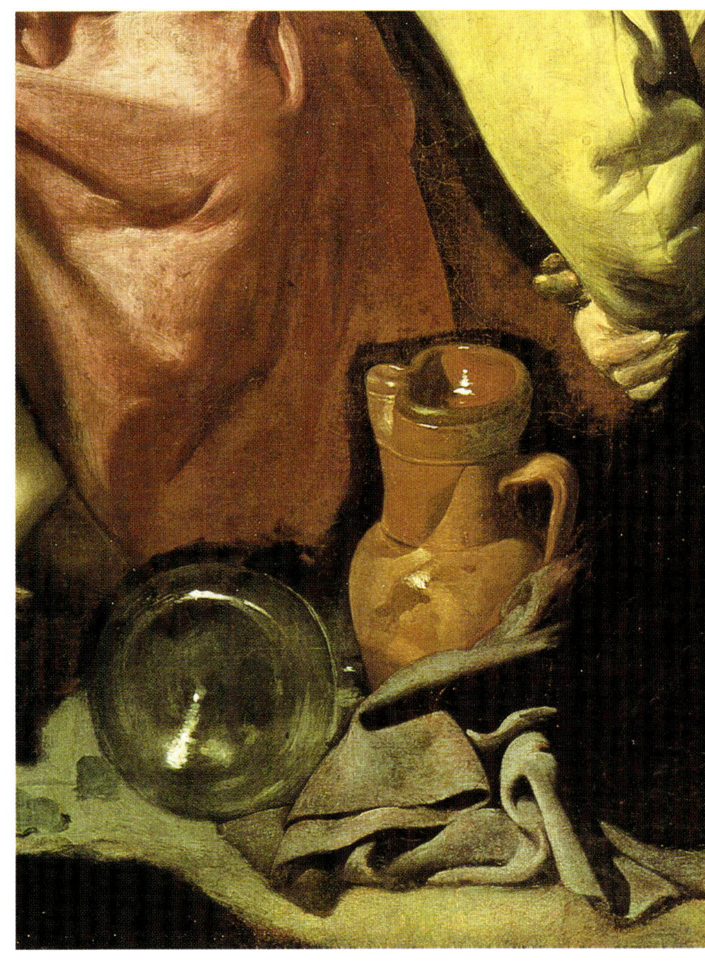

Velázquez: mitologías

LA composición del "Baco", que todos hemos concluido por llamar *Los Borrachos* –de acuerdo con el pueblo y muy adecuadamente–, corresponde, en la vida de Velázquez, a una época anterior a la de *La fragua de Vulcano*. Pero, dentro del sistema de nuestras series, conviene que este cuadro preceda a aquel. Apolo, en *La fragua*, tiene, por lo menos, un nimbo.

Vulcano, no. No tiene nimbo ni nada que revele divinidad. Tiene solamente su vigorosa y enjuta hombría, su carácter étnico bravío de españolazo con barbas. Él y sus adláteres están desnudos, es verdad. Pero ¿acaso no puede ser que también se pongan desnudos, en día de calor y en faena junto al gran fuego, unos jayanes de Castilla? Se advierte, es claro, que la mitología se ha quedado en pretexto. Lo que importaba al artista era este coro de carnes morenas, evidentemente carnes mortales y muy sujetas al agravio de la vejez y del sudor. Por si era necesario, para contrapeso del nimbo de Apolo y de su laurel, aquí están, en la gran chimenea, la jarrita, los pequeños enseres castellanos y labriegos. El aire gris, siempre dotado en Velázquez de tanta *personalidad* y virtud, circula, vive entre las penumbras, que aquí todavía son doradas, lejos de la maravillosa profundidad plata o azul, que luego alcanzará el pintor. Bañado en este aire, todo, personas y cosas, permanece tranquilo, henchido de individualidad, pero de dignidad también. Otro no hubiera podido renunciar, por tratarse de dioses, a cierto énfasis. O, al revés –recuérdese que lo que viene a contar Apolo a estos rústicos es una desventura conyugal, la infidelidad de Venus hacia Marte–, a un poco de humor. Velázquez, no. Impasiblemente objetivo, es crudo como la verdad, pero serio como ella.

Coronar a un rollizo mozo castellano como Baco, y rodear la ceremonia de una fina ironía sin incurrir en burdas caricaturas de la mitología, o severos juicios morales sobre el alcoholismo, es tarea reservada a quien quiso ver a estos gañanes como sujetos, y no como objetos del arte.

En *Los Borrachos*, ríen los personajes. El autor no ríe. Ni simpatiza con el vicio de aquéllos, a la manera de los artistas de los Países Bajos, ni, en guisa de predicador moralista, se entristece sobre su mal. Anota y revela indiferente, con una serenidad que se diría la de la ciencia, el brillo de la alegría, como la mueca lamentable de la estupidez. Dos desnudos también, aunque Baco es figurado aquí por un pícaro de taberna de suburbio, como los otros; pero éstos son ya –en avance de realismo sobre *La fragua*– gente de capa y bragas y sombrero. Gentes de andrajo, que la ágil, la desembarazada pincelada acarició, con el infalible desleimiento curvilíneo de la pasta, tan amorosamente como acariciara una tibia carne o un suave terciopelo.

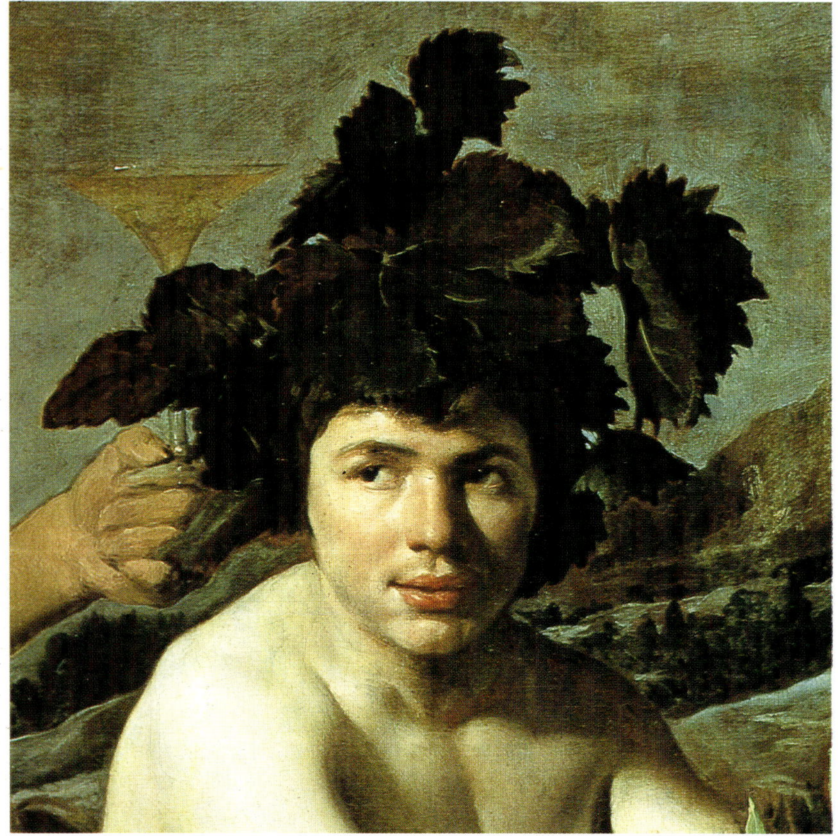

No sólo a Don Quijote se le convierten los castillos en posadas, las princesas en maritornes. Esa es desdicha muy española. Velázquez, por el mismo tiempo, trueca las mitologías en rufianerías... Pero el arte todo lo redime; y cuando da en convertir al dios en pícaro es para, a su manera, elevar, con la inmortalidad, el pícaro a dios.

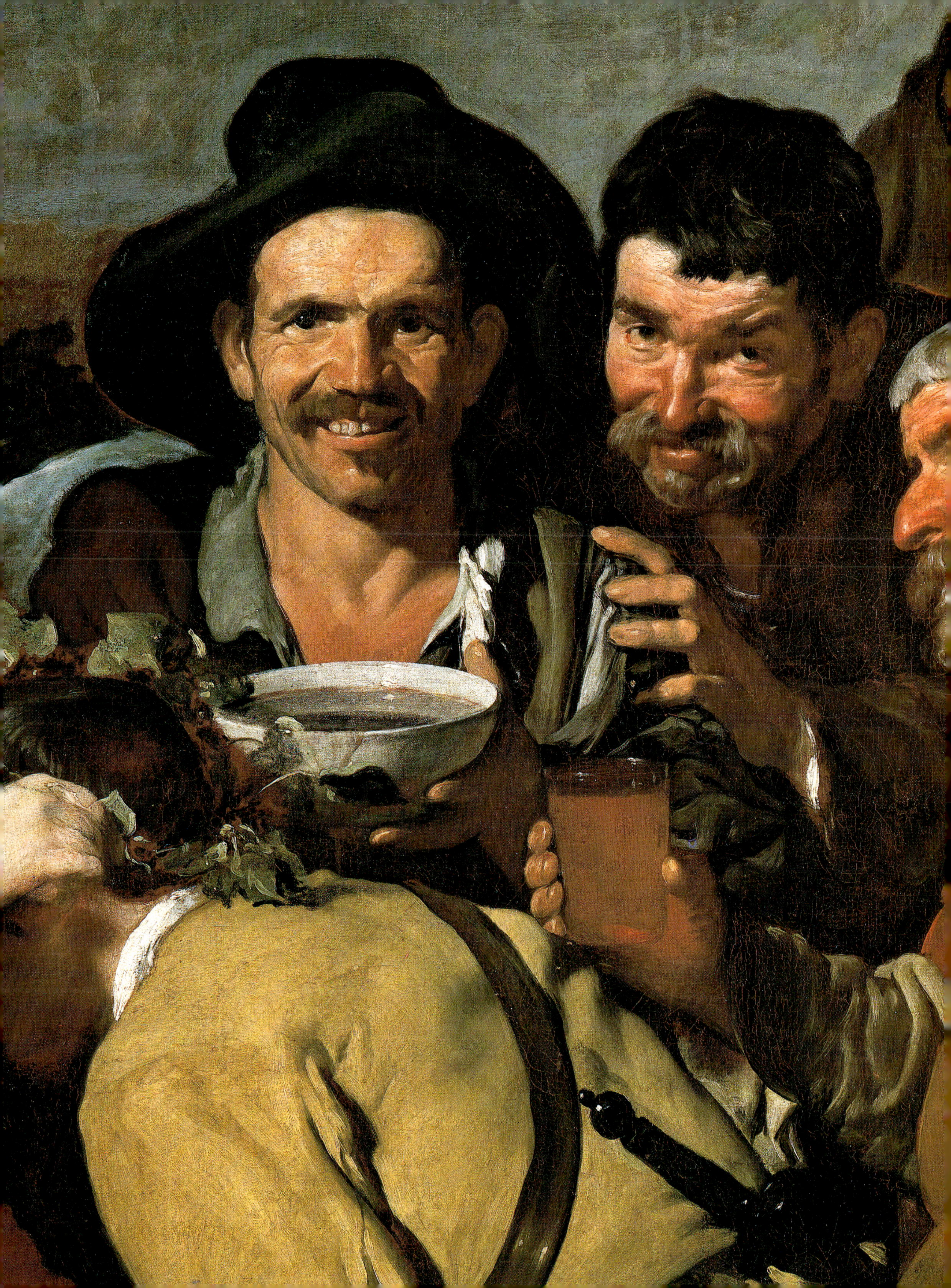

Devociones

La mitología se vuelve picaresca en Velázquez. La religión, no. (En otros, como en los primitivos castellanos, lo había sido.) Sin embargo, las devociones de Velázquez tienen un carácter completamente realista. Se evita en ellas lo picaresco, no a fuerza de idealidad, sino a fuerza de dignidad.

El *Cristo en la cruz* significa una dignidad suprema. Precisamente por lo sobrio, por lo humano, por la admirable ausencia doble de la belleza y de la fealdad física. Este cuerpo no es feo, como en el Greco. Tampoco bello, como en Goya será. No es tampoco un atleta, como en Miguel Ángel, ni una larva, como en algunos primitivos. Es noble: he aquí todo. No tiene cara, que los cabellos ocultan. No tiene sangre con que abrevar románticamente la compasión. No tiene compañía humana para hacer visajes en que se retraten las pasiones. Ni paisaje ni cielo, ni aparatosos meteoros y prodigios. Era un justo; ha muerto. Y –¡Suprema dignidad!– está solo.

(¡Pudiesen estas sencillas palabras del cicerone al amigo desvanecer el efecto de tanta literatura amplificadora, es decir, impía, como se ha desbordado sobre el *Cristo* de Velázquez!)

El cielo tan negro del *Cristo* suspende nuestro ánimo. Pero a mí no me impresiona menos el cielo tan azul del cuadro de los ermitaños San Pablo y San Antonio. Esta es una de las obras que más quiero de Velázquez. Tal vez porque en ella el paisaje (que era la venganza de su secreto lirismo) ya se impone a las figuras y rompe un poco con la norma de la impasibilidad.

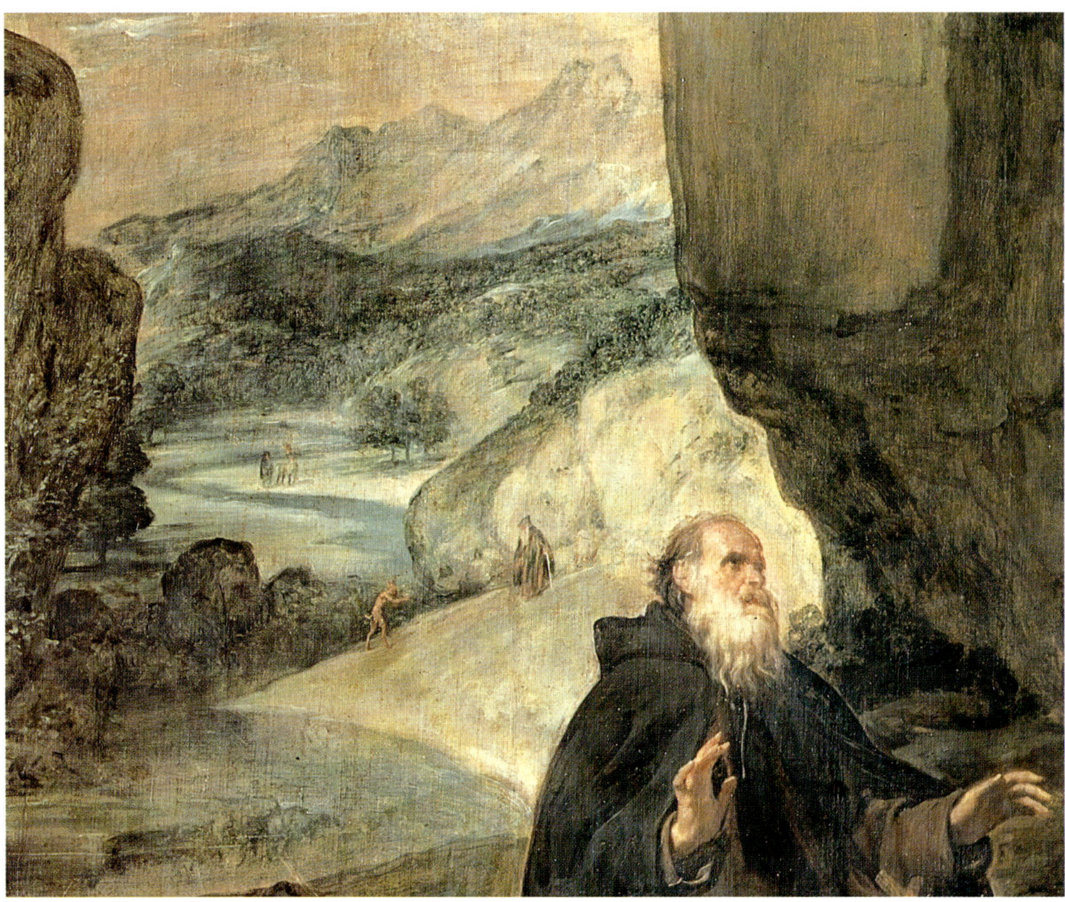

Profundidad de campo en el paisaje de Los ermitaños San Antonio y San Pablo, *abajo, frente al minucioso detalle de la cabeza de* El Cristo, *a la derecha; dos formas de descubrir la piedad a través de la verdad de las imágenes sin artificios.*

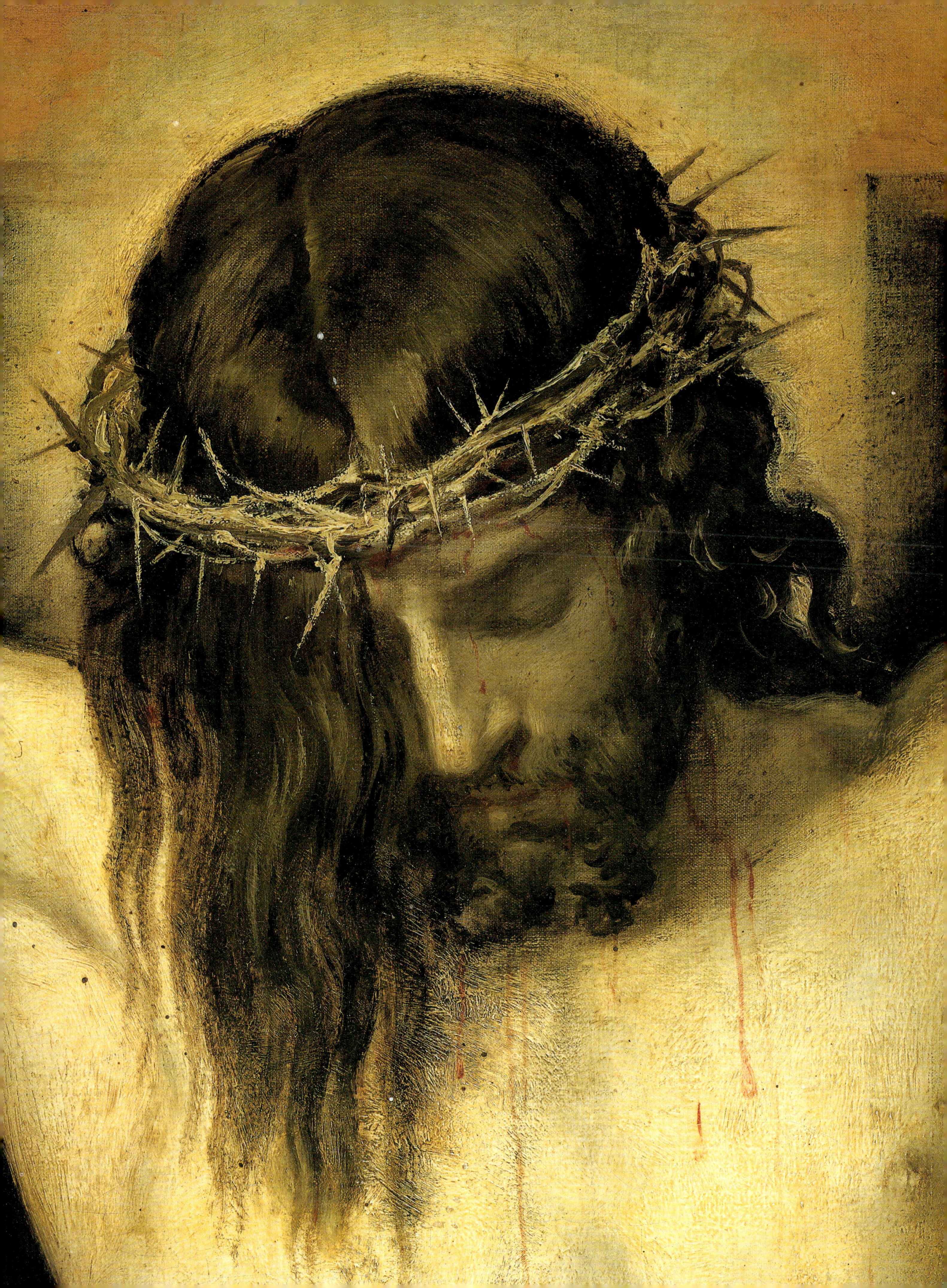

Ventanas abiertas a la realidad

LAS *Lanzas* o *Rendición de Breda*. Todo está escrito sobre *Las Lanzas*. ¿Quién no ha elogiado la belleza misma del espectáculo, la elegancia de estos dos ejércitos, la extrema naturalidad y plenitud significativa de las actitudes, la elevación moral, tan delicadamente revelada y traducida, la vida intensa de los retratos y el aire, y las lejanías y las humaredas, y la luz? Las horas en que *Las Lanzas* fue compuesta cuéntanse, sin duda, entre las más dichosas de la Humanidad. Los pinceles de Velázquez debieron de sentirlo, estos pinceles que ni se retrasan ni se apresuran.

Las Meninas. El arte del retrato llega aquí a una culminación de *lo informativo*, ni antes alcanzada ni vuelta a alcanzar. Cuando hemos visto esta obra, lo sabemos todo so-

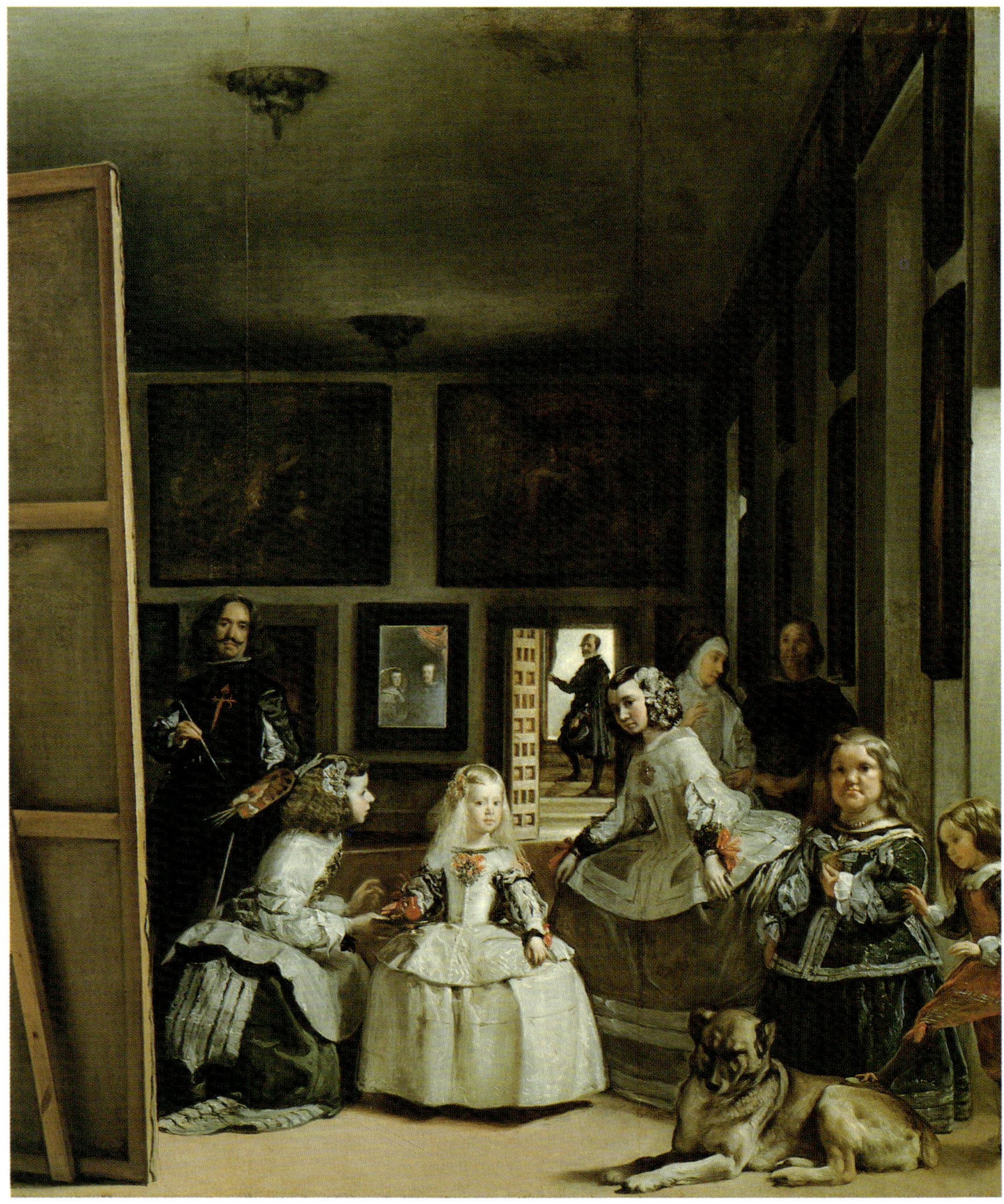

Las Meninas *han llegado a ser el buque insignia de la pintura barroca española, pero también los grandes acorazados necesitan pasar por el dique seco para restaurar su casco. El 14 de mayo de 1984 el cuadro estaba tal y como vemos a la derecha, en este momento John Brealey, director del gabinete de restauración del* Metropolitan Museum *de* Nueva York*, inició su labor sobre el óleo, contando con la colaboración de sus homólogos del Museo del* Prado. *La labor de recuperación de los barnices y tonalidades originales se terminó cinco meses más tarde; aunque desde mucho antes de esta fecha, la polémica acerca de la idoneidad de esta "limpieza" estaba servida entre los que consideraban el resultado final como un atentado, y aquellos que "descubrían" los originales colores del maestro.*

bre las criaturas que en ella siguen viviendo. Una síntesis de elementos tan perfecta, que en ella el contemplador parece a punto de alcanzar aquel don atribuido al Ser Supremo por la teología: verlo todo en acto único, de una vez.

Las Hilanderas. Pintar, lo que se llama pintar, jamás pudo hacerse mejor. No hemos exceptuado para *Las Hilanderas* el título de retratos plurales que antes dábamos a las composiciones de esta sección.

En efecto, aunque aquí el parecido de los rostros, de las nucas o de las piernas de las mujerucas obreras no importa, un nuevo personaje ha entrado en el aprecio de la sensibilidad, con entrar en el de la pintura; alguien, en cuya reproducción debemos ya exigir garantías de autenticidad. Este personaje –de delatado porvenir romántico– se llama "el ambiente".

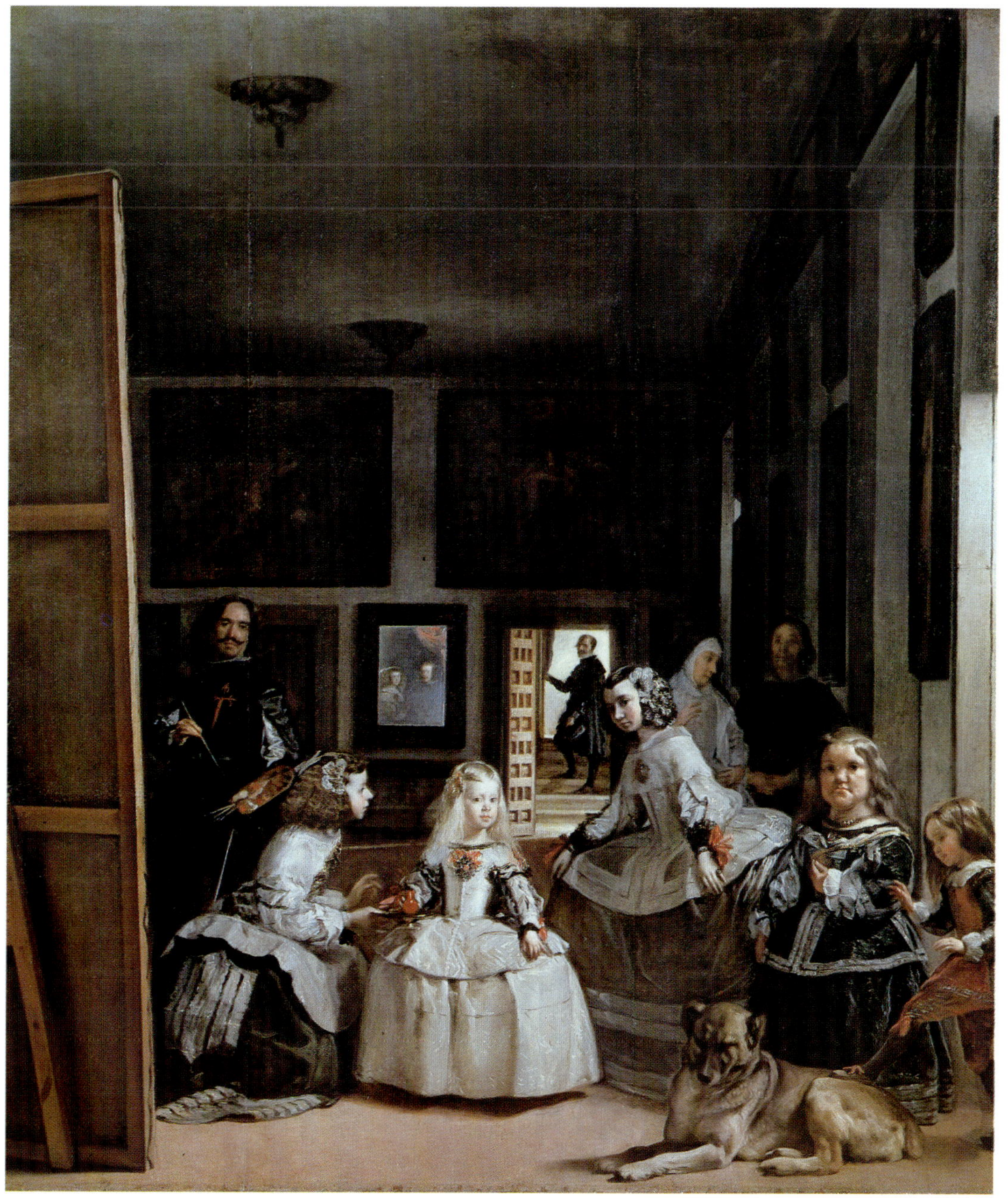

Junto a estas líneas, Las Meninas *después de la restauración de 1984. Establecer un antes y un después, en torno a la restauración del cuadro, puede resultar excesivo, si bien el debate originado por este asunto dividió a los entendidos en una agria disputa, un tanto distorsionada por causa de la nacionalidad y la dedicación a la tarea del* señor Brealey. *Sin embargo, cuando se acometió la restauración de otro de los grandes Velázquez del museo,* Las Hilanderas, *doble página siguiente, que se encontraba gravemente dañado, el trabajo de las hermanas Dávila y los demás técnicos de plantilla del museo fue unánimemente aplaudido.*

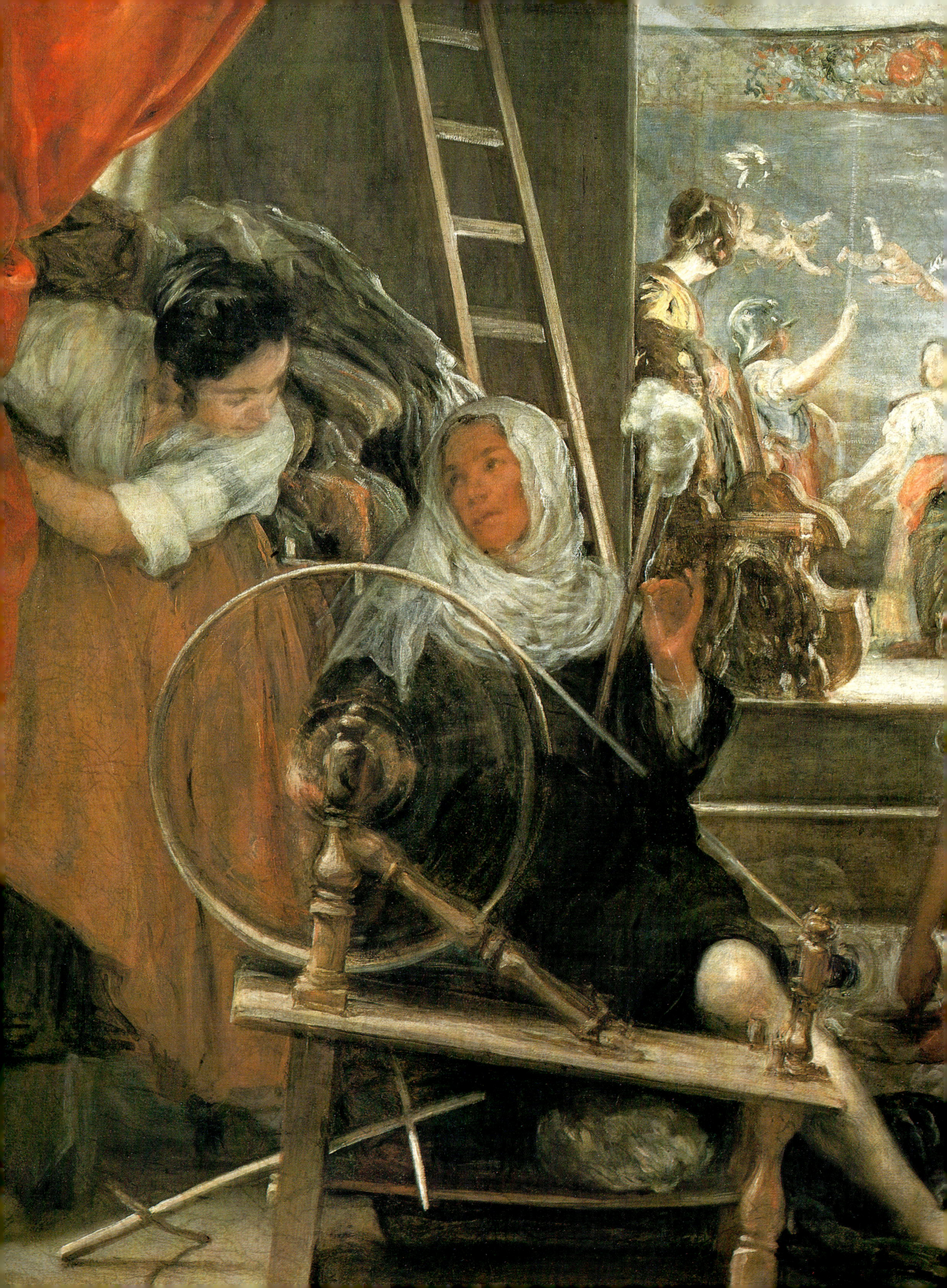

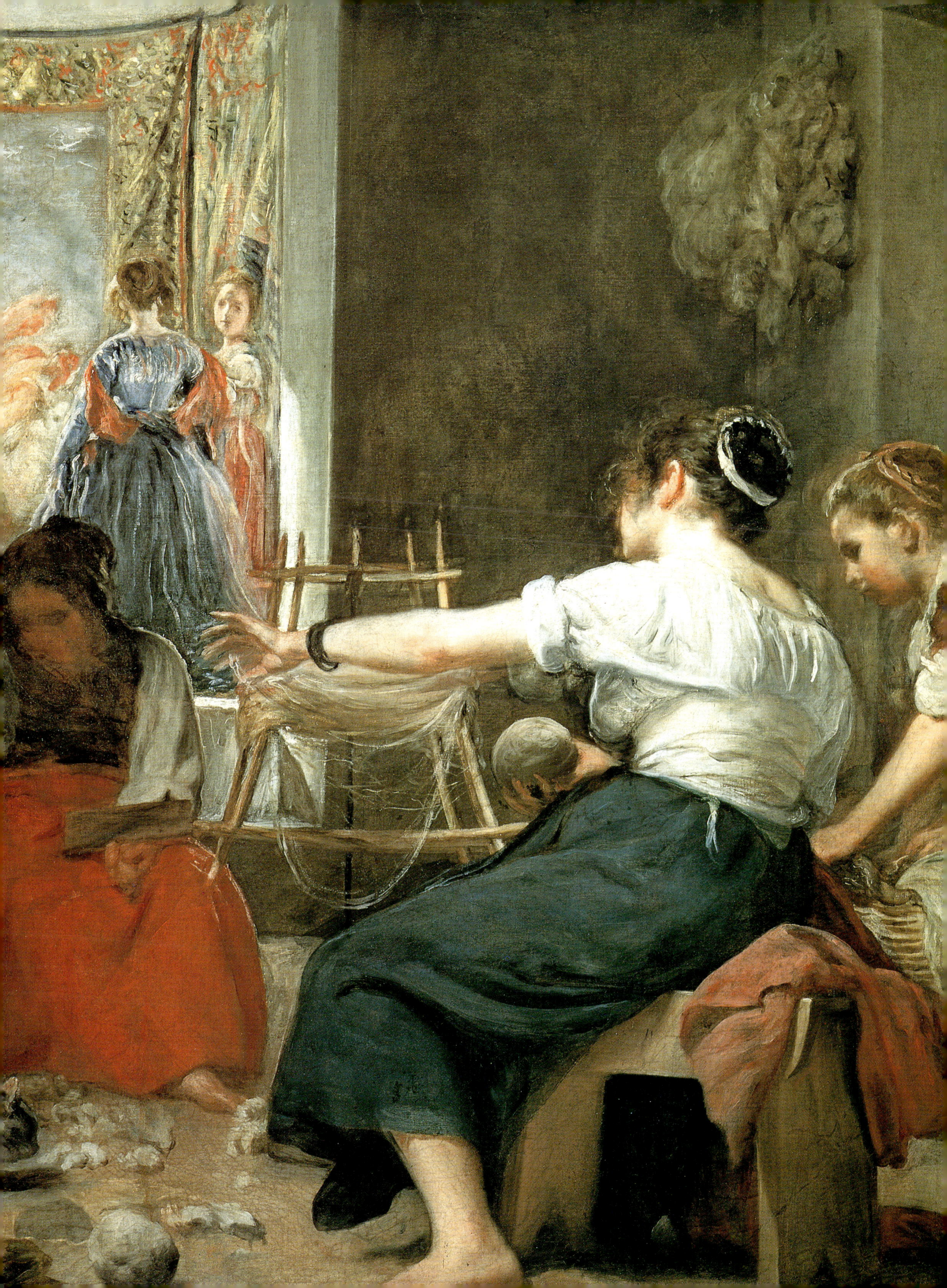

Retratos

SEGUIMOS, en la gradación de cuatro retratos –cualquiera de los otros es, sin embargo, tan fuerte como ellos–, el progreso clandestino del lirismo en Velázquez, de lo que podía dar como lirismo.

El retrato ecuestre del conde-duque de Olivares, tela de aparato, tiene algo sin duda de mitología –cuando no menos es completamente mitológico que el conde-duque ganase batallas así... Velázquez no le quiere. Le adula. Su adulación estalla en la pompa de una gran sinfonía de color.

Al *Infante don Carlos* ya le quiere más. Le hace más sobrio, más elegante. Todos nos hemos exaltado ante la opulencia sorda y como involuntaria del calor sombrío y ante la aristocracia, la "raza" exquisita, de la mano que negligentemente sostiene el meñique del guante.

El bufón llamado don Juan de Austria nos recuerda un momento en la historia del mundo. El momento del *Don Quijote*. El que pueda entender, entienda.

Véase un poco más lejos. El romanticismo ha avanzado un poco. ¿No es el romanticismo la vindicación de lo irracional? He aquí a los idiotas, he aquí a los bobos, he aquí al *Primo*.

Don Juan de Austria *–a la izquierda– nos clava su profunda y triste mirada de perdedor. A la derecha, el* conde-duque de Olivares *nos desafía con su poder. El bufón nos emociona en su patética pose; el noble pretende impresionarnos, cuando la historia,* Marañón *y* Elliott, *le han colocado en la galería del infortunio.*

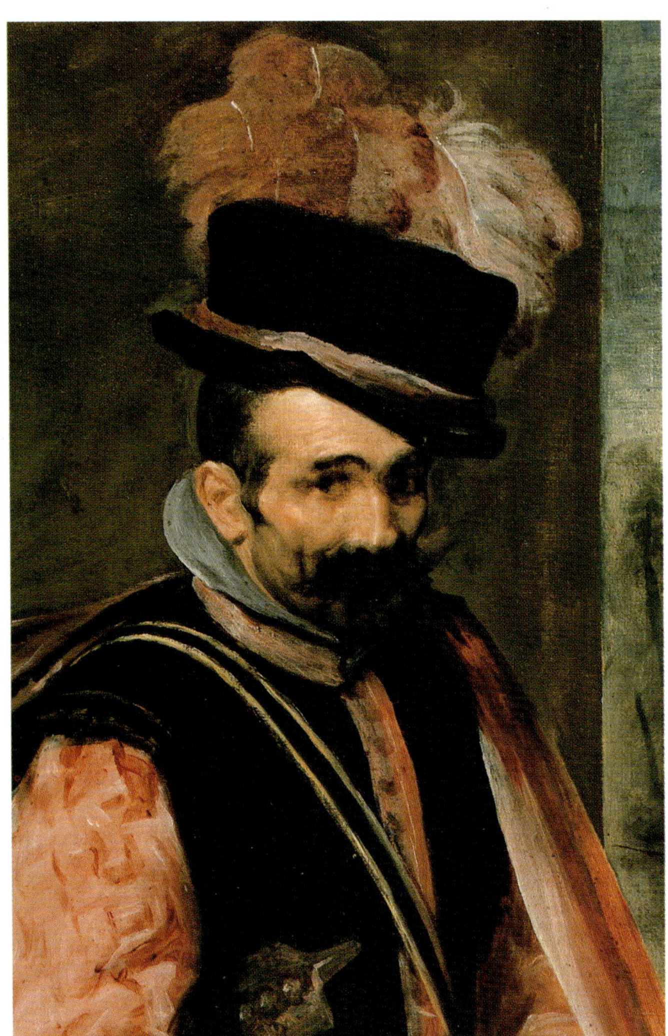

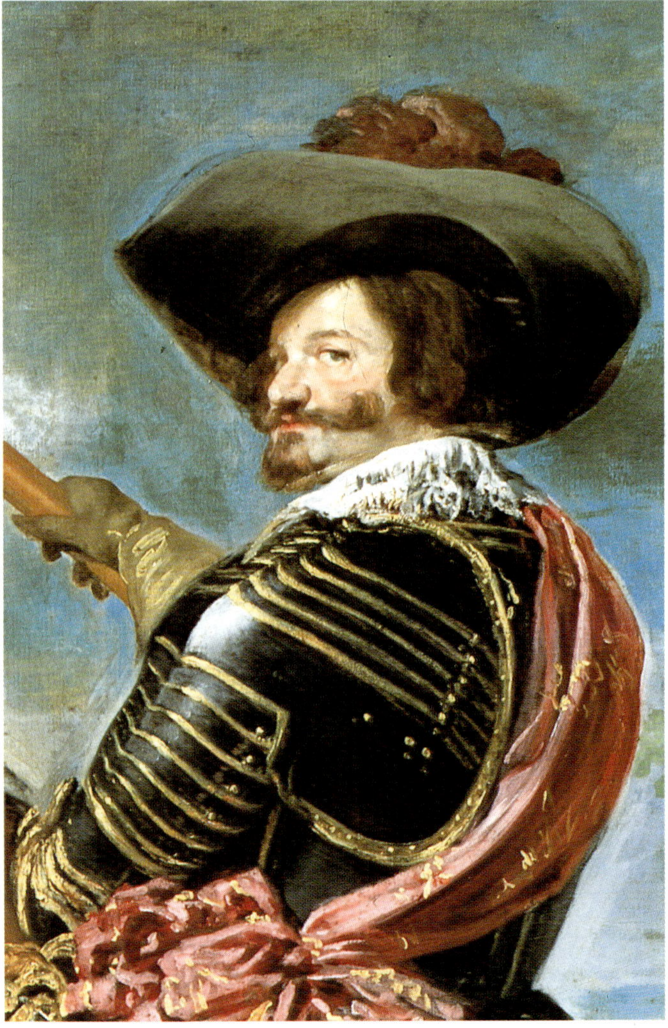

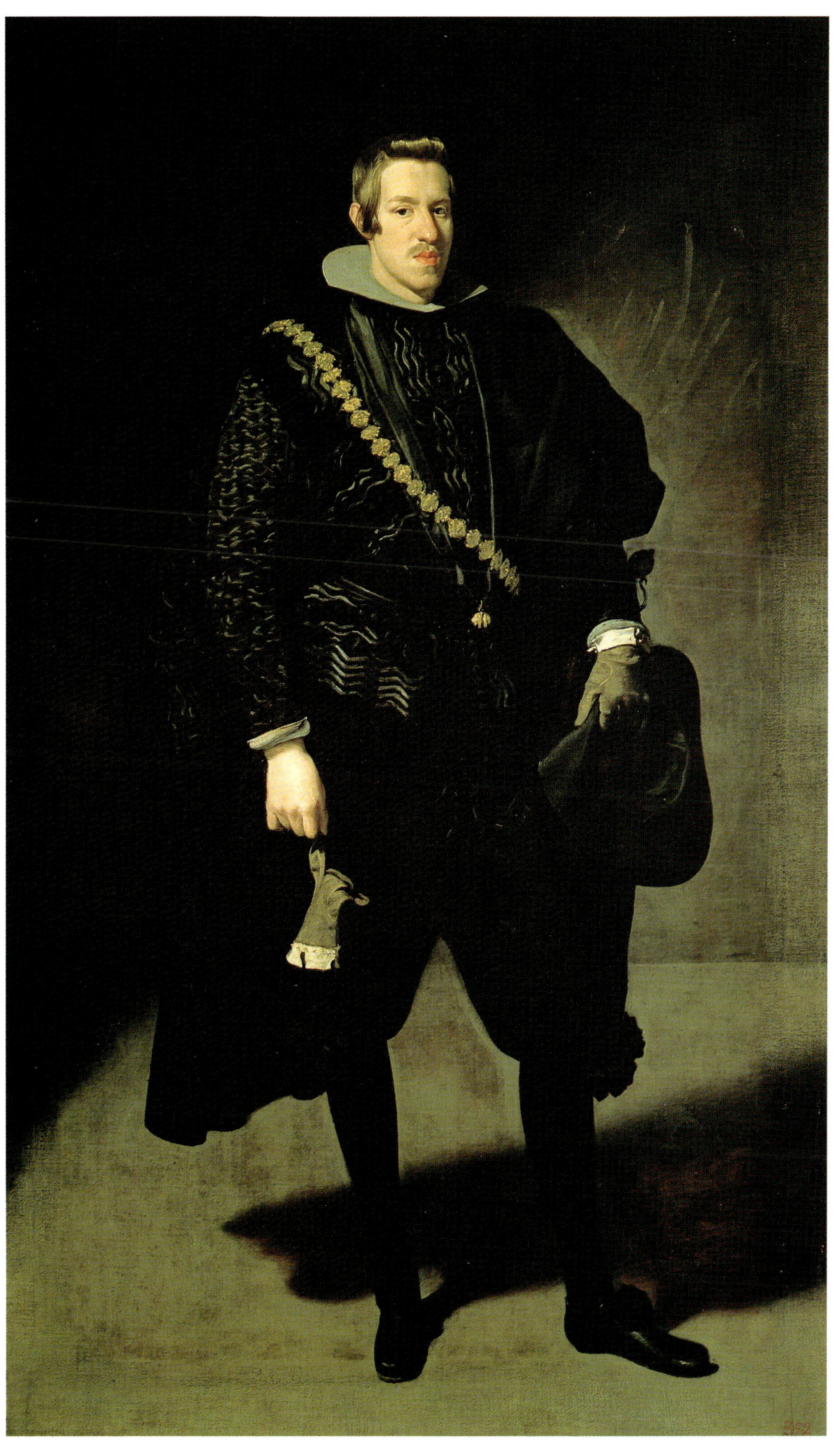

Hay en él tanta sobriedad en las formas, que no necesitaría de sus numerosos títulos para demostrarnos su noble cuna. El pintor le ha retratado provisto de tanta dignidad y elegancia, que no resulta difícil apreciar la simpatía del artista por su modelo. A la vista de este retrato, no es aventurado afirmar que este afecto fue el más valioso privilegio que disfrutó el infante don Carlos.

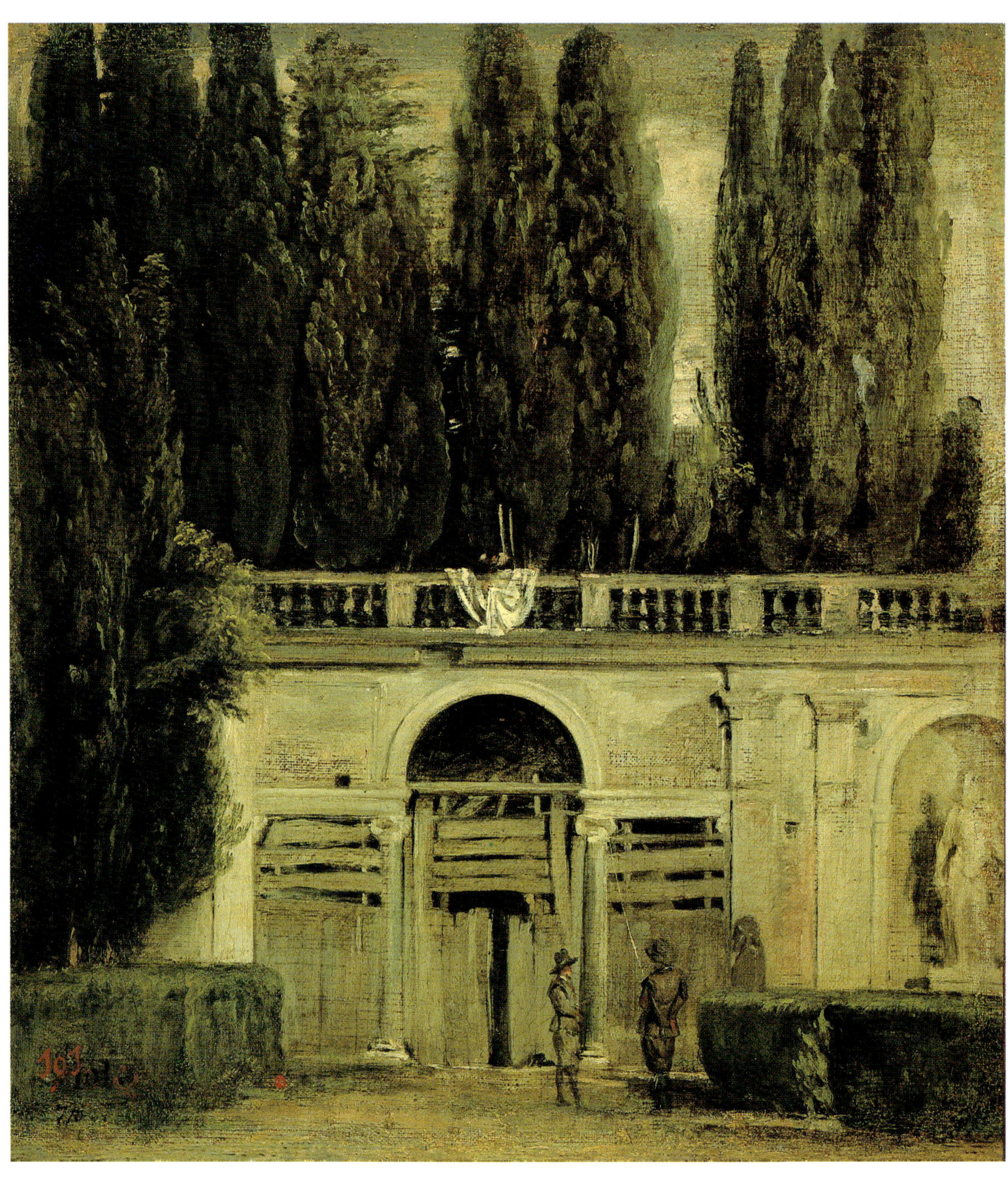

En esta página uno de los dos cuadros dedicados al Jardín de la Villa Médicis, *residencia romana de Velázquez durante su segunda estancia en Italia. Aquí la naturaleza es arquitectura y vegetación unidas por el realismo "fotográfico" del pintor.*

Paisajes

Velázquez era personaje de mucha reserva. Dicen que en la Corte no hablaba nunca, como no le rogaran que dijese algo. Apenas se conservan cartas de su puño y letra. Lo que de él sabemos, lo sabemos por otros y no por él. Sabemos, por ejemplo, que en Roma le preguntaron su opinión sobre Rafael. Contestó nada más: "*Non me piace niente*".

Esta reserva, en genio tan escogido, no significa sino la existencia de un jardín secreto. El jardín secreto –¡su venganza!– déjase sospechar. Se ha refugiado en el fondo de los cuadros, en los paisajes, en que el sentimiento de la naturaleza sale ya de la impasibilidad del realismo. (Lo que los venecianos fueron para los cuerpos, Velázquez para las perspectivas.)

Una indiscreción del azar nos ha conservado como obras substantivas lo que sólo estaba destinado seguramente a estudio preparativo: unos puros paisajes. Así es como si le leyéramos a Velázquez unas confesiones en un papel que se hubiese dejado caer por inadvertencia.

El jardín secreto de Velázquez está, casi íntegro, en el *Jardín de Villa Médicis*.

A la estatua de Velázquez en Sevilla pusieron la inscripción:"Al pintor de la verdad". Había otra verdad. Hay más cosas en el cielo y en la tierra que las que conoce la filosofía de Velázquez... Por lo menos su filosofía pública.

El "gemelo" del cuadro anterior es producto de un estudiado análisis de la perspectiva. El enfoque del segundo plano permite precisar los detalles del lejano paisaje de árboles y casas de la colina del fondo, mientras que los personajes son figuras "impresionistas".

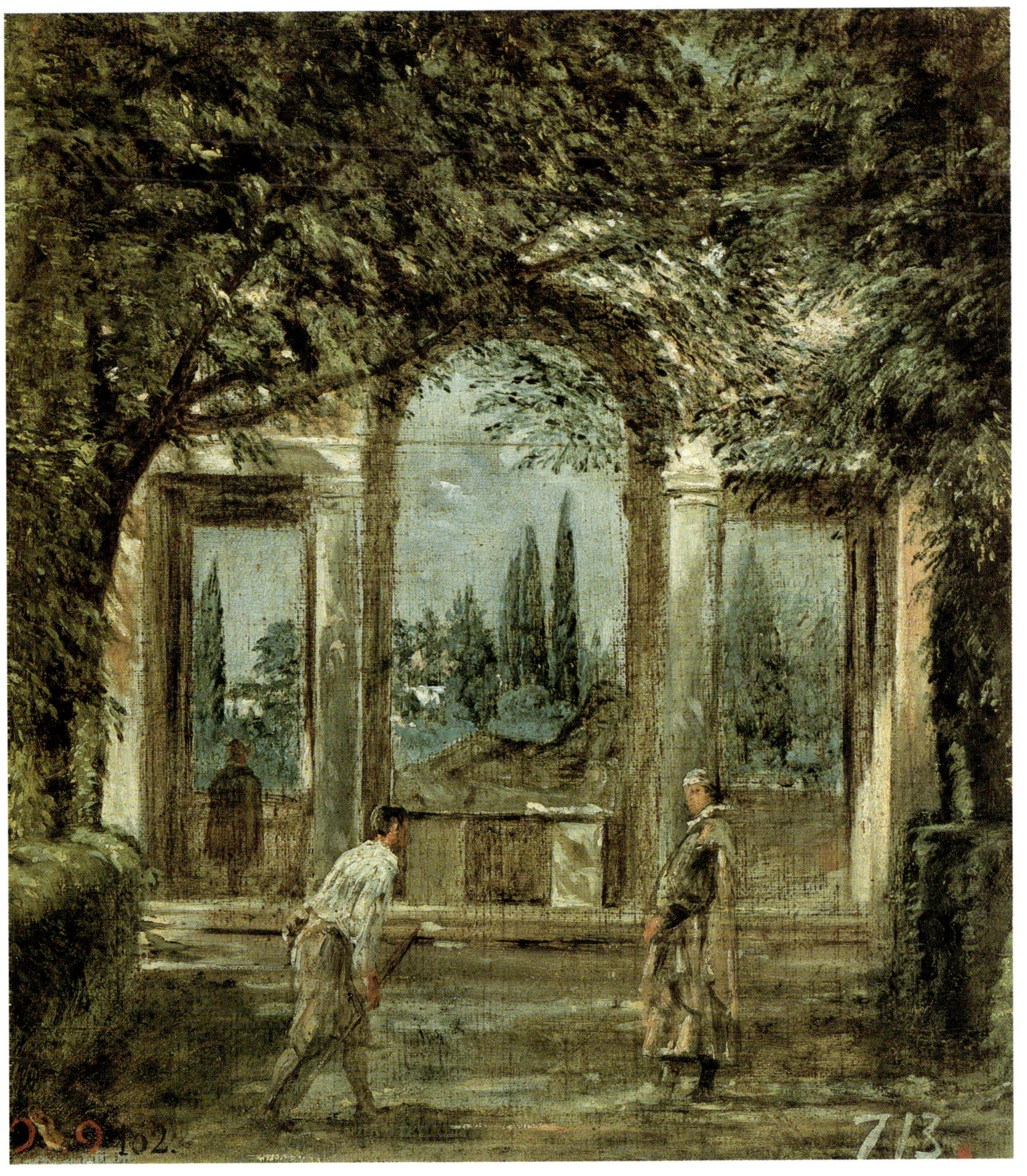

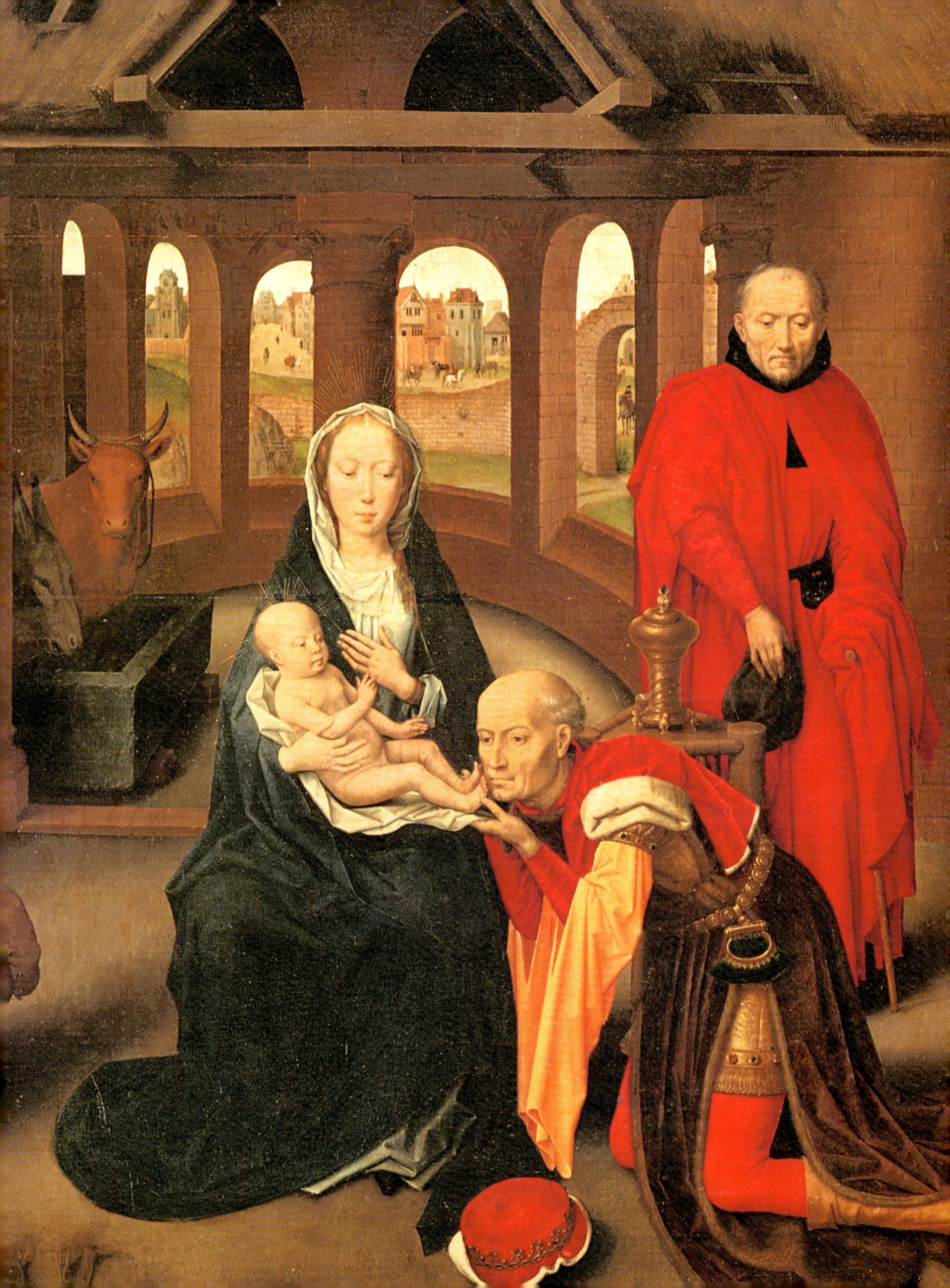

LOS PRIMITIVOS

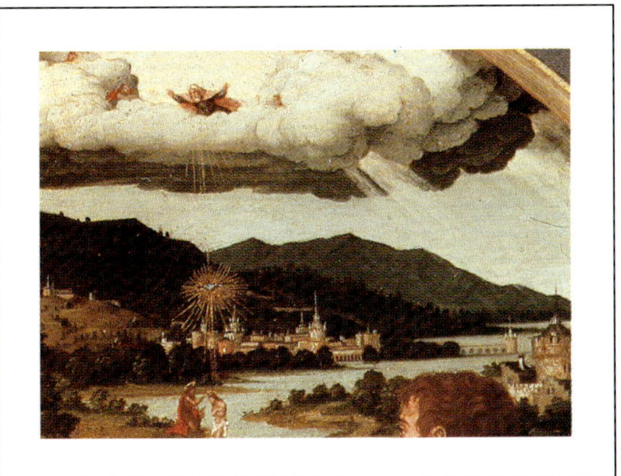

El fragmento superior es un detalle de Vicente Massip, un maestro valenciano del siglo XV *en cuyos fondos también se reproducen paisajes mediante la técnica de la perspectiva lineal, tal y como se aprecia a la izquierda, en el detalle del fragmento central del* Tríptico de la Natividad *de* Hans Memling.

Mise au point

NO nos cansemos de precisar posiciones. Hemos encontrado, para nuestro paseo, el extremo clásico de la pintura en Poussin, Mantegna, Rafael; su extremo romántico, en el Greco, Goya; su término medio realista, en Velázquez... De Rafael a Velázquez baja una serie, en la cual el idealismo disminuye, crece el realismo. De Velázquez a Goya sube otra serie, en que el realismo va haciéndose romántico más y más. Entiéndase que aquí queremos olvidar la cronología y clasificar autores y obras por su actitud estética únicamente.

En el itinerario de la serie que va de Rafael a Velázquez aparecerán los llamados pintores primitivos; sucesivamente, los primitivos de Italia, los de los Países Bajos,

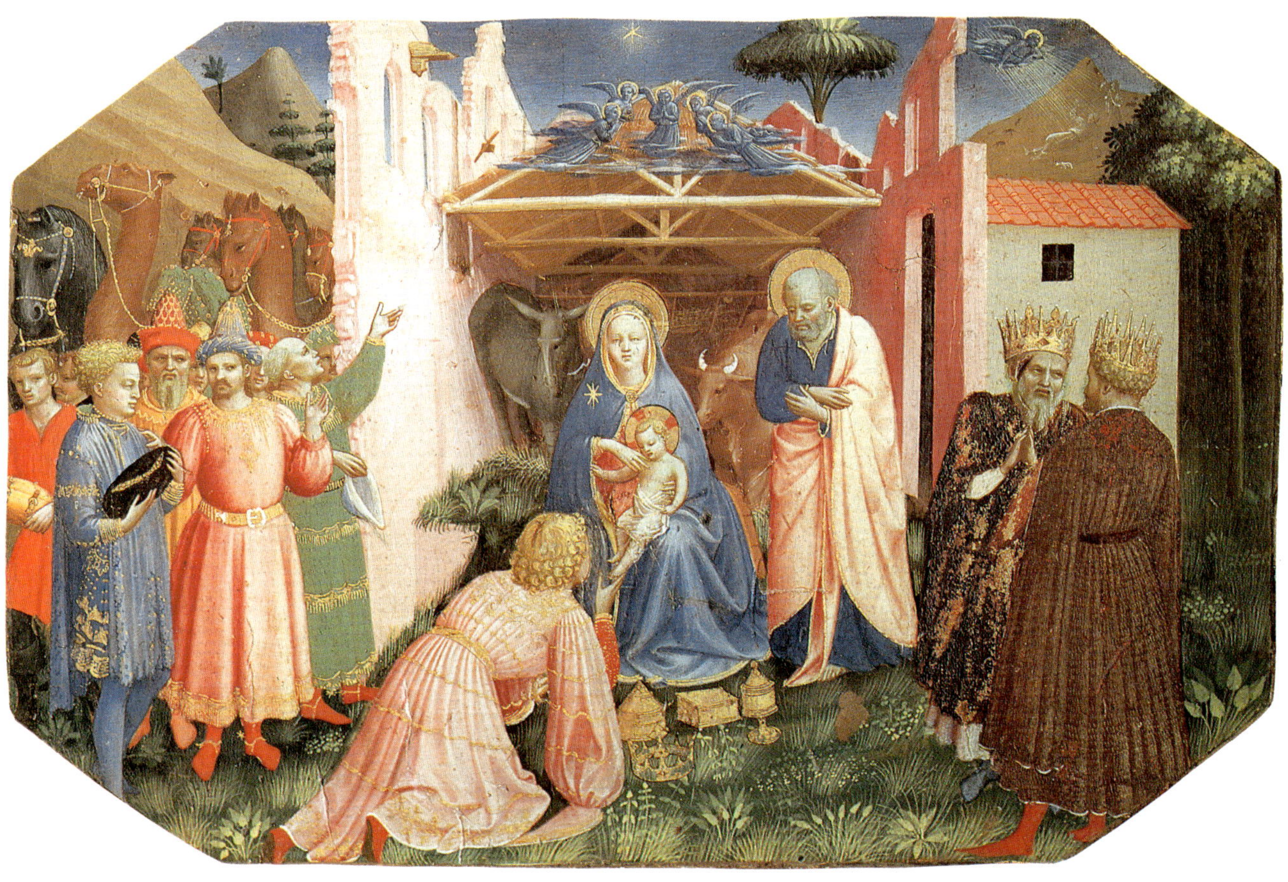

Posiblemente La Anunciación *del Beato Angélico sea uno de los cuadros más colectivos del museo. La imagen de esta página* La adoración de los Magos, *pertenece a una de las cinco predelas dedicadas a la Virgen, obra del taller de Guido di Pietro (Beato Angélico).*

los españoles. En la otra serie, la que va de Velázquez a Goya, vamos a encontrar, primero, a otros maestros venecianos; luego, a los germánicos y a los de los Países Bajos.

Qué quiere decir "primitivo"

PERO, antes de saludar a los "primitivos" del Museo, convendrá que nos entendamos sobre la palabra "primitivo". Cuando la Edad Media significaba para los historiadores de la cultura una interrupción radical, pudo parecer que los primeros artistas modernos, un Nicolás Pisano, un Cimabue en el XIII, rompían una especie de mudez secular, balbuciendo un lenguaje que, sucesivamente en dos siglos de esfuerzos, debía acercarse a la perfección, bajo la influencia de un estudio progresivamente amoroso de la naturaleza y acaso por obra de cierta difusión de la sensibilidad panteística franciscana... No le falta verdad a este punto de vista: sólo le falta exactitud. Mejor informados, debemos reconocer hoy que aquellos iniciadores eran unos epígonos, a la vez; que toda una tradición –bizantina sin duda, pero también italiana– venía a continuarse y cerrarse en ellos; y así su acción, que por un lado desarrolla un *avance*, significa paralelamente *una decadencia*.

Progreso en la vía del realismo, en el enriquecimiento de la perfección técnica; pérdida paulatina en el valor de la idealidad y en el sentido de la decoración... Esto vol-

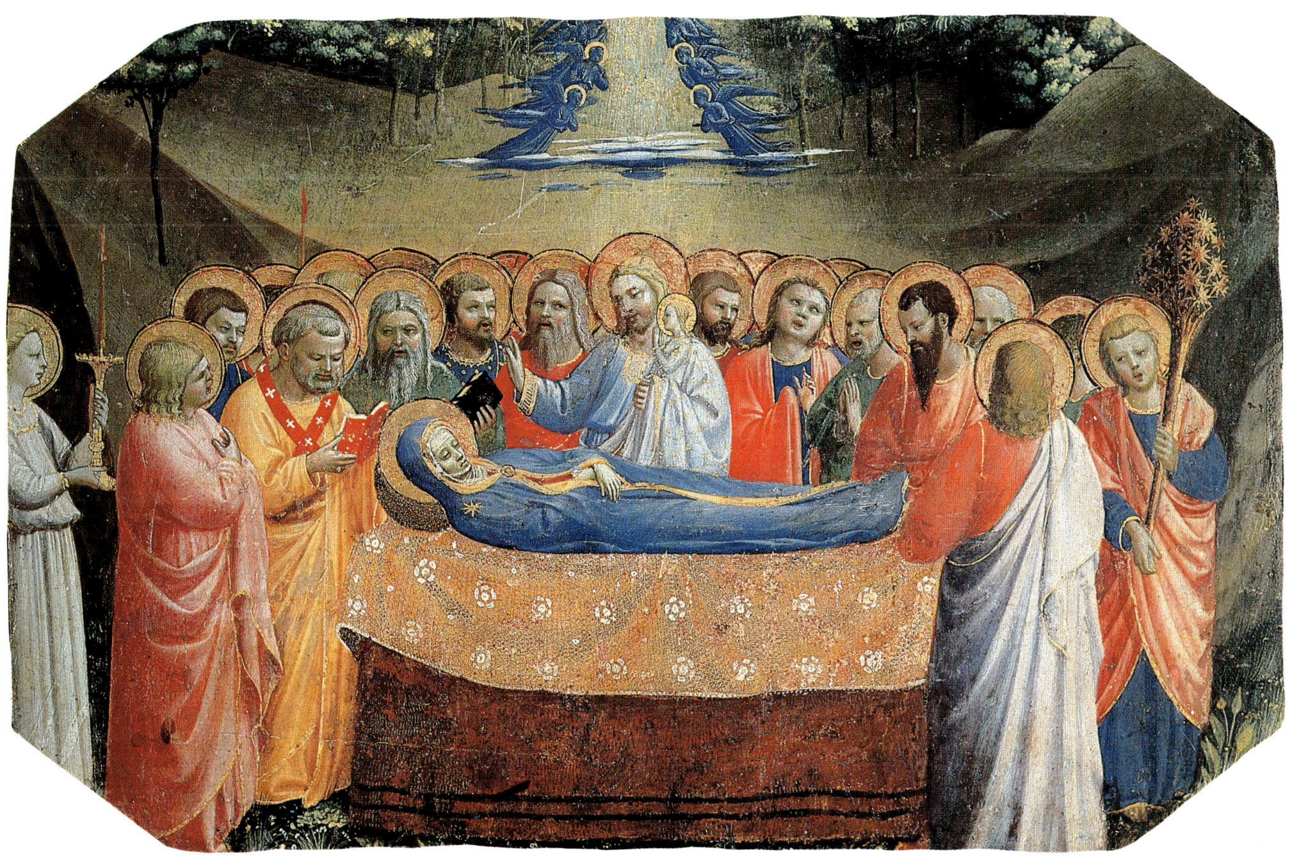

verá más tarde, con Miguel Ángel, con Rafael... Rafael, sí, que es un comienzo. El idealismo cristiano, en el transcurso de estos dos siglos, había ido evaporando su autenticidad; había renacido, en cambio, el idealismo platónico.

Así, nuestra serie de primitivos –la cual, aunque puramente sinóptica en la intención, va ahora a coincidir sin demasiada dificultad con lo cronológico– puede escalonarse en razón de más a menos o de menos a más. Dibuja a la vez una ascensión y una caída. Los primitivos italianos son los de más valor geométrico, espacial; en los españoles, el valor de expresión va acentuándose hasta el realismo. Teóricamente, un Beato Angélico se enlaza con Rafael; un Berruguete se acerca a Velázquez; un Memling colócase a media distancia entre los dos.

El tránsito de la Virgen, *también bajo* La Anunciación *responde a un concepto medieval de la pintura caracterizado por el* horror vacui *del gótico, empeñado en acumular figuras en un espacio comprimido sin renunciar al vibrante colorido de las creaciones del maestro.*

La *Anunciación* del Angélico

EN lo que se muestra más pobre el Museo del Prado, al lado de las otras grandes pinacotecas del mundo, es en primitivos italianos. El amigo se contentará, pues, con una estación ante la tabla de *La Anunciación* (15–IV), del Beato Angélico. Prolónguela, la estación, tanto como pueda. Porque la belleza de esta obra tiene dos capas. Apréciase en la primera la sensación de sencillez divina, de ingenuidad, de clara delicadeza, de dulce claridad, de emoción humilde, de pureza sin mancha. En la segunda, se consideran valores todavía más hondos. Allí donde en un momento nos enternecería el hechizo de una *niñez*, ahora viene a dignificarnos la lección suprema de una *sabiduría*.

Ahora empezamos a entender, por ejemplo, que pueda, en pintura, *el color* ser una cosa muy distinta que *la luz*, y valer, el color o la luz, casi contradictoriamente. Fra Angélico no es un pintor *colorista*, es decir, un goloso de la materia; sino un pintor *luminoso*, es decir, sediento del alma. Un colorista trabaja para hacer vibrar las cosas en la embriaguez del momento; un luminoso, en dejarlas tranquilas, en su postura de eternidad. En el parisiense Museo del Luxemburgo, los impresionistas del legado Caillebote van ennegreciéndose y corrompiéndose miserablemente de año en año: ¡qué inalterable frescura, en cambio, qué juventud dorada, la de esa *Anunciación*, ayer y hoy y por los siglos de los siglos!

Así piensa uno, paralelamente, en lo que va del epíteto *luminoso* homérico al adjetivo *colorista* de los Goncourt. Y sitúa, olvidadizo de arqueologías superficiales, a Fra Angélico en la familia de Homero: en la familia gloriosa de los genios claros –la más elevada dentro de la república de los espíritus–; en la familia de aquellos dichosos, que no sólo, como Goethe decía de los alemanes, se esfuerzan en ir de la sombra a la luz, sino que ya, sin esfuerzo, sin conquista, patrimonialmente, gratuitamente, han recibido el don de ésta.

La Visitación *es otra de las predelas inferiores de* La Anunciación *que recoge un sistema estructural plenamente renacentista al organizar las figuras de acuerdo a un modelo más moderno, o si se prefiere menos primitivo que el resto del retablo. La causa parece estar en un retraso de no más de dos años entre las tres primeras y las dos restantes. Dos años separan lo "primitivo" de lo "actual".*

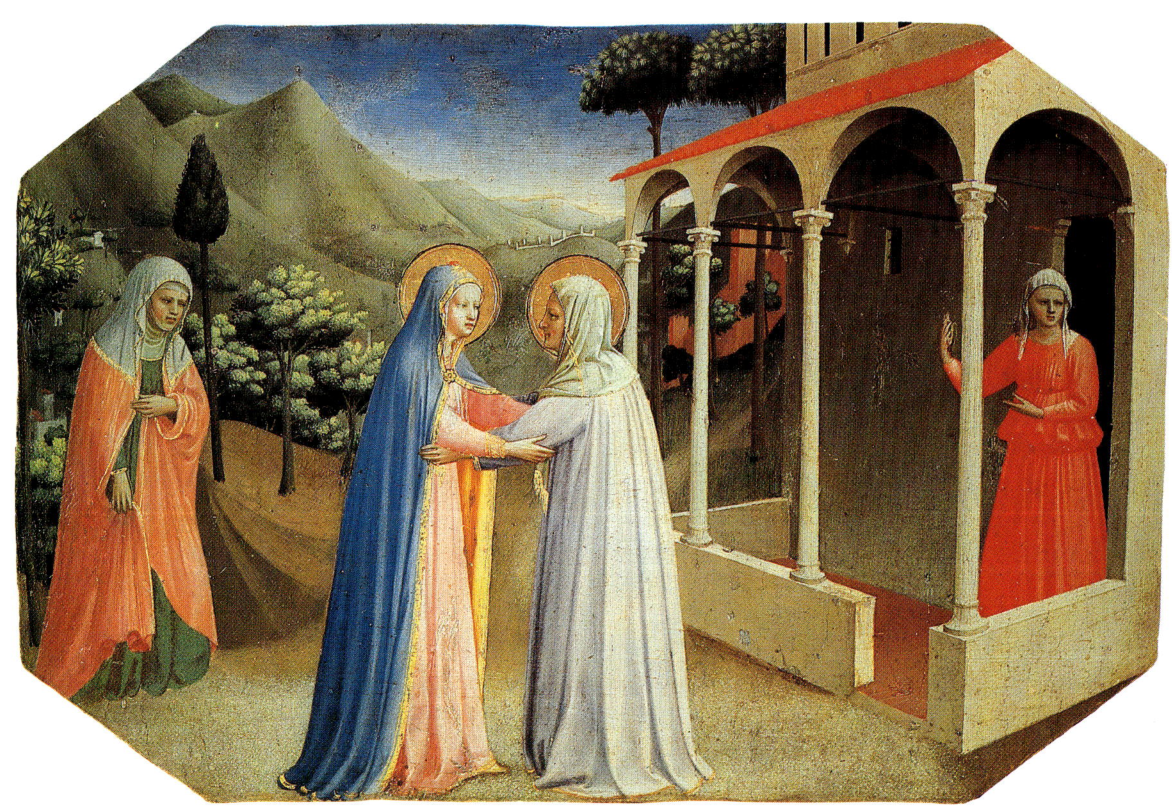

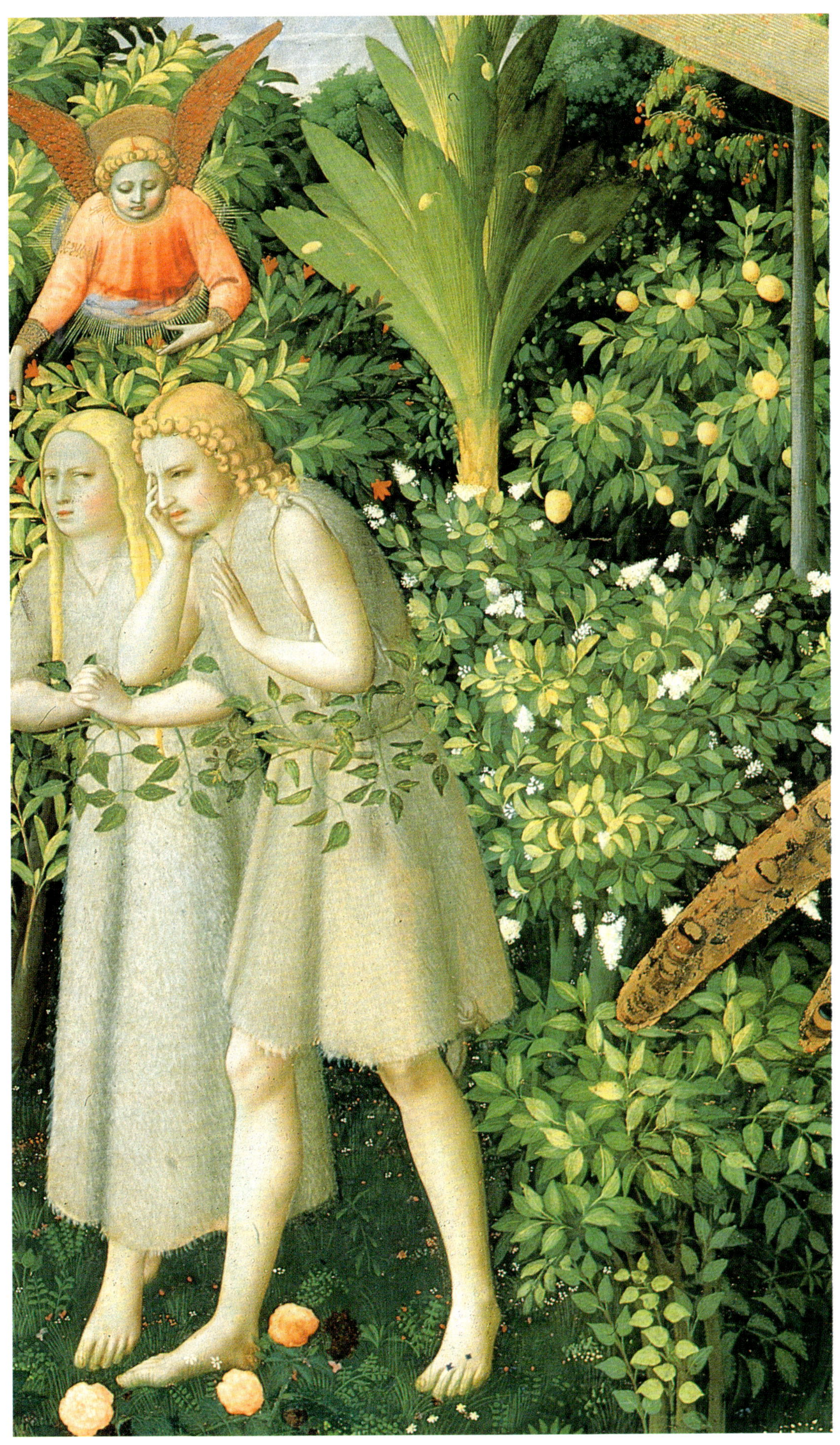

El paraíso se cierra para Adán y Eva en el fragmento de la izquierda de La Anunciación. *El jardín del Edén que aquí adquiere la exuberancia de un huerto mediterráneo, repleto de aromas y frutos, es abandonado por una pareja pintada probablemente por Zanobi Strozzi, un discípulo de Beato, más preocupado por el ingenuo dramatismo de la escena, que por la carga espiritual que caracteriza la obra de su maestro. Strozzi era menos primitivo que Angélico, pero no mejor pintor.*

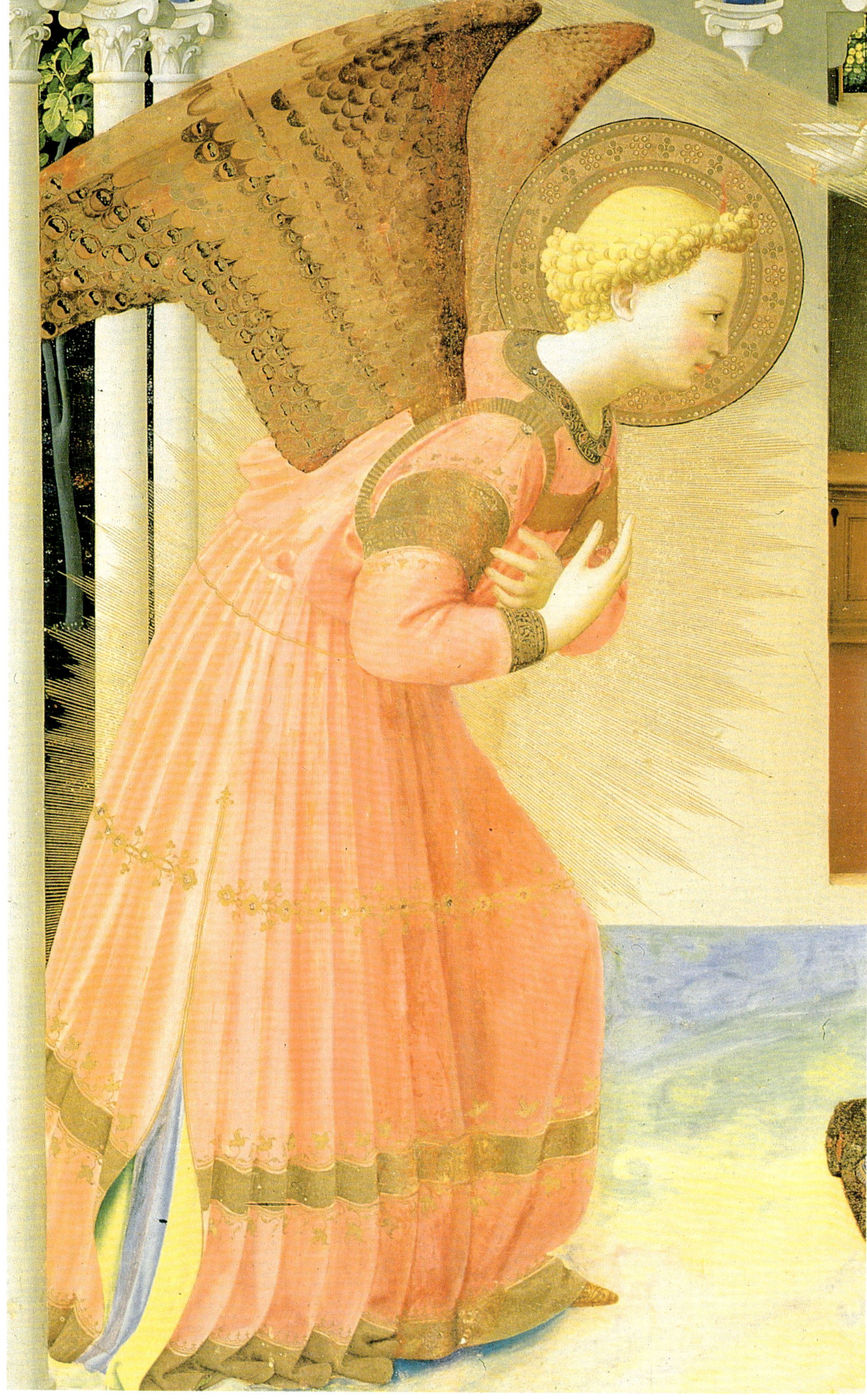

El ángel del señor anuncia a María su destino. Este fragmento ha suprimido la techumbre de dorados sobre las bóvedas azules de factura brunellesquiana, ya que este, por lo demás admirable trabajo, no parece ser enteramente obra de Angélico. Nos concentramos pues, en esta figura cuya túnica carmesí asemeja las estrías vivas de una columna coronada por alas a modo de capiteles. El rostro refleja un perfil andrógino envuelto en una aureola dorada, semejante a los camafeos del Renacimiento. Los que sólo ven en esta escena las delicadas y frías formas de una bella estampa piadosa, están obligados a revisar sus teorías acerca de la emotividad de este clérigo pintor.

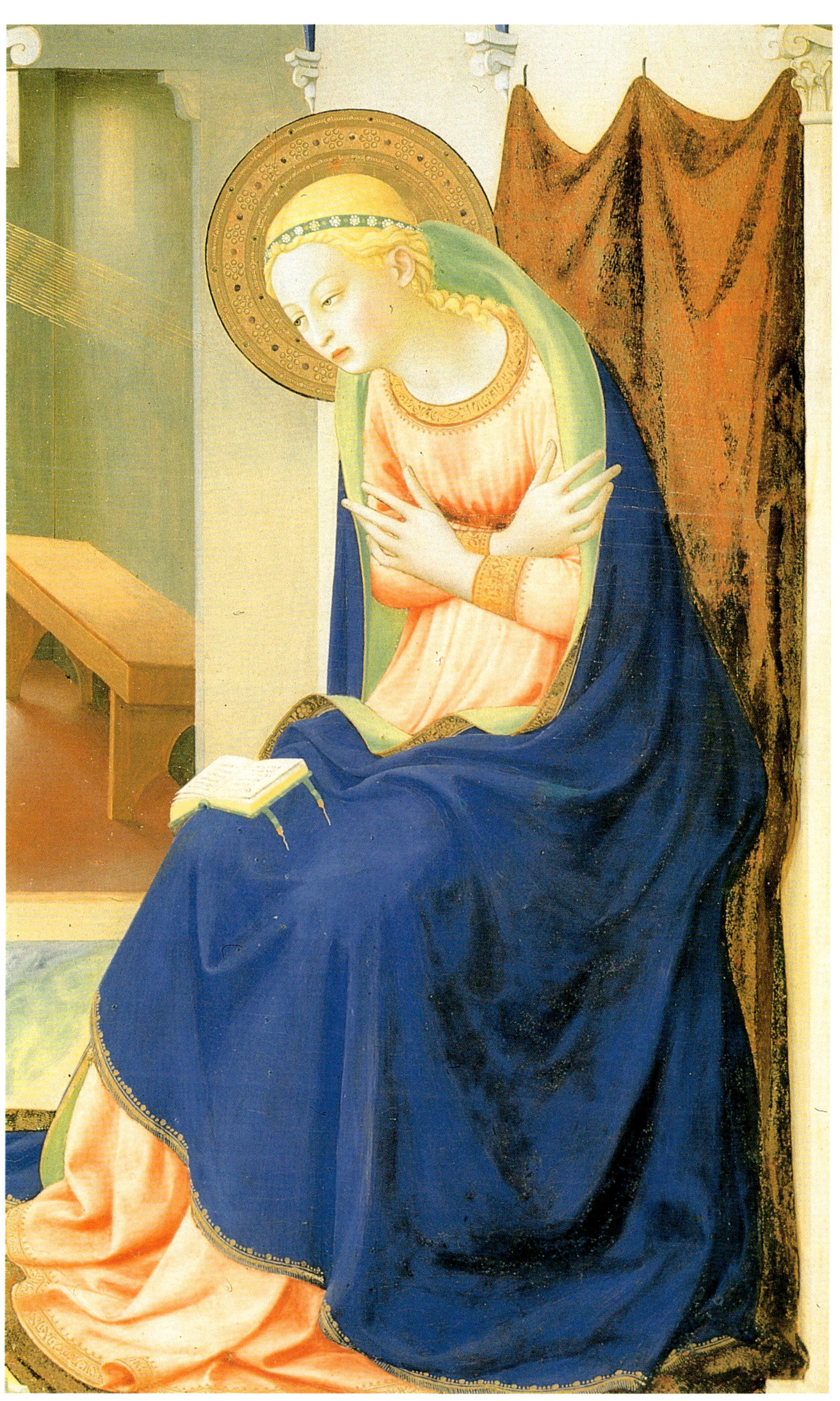

Una Virgen "alfombrada" por tejidos de armonioso colorido se recoge en sus mantos ante el anuncio. La belleza de la modelo se destaca gracias al foco de luz que el artista lanza sobre el pálido rostro. El efecto es reforzado por la estudiada fórmula de luces y sombras que la perspectiva ofrece en el fondo de la estancia, iluminada por un tenue haz dorado que penetra a través de la ventana. Con esta figura termina el desglose de un cuadro extenso en detalles que aislados y unidos, forman una de las obras maestras de nuestro museo.

Los primitivos de los Países Bajos: Van Der Weyden, Petrus Christus, Memling

UNA geografía barata aparece dispuesta a creer que, al pasar de Sur a Norte, ha de pasar el arte de la luz a las nieblas. Riámonos un poco de la geografía barata, al dejar Fra Angélico por Roger van der Weyden, y al ver a éste, si no tan luminoso, todavía tan dorado...

El *Descendimiento* (2825), de Van der Weyden, aparece ante nuestros ojos como una puerta triunfal, en la entrada de la pintura flamenca. Van der Weyden estuvo en Roma, y dicen que fue el primer artista flamenco cuyo mérito se vio reconocido por los italianos. Seguramente es, entre los suyos,

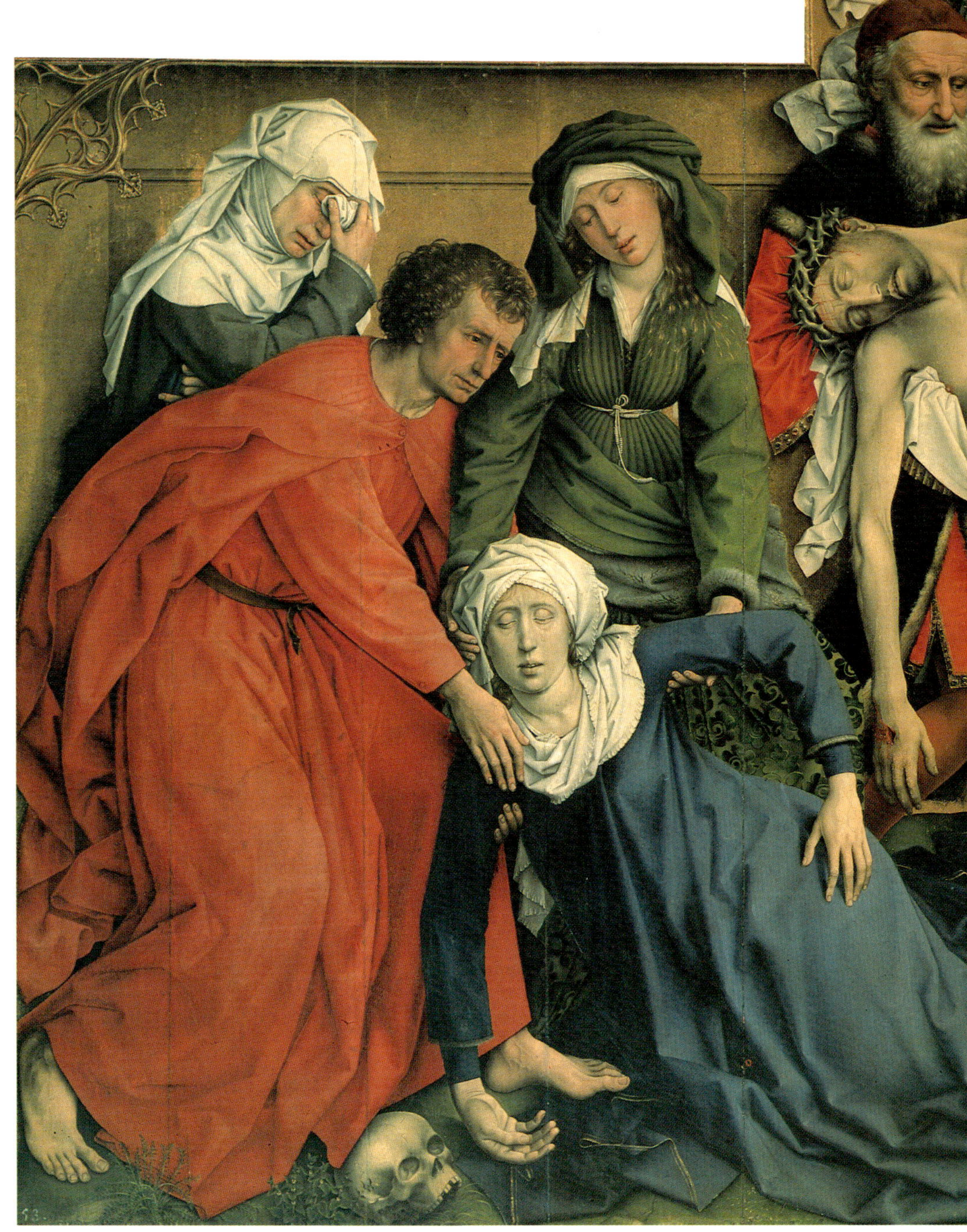

Entre 1436 y 1437, Roger Van der Weyden pinta para la iglesia del gremio de ballesteros de Lovaina este magnífico Descendimiento. *Estructurado simétricamente en torno a la cruz que divide en dos la composición. Algunos críticos la han interpretado como una partitura musical, en la que las notas son asumidas por las figuras. Sin embargo, el efecto que predomina es el emotivo, asociado a los términos teológico-espirituales de la Baja Edad Media, al destacar el paralelismo del sufrimiento del Redentor con el de la Virgen. Lo evidente es que las únicas figuras que descansan son el exangüe cuerpo de Cristo, y la desvanecida figura de su madre. Los dos únicos seres inmortales de este "relieve pintado". El resto del grupo simboliza la carga que asume la cristiandad a partir de este sacrificio.*

el que mejor conserva el sentido clásico. Sus obras no están todavía demasiado lejos de la escultura. Tienen –acordémonos de Poussin, acordémonos de Mantegna– algo de bajorrelieves pintados.

En *El Descendimiento*, la estrecha agrupación de los personajes pone de manifiesto el carácter estatuario; pero todavía se percibe éste más claramente en otras tablas, que guarda también nuestro Museo, pintadas monócromamente, en grisalla.

En otros contemporáneos suyos, el centro de atracción estética es el opuesto. En el *Tríptico** de Petrus Christus, en el de Memling (1557–LVIIIA), ya, a través del asunto religioso, va ganando terreno el *carácter*, la "pintura de género" que apunta –el realismo, por consiguiente.

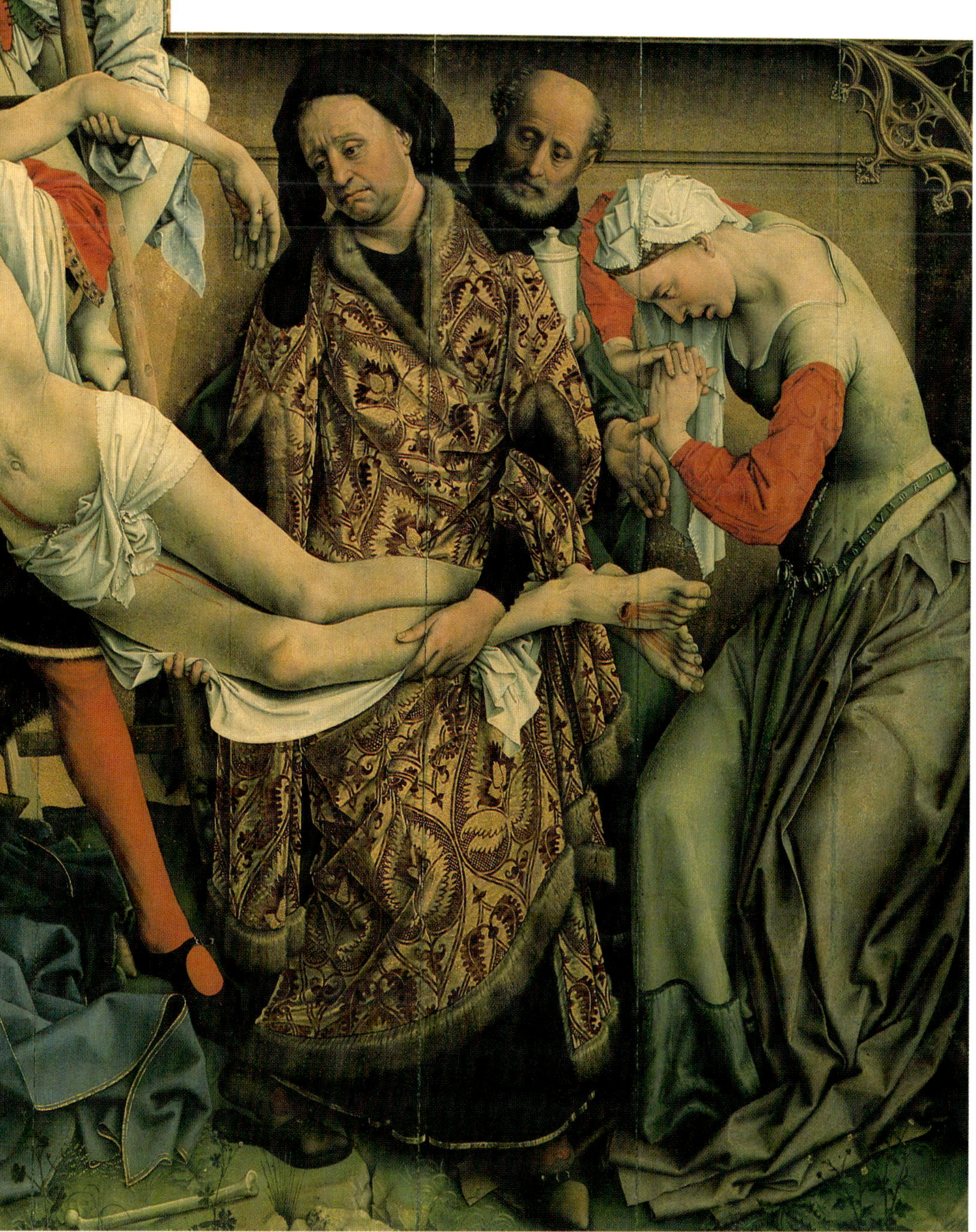

* Nota de los editores:

Este cuadro está catalogado por el Museo del Prado como perteneciente a Dirck Bouts (1461-LVIII), pintor flamenco del siglo xv (Harlem, ca. 1420, Lovaina, 1475). La confusión del autor puede deberse a la clara influencia que Petrus Christus y Van Eyck ejercieron en la obra de Bouts.

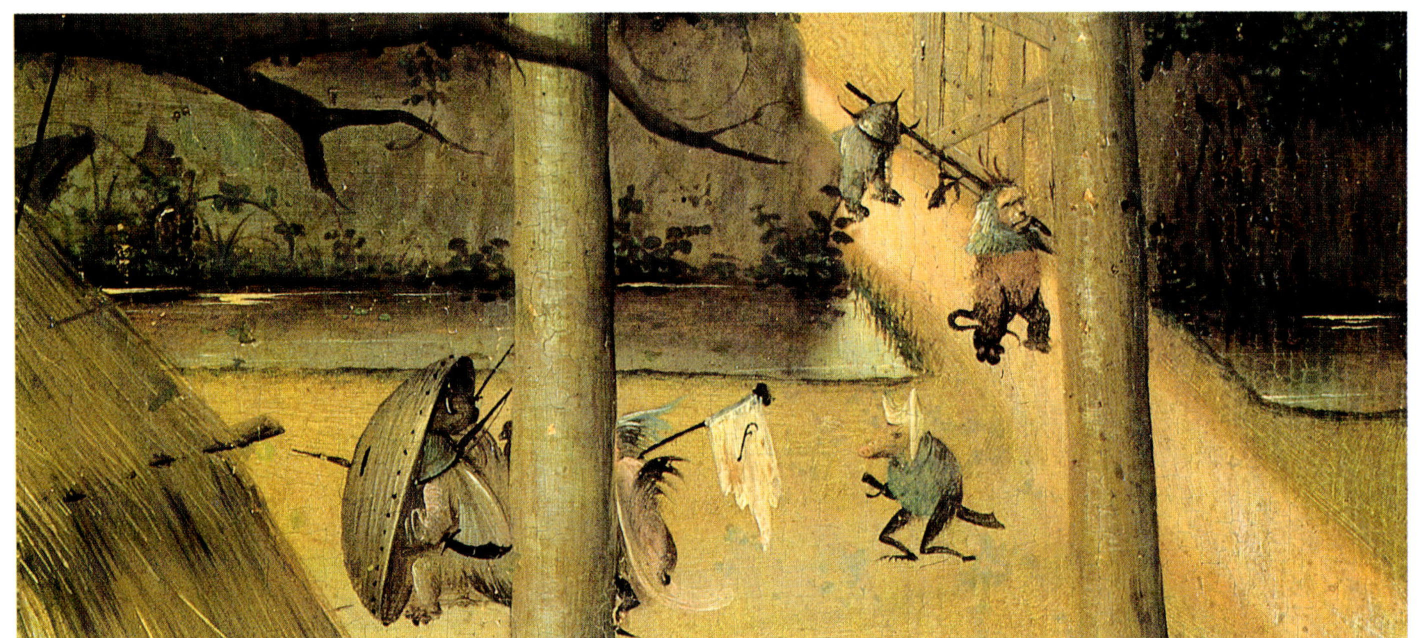

Bosco, Patinir, Brueghel

A continuación de los Van Eyck, estos otros pintores que acabamos de citar, los Roger van der Weyden, Petrus Christus, Memling, formaron, por decirlo así, la primera generación en el arte de los Países Bajos, relativamente idealista todavía.

La segunda generación se vuelve profana. Es la de Jerónimo Bosco, Brueghel el Viejo, Patinir. El acercamiento a la naturaleza toma tres caminos, respectivamente, correspondientes a la significación estética de estos tres nombres. El camino de Bosco se llama humor; el camino de Brueghel son las costumbres, "el género"; el camino de Patinir es el culto al paisaje.

Las tentaciones de San Antonio *aparecen en estas dos páginas desglosadas en tres fragmentos.* Las *criaturas armadas que aparecen sobre estas líneas, y la extraña cabeza que trata de no hundirse en el agua, a la derecha, son algunos de los fantásticos personajes creados por la imaginación de este complejo pintor, dueño de una técnica realista admirable, como se aprecia en la representación del santo a la derecha, y a la vez provisto de un sentido del humor nada primitivo.*

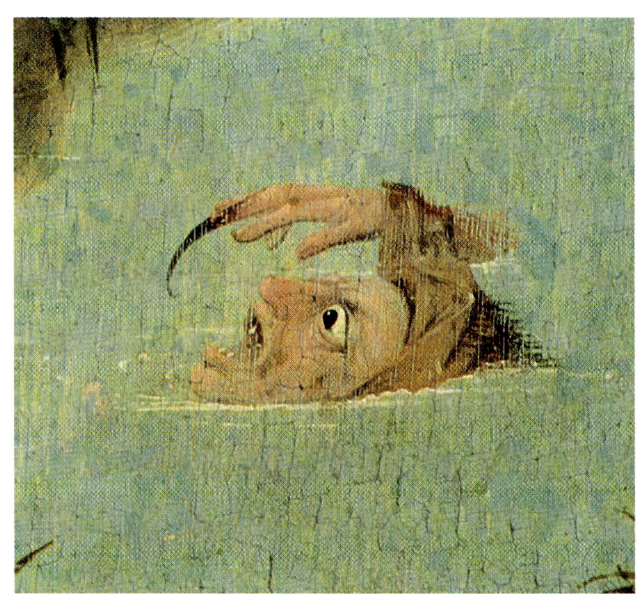

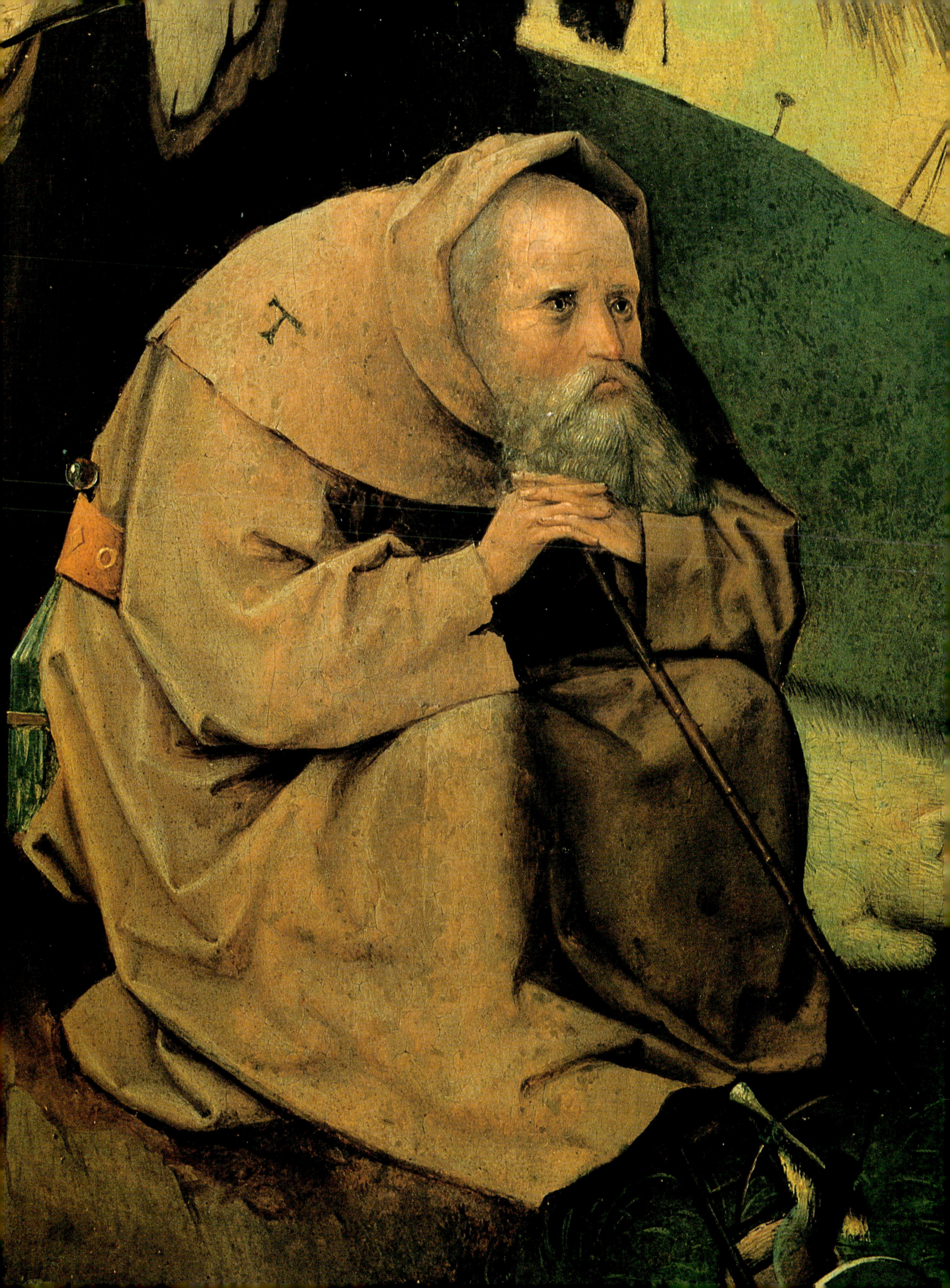

He aquí las "diablerías", de Bosco. ¡Que licenciosa fantasía, cuánto descoco! Los "grotescos" del arte gótico han venido a continuar sus contorsiones en estas tablas pobladas minuciosamente de cuantas formas minerales, vegetales, animales y mixtas pudo imaginar el delirio hilarante, angustioso o indecente de un fraile tífico. Si este pintor aprendió de los góticos, Flaubert, para *Las tentaciones de San Antonio* (2049–LVIIA), vino a aprender aquí. Véase, de Bosco, *La Creación* (2823–LVIIA).

He aquí los paisajes de Patinir, en que unas insignificantes figuras evangélicas no pasan de pretexto. Por primera vez en la historia del arte, las grandes masas de vegetación, los pálidos cielos, las lejanías, empiezan a sugerir secretos inefables, dulces, misteriosos. Véase una de las *Huida a Egipto* (1611–LVIA), que atesora el Museo. Si el humor tiene siempre un germen de romanticismo, el paisaje más.

También ha de contenerlo necesariamente el costumbrismo. Admirablemente brillante, siempre, divertido en ocasiones, en otras, profundo, el primer Juan Brueghel –iluminador, que no colorista– sigue estando más cerca de Fra Angélico que de Rembrandt. Y permite que continuemos burlándonos de las famosas "nieblas del Norte". Pero ya –la *Danza aldeana* (1439) sea testigo– ha bajado de la religión a la picardía. Buen tránsito para que encontremos de nuevo la pintura española.

La escuela holandesa del siglo XVI *asume con una admirable naturalidad la crónica de la vida cotidiana de unas gentes que, en contra de las brumas y cielos plomizos de sus tierras, aprovechan la vida.* La Danza aldeana, *a la derecha, ejemplifica esta afirmación, presente en toda la obra de la familia Brueghel, y en una nutrida representación de continuadores de esta fórmula en el siglo siguiente.*

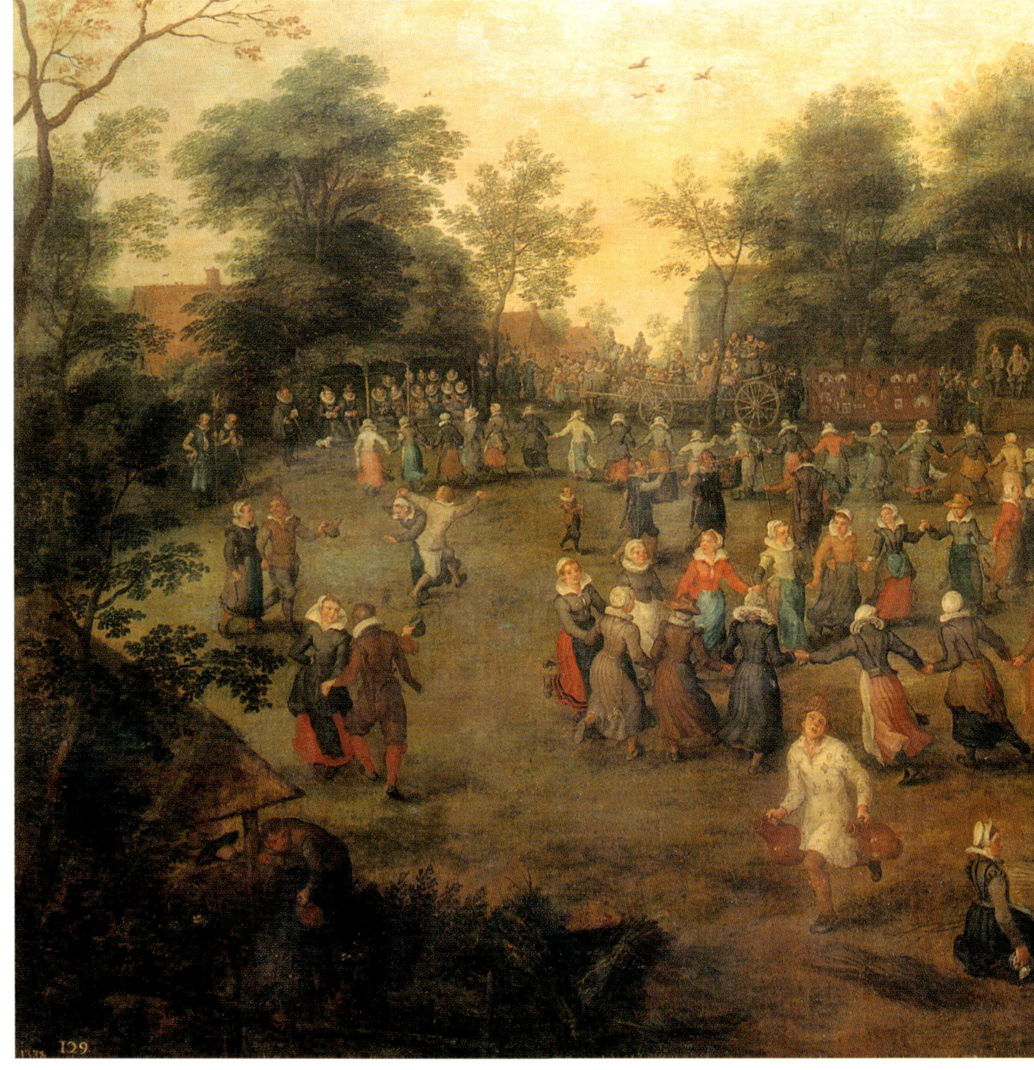

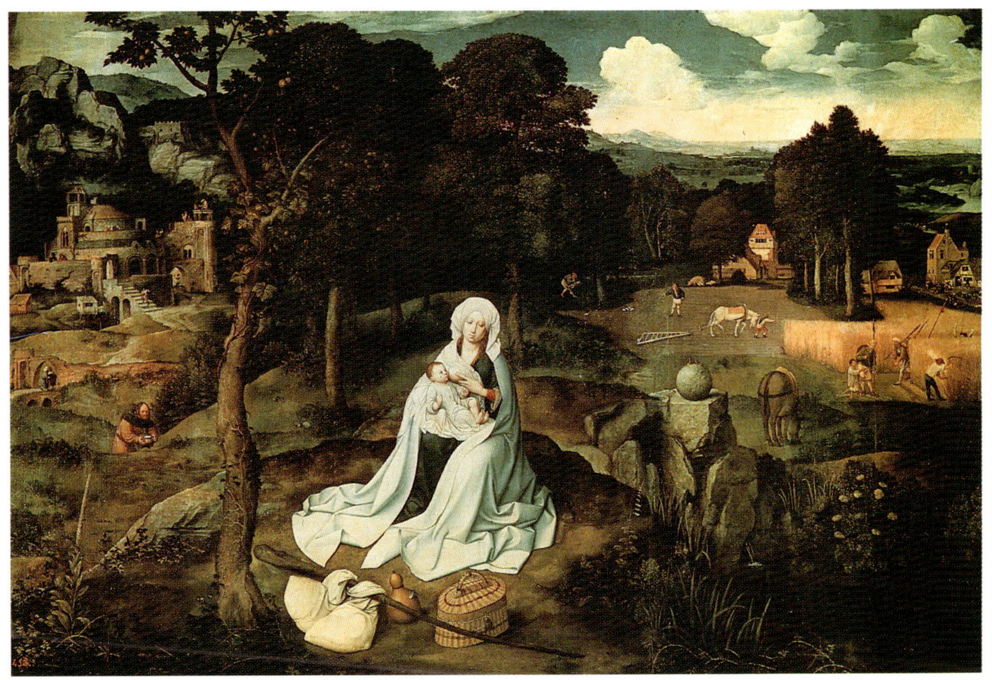

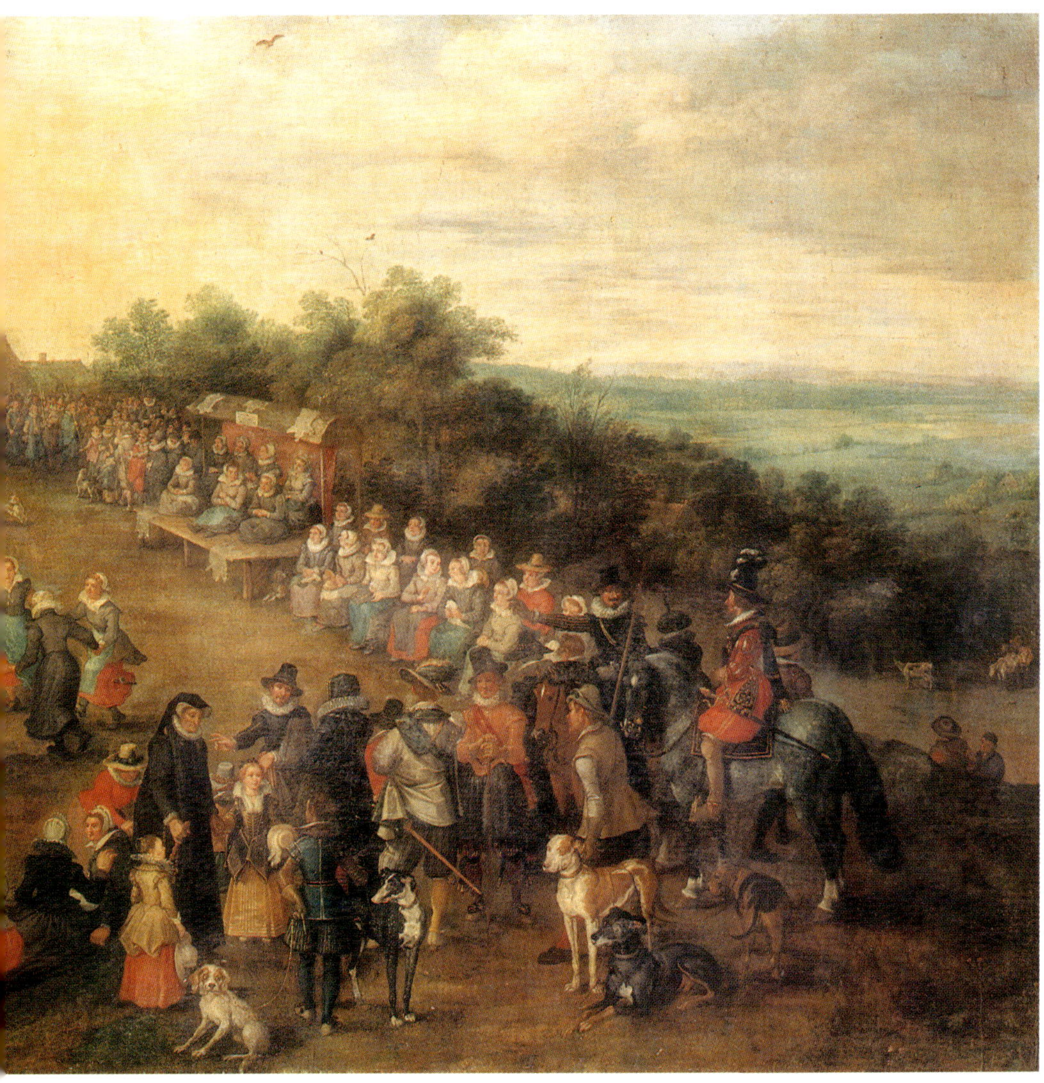

Arriba, El descanso en la huida a Egipto, *de Patinir, una creación dotada de una rara serenidad, que tiene mucho que ver con una fina ironía. María amamanta a su bebé envuelta en un aire textil de blancura, mientras... el paisaje bulle en secuencias dispares, incluida una mantanza de inocentes, al fondo a la derecha, que no parece inquietar a nadie.*

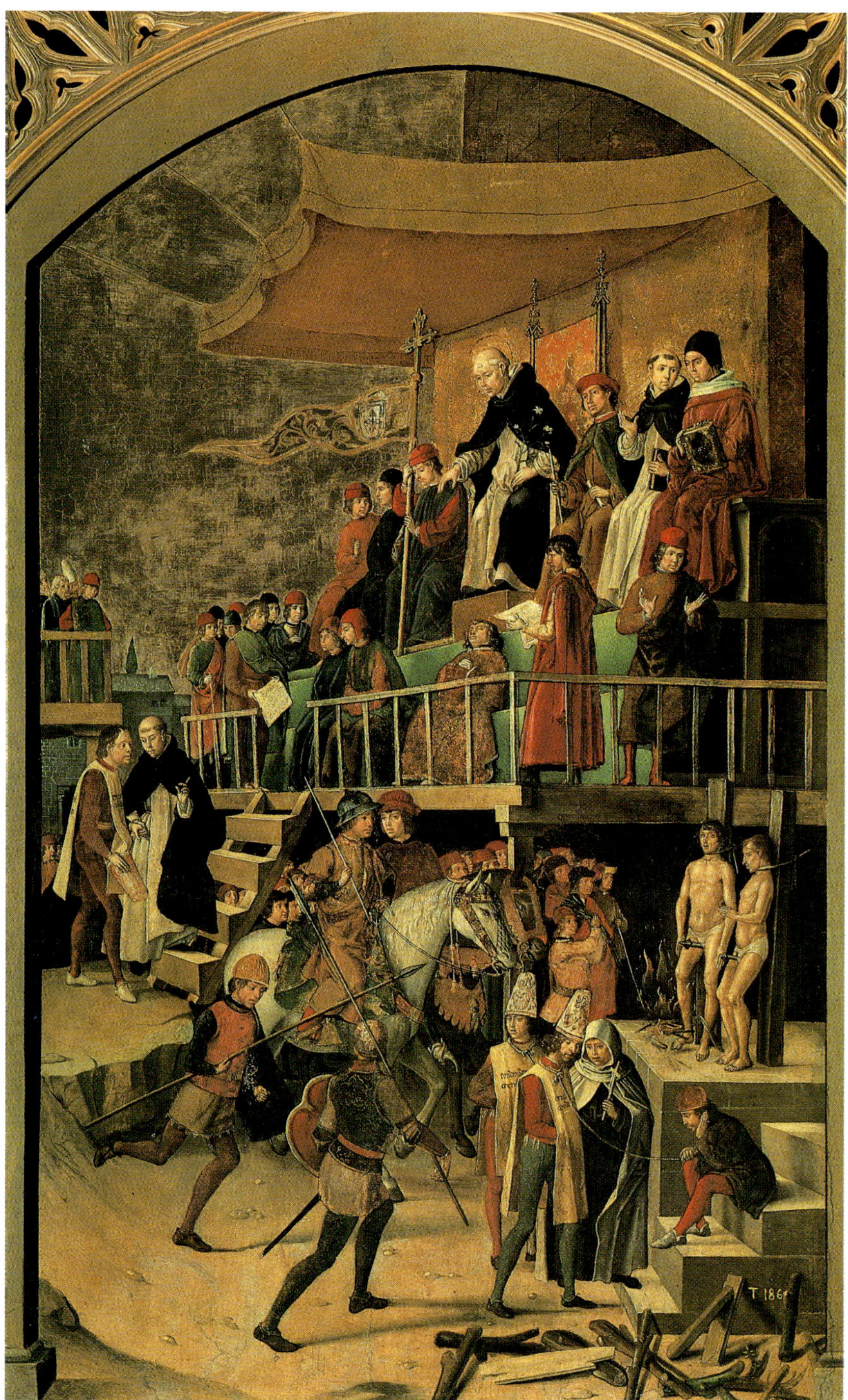

Hay mucho humor gráfico en estos cuadros del altar de Ávila de Berruguete. Este auto de fe es la iconografía perfecta de la afición inquisitorial por la hoguera. Sin embargo, el fuego purificador aburre al alguacil que sujeta por el cuello a dos condenados, y la lectura de los cargos duerme al acólito sentado a los pies del santo. Y es que nada es como parece.

Pedro Berruguete en el altar de Ávila

Cronológicamente, casi no es un primitivo Pedro González Berruguete, posterior al Angélico, en poco menos de un siglo; pero geográficamente, sí. El es, además, el último y mayor representante de una tradición indígena, de la cual conservamos numerosos anónimos anteriores. Precediendo a Morales, ejemplo de la influencia flamenca, y a Juan de Juanes, típico de la influencia italiana, Berruguete es el castellano puro, el precursor de los maestros que, un siglo más tarde, llevarán el arte español a su apogeo.

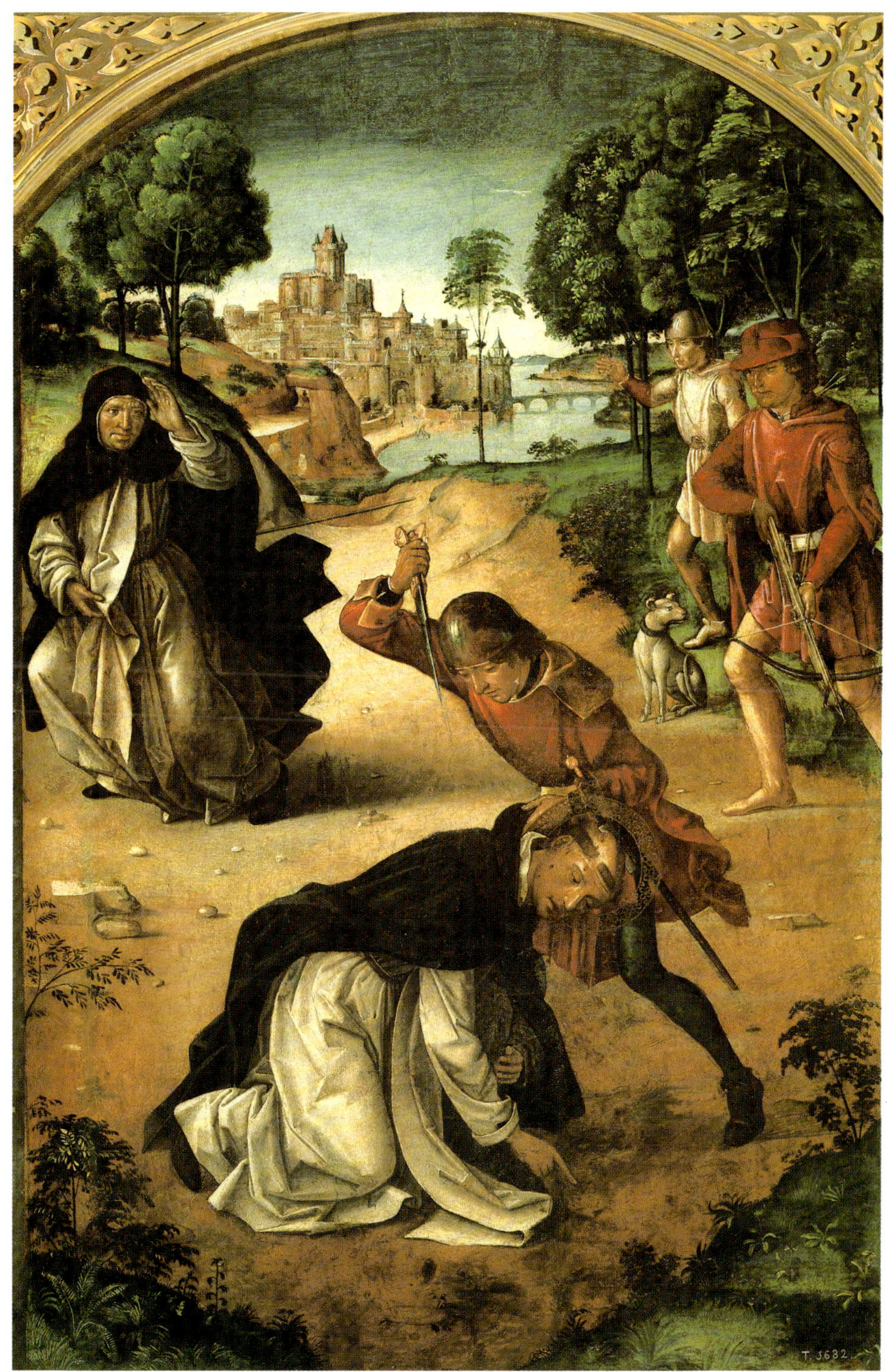

El martirio.de San Pedro Mártir, *a la izquierda, tiene demasiada puesta en escena para transmitir dramatismo. El asesino parece buscar el "hoyo de las agujas" para clavar su puñal. La víctima espera pacientemente la ejecución de la suerte, y el resto de los humanos en la escena están demasiado lejos para un quite. Incluso el perro se desentiende de la tragedia. Lo primitivo radica en este alejamiento, tan poco indígena, de los sentimientos.*

Riquísimo documento racial, en el Museo están las piezas de aquel famoso *Altar de Ávila*, que el propio Torquemada hubo de encargar. ¡Cuánto carácter! San Pedro Mártir, Santo Domingo de Guzmán, la gloria imperiosa y escolástica de Santo Tomás de Aquino. Frailes, martirios, milagros, un exorcismo, una quema de libros, un auto de fe y todo. Mucho oro todavía, mucho oro medieval en fondos, nimbos, ornamentos y accesorios. Y en el fondo de los *Milagros de Santo Tomás de Aquino* y en el cielo del *Auto de fe* (618–LVII), plata. Pero ya, en las figuras de la multitud, en sus actitudes y cabezas, el más picaresco realismo. En la *Predicación de San Pedro Mártir* (611–LVII), el acólito, en la escalerilla del púlpito, más que meditar –no me cabe duda–, se duerme.

El divino Morales: Una virgen y una frente

ESTE Morales, a quien llamaron el *Divino*, es un hijo espiritual del viaje que hizo Van Eyck a nuestra Península. Ya tiene aires de pintor moderno. El oro litúrgico ha sido sustituido en sus cuadros por la luz, si no todavía por el color. Como de Andrea del Sarto, como de algunos flamencos hemos visto, más que pintar, colorea. El peligro de una posición así está en caer en lo que se llama vulgarmente el "cromo". A ese hijo de Extremadura, que casi no parece un español, y se acerca en más de un respecto a ciertas dulces melancolías de los primitivos portugueses, no le es dable huir de tal riesgo con la fuerza del *carácter.* Si en él la gravedad no llega a la dignidad del idealismo, tampoco alcanza el sentimentalismo y la intensidad de la pasión. Morales no merece ser llamado divino, ni infernal tampoco. Sino femenino y, hasta cierto punto, señoril.

Es la más bella de las vírgenes de la pintura española. Probablemente porque no responde a los cánones dulzones de la estética nacional asignados a la madre de Cristo. Su autor, que mereció el calificativo de el Divino, *dejó en su rostro y en sus manos la impronta leonardesca de una obra perfecta.*

Probablemente el mejor Morales del Museo está en la sala dedicada al piso bajo de don Pablo Bosch. Pero si el visitante no quiere esta vez buscar tan lejos, conténtese con acariciar de una mirada la suave maternidad de *La Virgen y el* Niño (2656–LV), y especialmente la noble frente de aquélla; frente que, por sí sola, ya es frente y nimbo a la vez.

Hemos dicho que Morales no parece español. Pero ¿no habrá acaso en lo castellano un raro fondo de germanismo? La frente de la Virgen de Morales, como las de Vinci –¡otro *germánico*!–, constelan la vía que lleva a esta hazaña romántica y moderna, el *descubrimiento de la vida interior.*

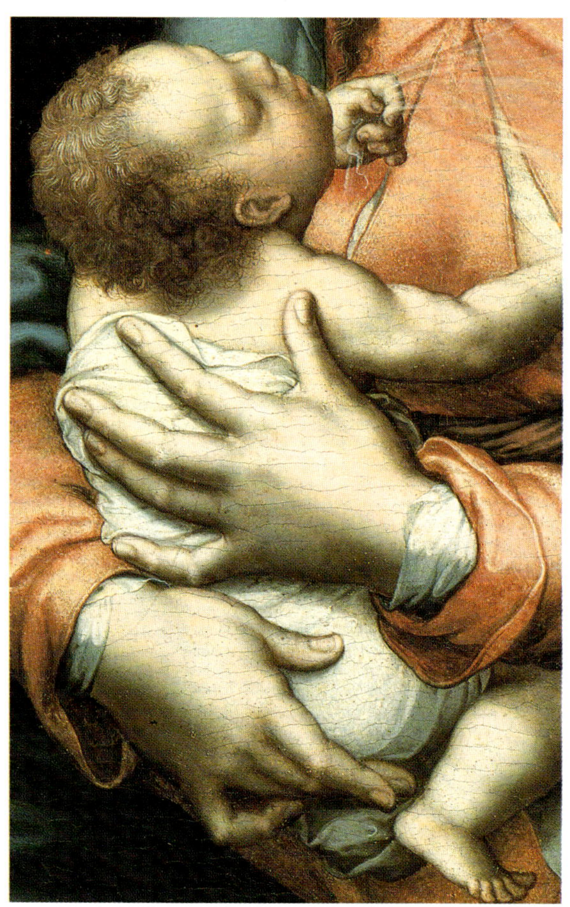

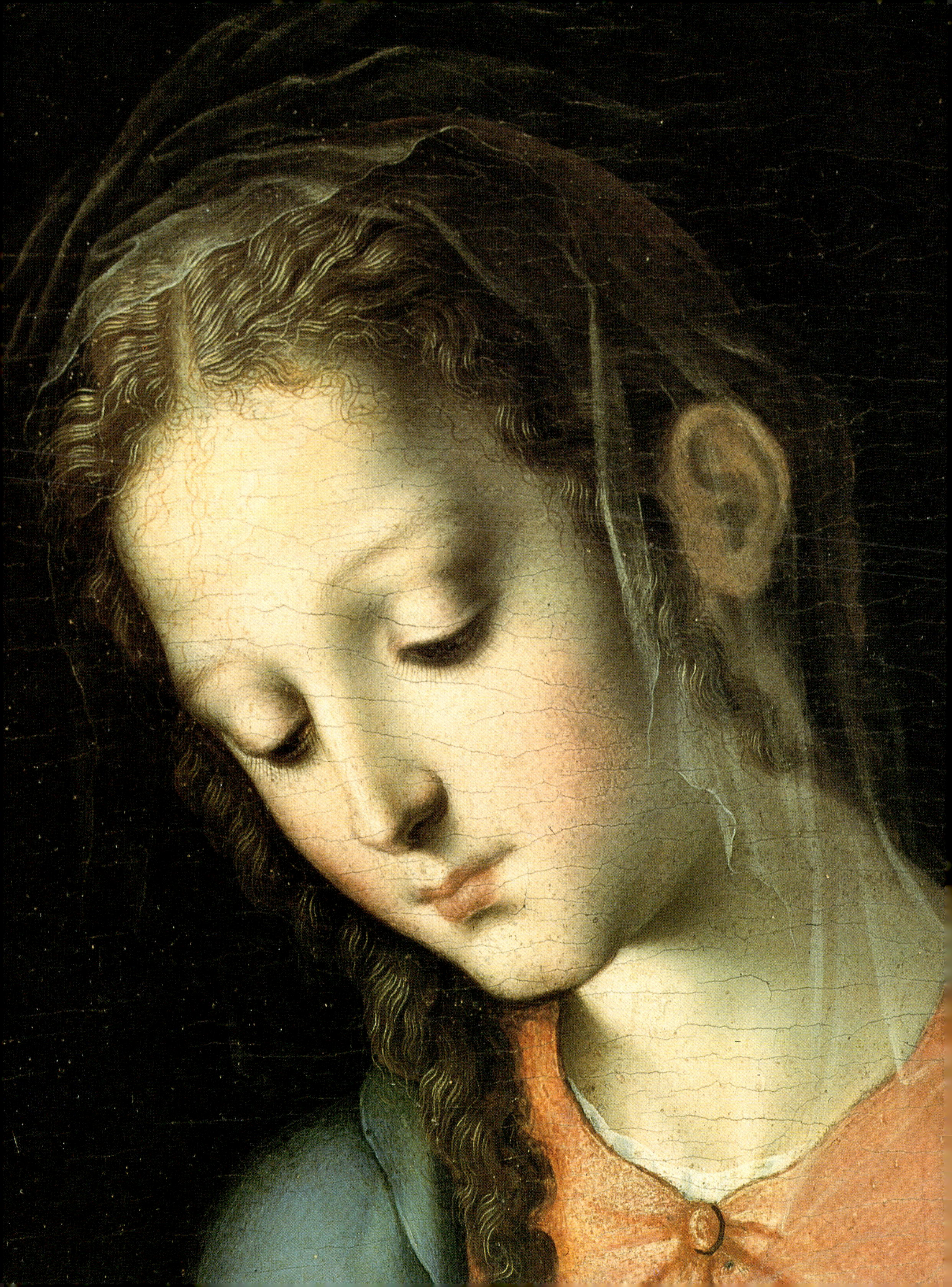

Juan de Juanes: Caricaturas de judíos

BERRUGUETE representaba el centro de la Península; Morales, su occidente; Juan de Juanes, el valenciano, su levante. La inspiración del primero es autóctona; la del Divino, flamenca. La de Juanes, italiana. La del último era la más noble; pero, personalmente, este, que se llamaba en realidad Vicente, y de apellido Macip, es el más vulgar de los tres.

Aquí, sí, el luminismo ya cae descaradamente en el cromo. Cromo por cromo, preferimos, pues, el satírico. Y antes que su *Cenáculo* (846–LVB), vacío y teatral, escogeremos –puesto que debemos conducir esta primera serie de la pintura española al punto me-

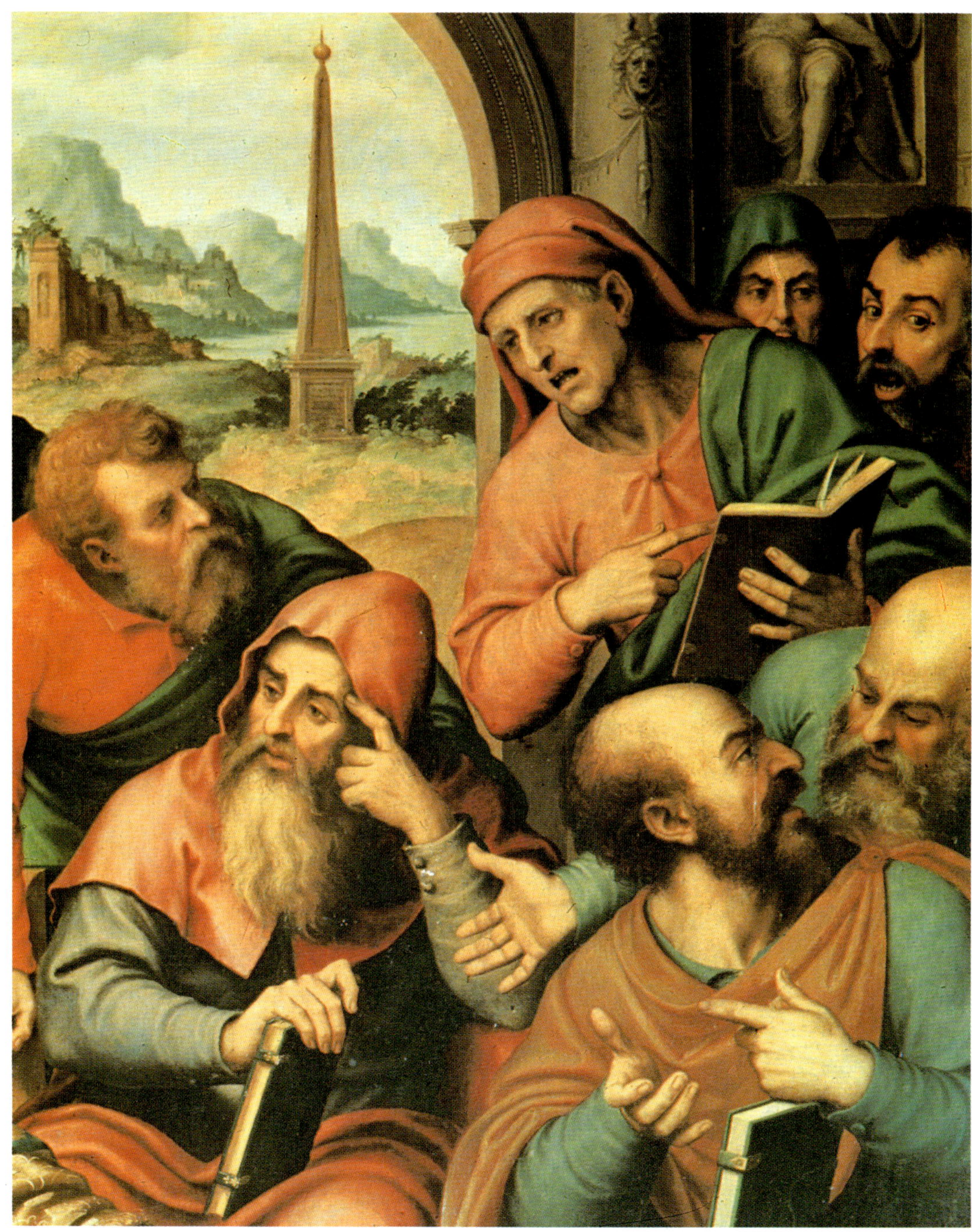

Es cuestión de narices. Juan de Juanes no ha querido ahorrar en apéndices nasales para sus cuadros dedicados a la vida de San Esteban. El fragmento de la derecha pertenece al cuadro titulado San Esteban acusado de blasfemo. *Y si alguien tiene alguna duda en relación a la condición étnica de los retratados, le aclararemos que son judíos, o como acertadamente apunta nuestro autor, caricaturas de judíos.*

dio en que se encuentra Velázquez– alguna muestra de la serie del *San Esteban*, por ejemplo, el *San Esteban conducido al martirio* (840–LVB), donde las cabezas y actitudes de los aviesos judíos me recuerdan, sin que pueda evitarlo, en irreverente remembranza, las anchas, desembarazadas y vivamente coloreadas caricaturas políticas de algunos semanarios populares del tiempo de nuestros padres y de nuestro abuelos, como aquellas litografías de *La Flaca* y de *El Charlatán*. Hasta me parece reconocer aquí a don Práxedes Mateo Sagasta.

Históricamente, Juan de Juanes pertenece al mismo grupo que Pacheco, el maestro y suegro de Velázquez.

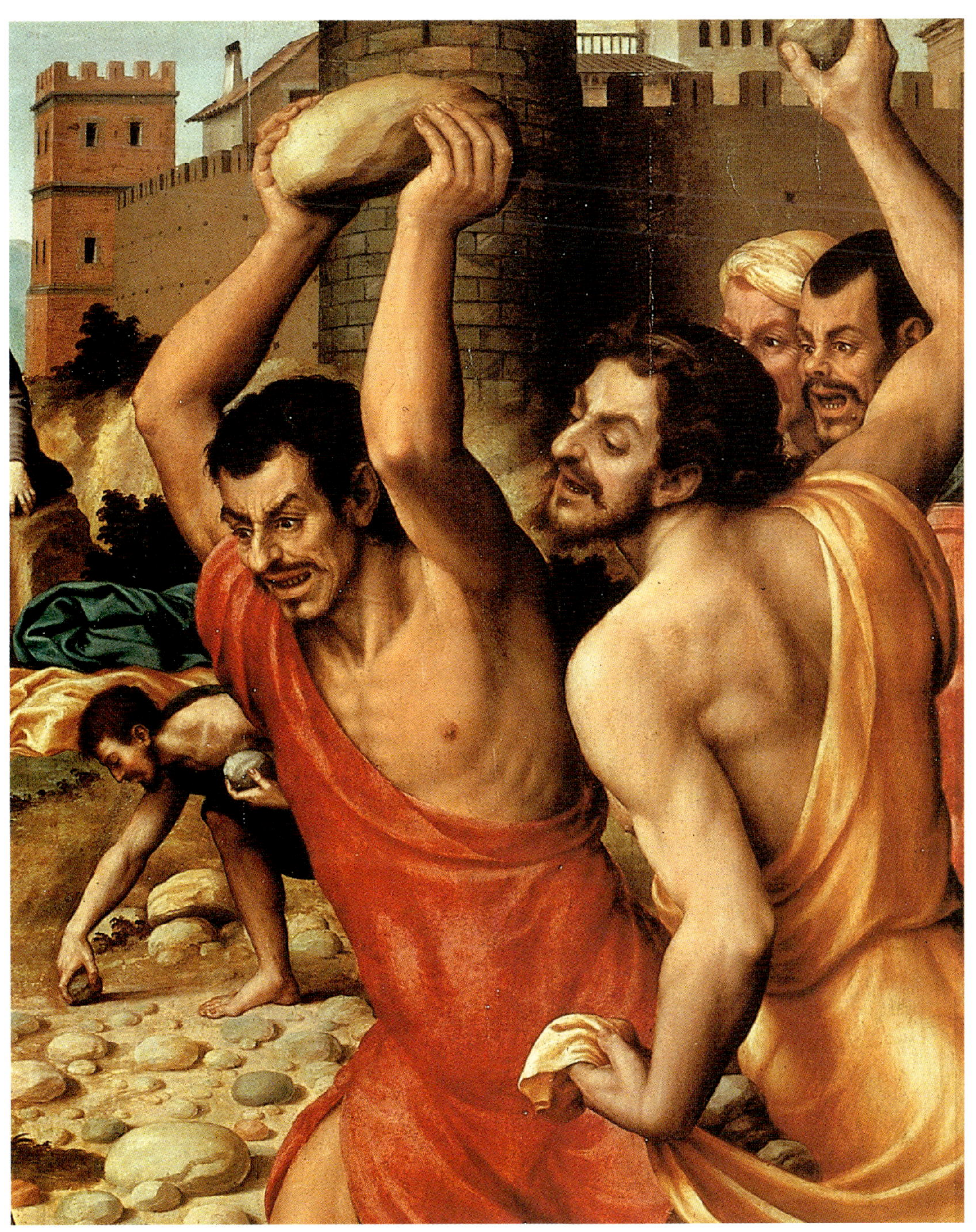

No tienen desperdicio en sus gestos, armados con sus piedras van a dar cuenta de uno de los primeros cristianos, San Esteban. Pronto se invertirían los términos y los cristianos apedrearían, y harían cosas peores con los judíos. Juan de Juanes no quiso tener misericordia con tan feos verdugos.

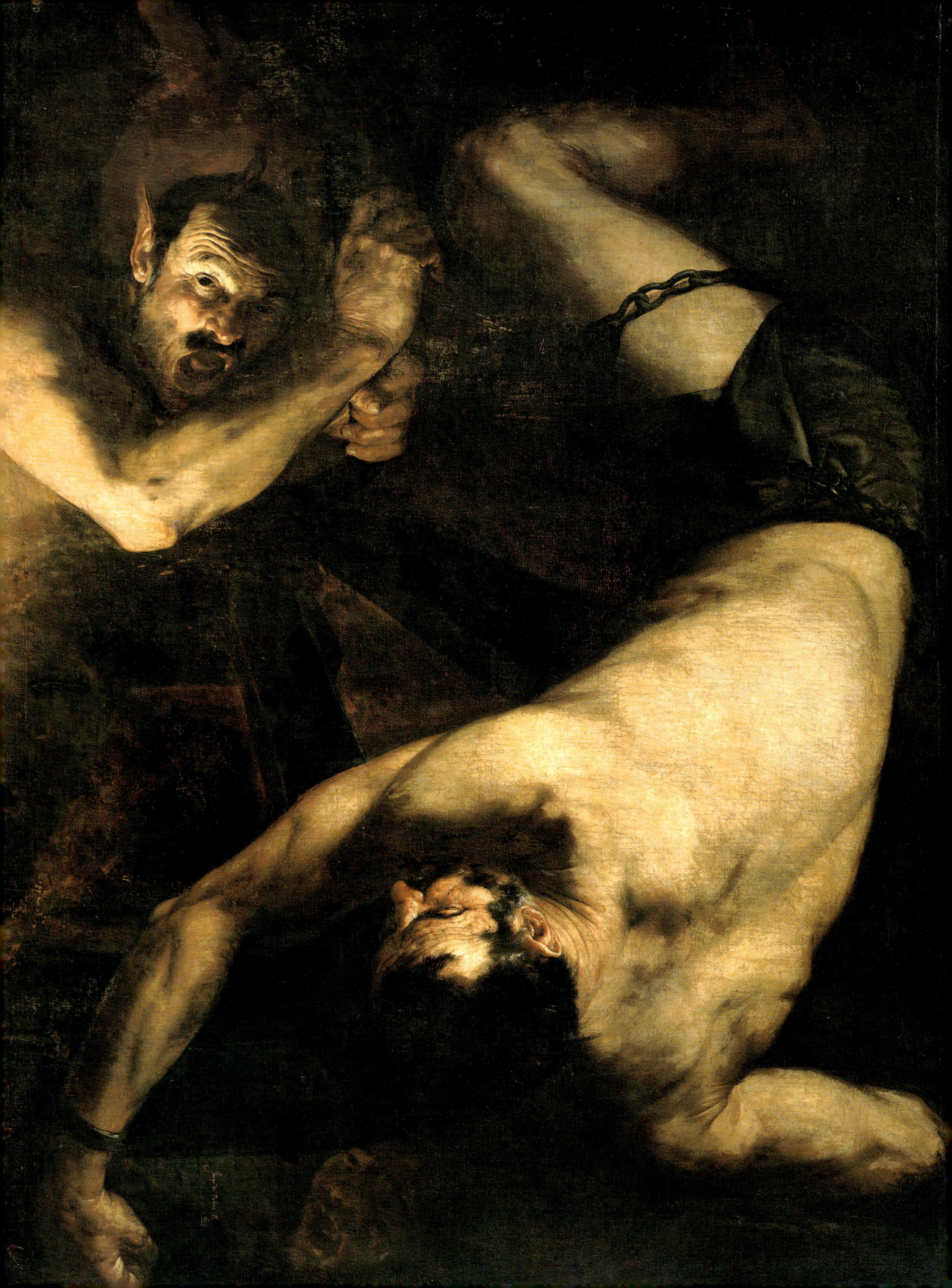

ZURBARÁN, MURILLO, RIBERA

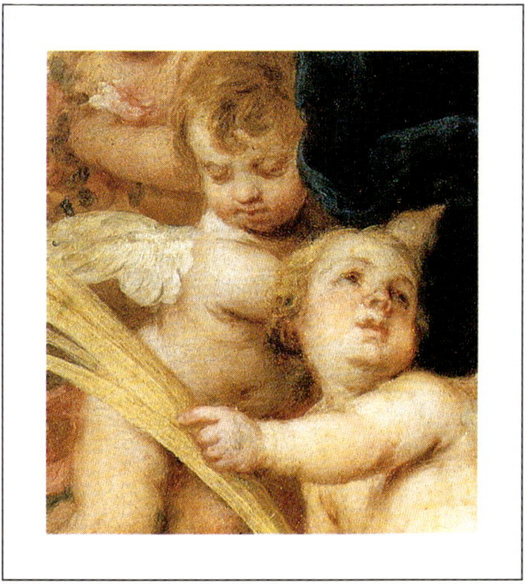

Rubios angelotes de Murillo, arriba, frente a tormentos infernales padecidos por Ixión, en el cuadro de Ribera, a la izquierda. En el Siglo de Oro de la pintura española, el cielo y el infierno irán juntos.

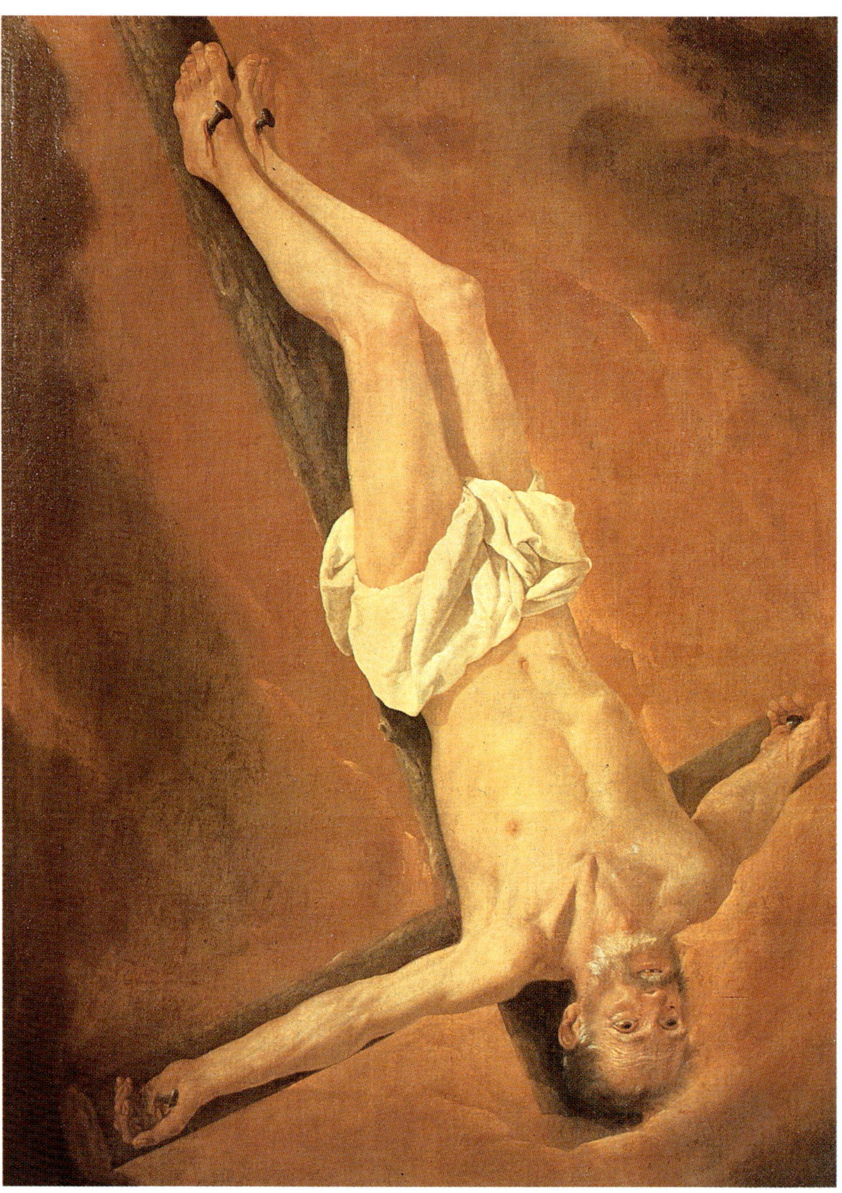

San Pedro Apostol se aparece a San Pedro Nolasco en la forma en que fue martirizado. Zurbarán posee un sentido del color propio, pero sobre todas las cosas posee el secreto de los matices del blanco. Los hábitos de sus cartujos son la mejor demostración de ese dominio del color "resultante".

El último itinerario

EMPEZAMOS ahora nuestro postrer itinerario del Museo. Entre Velázquez y el Greco vamos a recorrer la vía del realismo al romanticismo, al camino ascendente de la pasión... Es tarde. Habrá que *brûler les étapes*. Tal vez de las tres horas de nuestro proyecto, no nos queden más que veinte o veinticinco miserables minutos. Pero, a su bondadoso amigo, el cicerone le reserva una sorpresa. Va a pedirle ahora una prórroga de media hora más. ¿Concedida?

Nuestro deber es saludar ahora a otros maestros del arte español; luego, a los maestros germánicos, a los venecianos y, por fin, a los de los Países Bajos, durante los siglos XVI y XVII. Nuestro deber y, espero que a pesar de la fatiga, nuestro deleite. ¡Vamos a encontrar aquí todo el mundo moderno, las fuentes de nuestra sensibilidad –aunque ya no sean, tal vez, en estas horas novecentistas–, los cánones de nuestro ideal!

Entre los españoles –más atentos nosotros siempre a seguir el orden estético que la pura cronología, preocupados ahora en el desarrollo del creciente romanticismo–, la sucesión será: Zurbarán, Murillo, Ribera.

Zurbarán

CUANDO, hace algunos años, una exposición monográfica de Zurbarán reunió una buena parte de la obra de este artista, que andaba dispersa por conventos y colecciones, hubo muchas sorpresas. Zurbarán, tan nombrado, no es, en realidad, bien conocido. El Prado, desde luego, le representa mal. Es difícil, ahondando en la coloración terrosa y perdonando la composición poco afortunada de sus dos cuadros más citados y fácilmente encontrables en el Museo, aquellos que figuran las visiones extáticas de San Pedro Nolasco (1236, 1237; –XVIIA), descubrir la sorda opulencia de los blancos, que hace del autor un intenso colorista –mejor revelado, es verdad, por otras obras–, y adivinar la dignidad *compacta* que preside a alguna de sus estructuras más apretadas y sobrias encontrables, por el amigo, en Sevilla, cuando allí vaya, o en el extremeño Guadalupe.

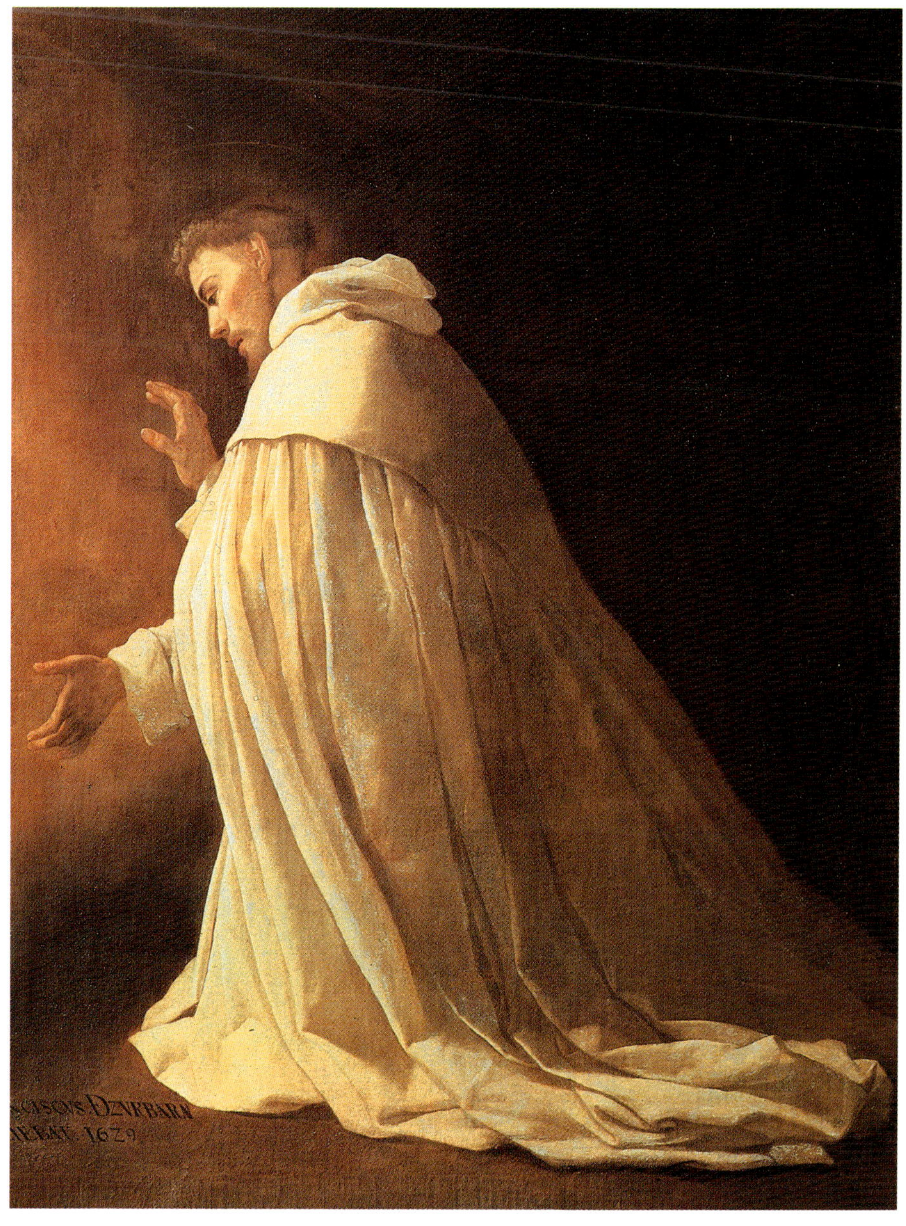

El amplio manto de San Pedro Nolasco recoge en su blancura toda la gama de matices que la luz y las sombras otorgarían un solo color. Si Eugenio d'Ors no aprueba la composición del cuadro, estos dos fragmentos pretenden reconciliarnos con su mejor aportación a la técnica pictórica.

El mejor Murillo y el peor

Ahora, al revés, la dificultad se halla en elegir, por las muchas obras, por la instalación preferente. Sin embargo, tampoco Murillo está íntegramente representado en Madrid. Un aspecto de Murillo, tal vez el mejor, convendría buscarlo en París o en Dresde. El mejor Murillo, para mi gusto, es aquel que viste las escenas picarescas con cierta sombría profundidad, que deja transparentar un oro subterráneo, y se aproxima, en cierto sentido, a Rembrandt. El peor Murillo es, en el extremo opuesto, el que quisiera hacer claro y se queda en mustio; el que aspira a lo bello y no pasa de lo bonito; el que, al pretender traducir un misticismo, traiciona una sensualidad vulgar; el que, al intentar elevar a sus Vírgenes un himno, no hace más, no puede hacer más, que dirigirles un piropo.

Este Murillo justifica en alguna medida el desvío que el gusto ha manifestado por él en los últimos tiempos... Pero, no lo olvidemos nunca, hay otro Murillo.

Tomemos en el Prado *La Sagrada Familia del pajarillo* (960–XVIB), como ejemplo aproximado de la mejor fase del artista (los *Niños comiendo melón* están lejos), y, como casos ilustres de la peor, las *Purísimas* (2809), empezando por la que, en 1941, ha regresado de París –iba a decir de Saint-Sulpice. Pero es típico en el artista el acoplamiento de ambas maneras en un mismo cuadro, mitad por mitad. Entonces una parte de la obra suena como un refrán sabroso y plebeyo, y la otra, como una romanza de salón. Véase esta *Visión de San Bernardo* (978–XVIB).

Pese a estar realizada en época juvenil, la Sagrada Familia del pajarillo, *bajo estas líneas, une el realismo más tierno con una técnica tenebrista digna de los mejores maestros del claroscuro. La felicidad hogareña adquiere categoría de gran obra merecedora de ser firmada por Zurbarán, Ribera, Rembrandt, o el Murillo que firmó este cuadro.*

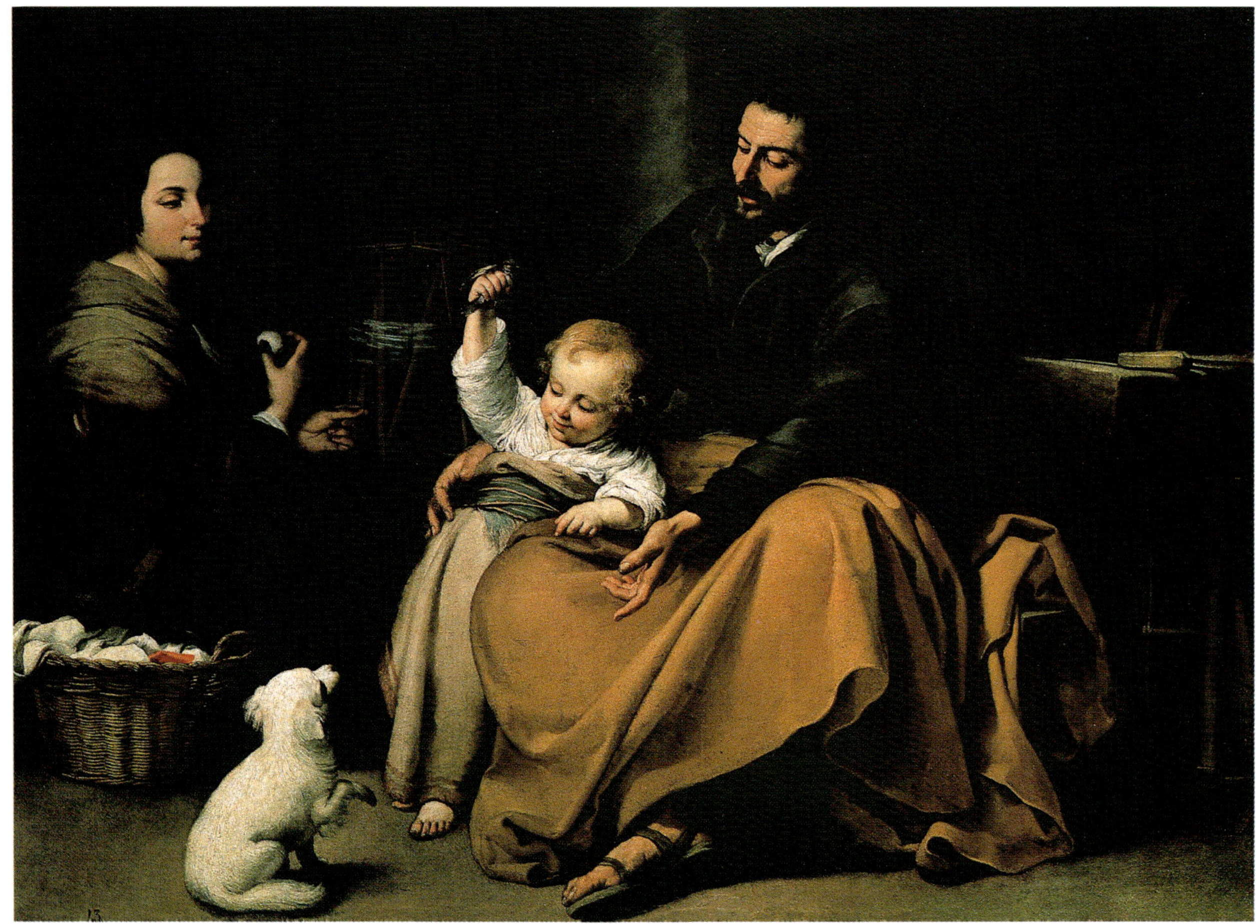

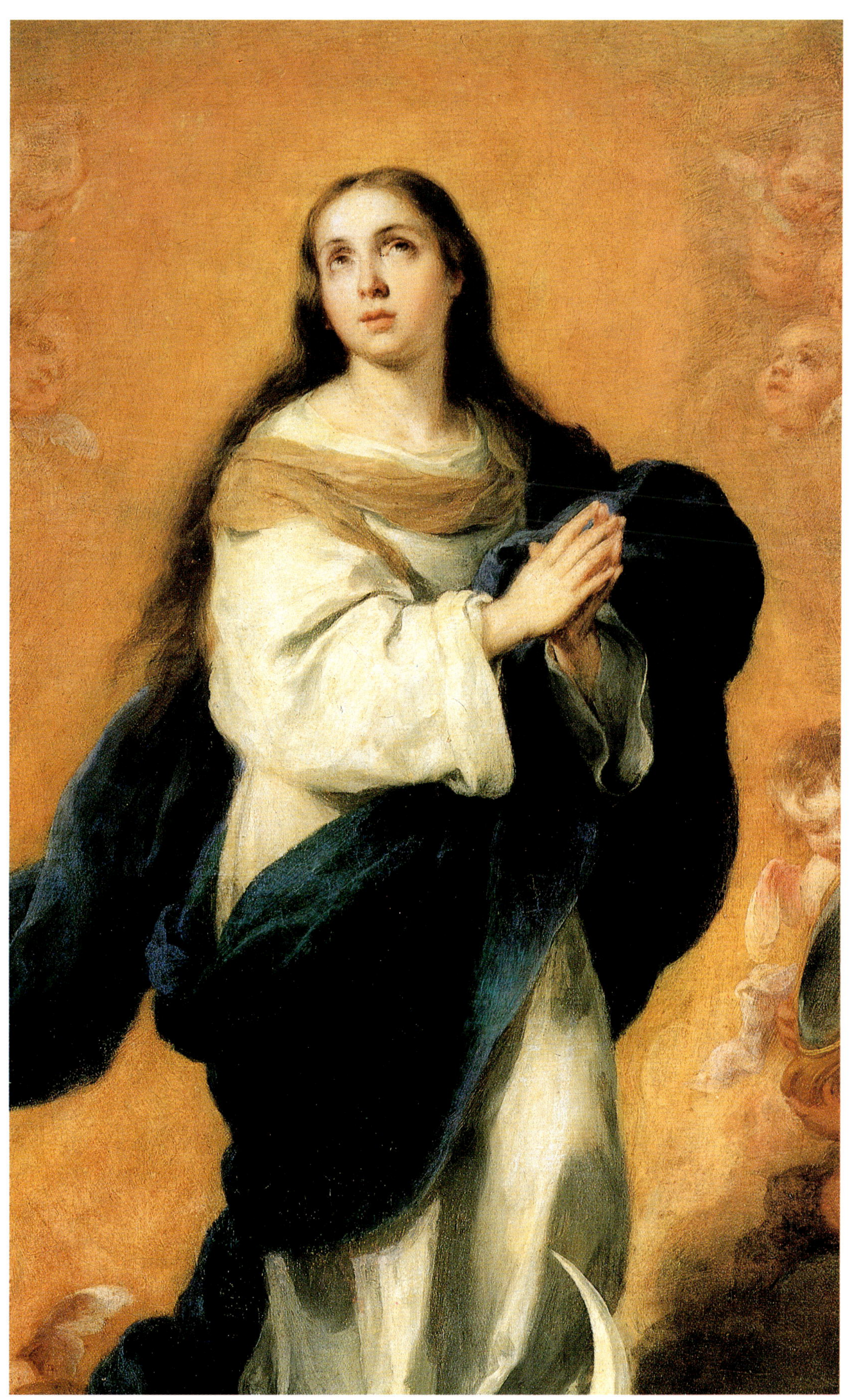

El autor estima como la peor de las Purísimas, la que habitulamente se denomina "de Soult" por ser una de las piezas que este mariscal francés llevó a París como botín de guerra en 1813. Si se nos permite una opinión divergente, la acompañaremos de una imagen expresiva de la blandura de estas jóvenes Inmaculadas elevadas a los cielos entre cascadas de ángeles juguetones y sonrosados. Este rostro de la izquierda ha perdido la serena y artificiosa majestad del cuadro robado por Soult. Tiene los abultados ojos perdidos en un impreciso firmamento, y lanza las manos en oración como si estuviera lejos de su cuerpo y actuaran mecánicamente para la plegaria. Peor imposible, ... para Murillo.

Ribera: El *apóstol Santiago*. El *martirio de San Bartolomé* (San Felipe)

RIBERA le llevaba trece años a Zurbarán, catorce a Velázquez y treinta y tres a Murillo. Pero colocamos a aquél en el último lugar de la serie, porque es el más romántico de los cuatro.

Vamos a asistir en seguida al triunfo del romanticismo revelado en dos manifestaciones estéticas, capitales: el "descubrimiento de la vida interior", con los maestros germánicos, y la "orgía del color", con los de Venecia. Este *Spagnoletto*, este valenciano entreverado de napolitano, se acerca a la vez, por la patológica profundidad de la mente y por el desorden lujosísimo de la sensibilidad, al Rhin y al Adriático.

Véase un ejemplo de aguda ternura: Entre esta serie de bustos de apóstol, donde, a cada visita nos parece encontrar el retrato de algún escritor o artista contemporáneo

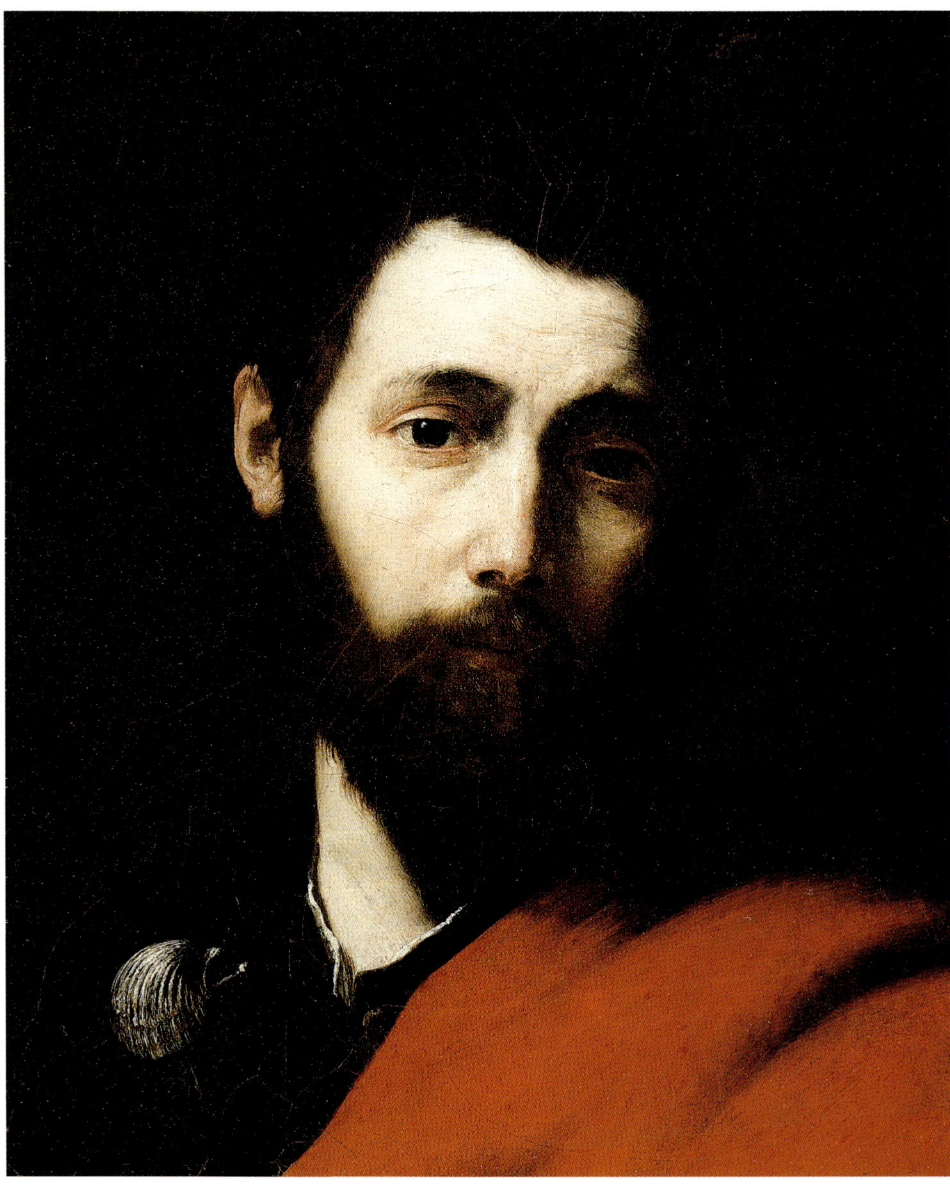

Paradojas del destino, la crítica artística de época romántica, llegó a constituir todo un monstruo de un pequeño pintor valenciano del que decía entre otras lindezas, que "pintaba con sangre" (Byron). Lo injusto de estos juicios es manifiesto a la vista del carácter emotivo y psicológico de este retrato del apostol Santiago, que aparece a la derecha. Todo un prodigio de expresividad estética contenida por un dominio admirable del dibujo que Ribera ha realzado con la vibrante ráfaga del color napolitano.

y amigo nuestro, elijamos el bautizado de *Apóstol Santiago* (1082). ¡Qué rostro ardiente, inquieto, consumido por la inteligencia, cuán febril mirar! Para colmo, el azar (¿el azar?) le ha dado todo el aire y catadura de un romántico de 1830.

De la "orgía de color", en proporciones y fuerza casi adriáticas, nos da testimonio, más claramente que *El sueño de Jacob* (1117), por muchos preferida entre las obras de Ribera, el cuadro de *El martirio de San Bartolomé (San Felipe)* (1101), donde, a pesar del tremendo asunto, se ofrece a los ojos el regalo de un verdadero *festival*, incluso con lujo teatral y suntuosa escenografía. El cuerpo del santo retuércese en el centro como una llama de oro. Los verdugos se mueven a su alrededor en amplios gestos de noble tragedia. Cuerpos y ropajes, en dinamismo todavía muy noble, se estrechan y distribuyen en agrupaciones que se dirían coreográficas. Una armonía de púrpuras y carmines forma en torno a aquella áurea llama un a modo de brasero sangriento de donde saliera. Sobre la garrucha que cruza un mástil el cielo, brillantemente verde, se abre una apoteosis de claridad... Amigo mío, esto es casi, casi, un baile ruso.

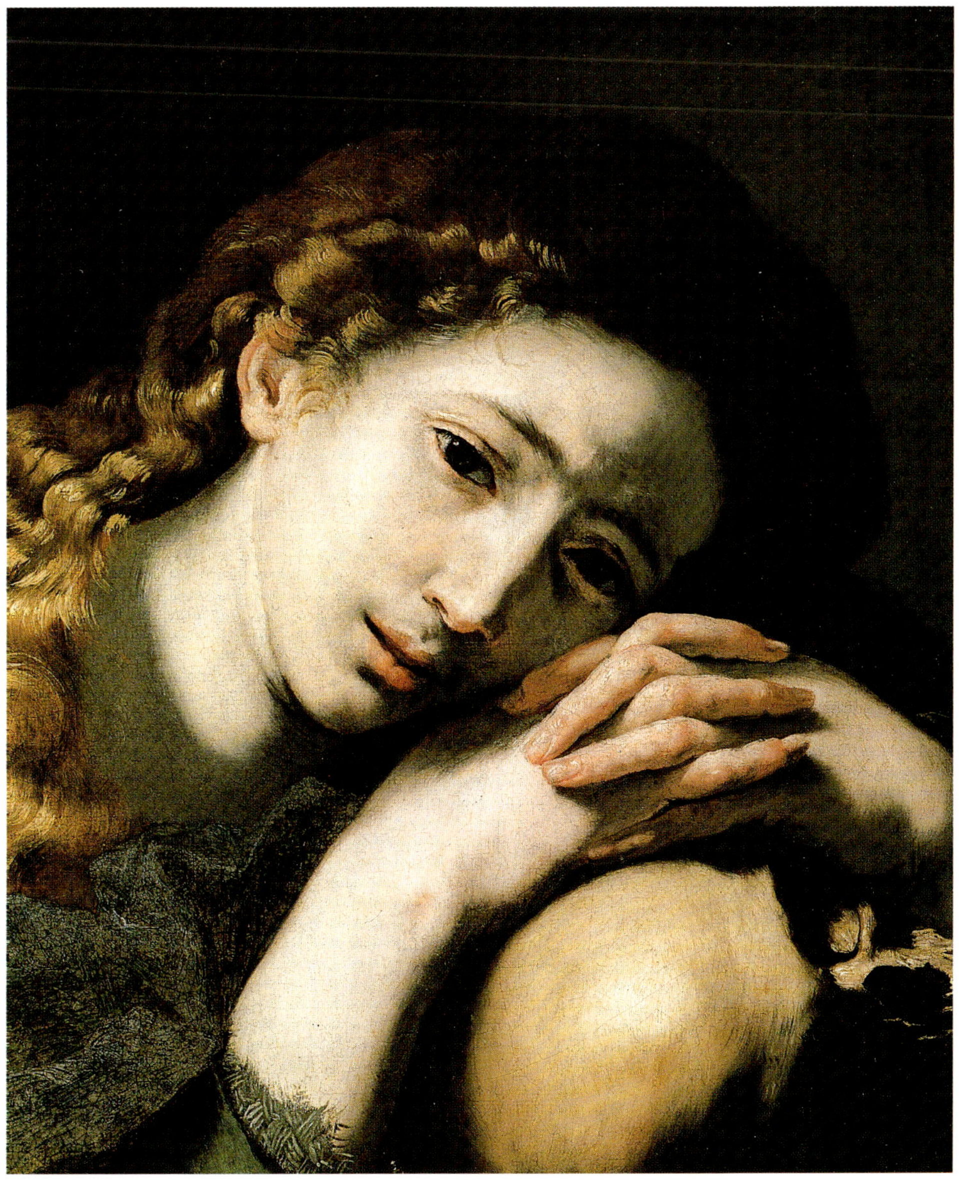

Esta Magdalena Penitente *es para desesperación de los románticos una de las más románticas obras de Ribera. El desconsuelo del rostro, el efectivo aprovechamiento de la calavera en referencia clara a la fugacidad de la vida terrena y la patética conjunción de las manos a modo de reclinatorio, constituyen un estudio de carácter enteramente teatral, pero sin ridículas afectaciones.*

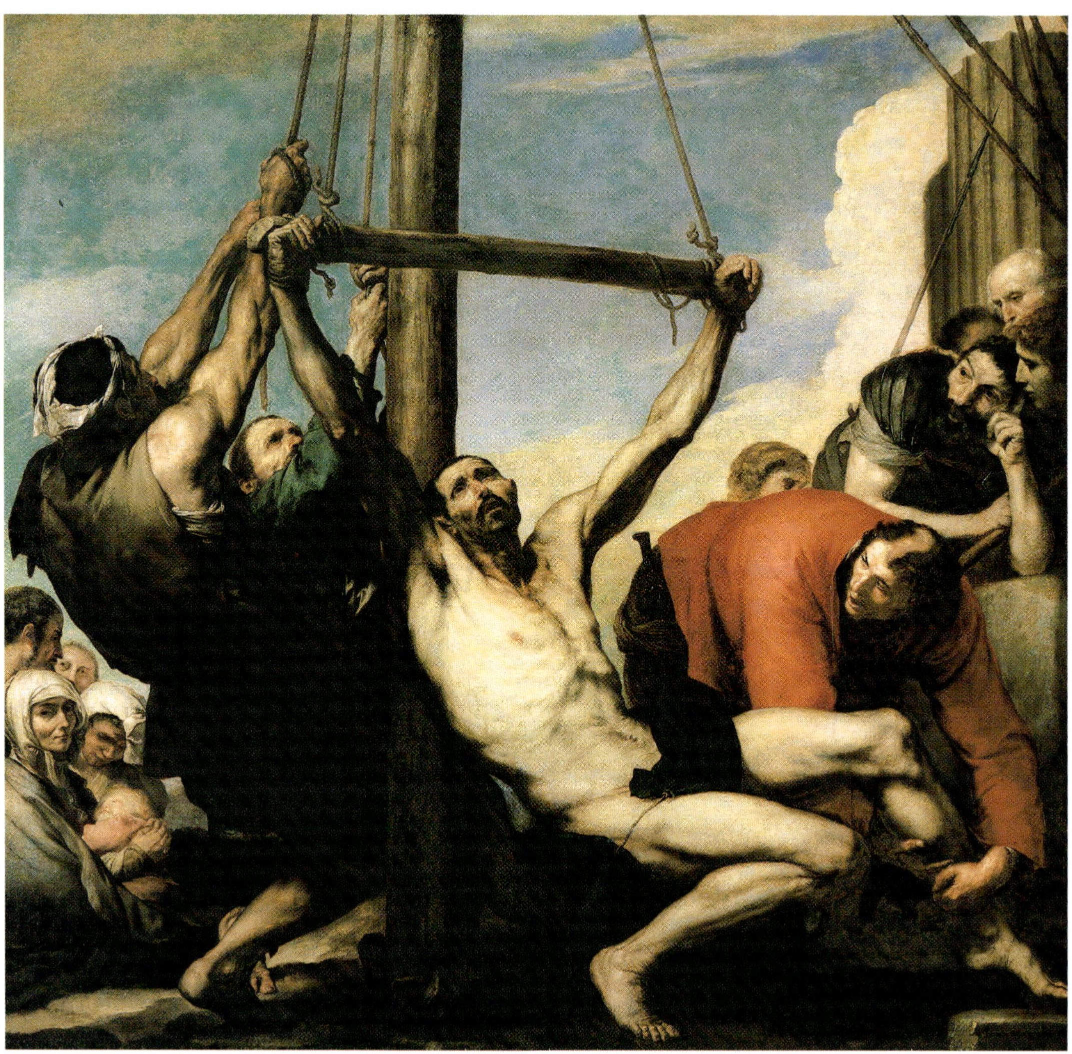

El martirio de San Bartolomé, *en esta página, frente al andrajoso* Esopo *–página siguiente– empeñado en difíciles cálculos geométricos, constituyen dos muestras de la colaboración del tiempo con las técnicas del su autor.* El "espectáculo" *de la ejecución ha perdido algo de la vivacidad colorista por el efecto de los años sobre las zonas de luz y sombra. En el caso del retrato, la pátina ha trabajado la penumbra y logrado una combinación de colores tan densos como difíciles de desentrañar en su origen.*

Sobre la colaboración del tiempo

DÍGASE toda la verdad. En la impresión de romanticismo que hoy nos trae el *Españoleto* entra también en algo el efecto de ciertas causas que no pueden atribuirse ciertamente a temple personal del autor. Estas telas, técnicamente mal pintadas, se han ennegrecido mucho. Ello aumenta en grado, con su misterio, el prestigio de su poder de sugestión. En el efecto tan *Sturm und Drang* de la cara y de los ojos del Apóstol Santiago han intervenido, sin duda, dos colaboradores: Ribera y el tiempo.

¿Qué importa? Las obras de arte hay que tomarlas, para uso de nuestra sensibilidad, tal y como ante nuestros ojos aparecen, con la señal de haber vivido entre los hombres toda una vida, después de aquel momento de gracia en que se vieron amanecidas a la luz. Bien está la *Victoria de Samotracia* en su atroz mutilación, que la convierte para nosotros en algo así como la esencia de un ímpetu puro. Bien, tantas y tantas estatuas griegas, desteñidas de la policromía y el dorado que un día las vistieron –¡mal hayan ciertas restauraciones y repintarrajeos eruditos, hostiles a la casta pureza del mármol! Bien está la catedral de Reims malherida y profanada; bien los cuadros de Ribera, medio borrados, mal restaurados, ensombrecidos.

Llego a sospechar que no cambiaríamos por un *Cenáculo* de Leonardo de Vinci que fuese inalterable otro que, desgarradoramente, allá en Milán, prolonga su atroz agonía.

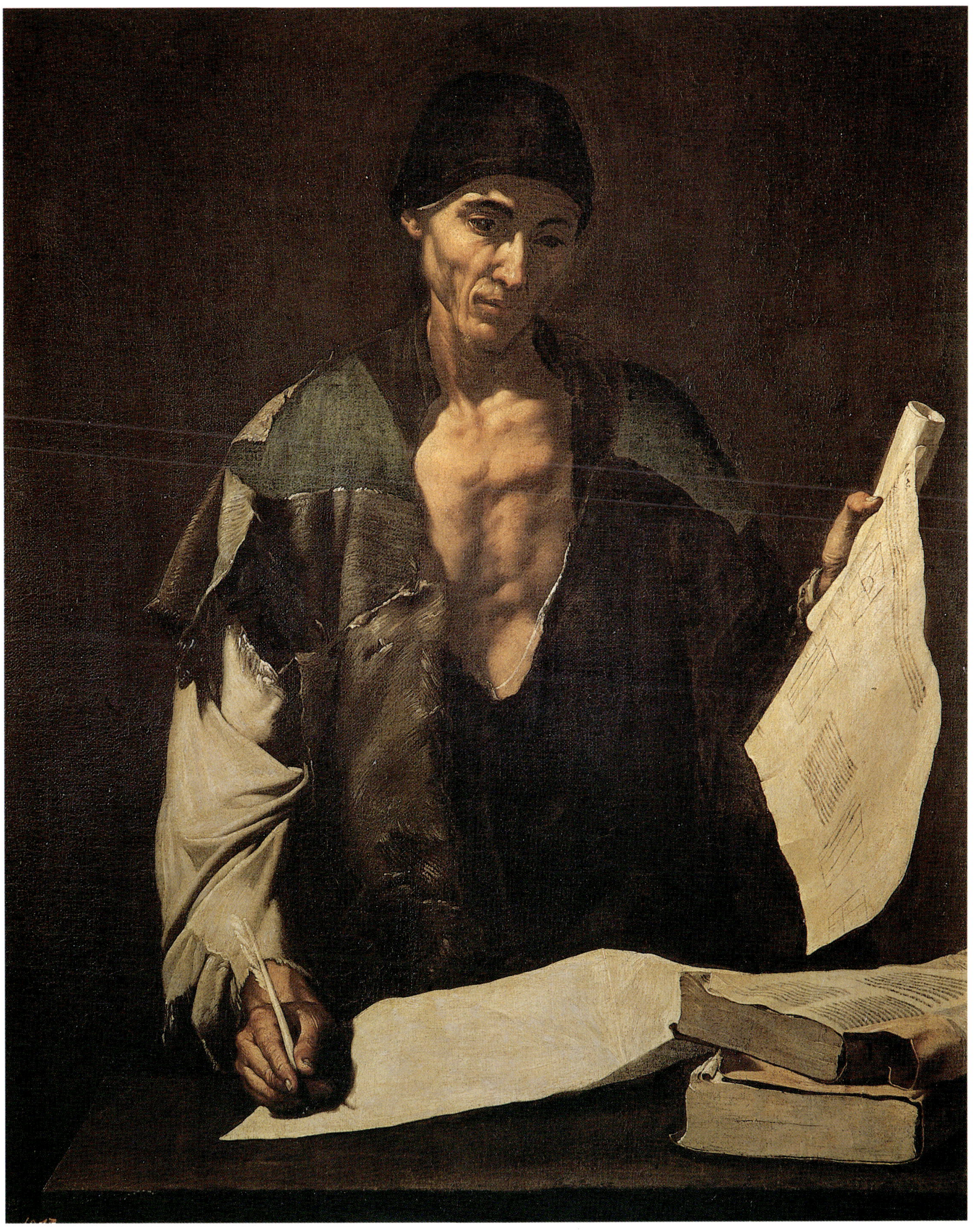

Un par de datos

EL cicerone, sin embargo, hará al amigo sabedor de un par de hechos que servirán a la vez para confirmarle que la impresión de romanticismo aludido no tiene su origen en los efectos de la postiza negrura, y para orientarle sobre el sentido del momento de la historia universal de la sensibilidad, ante cuyas muestras nuestro paseo nos ha conducido.

Un hecho es el profundamente significativo de que cierto cuadro del Museo, hoy atribuido preferentemente a Murillo, hubiese sido antes considerado como un Ribera y, aun antes, como un Veronés. No es necesario que el apresurado visitante vea el cua-

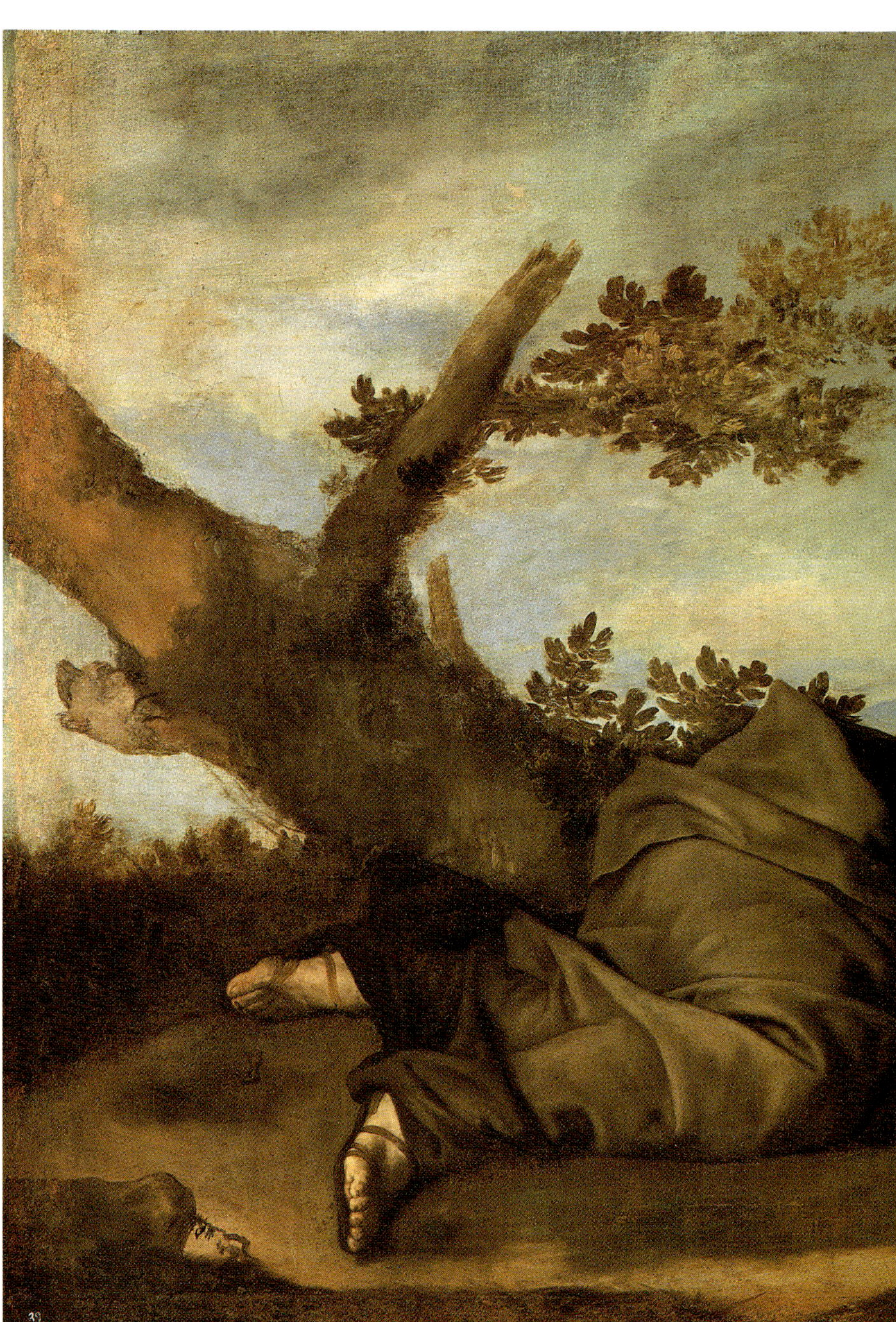

Hagamos una breve disección de esta pintura. Primero el personaje. Aceptemos que Jacob es un campesino mediterráneo durmiendo la siesta. Su condición social adquiere rango de afirmación plástica gracias a la atrevida disposición del cuerpo en equilibrio, o mejor aún, en prolongación del inclinado tronco de la izquierda. La simplificación del asunto no es tan aparente como pudiera parecer, el hombre que pertenece a la tierra es acogido por ella en su descanso, y protegido por el efecto de los volúmenes diferentes del tronco y sus hojas, dispuestos en una clara coincidencia de líneas diagonales. Los colores ocres del suelo también se trasladan al árbol en una gama sencilla pero armónica.

dro; bástele conocer el dato revelador de una confusión posible, índice de una manifiesta vecindad, entre ciertos momentos de la pintura española, el de Murillo como el del Greco, y la pintura veneciana. Nos encontramos, pues, muy lejos de Velázquez ya, en una región de lirismo muy avanzado.

El otro hecho a que quiero aludir es el de la predilección mostrada a favor de Ribera por los más apasionados amigos con que lo barroco ha contado en hora inmediatamente precedente a la nuestra. No falta quien diga que, en los cuadros de este emigrado, España aprendió un nuevo ideal de la luz, de respeto a la maravilla de las formas palpitantes de la naturaleza, el valor de cada uno de los seres vivos...

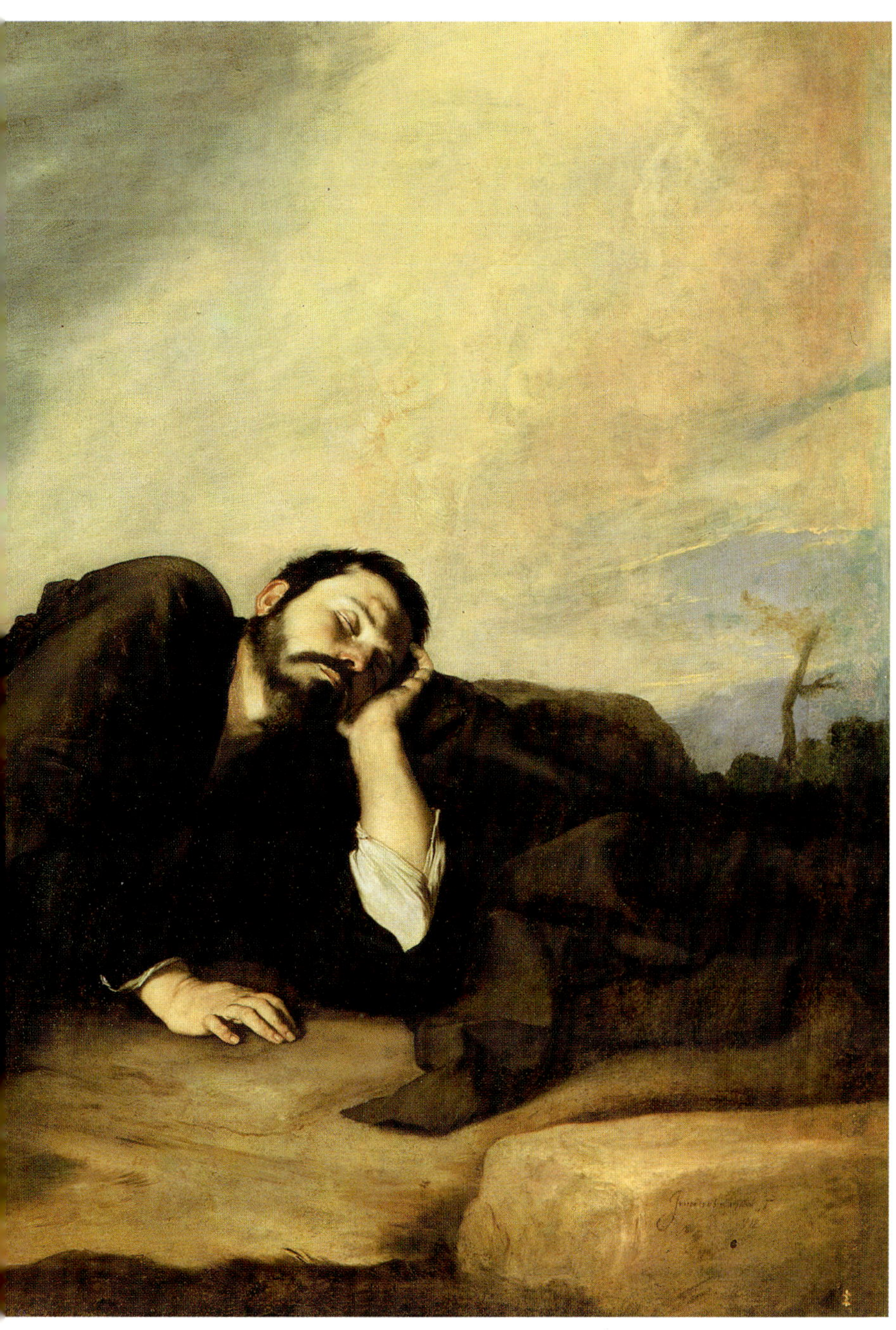

Analicemos ahora la atmósfera aérea del cuadro. La Biblia *nos habla de una escalera dorada por la que ascendían los ángeles. En el espacio superior aparentemente no hay referencia explícita de esta visión. Aunque si atendemos a la irradación dorada, combinada con los azules y blancos del cielo, vislumbraremos al aproximarnos, los rasgos abocetados de los ángeles tan fugazmente representados, que podría pensarse que la luz ha sido dispuesta para impedir una plasmación pública de la visión, y con ello reservar al durmiente el contenido de sus sueños.*

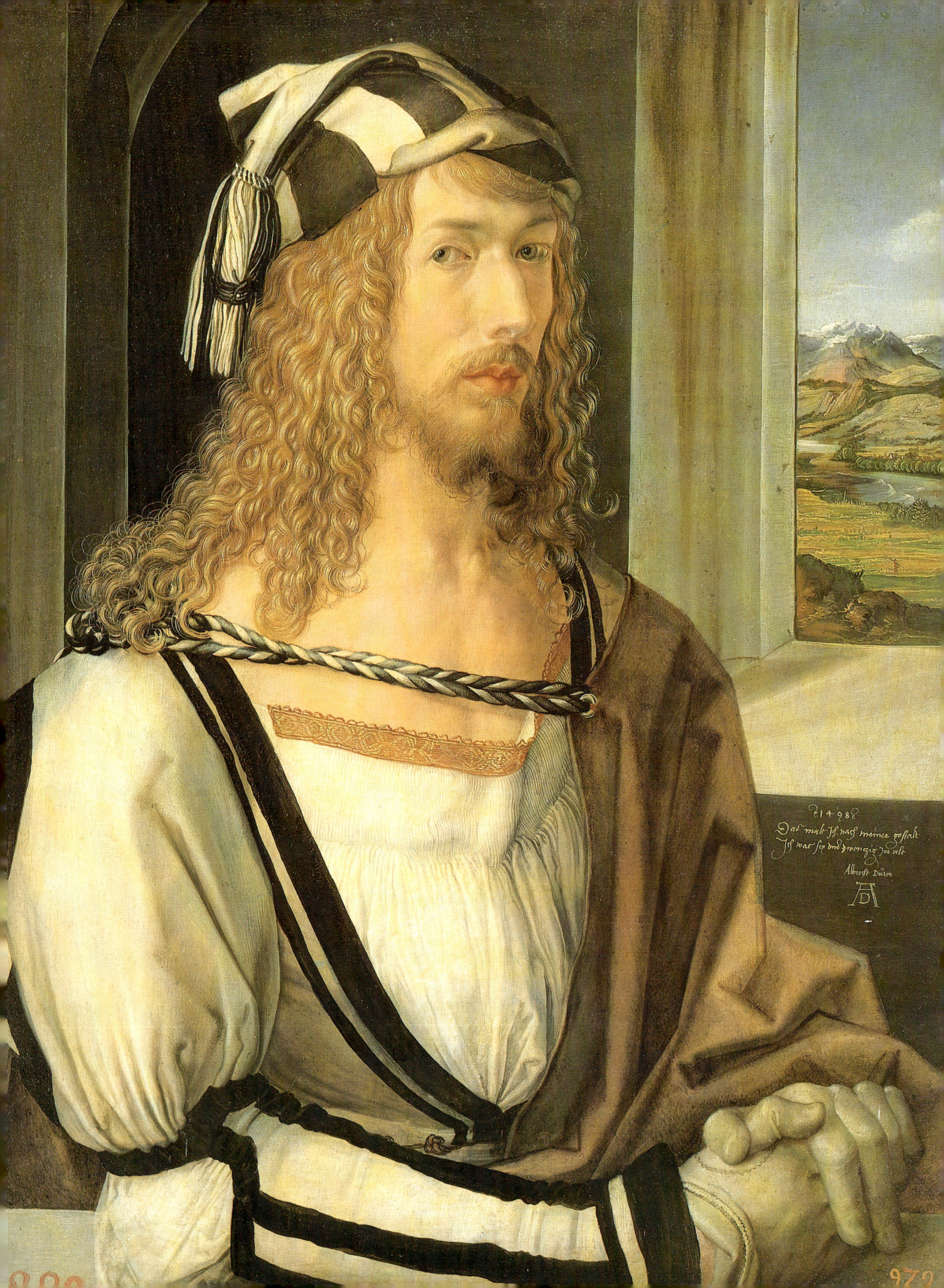
1498
Das malt Ich nach meiner gestalt
Ich was sex und zwenzig Jor alt
Albrecht Dürer
AD
972

DURERO, EL GERMÁNICO

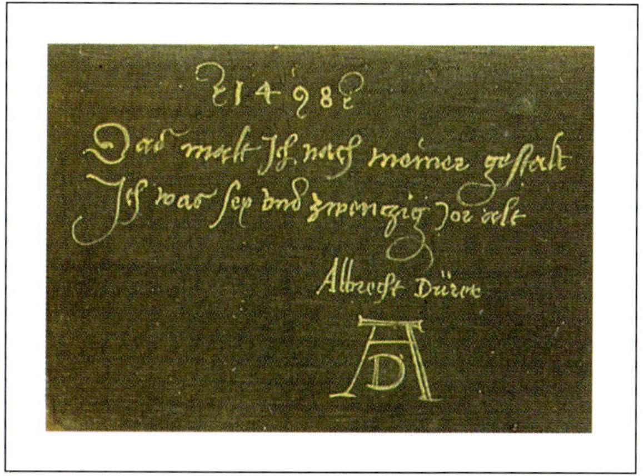

Arriba la firma de un humanista de los pinceles y buriles, y a la izquierda unos de sus autorretratos más sinceros, cuando tenía 26 años y ya era un pintor y grabador de éxito, además de un acreditado "dandy".

Las dos hazañas románticas

PERO un mundo nuevo nos está esperando. Las "formas que vuelan" llegan ahora a pleno triunfo. Este vuelo será recogido y espiritual, el de la *Psiquis* o mariposa; o bien aparatoso y sensual, el del color derretido en las voluptuosidades extremas.

Ya hemos calificado la primera de estas hazañas románticas como "un descubrimiento de la vida interior". La otra es la del colorismo. La primera concuerda con el sentido de la Reforma protestante; la segunda se acuerda de las morbideces de Bizancio. Para estudio de aquélla, un solo maestro germánico nos bastará en nuestra pinacoteca: Alberto Durero. Para el segundo habrá que recorrer el ciclo de los grandes venecianos.

"El descubrimiento de la vida interior"

CUANDO el filósofo norteamericano Josiah Royce tuvo que explicar la historia de la filosofía moderna, se presentó como problema el de saber de dónde convenía que la narración arrancase. Optó por considerar en calidad de iniciador de la filosofía moderna al metafísico inmaterialista Berkeley, realizador de lo que Royce llama "el descubrimiento de la vida interior".

Así este continente moral fue inventado en Irlanda por un ayo de colegio, hombre solitario, ingenioso y meditabundo... Antes ya había sido su existencia invocada estrepitosamente por un monje regañón, profundo y agitadísimo que se llamó Lutero. Pero, si Lutero fue el Colón de tal América, a Berkeley le podríamos llamar su Vespucio; es decir, el que se aprovechó de la cosa descubierta y le dio nombre.

De la familia de Lutero y de Berkeley es también Alberto Durero. El cual realizó *lo más grave y atrevido que se podía hacer con esta "vida interior"*: pintarla.

Naturalmente, había que pintarla a través del rostro expresivo de los hombres. Y, a veces, del cráneo de tal cual calavera.

En otras ocasiones, esta hazaña recurre también a un rótulo que nos dice: "*Melancholia*".

Dos retratos

HAY cuatro Dureros en el Museo de Madrid. Un *Adán* (2177–LIV), una *Eva* (2178–LIV), el retrato del propio artista a los veintiséis años y otro retrato que se discute si es Hans Imoff (2180–LIV), de la casa de Banca de los Imoff, que vinieron a ser los Médicis de Nuremberg, o bien Sterk, un tesorero de Bramante.

Busquemos estas dos últimas obras. Son dos maravillas. El *Autorretrato* (2179–LIV), de una de cuyas réplicas tanto gustaba Goethe, es una obra de elegancia y de refinamiento tal, que no podemos menos de conmovernos ante la sugestión de una anécdota al recordar que Durero era el hijo de un platero pobre, y que luego había de ganar su vida vendiendo grabados, a veces desde la ventana de su propia casa, convertida en tienda, y por mano de su mujer. Si los jóvenes intelectuales españoles han gustado de tener en sus estudios una reproducción de *El caballero de la mano al pecho*, de Theotocópuli, los jóvenes comisionistas alemanes esparcidos por el mundo no deberían dejar de tener en sus cuartos de modesta pensión *–a secreto agravio, secreta venganza–* el símbolo del autorretrato juvenil de Alberto Durero.

La cabeza del presunto Hans Imoff está también cargada de pensamiento. Este que debe de ser hombre rico y confortable. Pero una nostalgia infinita baña de melancó-

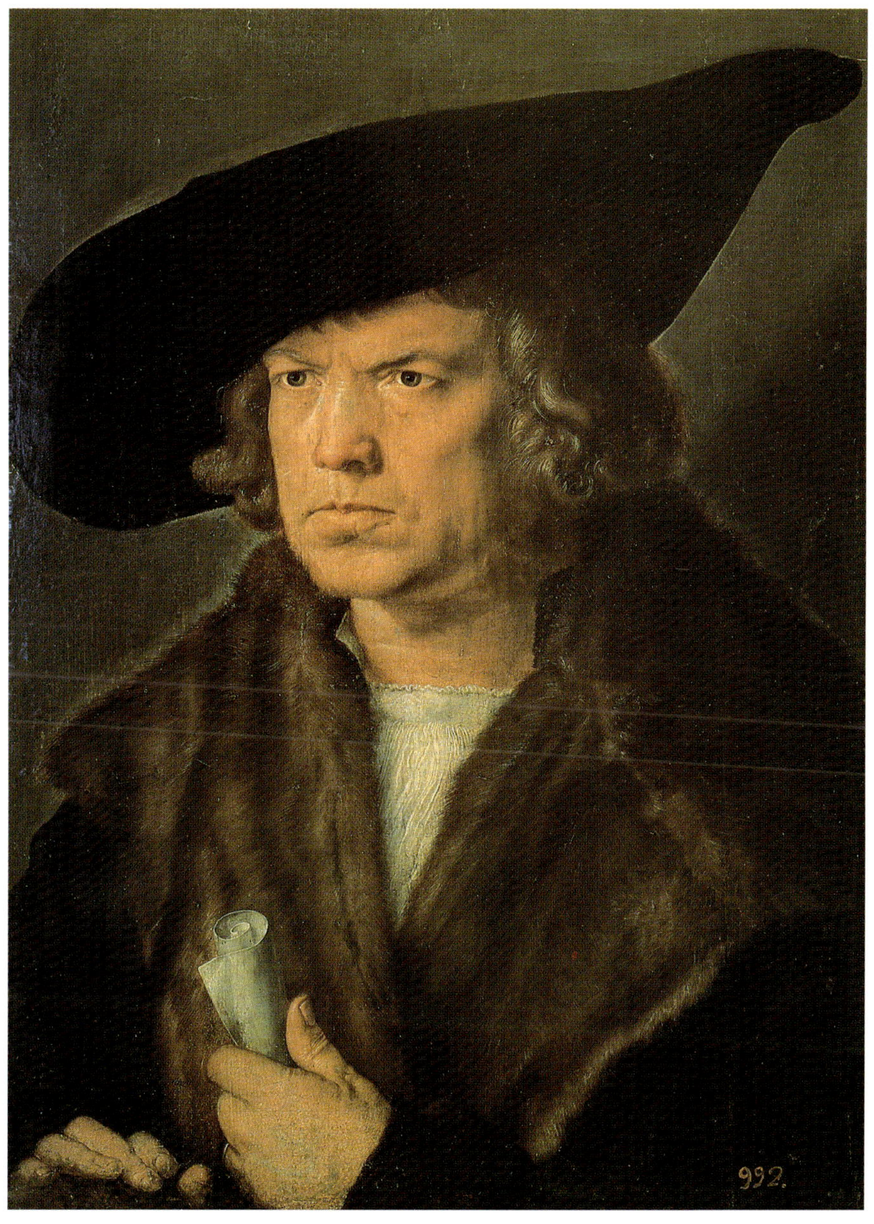

El desconocido de amplio sombrero lleva en su mano un documento que debe ser valioso. Debe de tener importancia este papel enrollado, porque su poseedor lo blande bajo un rostro de tensión contenida que refleja toda una personalidad acostumbrada a hacer valer sus argumentos. El modelo es el representante de una clase social, que a través de la vigorosa liga hanseática hacía ya grandes negocios, invertidos, entre otras causas, en la del arte.

lico interés su rostro y parece darle a uno ganas de conversar con él, acaso de consolarle un poco...

Mas ¡cuán peligrosa posición para el arte! Tanta psicología le puede matar. Puede matar cuanto hay en él más sano y tranquilo, con acabar lo que de social debe haber en él.

Un hombre en perfecto estado de salud no se da cuenta de su estómago, de su corazón, ni de sus pulmones. Un hombre en perfecto estado de salud moral no se dará cuenta de que pueda tener una vida independiente del cuerpo. Ni una personalidad esquiva independiente de la sociedad. "¡Vivir es estar profundamente solo!", clamaba Hebbel (otro enfermo de la "vida interior")... Yo te diría, amigo mío, bien otra lección: "¡Vivir es estar profundamente acompañado!" (profundamente, no superficialmente).

Pero ¿a qué la pedantería de advertirle a Durero sus peligros? Admiremos y guardemos nuestra moral para mejor ocasión, sugiriendo ahora, de paso nada más, que es una lástima que algún buen Cranach y algún Holbein indiscutible no completen la representación de la pintura germánica en el Museo del Prado.

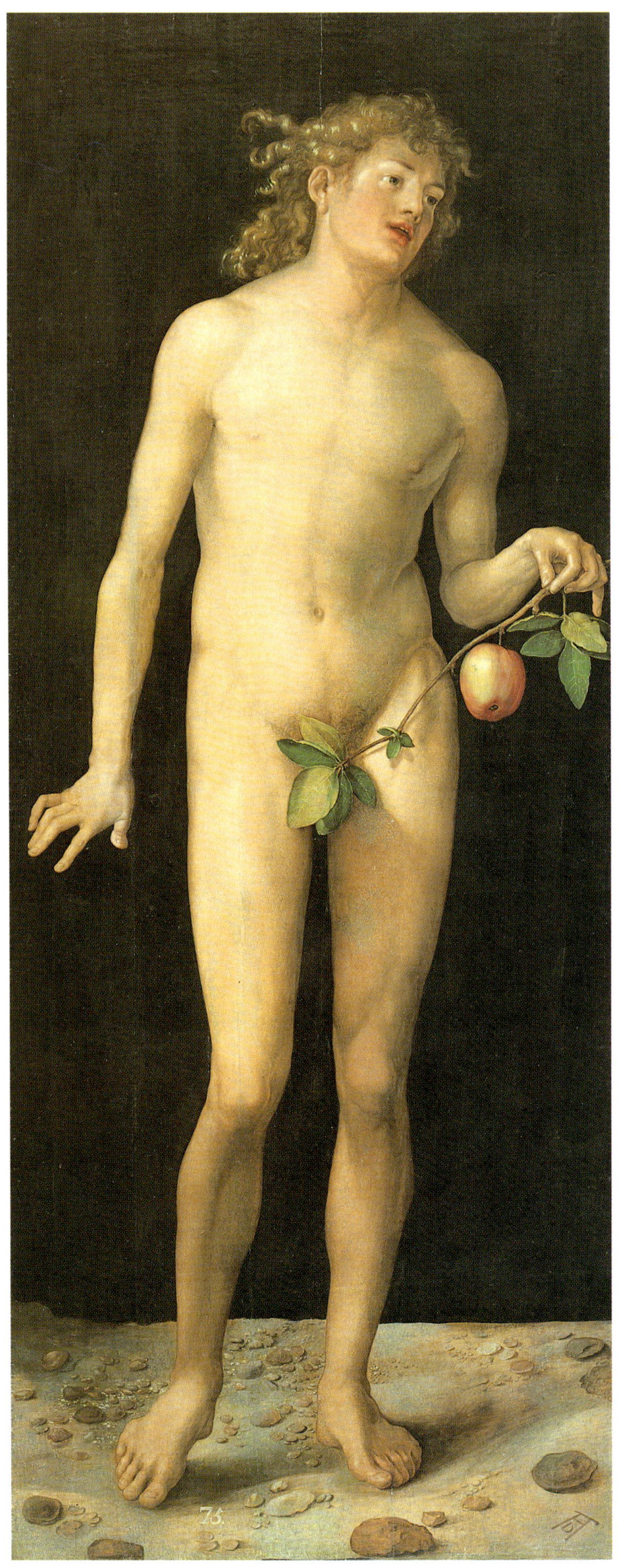

Si en el Renacimiento el hombre es el centro de la Creación, el modelo de hombre que concibe Durero en este óleo, responde perfectamente a un ser dotado de gran fortaleza física, que no obstante sus rasgos nórdicos, posee una cierta delicadeza, nada sospechosa, en un conjunto físico pleno de armonía a modo de ejemplo de proporciones humanas y varoniles, dentro de un canon de nueve cabezas, de gran esbeltez.

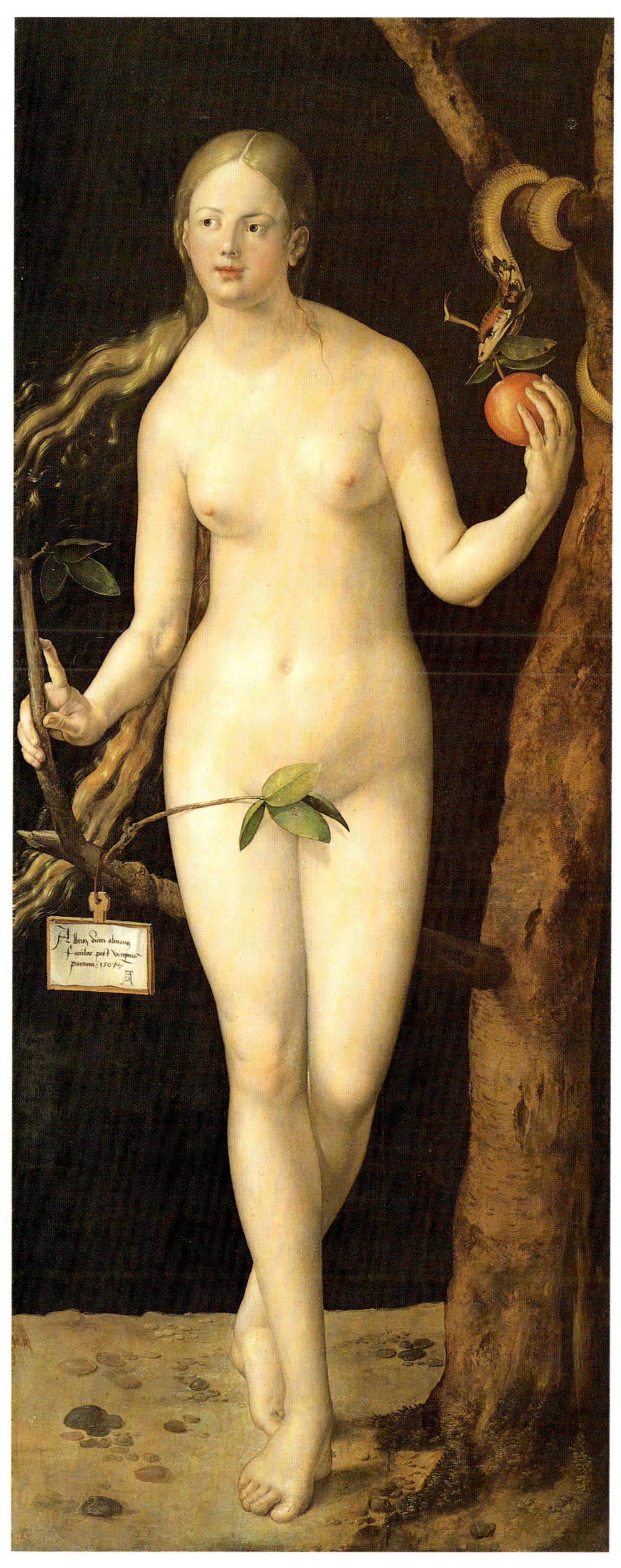

La madre de la humanidad fue pintada por Durero en fecha distinta a la figura de Adán. En las formas de esta rotunda hembra, es inevitable advertir influencias de los desnudos que a finales del siglo XV *ya triunfaban en Venecia. Durero había estado en la república de los canales; y los modelos de Giorgone, continuados más tarde por Tiziano y Bellini, se advierten en esta Eva. La flexibilidad de este cuerpo es menor que el de su compañero, pero en contrapartida, los contornos suavizados de sus volúmenes aumentan su imagen maternal.*

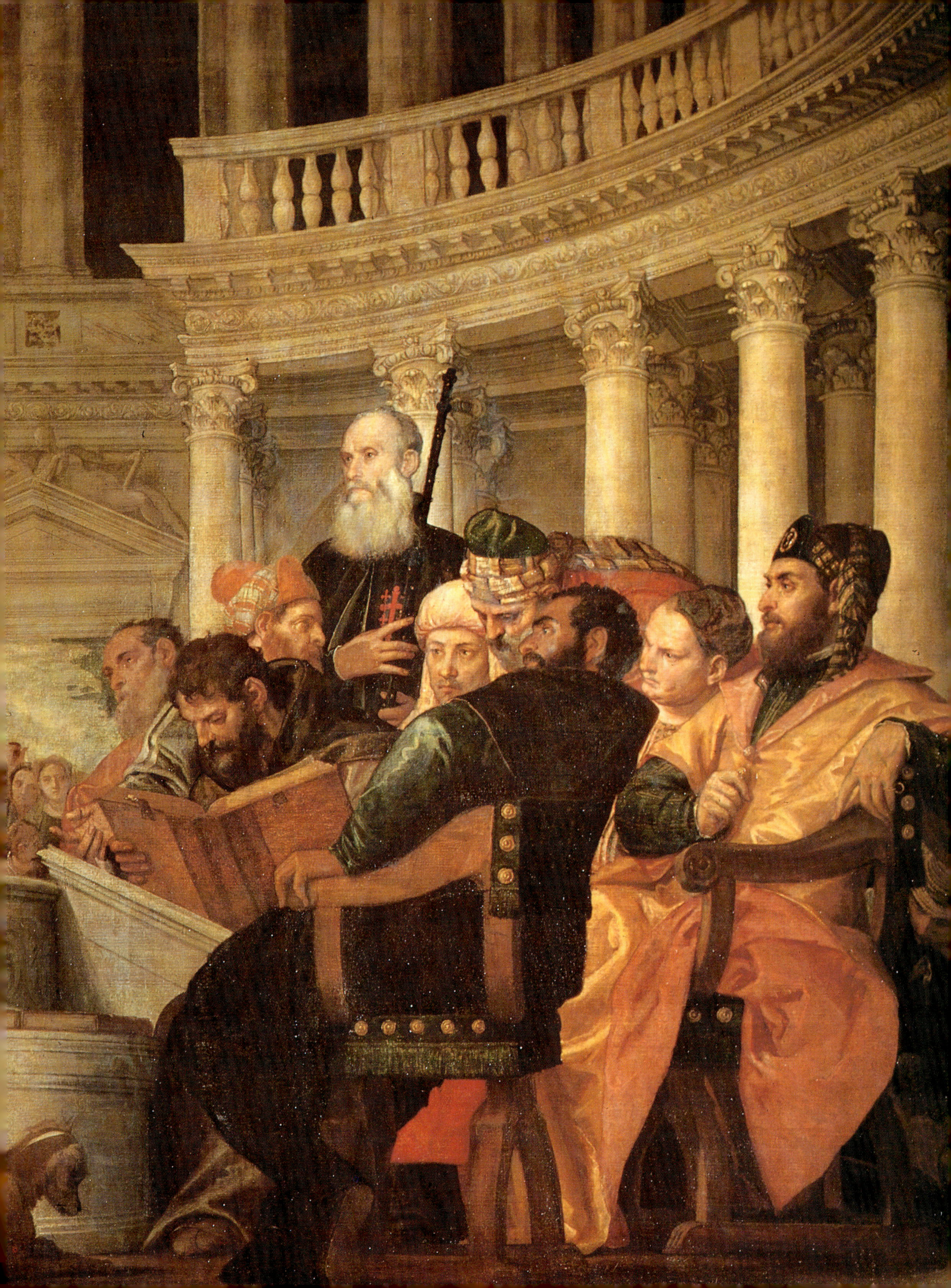

LOS VENECIANOS

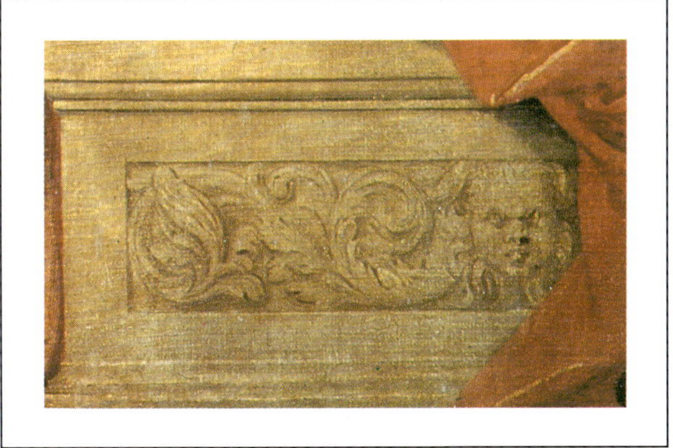

Los fragmentos reproducidos en estas dos páginas pertenecen a Jesús entre los doctores del Templo, *de Veronés. Estos últimos aparecen a la izquierda en un escenario clasicista y bajo atuendo enteramente veneciano.*

Introducción a la pintura veneciana

¡OH Venecia! ¿Cómo defenderse contra ti? Ni contra ti ni contra lo que tú, bendita, alumbraste... Llega a ti un día el viajero; tal vez, desconfiado, ha querido armarse previamente para evitar valoraciones demasiado rutinarias y blandas, demasiado hijas de un hechizo convencional y mediocre. Se ha dicho, por ventura: "Valdrá más guardar el puro entusiasmo para una Florencia o para alguna de esas pequeñas ciudades de la Italia del Norte, de belleza más recóndita y más difícil. Venecia posee esta calidad de *ôpera*, que el vulgo confortable toma, tan fácilmente, por una categoría estética..." ¡Inútil precaución, mezquina coraza para la sensibilidad! Llega, digo, el díscolo a Venecia; y a la media hora Venecia le ha conquistado; le ha conquistado para toda la vida, narcotizándole a la vez el sentido crítico y la moral. Como hay mujeres, hay ciudades así.

Venús y la música *de* Tiziano; *la espléndida figura de la diosa supera la multitud de matices que posee este cuadro.* Los *tonos son variados, las alusiones sensuales o eróticas explícitas y las referencias humanísticas del tema están puestas al servicio de la poesía amorosa de* Petrarca, *que concebía la música como el máximo de los placeres.*

Lo mismo acontece con la pintura de Venecia, el más suntuoso, alegre y triunfal producto del arte que jamás el espíritu humano haya producido. El más intensamente venenoso también. El veneno que digo se llama "color". La luz es la luz, pero el color siempre contiene un misterio.

He aquí, apoteosis a un tiempo de nobleza y de sensualidad, el desarrollo de las tres generaciones venecianas. Lo que a su procesión de sentido es justamente la sutil elaboración y destilación de aquel veneno. Comienza la escuela con los pintores *luminosos*, fieles a la pura ley de la luz, tales Bellini o el Giorgione. En Tiziano, la luz y el color cantan victoria a la vez, en un soberano y nupcial equilibrio. Llégase al Veronés y

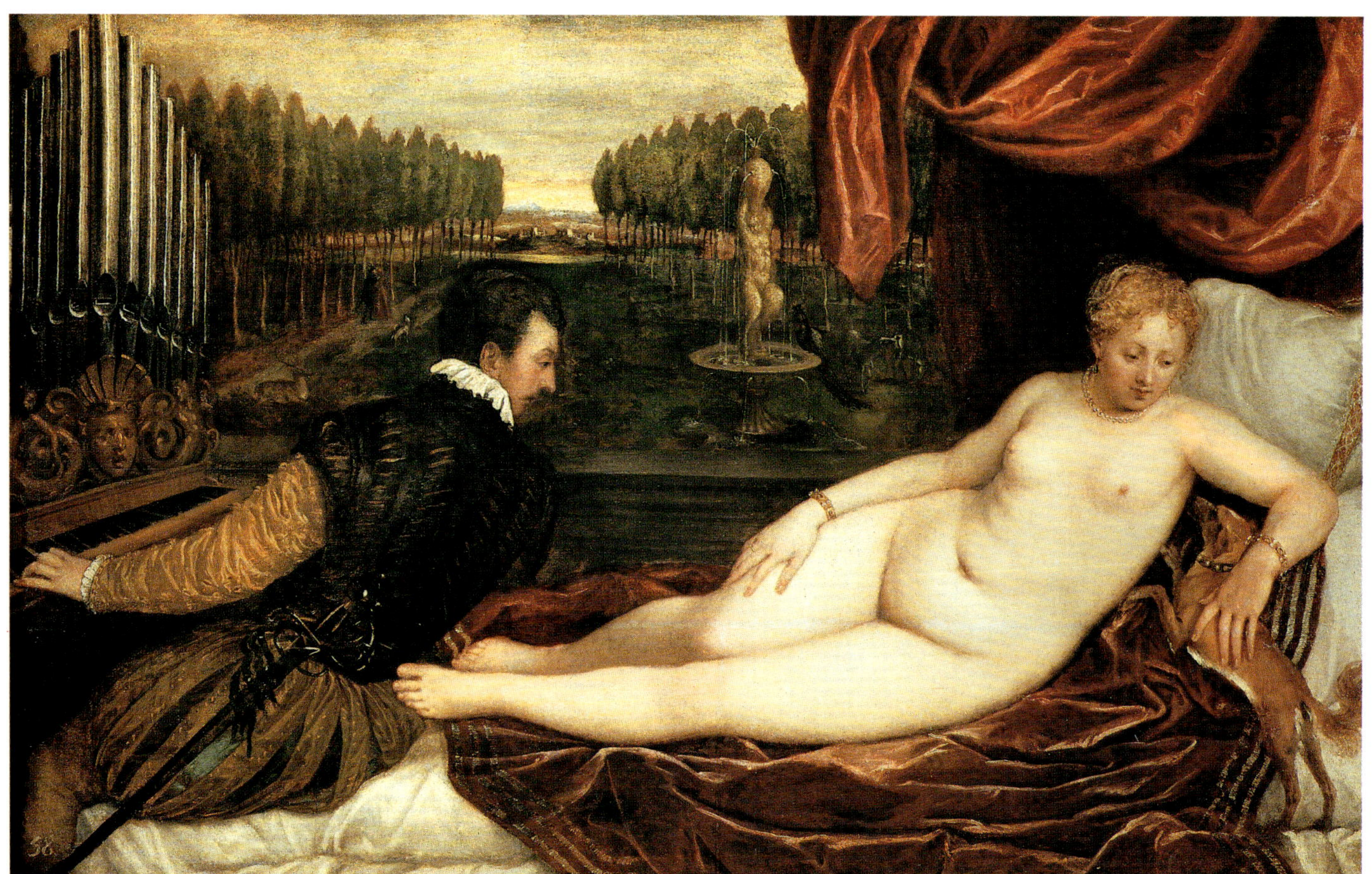

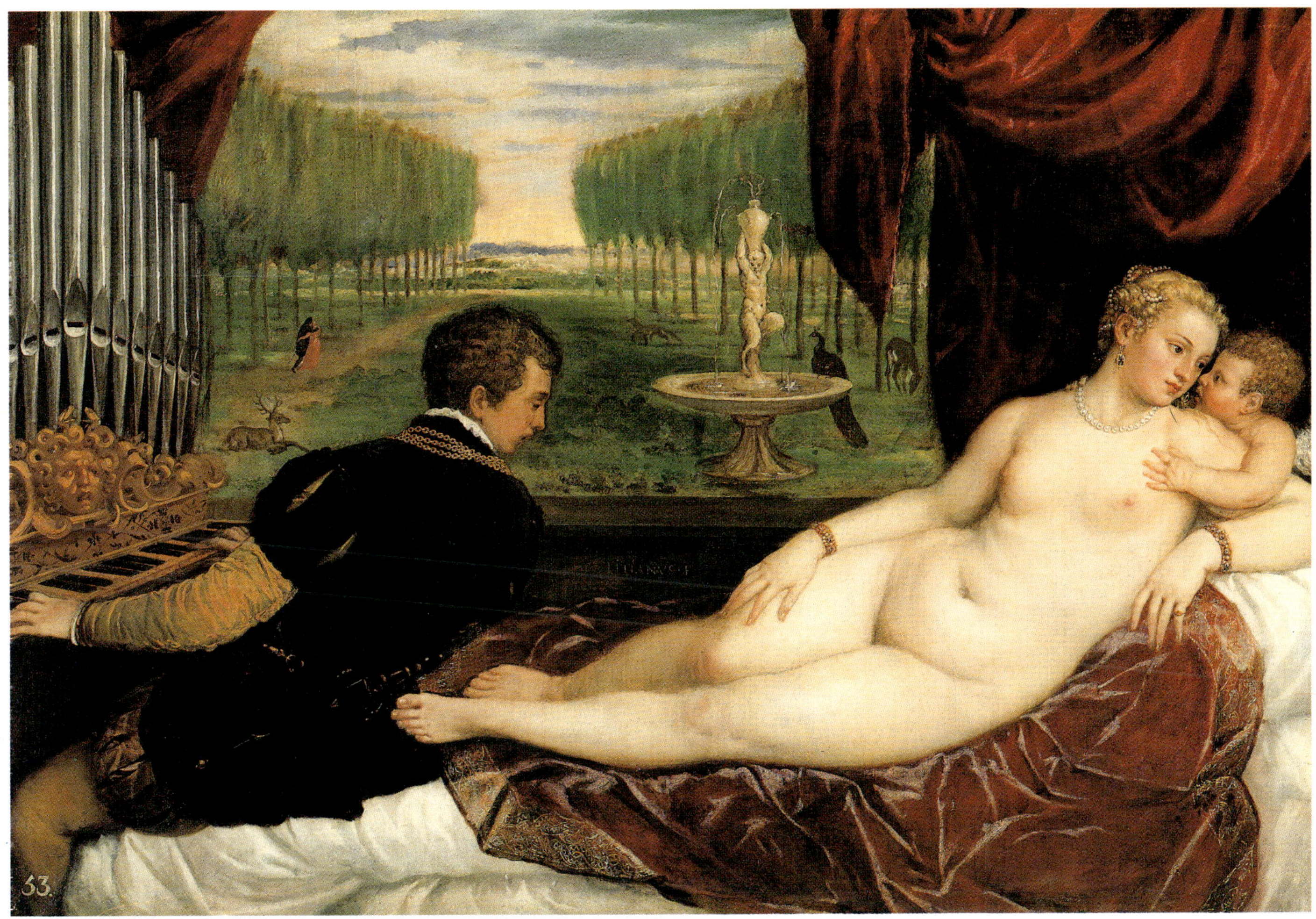

a Tintoretto; y entonces la luz ya no está. El color reina solo: es como decir que el color se embriaga. Cuando el espíritu clásico llega a advertirlo, el mal ya está hecho.

Este romanticismo producirá inmediatamente, en España, el Greco; y después de su siglo, en Italia, el Tiépolo; es decir, los barrocos.

He dicho el mal. Y he de añadir que es *un mal divino*. Gocémonos, mi amigo, en él, ya que el Museo del Prado es tan opulento en pintura veneciana.

La segunda versión que se conserva de este tema en el Prado es más colorista y, en opinión de los críticos, de mayor calidad que la anterior. El juguetón perrito ha sido reemplazado por la figura de Cupido haciendo de las suyas. La escenografía es idéntica, pero los modelos humanos ofrecen variaciones, detectables esencialmente en el rostro de Venus.

Bellini. Palma el Viejo

El problema de la paternidad de los Giorgione del Museo es demasiado complejo para tratarlo ahora[1]. Prescindamos de este pintor y libertador del espíritu; con harto sentimiento por nuestra parte. La hora precolorista de la pintura veneciana es *La Virgen y el Niño Jesús* (50–VII), de Juan Bellini, y es *La adoración de los pastores* (269), de Palma el Viejo.

Además, conviene decir, acordándonos por una vez *–y cum grano salis–* de las estrecheces del criterio localista, que el Giorgione no era un veneciano puro. Claro que el concepto de la escuela se puede extender. Pero, con extenderlo demasiado, han llegado algunos críticos a incongruencias, como la de incluir al Mantegna en la misma... Nos acordamos de Octavio de Roméu: "El Mantegna pertenece a la escuela veneciana", decían delante de él. "En efecto –contestó–, es cuñado de ella..." Casó, según es sabido, con una hermana de Juan y de Gentil Bellini... Y, claro que, después de todo, lo mejor será prescindir del concepto de *Escuela*.

Si la veneciana hubiese seguido conservando el respeto estricto de la forma neta, como en el Bellini, Miguel Ángel no tuviera que lamentar de ella: "¡Ojalá esa gente hubiese tenido cada día los mármoles antiguos a la vista como nosotros!"

Lo que sí tuvieron a la vista fueron los mosaicos bizantinos. El Renacimiento está ya tan avanzado, que estos laicos sensuales no quieren acordarse de lo litúrgico. Pero, en rigor, los fondos de oro, rechazados y sustituidos por risueños y bien ordenados pai-

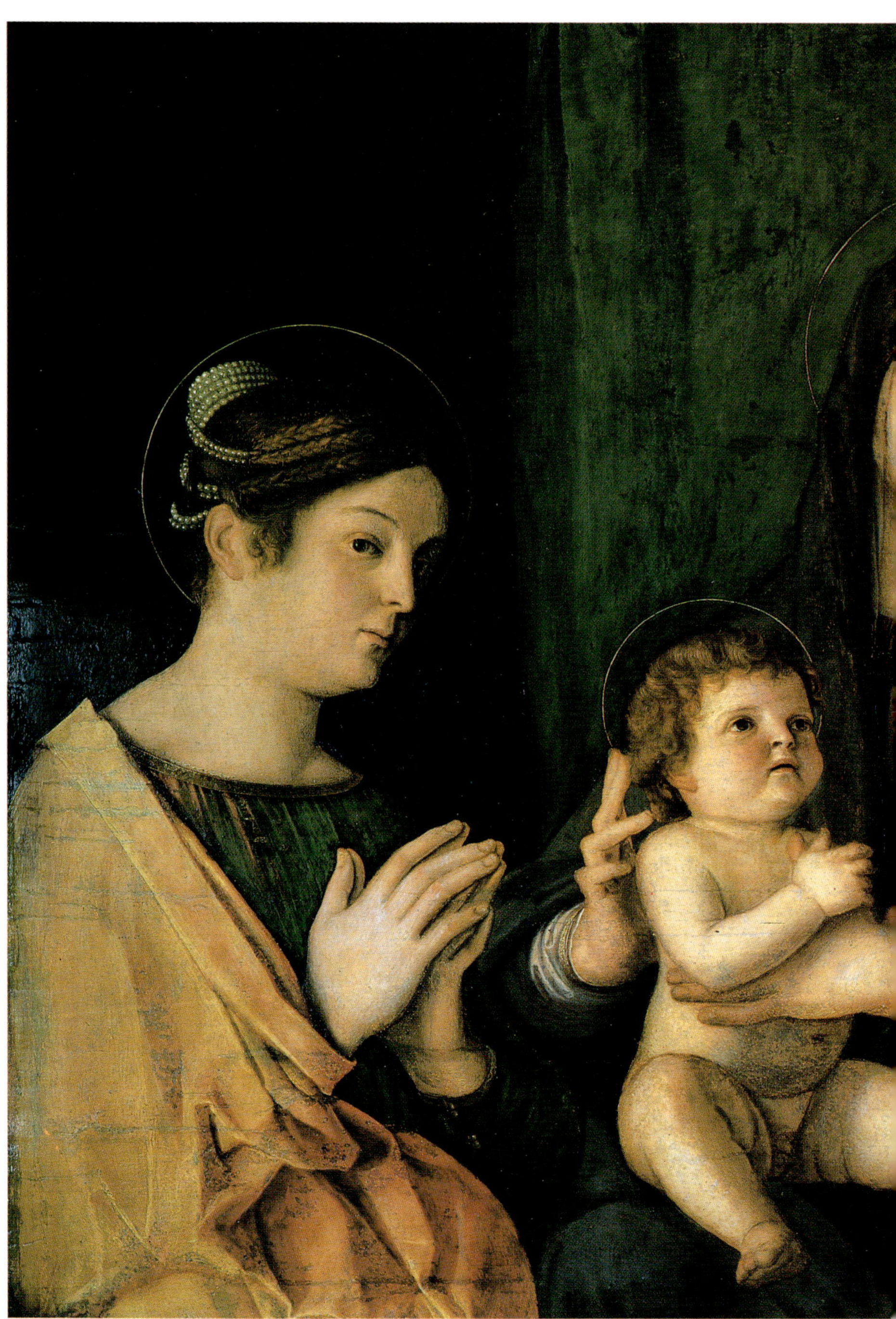

sajes, reaparecen en otra forma. Reaparecen en la tonalidad dorada que impregna los cuadros y los hace cálidamente cantar. Reaparecen, por ejemplo, en la primera preparación en amarillos, con que el Tiziano empezará a trabajar cada una de sus obras, y que luego brilla por transparencia a través de la segunda decoración policroma y otorga esta maravillosa claridad interior de *lámpara encendida* en los desnudos cuerpos rubios de sus mujeres.

Este "oro subterráneo", transformador de cada cuadro *en una especie de pantalla traslúcida*, no se ha encendido todavía en los Bellini, lo ha hecho ya en Palma Vecchio. Y por esto *La adoración de los pastores* es un cuadro tan oscuro y tan claro a la vez.

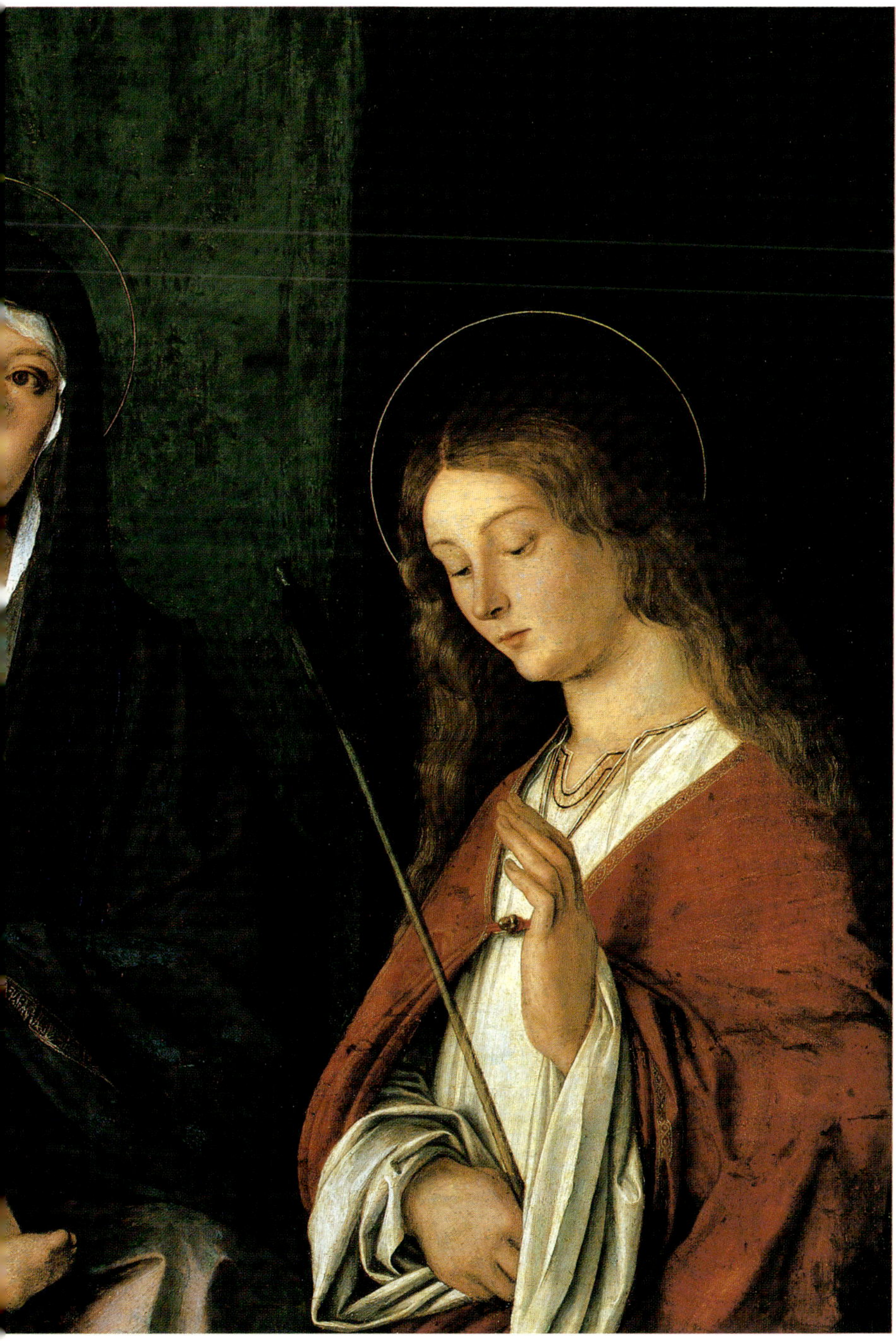

La escuela veneciana del siglo XVI *posee en la familia* Bellini *una saga de pintores que pueden personalizar la evolución de la pintura del Véneto a lo largo de esta centuria.* Giovanni Bellini *es el iniciador de la ruptura con el gótico.* Su Virgen con el niño y dos santas, *a la izquierda, es obra de* 1490 *y ya refleja los modelos de* Antonello de Messina, *en los perfiles de las figuras sobre fondo oscuro, y a la vez la influencia de* Mantegna *en el cuidado por el dibujo. Estamos en el inicio de un modelo de pintar donde la elegancia y la serenidad sirven de soporte a un tratamiento espléndido del color.*

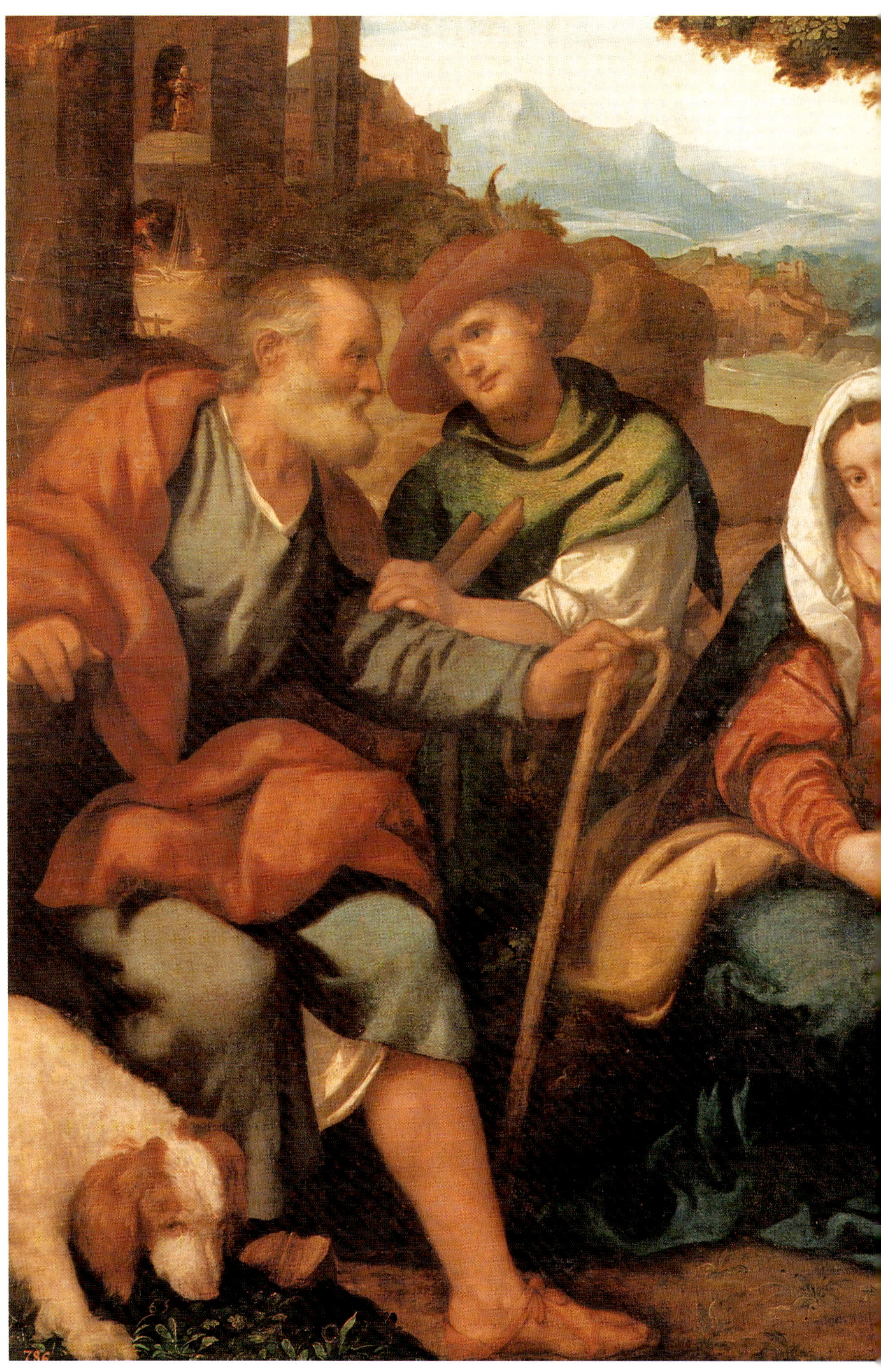

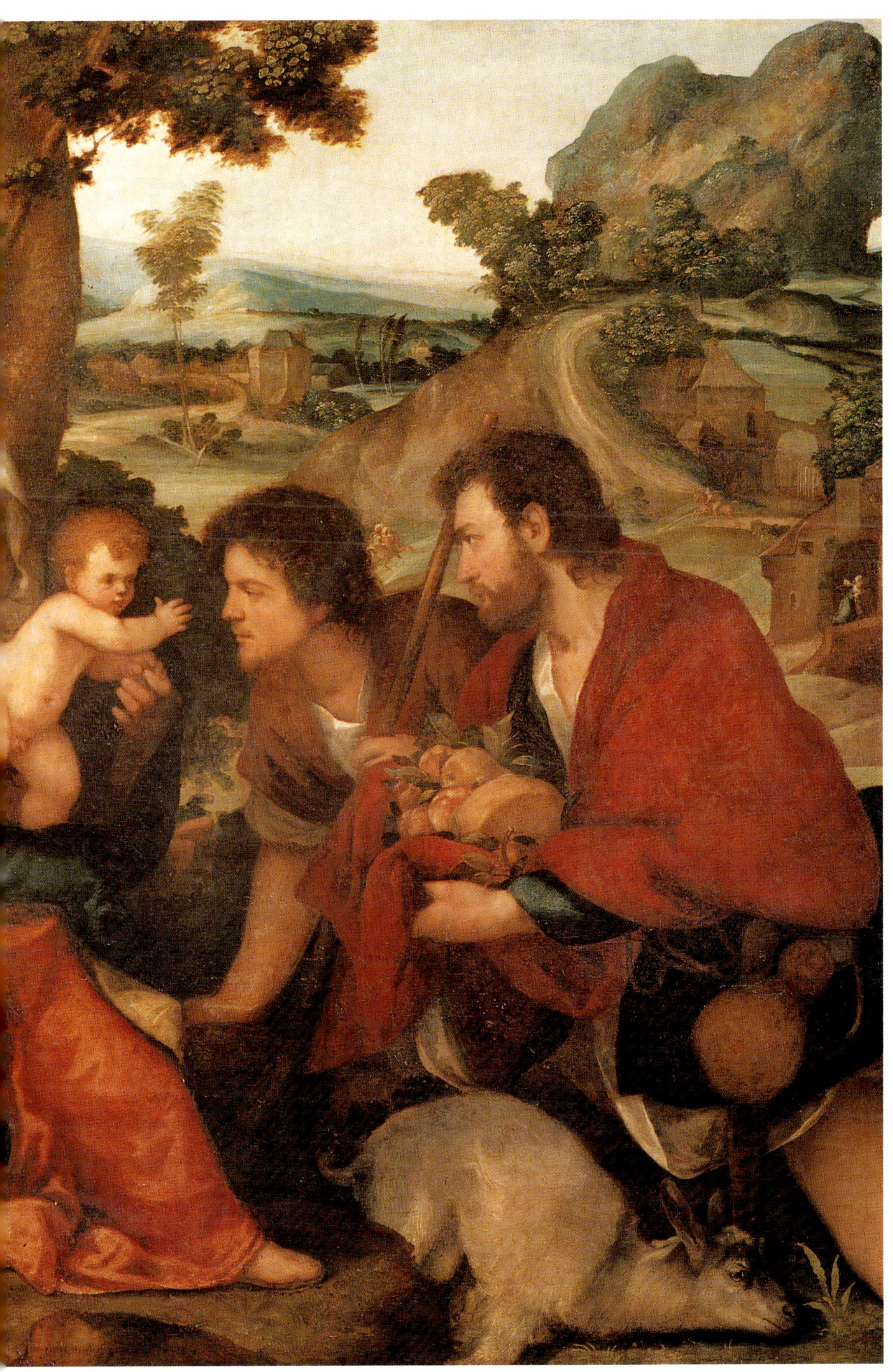

Jacobo Negretti, conocido como Palma el Viejo ha creado en su Adoración de los pastores, *de la izquierda, un conjunto de elementos propios de dos épocas de la pintura. El paisaje sigue en la línea del "realismo" gótico de los pintores flamencos, minuciosos en los fondos que cuentan escenas de una vida bucólica. El grupo humano, por el contrario, se moderniza y adquiere verosimilitud de gestos y actitudes. Es el tiempo de las nuevas teorías acerca del arte y de sus objetivos. Palma añade, además, el inconfundible estilo colorista de los venecianos, maestros de las mil formas de representar el rojo, por ejemplo.*

Tiziano

COMO en Rafael, como en Velázquez, una cumbre. El "mal divino" todavía no es más que fiebre. Mejor que fiebre, lúcida y alegre embriaguez.

Igual me da, en el Tiziano, que el asunto sea grave o gozoso. Igual me da que entierre al Cristo entre una opulenta sinfonía de color, como que consagre una *Ofrenda a la diosa de los amores* (419–IX), sonriendo a la pululación dorada de tanta carne de niño, apiñada en minúsculas individualidades, prietas como los granos de un racimo de uvas. Igual me da que desnude la espalda de melocotón de su hija Lavinia, en postura de Salomé, o que mire en el espejo de un *Autorretrato* (407–IX) sus ojos orgullosos o la melancolía de su barba de nonagenario, aguda sobre la ropilla negra. No hablo de anécdotas cuando me refiero a la alegría de Tiziano. Su alegría, como en Shakespeare, es hija de la vitalidad y puede tomar las múltiples direcciones que la vitalidad.

Interpretada nietzscheanamente, es la alegría de acercarse al superhombre. Nunca el advenimiento del super-hombre ha parecido tan cercano como en el momento en que pudo esperarse que iba a nacer de los flancos fabricados para la obra de vida con miel y rosas, y lecho y ámbar, y tibiezas y colores, y fruto y flor, de esas *Venus* (420-IX; 421) doblemente halagadas por el suave tacto de velludo y la nobleza de la música o de esta *Dánae* (425) dorada, abierta al dorado llover.

El gran descubrimiento humano de Venecia, cumplido por obra del Tiziano sobre todo, consiste en la identificación entre el placer y la dignidad. Si esto se hubiese visto realizado en el mundo de las ideas, ¡qué pan nutritivo –qué sagrado "*Soma*"– para alimento y comunión de los hombres! Fuelo únicamente en el mundo de la sensación; y, en lugar de pan, apareció un veneno.

El idealismo platónico comienza a descomponerse así por obra del color, como antes, en los primitivos, el idealismo cristiano se había ya descompuesto por culpa del retorno a la Naturaleza.

Bacanal *la llamó su creador el alegre y vital* Tiziano, *que llevó a este lienzo el festín del poema de* Cátulo, *que narra la llegada de* Dionisios *a la isla de* Andros *en plena fiesta, ¿orgía del vino? La alegría provocada por vapores etílicos favorece los "excesos" del pequeño amorcillo, a la derecha, mientras el grupo adulto se entrega a una frenética y armoniosa celebración pagana, arropados por un colorido que reviste las formas más genuinas de la escuela del maestro.*

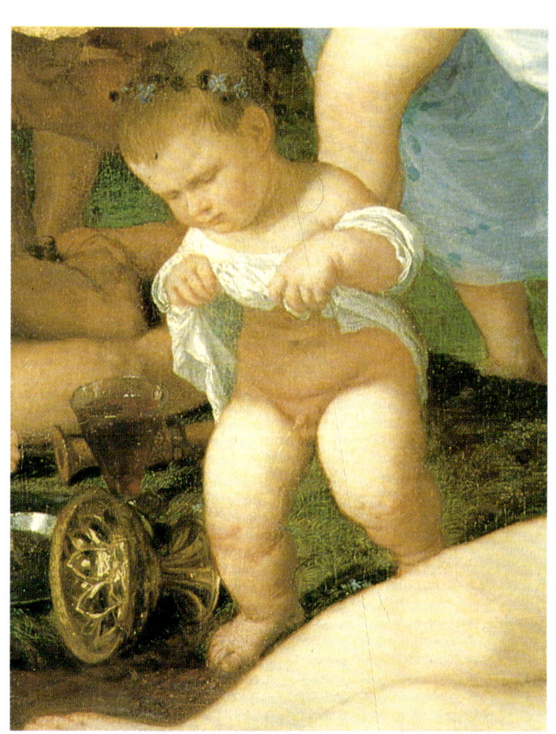

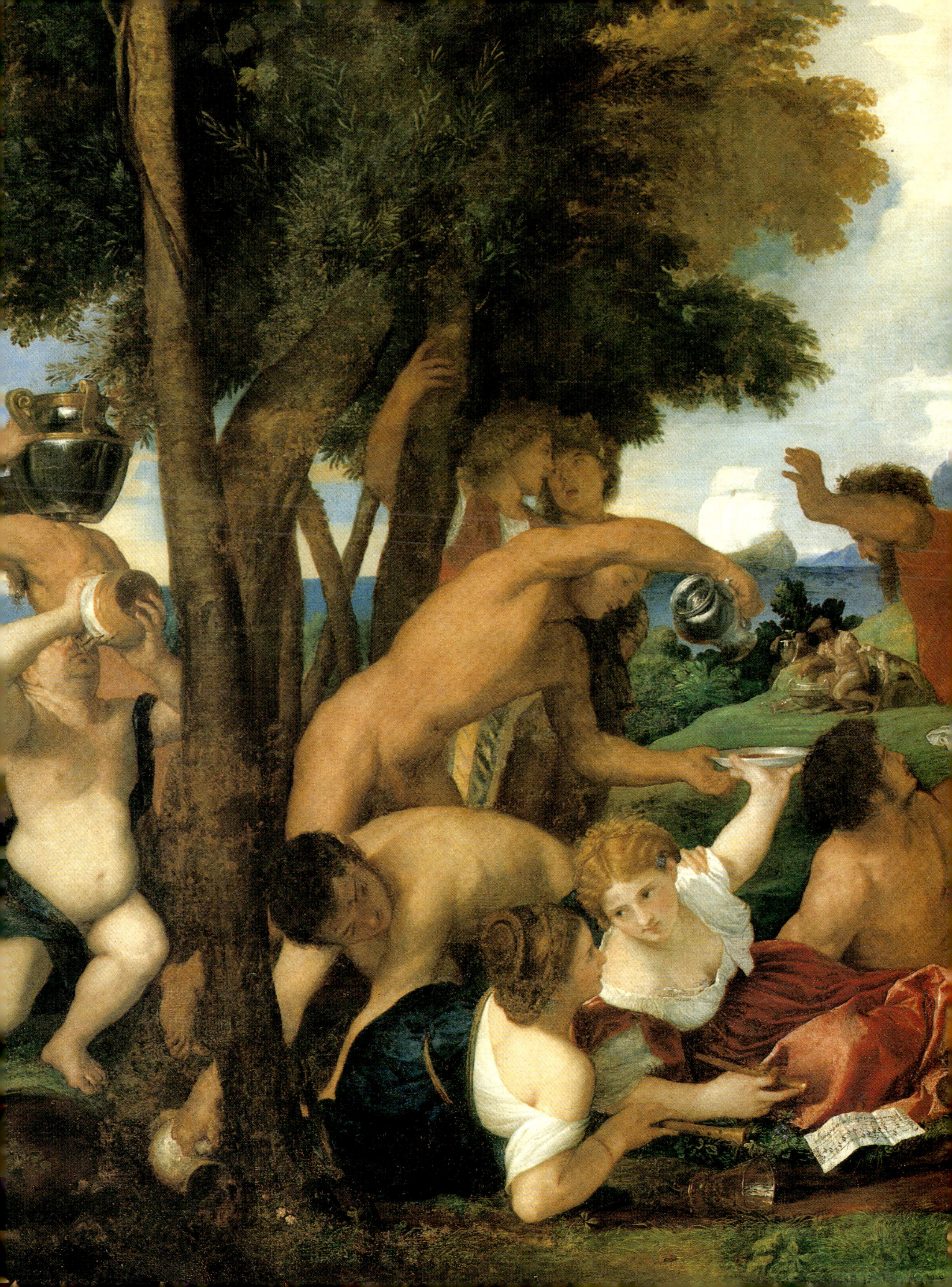

Veronés

Y he aquí que en Venecia se ha apagado la luz. El color, *ya desamparado de aquélla*, tiene aún en el Veronés acentos de júbilo. En el Tintoretto, igualmente suntuoso, más suntuoso todavía se volverá ya trágico.

Veamos del Veronés una de las composiciones a gran orquesta (parientas de sus dos "séptimas sinfonías": *Las bodas de Caná*, del Louvre, y la Cena en casa de Levi, de la Academia de Venecia). Veamos el *Jesús entre los doctores*, (491–VIIA) que, aquí, en el Prado, verdea mágicamente en el color de su cielo y parece una gigantesca esmeralda. Veámosle en otra obra más recogida, apenas menos opulenta: *La Juventud entre el Vicio y la Virtud* (499–VIIA) Si aquel cuadro nos trae el recuerdo de una pura esmeralda, éste, el de una hermosa ciruela.

Bajo estas líneas dos fragmentos de un cuadro apenas conocido de Veronés. La Juventud no se decide entre el Vicio y la Virtud envueltos los tres por una atmósfera cálida de tonos rojizos.

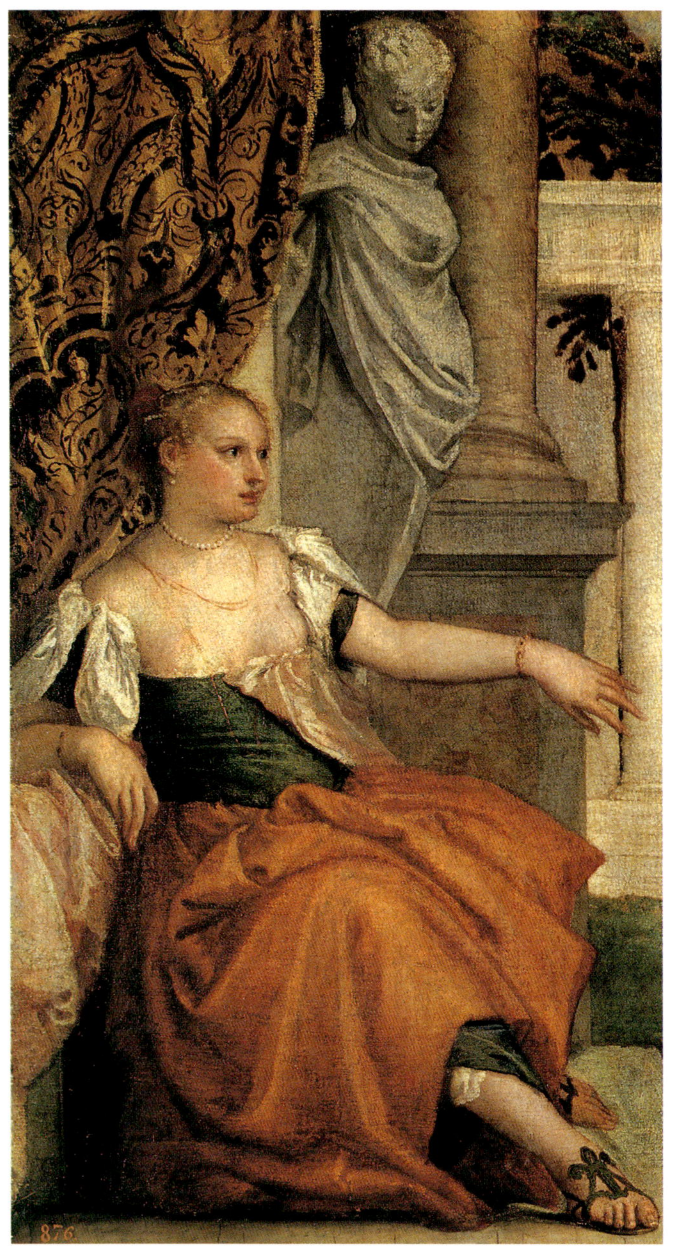

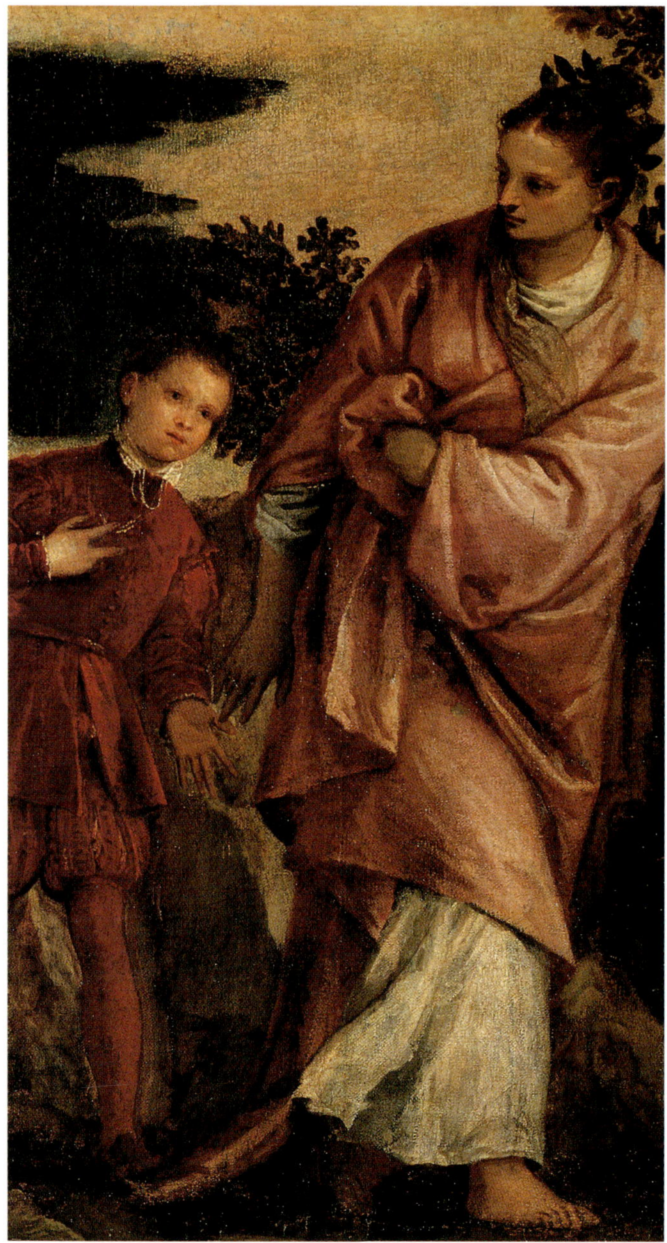

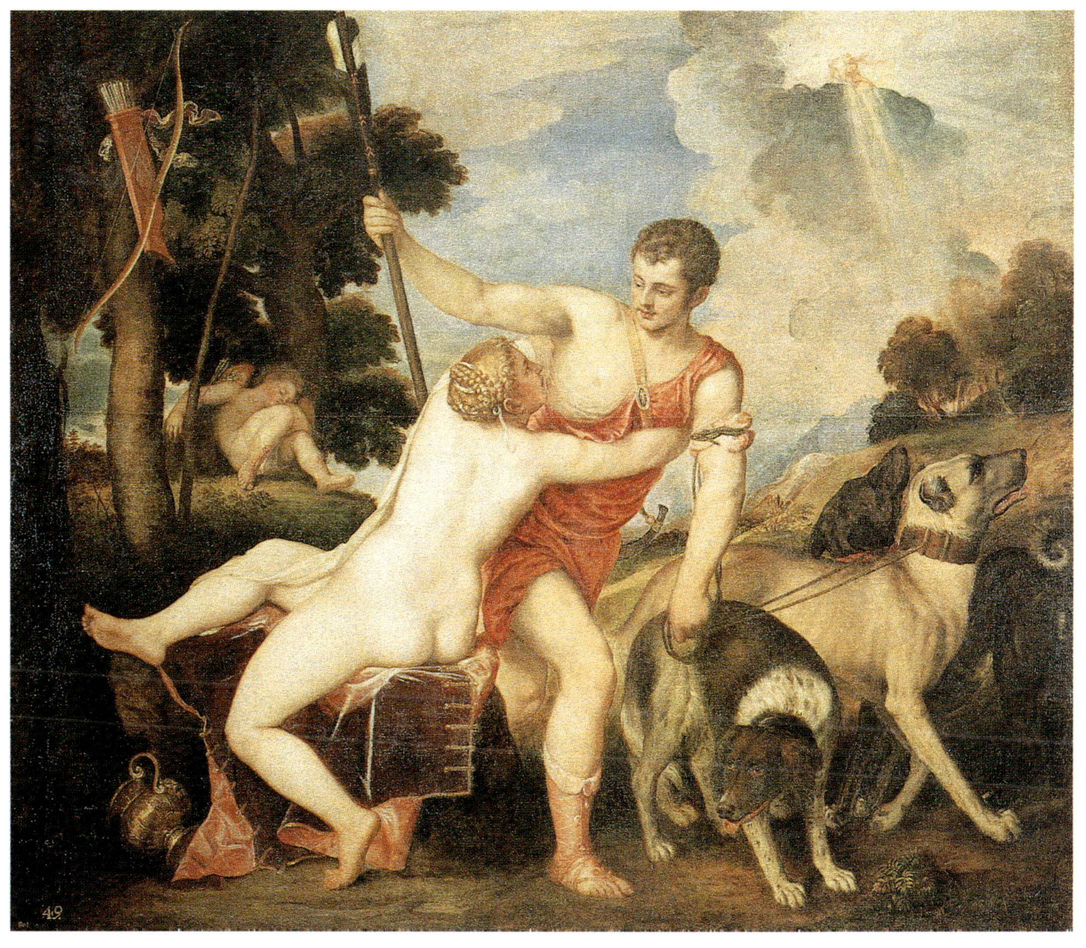

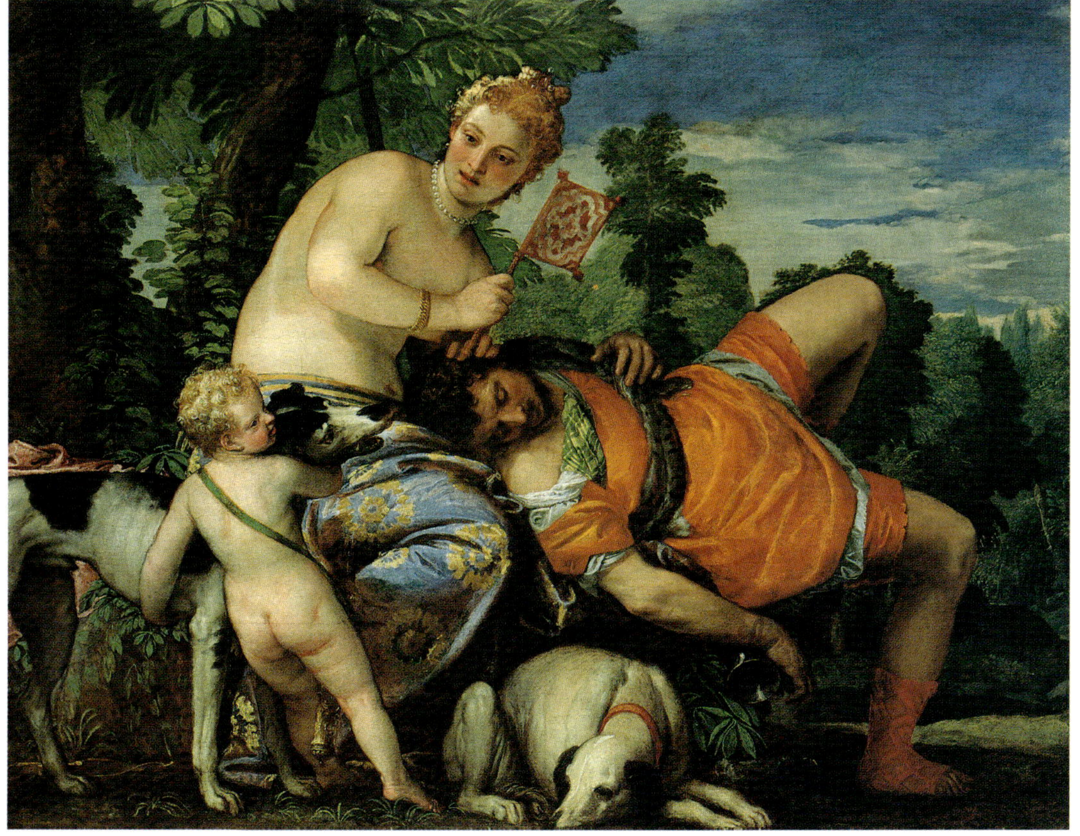

Dos muestras de las recíprocas influencias de los pintores venecianos. Arriba, Venus y Adonis *de Tiziano, dinámico y pleno de elementos atmosféricos cambiantes. En oposición a* Venus y Adonis *de Veronés, abajo, más sereno y quieto que la pintura de Tiziano, pero igual de denso en su carácter aéreo y atmosférico, capaz de convertir ambos cuadros en monumentos pictóricos a la naturaleza.*

Tintoretto

Y llegamos al genio triste de Venecia. ¡Cuán lejos del Correggio! El Correggio es un mayo; el Tintoretto es un agosto. El Tintoretto sintióse oprimido de la asfixia del excesivo culto al color. Quiso reaccionar. Intentó volver a dibujar. Quiso tener, con "el colorido del Tiziano", "el dibujo de Miguel Ángel". Así hubo de escribirlo un día, como lema, en las paredes de su estudio. Hemos dicho que ya era tarde.

Lo más trágico que puede pintar un colorista es un retrato. La galería de retratos del

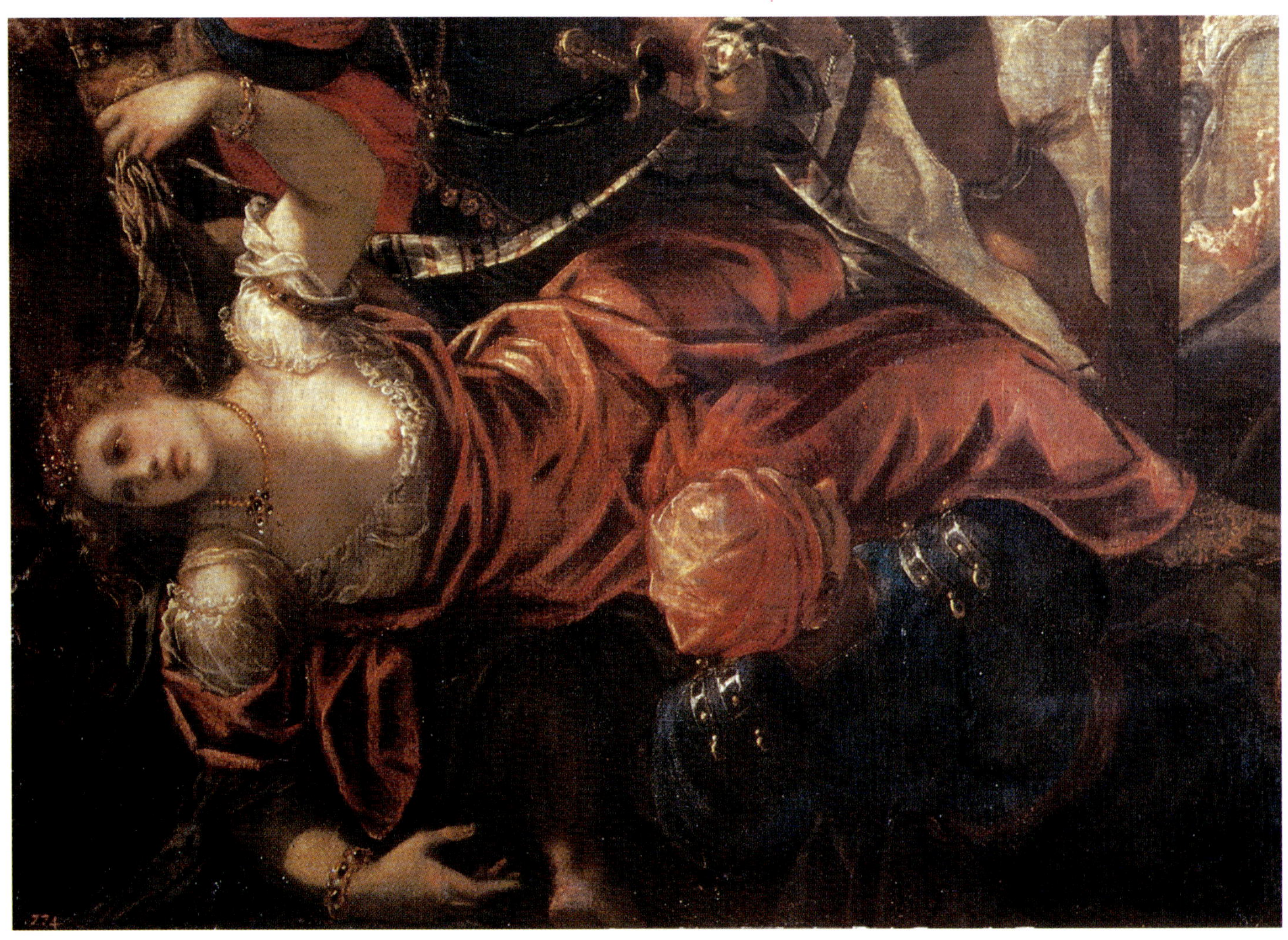

En medio de tanto ajetreo, la dama se desmaya. No es para menos, si tenemos en cuenta que esta mujer preside el ángulo inferior izquierdo de la trepidante Batalla entre moros y cristianos *de Tintoretto.*

Tintoretto es uno de los tesoros del mundo. Saludemos dos: el *Retrato de un senador veneciano* (379–VIIIA), y el *Retrato de un joven* (372). ¿Tendremos tiempo de ver, además de *La Purificación del botín de las vírgenes madianitas* (393), tan cercana ya al Greco, en cierto sentido, las pequeñas decoraciones bíblicas, con aire de joya y de podredumbre? En todo caso, no dejemos de lanzar una ojeada a la mujer caída que está en el ángulo inferior izquierdo de su *Batalla entre moros y cristianos* (399–IXA). Esta mujer, como la Magdalena del Correggio, encierra un vivo símbolo. Es ya el barroquismo quien triunfa aquí, anonadándose. Es otra hermana de la Santa Teresa del Bernini.

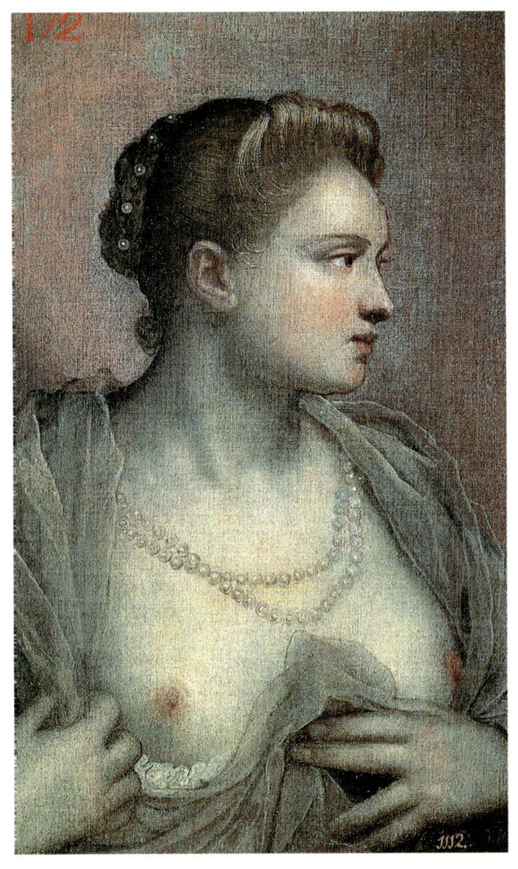

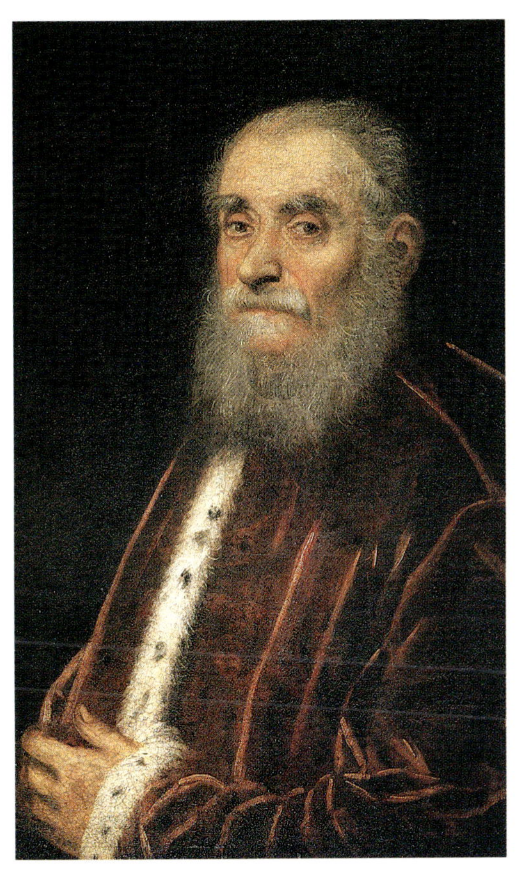

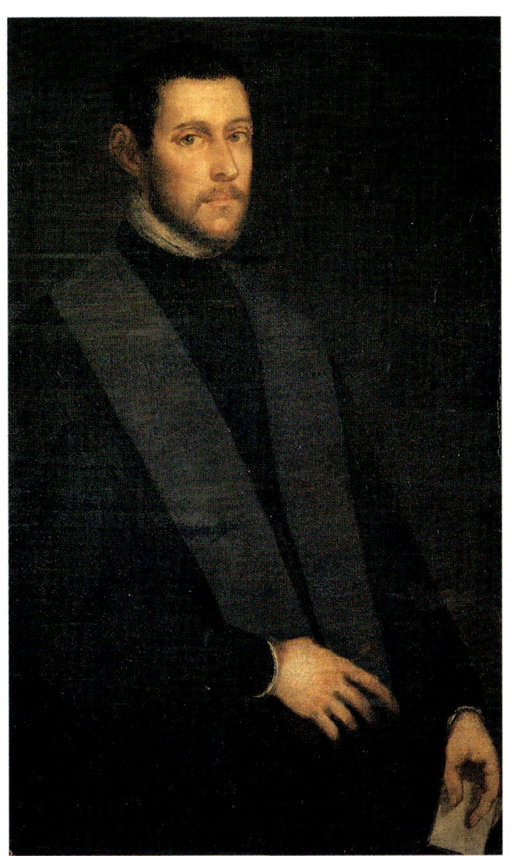

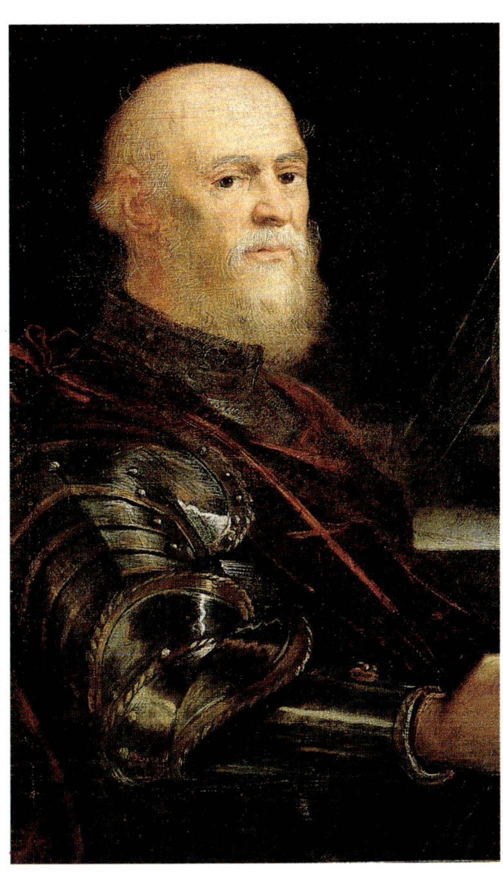

Cuatro retratos de un colorista de casta y oficio. Arriba La mujer que se descubre el pecho, *frente al venerable* Senador veneciano, *mientras que abajo,* El joven magistrado, *acompaña al anciano* General veneciano. *Son cuatro espléndidas muestras de una técnica retratista llena de vigor y dominio de los recursos estilísticos, de la más poderosa personalidad de la escuela veneciana. Acomodado al retrato de la burguesía esto le permetió una mayor libertad que si se hubiera dedicado a la aristocracia dirigente, más escrupulosa con su propia imagen.*

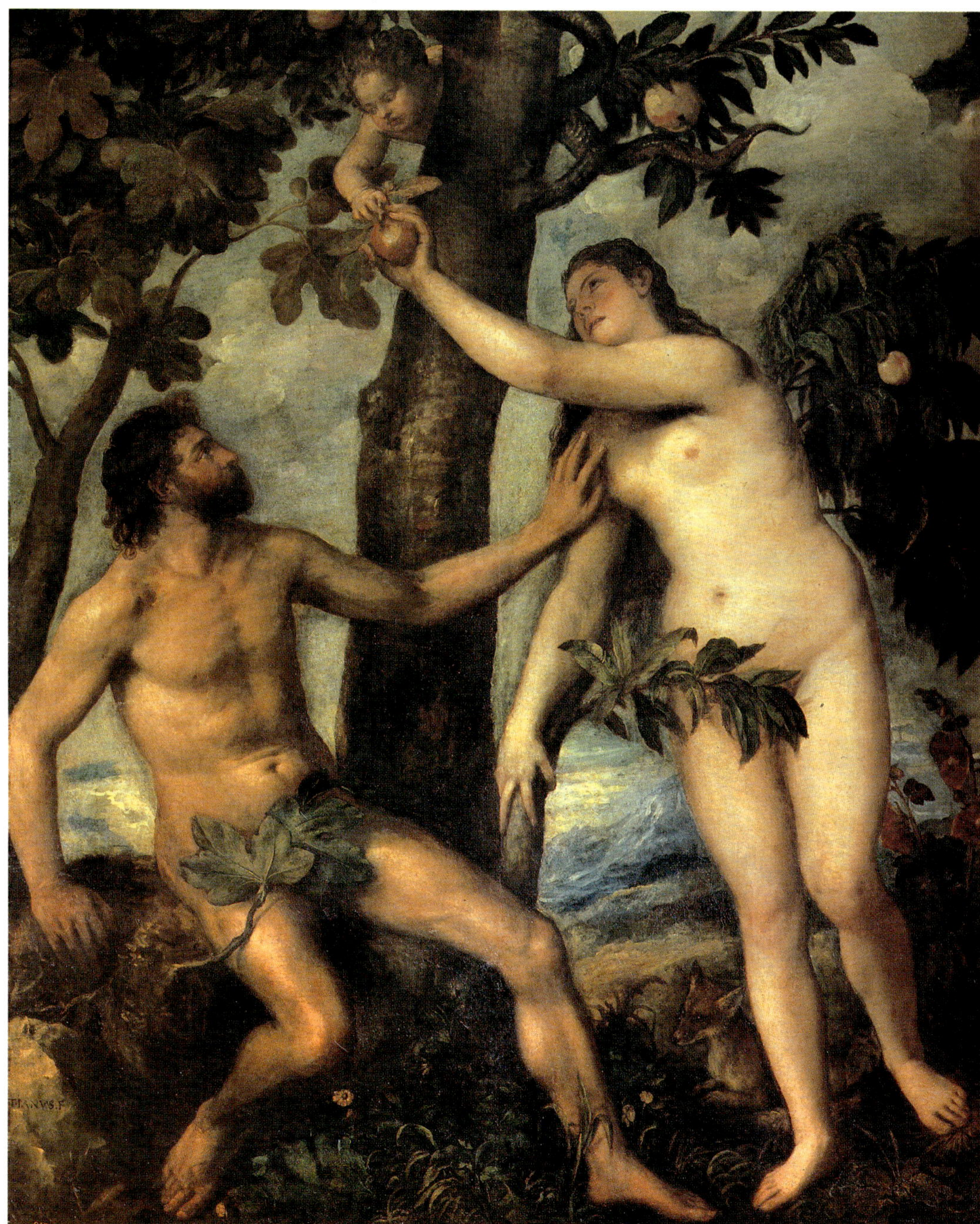

Esta es la versión del pecado original pintada por Tiziano alrededor de 1570. Sin duda el protagonismo de la mujer es muy superior al del hombre. Tiziano ha logrado un efectivo contenido de relato bíblico y estudio corporal. La carne es débil pero la carne en Tiziano es el pecado.

Las Evas paralelas

CUANDO esta mujer se levanta de su caída en la batalla, que trae consigo una especie de lujuriosa violación, su forma aparece ya blanda, deformada, excesivamente madura.

¡Qué paso, desde Fra Angélico a Rafael! ¡La Virgen se ha hecho, de niña, núbil! ¿Y de Rafael al Tiziano? La mujer núbil se ha vuelto la amante. He aquí cómo va madurando más, del Tiziano a Rubens: la amante se ha transformado en madre y madre frecuente. Se ha hartado a la vez de glotonería y de pereza.

Alrededor de la forma de la mujer, todas las del mundo, lo mismo. El tóxico del colorismo parece que engorda antes de matar. Hay en el Museo del Prado dos lienzos paralelos que no debe olvidar un visitante como el nuestro, pues tienen para él un valor

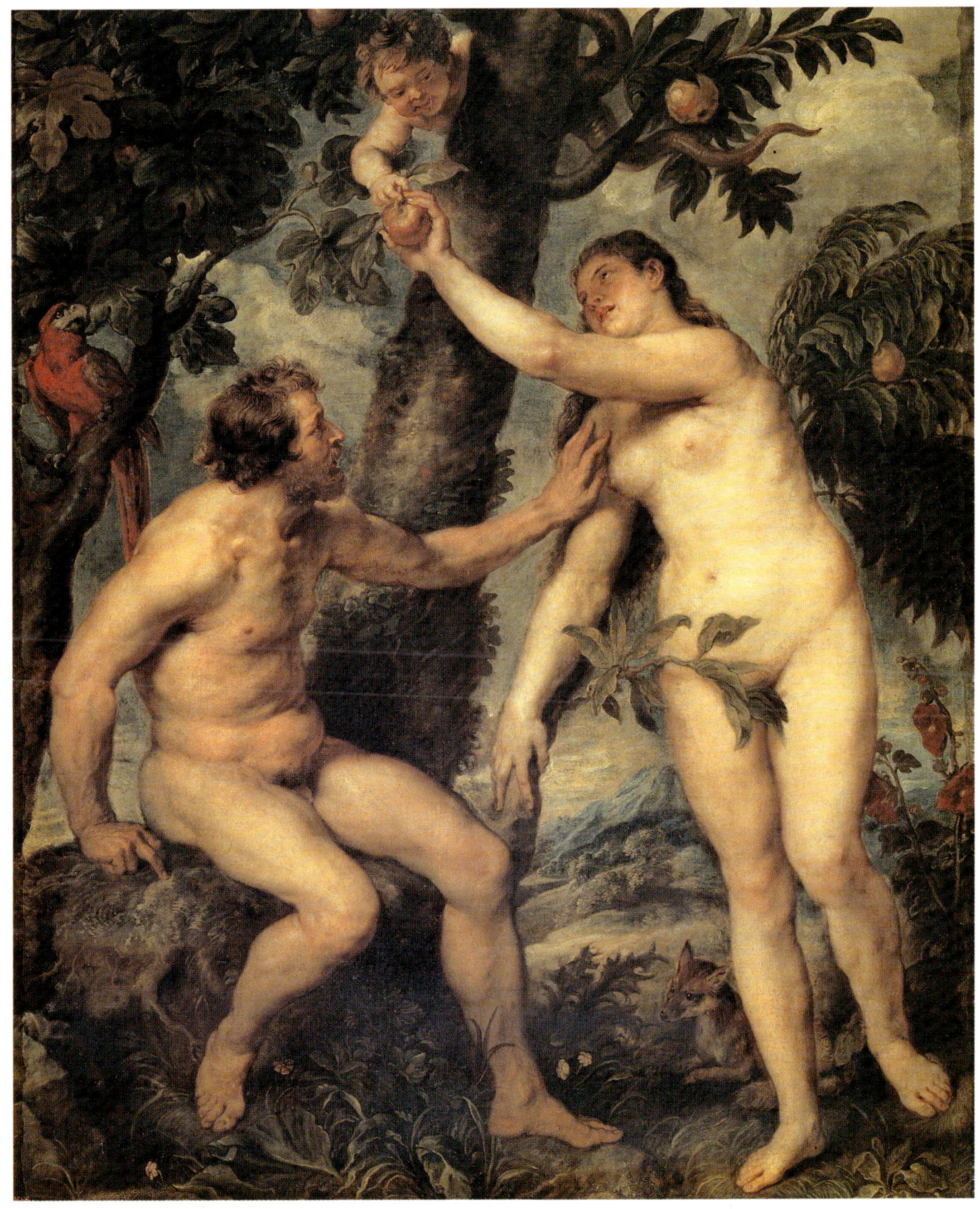

Sobre el mismo asunto Rubens haría la copia que podemos contemplar a la izquierda. Tiene razón el autor, cuando observa en este cuadro otro concepto filosófico de la vida y el arte. Aquí el pecado no está en la carne, la carne ya ha pecado, el pecado es seguramente el papagayo.

didáctico insustituible. En verdadera "lección de cosas", un *Adán y Eva* (429–VIII) del Tiziano y, al otro lado, su réplica, por Rubens (1692). Su réplica en lo interior. En lo íntimo, ¡qué obra tan distinta, qué estética tan distinta, qué ideal de la vida tan distinto!

Entre una obra y otra, la carne se ha fatigado mucho, la dignidad ha descendido mucho, el color se ha corrompido mucho... Y *ha aparecido*, entre los árboles, un *papagayo*...

NOTAS

[1] Yo digo esto; pero, en el fondo, personalmente, jamás he dudado en la afirmación de tal autenticidad. Y del parentesco entre *La Virgen con San Antonio y San Roque* (288–VII) y la *Madona de Castelfranco* y el mismo *Concierto campestre*, del Louvre.

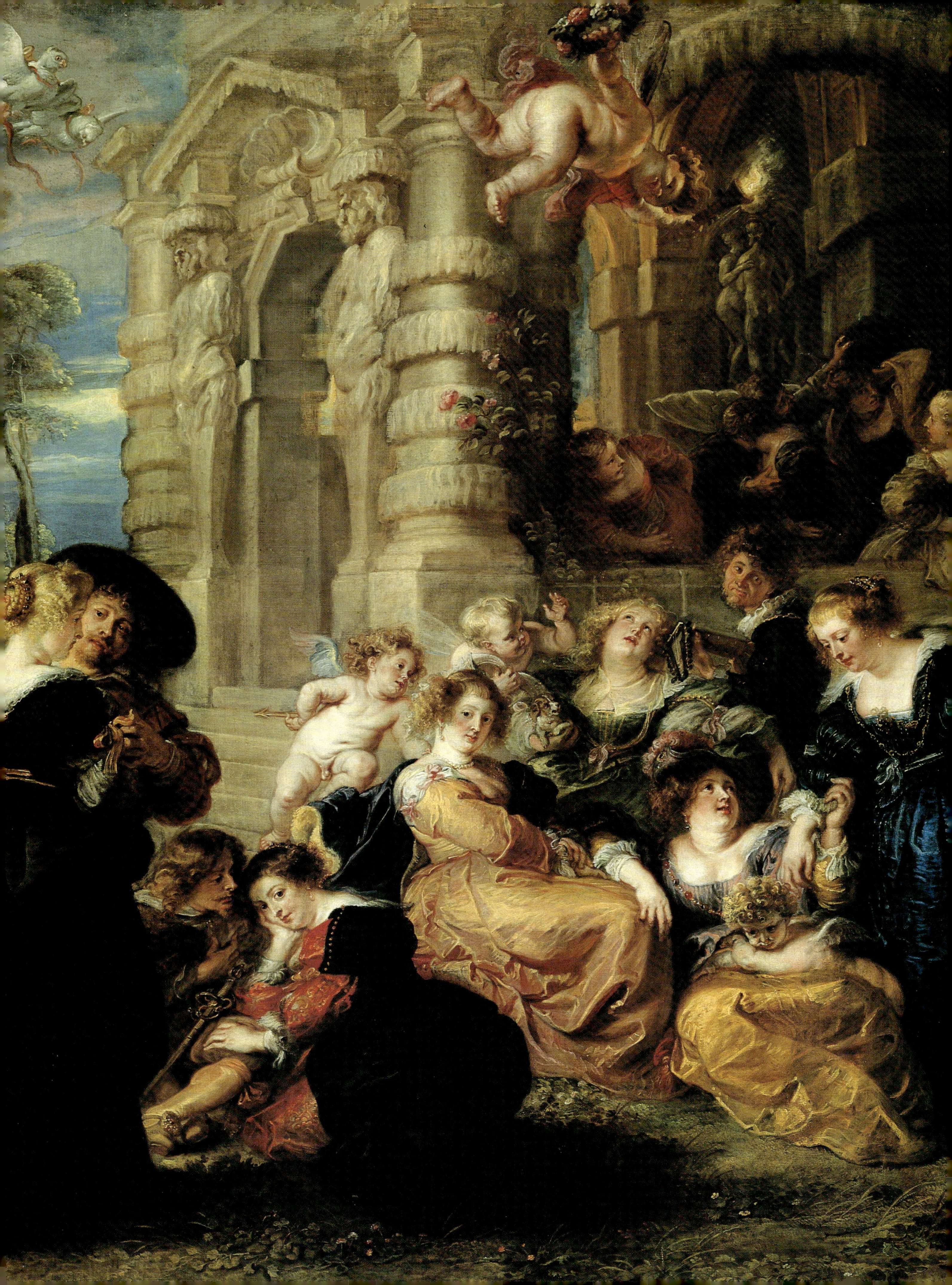

RUBENS Y LOS SUYOS

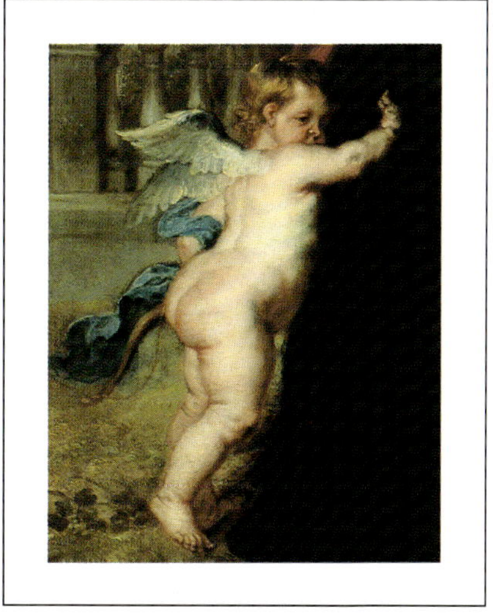

Dos fragmentos del Jardín del amor *de Rubens, para abrirnos el camino hacia el mundo feliz de los pintores flamencos del* XVII.

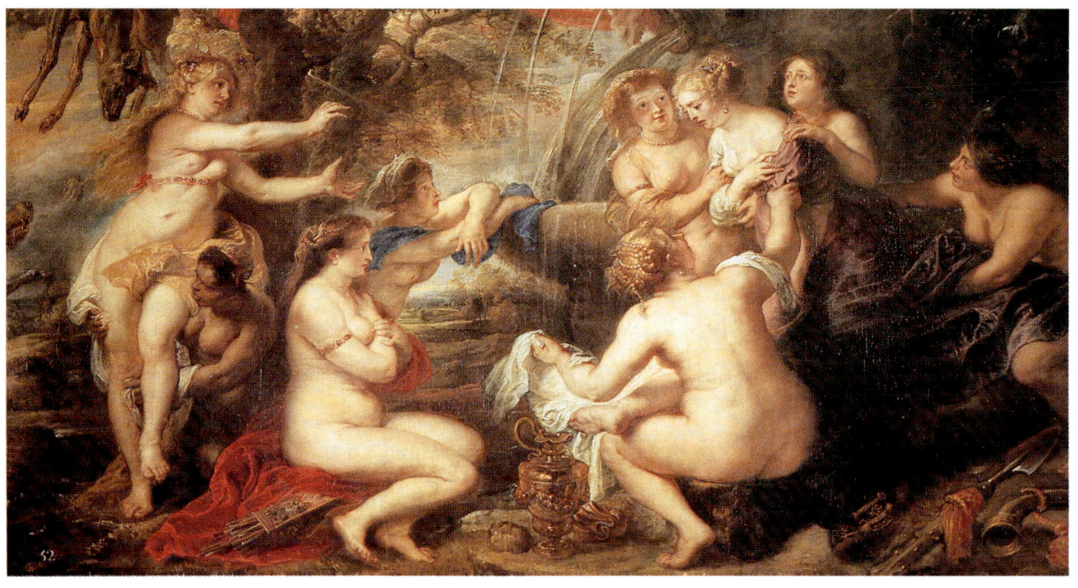

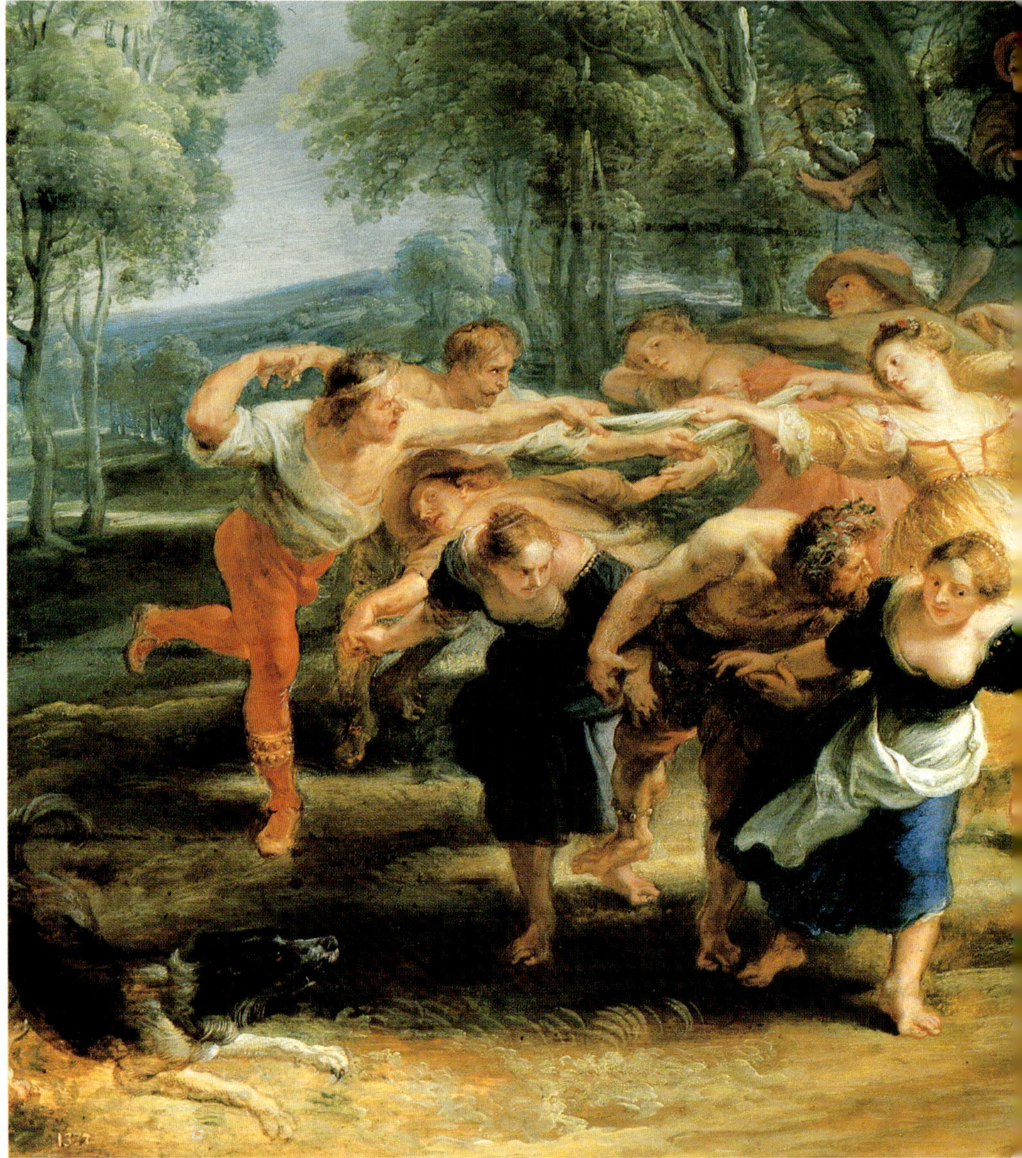

Arriba Diana y las ninfas *de* Pedro Pablo Rubens. *Un tema mitológico que reproduce los modelos femeninos del maestro flamenco de cuyo taller brotaron un gran número de composiciones caracterizadas por esa placentera contemplación del mundo mitológico o burgués. En este caso el descubrimiento del embarazo de la diosa está mostrado como una reunión de orondas comadres, entre compasivas y curiosas, por conocer la historia del desliz de la protagonista.*

De Venecia a Flandes

ESTO quiere decir, amigo mío, que ya nos acercamos al fin. El color *se ha comido la luz* y cualquier rastro de clasicismo va a corromperse.

En la comparación de las Evas paralelas, aprendemos lo que significó el paso de un siglo entero, con su mutación característica para los valores de sensibilidad. También aprendemos la distancia que separa a Venecia de Flandes.

Mira y remira estos cuadros y repara cómo todo se ha descompuesto. Si la pureza de la luz se ha enturbiado en un colorido rubicundo y precioso, las líneas, que eran curvas muy dulces, acaban por debilitarse y enroscarse en la típica caligrafía barroca. Como el color y la línea, las carnes diríanse cansadas en el placer y han caído desde la heroica corpulencia hasta la burguesa obesidad. El Paraíso, alrededor, es ahora ya demasiado opulento y vicioso. Perezosamente abandonado a las caricias de la naturaleza, el luminismo está a punto de abdicar.

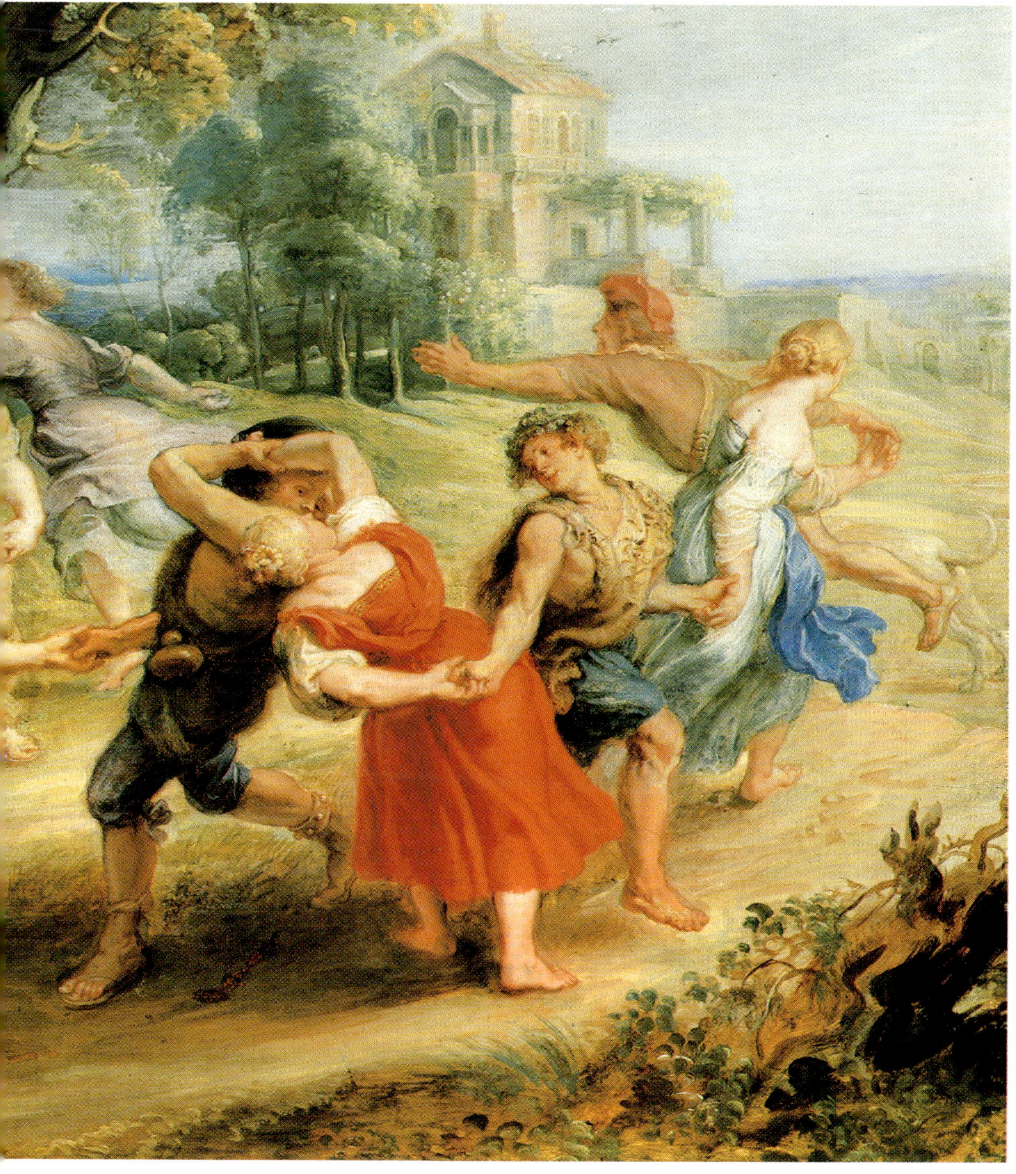

La danza de aldeanos, *a la izquierda, es un cuadro de enorme pericia técnica, ya que la cadena humana, que se mueve en forma circular, posee una movilidad asombrosa. Por lo demás, estos campesinos felices nos recuerdan a los de* Brueghel *gozando de esos sanos placeres que, en los Países Bajos y en el resto del mundo, se entienden como "buen vivir".*

A *la derecha*, Diana y sus ninfas sorprendidas por los sátiros, *lienzo de Rubens con participación de* Snyders *y* Wildens, *autores de los animales y del paisaje, respectivamente.* Hay *mucho ritmo en esta comparación que encadena sucesivas escenas de una violencia más que relativa. Por encima de las líneas diagonales que sugieren numerosas visiones parciales, la tela asemeja un relieve.* El *dramatismo es puro pretexto, ya que estas figuras no corren, más bien bailan como los aldeanos de la página anterior.* Y *para demostrarlo nos hemos permitido reproducir la pacífica y placentera versión de* Ninfas y sátiros, *abajo, donde todo es armonía y buenos pasatiempos entre las criaturas del* Olimpo.

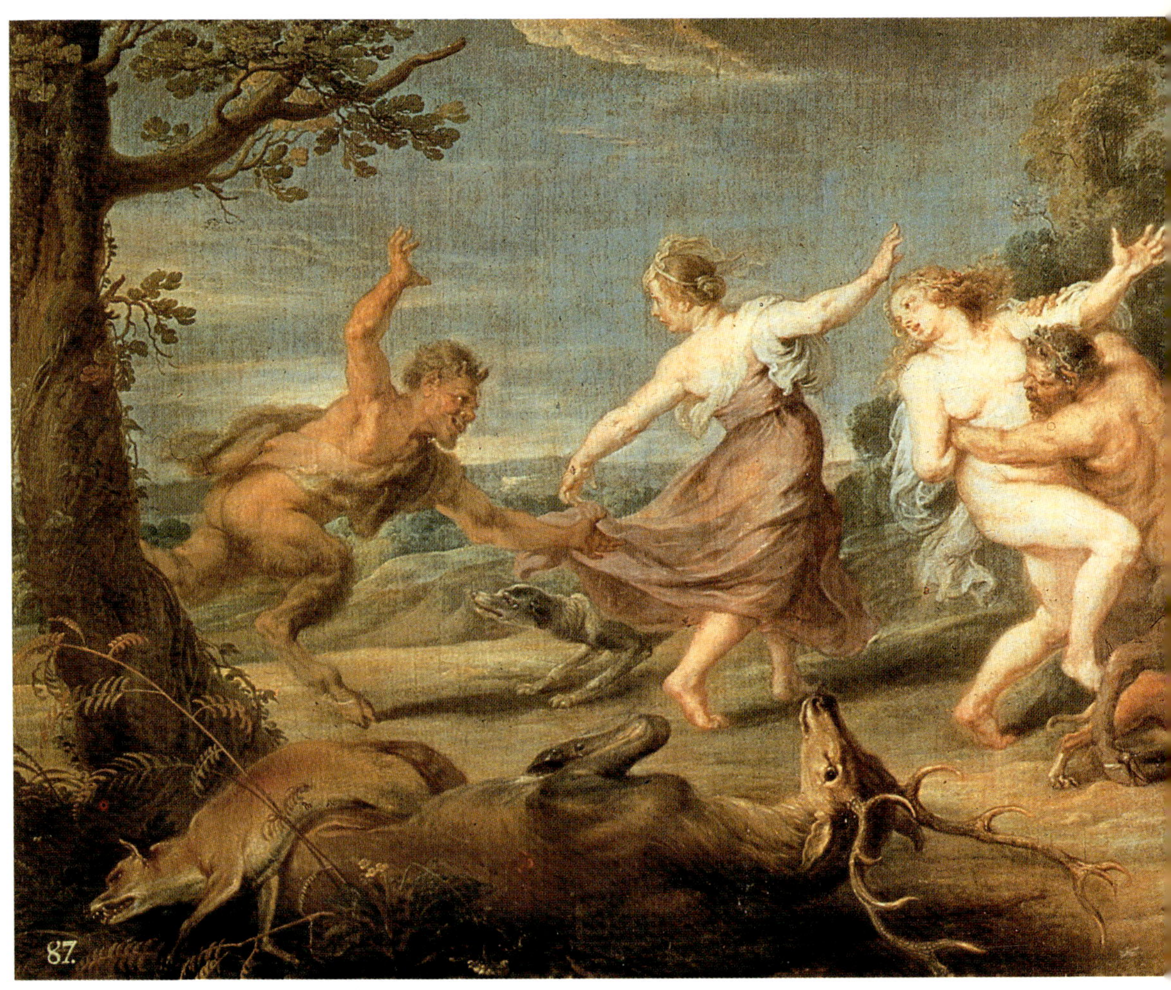

Un gran Rubens

¡RUBENS, qué hombre de lujo! Genialidad impura y potente, no se contenta, como todos los barrocos, como todos los románticos, con llevar la pintura hacia la música. La convierte en teatro.

Decía Fromentin que Rubens es un lírico, el más lírico entre todos los pintores. "Su rapidez imaginativa, la intensidad de su estilo, su ritmo sonoro y progresivo, el alcance de su cadencia, su trayecto, por decirlo así, *vertical*, llamad a todo eso lirismo, y no estaréis lejos de la verdad..." *Sí, lírico; pero* también *escénico.*

"Hay en la literatura –sigue diciendo Fromentin– un modo heroico más que cualquier otro, que hemos convenido en llamar *la oda*. Es, ya lo sabréis, la más ágil, la más resplandeciente de las variadas formas de la lengua métrica. Jamás alcanza ni demasiada amplitud ni demasiado ímpetu en el movimiento ascensional de sus estrofas ni demasiada luz en su cumbre. Pues bien: puedo citaros alguna pintura de Rubens, conducida, acompasada, iluminada como los más altivos fragmentos escritos en la forma pindárica." Una oda, es cierto, pero una tragedia también; y un poco, una comedia de magia... Píndaro, sin duda; pero, además, Shakespeare.

He aquí una vasta composición del maestro antuerpino: La *Adoración de los Reyes* (1638–LXIB) obra de gran espectáculo, profundamente cálida, lujosa, triunfal. Fanfarria y apoteosis. El cuadro había pertenecido a la Casa Municipal de Amberes. Luego pasó a

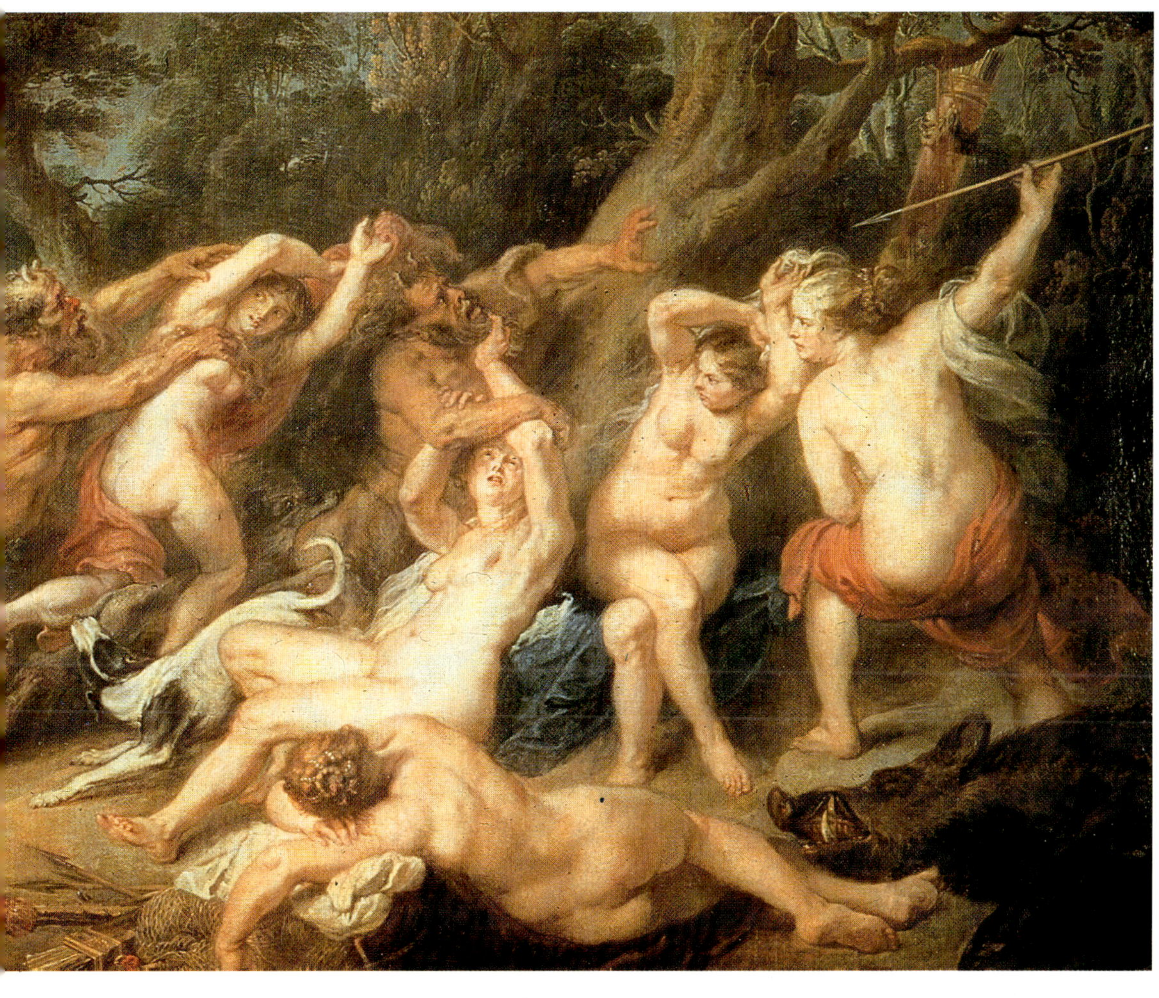

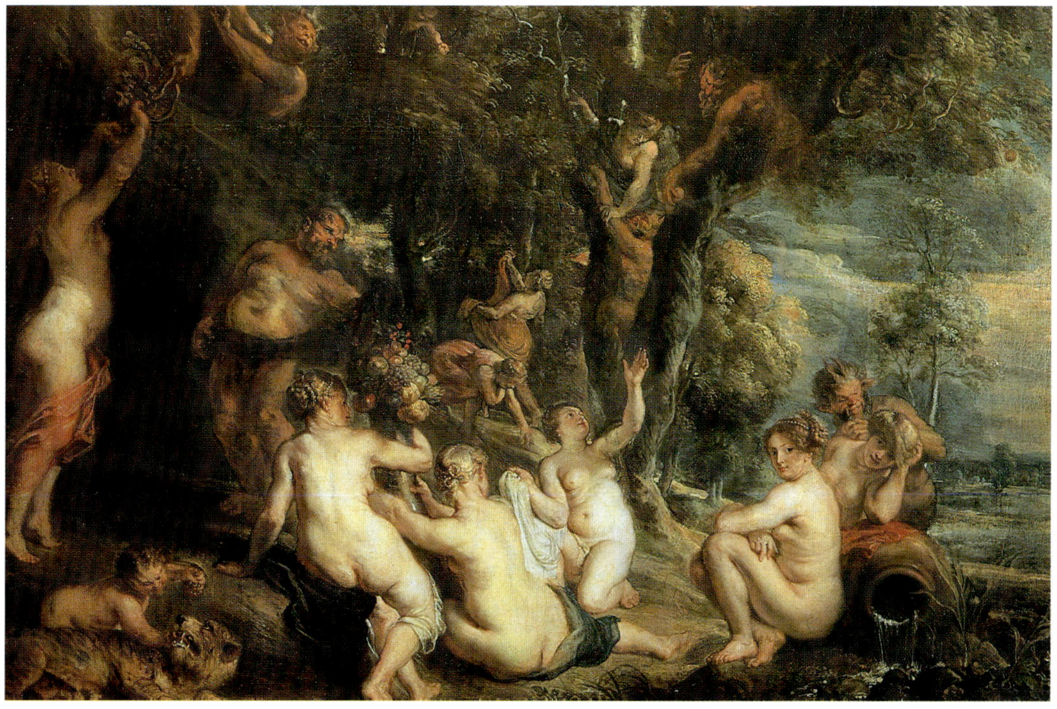

En la doble página siguiente La adoración de los Reyes, *un hermoso belén tan lujoso como rico en gestos y actitudes de sus protagonistas. Las dimensiones gigantescas del cuadro se hacen precisas ante la gran escena que nos muestra. En este repertorio de tipos humanos aparece el mismo autor, encarnando a un jinete en el vértice derecho. En cuanto al color podemos confirmar este lienzo como una síntesis de lo veneciano con el colorido flamenco desarrollado de forma autónoma.*

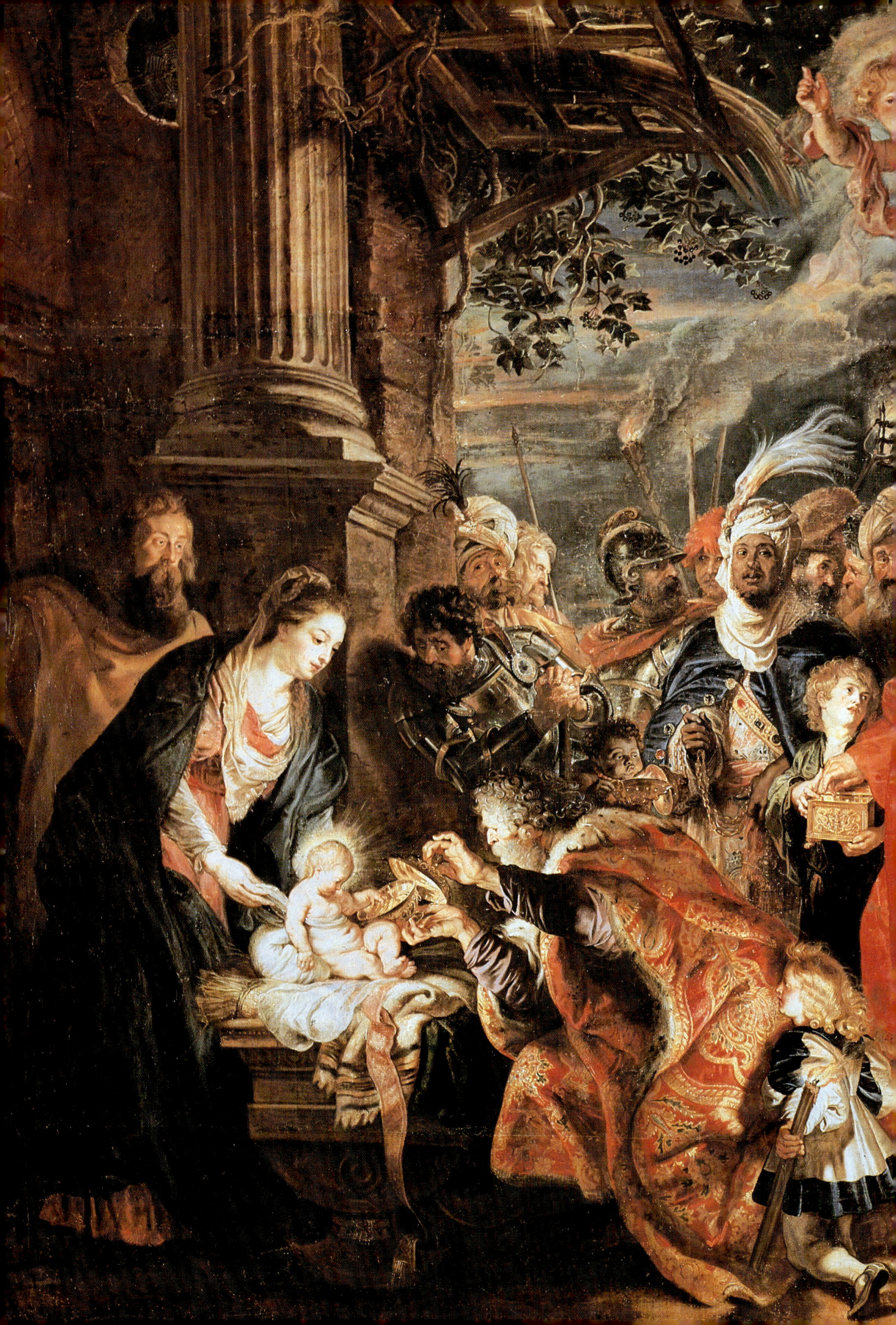

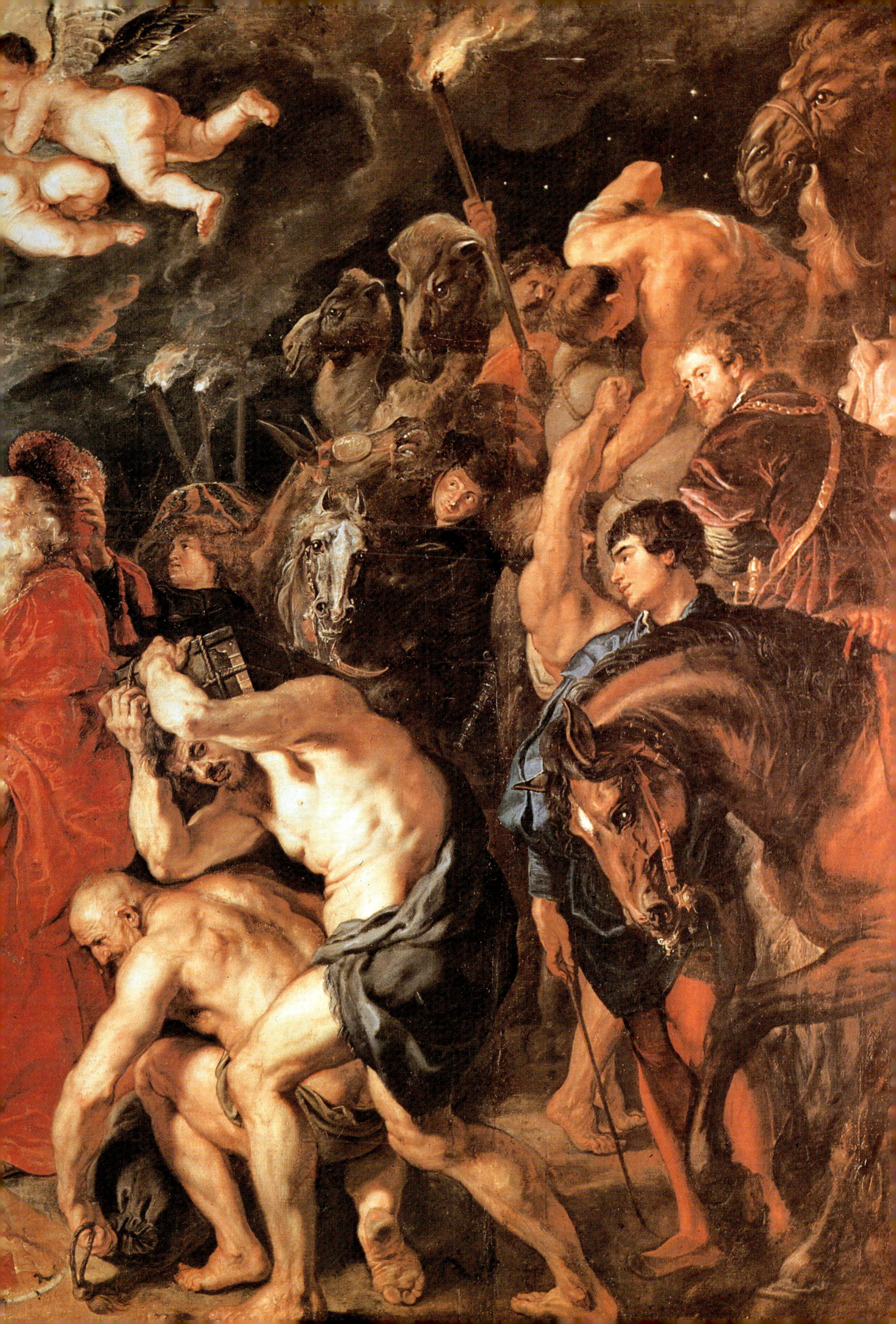

propiedad de la Realeza de España, y aquí lo encontró Rubens cuando vino como embajador. Al volverlo a ver, no le satisfizo del todo. Entonces el cuadro era de menor tamaño. Terminaba, por lo alto, a ras del plumero que ostenta el Rey negro, y a la derecha, inmediatamente a espaldas del faquín curvado que lleva el cofre; Rubens añadió, arriba, columnas, árboles, cielos, nubes, ángeles, llamas y humaredas; al lado, caballos, camellos, riquezas, desnudos, y su propio retrato. La oda ya estaba. Añadióse la escenografía.

Dos tríos femeninos, en estas dos páginas, las apresuradas damas de El rapto de Proserpina, *junto a estas líneas, se transforman en las serenas y famosas* Tres gracias, *que superando el tema griego de su origen, reproducen un ideal estético, donde lo que palpita bajo las blancas carnes es armonía compositiva, elegante sensualidad y exquisito preciosismo en los detalles del paisaje y el breve aderezo de las modelos. El ideal de mujer de Rubens, hoy sólo lo comparten los nostálgicos de cierta "abundancia" femenina, pero la admiración por la forma plástica de expresarlo es unánime.*

Las tres Gracias

HAY un momento, en la producción del pintor, en que el colorismo parece volver al luminoso otra vez. Es posible que *Las tres Gracias* (1670–LXI) sea el Rubens más importante del Museo. Desde luego, es el más italiano y limpio. Para quien sabe ver o adivinar, es también, psicológicamente, el más complicado.

Cuando el pintor murió, este cuadro era propiedad de su mujer, Elena Fourment; la cual lo recataba en su cámara y a la cual costó mucho persuadir de que lo vendiera. Aunque en la tela repetidamente se copiaba el pleno esplendor de su desnudo, esta revelación la había dado Rubens al mundo tan repetidamente y con libertad tanta, que no parece que en el hecho de publicarse una vez más hubiese trance de tardía alarma para el pudor... ¡Ah!, pero es que lo que en Elena se removía no era probablemente el pudor, sino una oscura especie de celos. Porque las tres Gracias del grupo deslumbrador eran ella *y, a la vez, no eran ella*. Eran la rubia Elena Fourment, la segunda mujer del artista, desposada a los dieciséis años con Rubens, que contaba cincuenta y seis, y eran a un tiempo Isabel Brandt, la primera mujer, la morena casi italiana, sueño y compañera de los años de juventud. Y las dos bellezas no sólo se unían, sino que, misteriosamente, en cada figura, se fundían y completaban. De las dos, de otras acaso, la dulce generosidad sensual del artista que iba a morir había formado un solo tipo, un solo ideal, un solo amor –su "eterno femenino"–, adorado casi durante medio siglo de carrera dichosa.

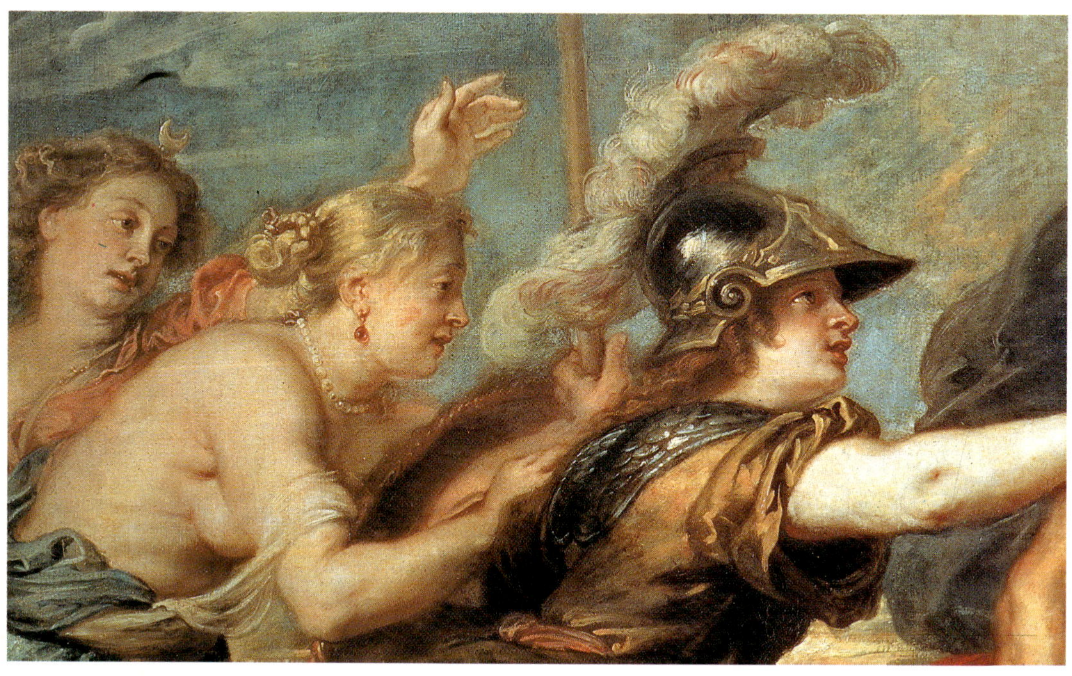

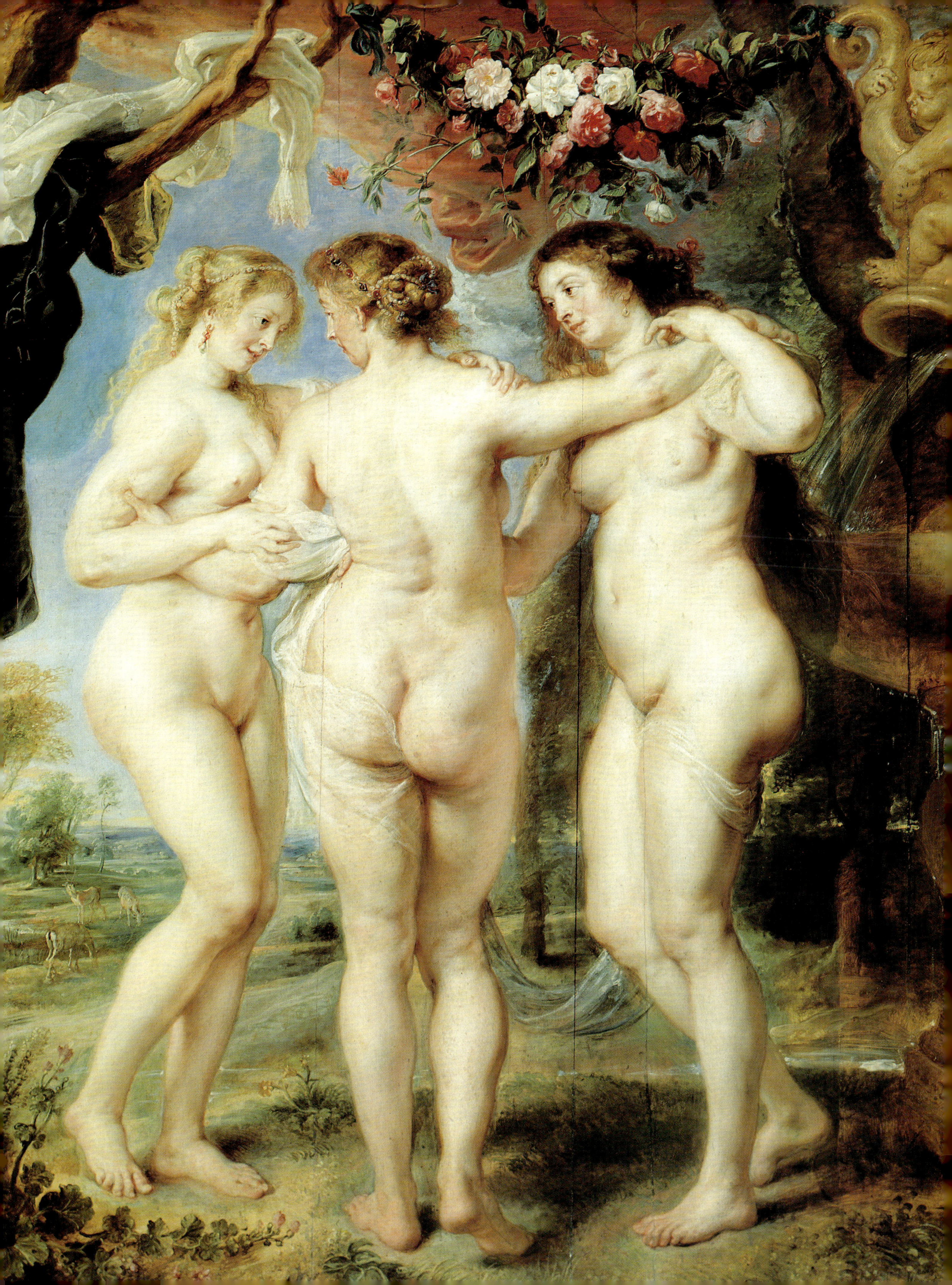

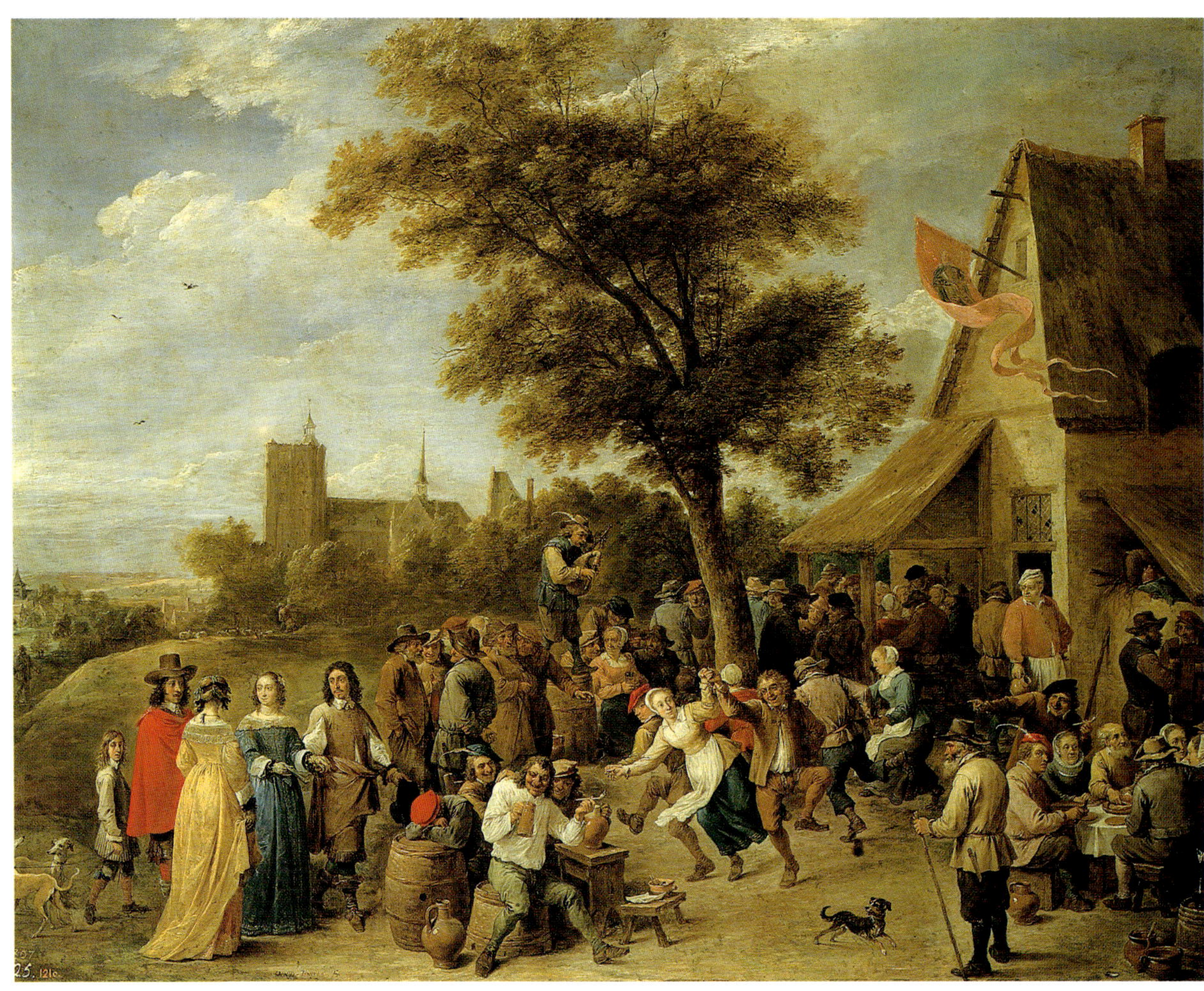

David Teniers nos muestra en este óleo una escena tan cotidiana como envidiable. Este grupo que come, bebe, baila, y todos los demás etcéteras, es el retrato de una comunidad que lejos de banderas militares, o cruces procesionales, se une a sus semejantes para recordarnos algunas de las cosas que identifican a un pueblo.

Elena Fourment consintió, por fin, en vender el cuadro a los agentes del rey de España, con la condición de que no sería enseñado al público ni saldría del encierro de la colección real. El paso de los siglos ha vuelto vana esta condición, afortunadamente para nosotros.

Dos Teniers

ANTES que saludar a los discípulos inmediatos de Rubens, a Van Dyck y Jordaens, los dos tan directamente ligados al arte moderno, incluso en sus formas más superficiales y aparentes, apresurémonos a evitar un olvido freudiano –es decir, un olvido que tal vez esconde cierta aversión–, y concedamos unos minutos a Teniers, que viene a formar, con Rubens, una pareja de contraste en *la pasión y el carácter*, hasta cierto punto análoga a la pareja Greco-Goya, en cuya estética vecindad se andan.

De Teniers, pintor de carácter, abandonamos por hoy lo más característico, que nos tentaría a su estudio especial, en la compañía de tantos otros *petits maîtres* de los Países Bajos (¡cuán atractivo tema para algunas explicaciones entre el amigo y su guía, la estética y la historia de la "naturaleza muerta", del que los españoles llaman "bodegón"!), y escojamos pedagógicamente dos muestras: una, que se encara con el pasado; otra, con el futuro.

En la *Galería de cuadros del archiduque* (1813) hay como un frío epílogo del Renacimiento. ¡Cuán lejos estamos ya del Mantegna! Lo que fue ardiente, áspera creación, ha llegado a un alejandrinismo fatigado. El humanismo descendió, simplemente, a coleccionismo.

La *Merienda de aldeanos* (1785) anuncia, en compensación, el nuevo mundo. Aunque el paisaje de esta pintura no es probablemente de mano de Teniers, ¡encierra tan ricas sugestiones puesto aquí! ¡Qué lástima no tener tiempo de enlazarlo con los profundos conjuntos vegetales de Van Artois, con la evolución del bodegón, con la pintura de animales y la de flores!

Los prenuncios de tanta riqueza ya los hemos encontrado en los primitivos de estas tierras, en los Boscos, Brueghel, Patinir. Pero también se diría, amigo, que en gran parte han sido traídas de más lejos, traídas de los descubrimientos geográficos de América, del Oriente. Traídas –¿cómo lo diré?– por aquel loro que subrepticiamente introducía Rubens en el Paraíso, clásico todavía, de Tiziano. Sí, que de la influencia del *más allá* geográfico en la sensibilidad europea vino, en gran parte, el romanticismo; y con estas pinturas ya andamos en vísperas de un romanticismo puro... Rousseau y también Bernardin de Saint-Pierre están a la vuelta.

Todos los cuadros del archiduque Carlos son tan espléndidos que su propietario aparece reducido ante tanta obra maestra. El archiduque ha dejado la puerta abierta y parece que para él también este será el punto de fuga ante tanto agobio de "cuadros dentro del cuadro".

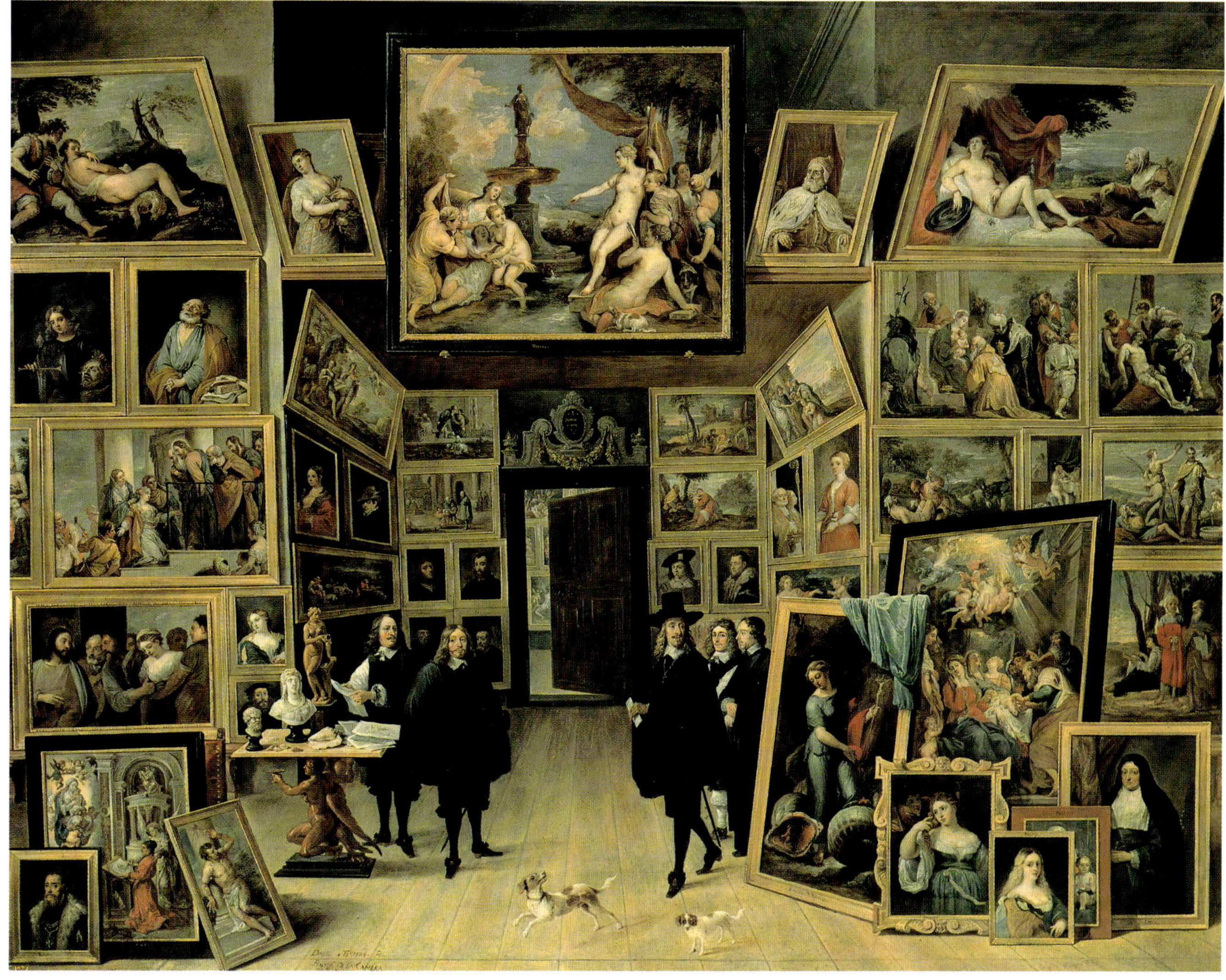

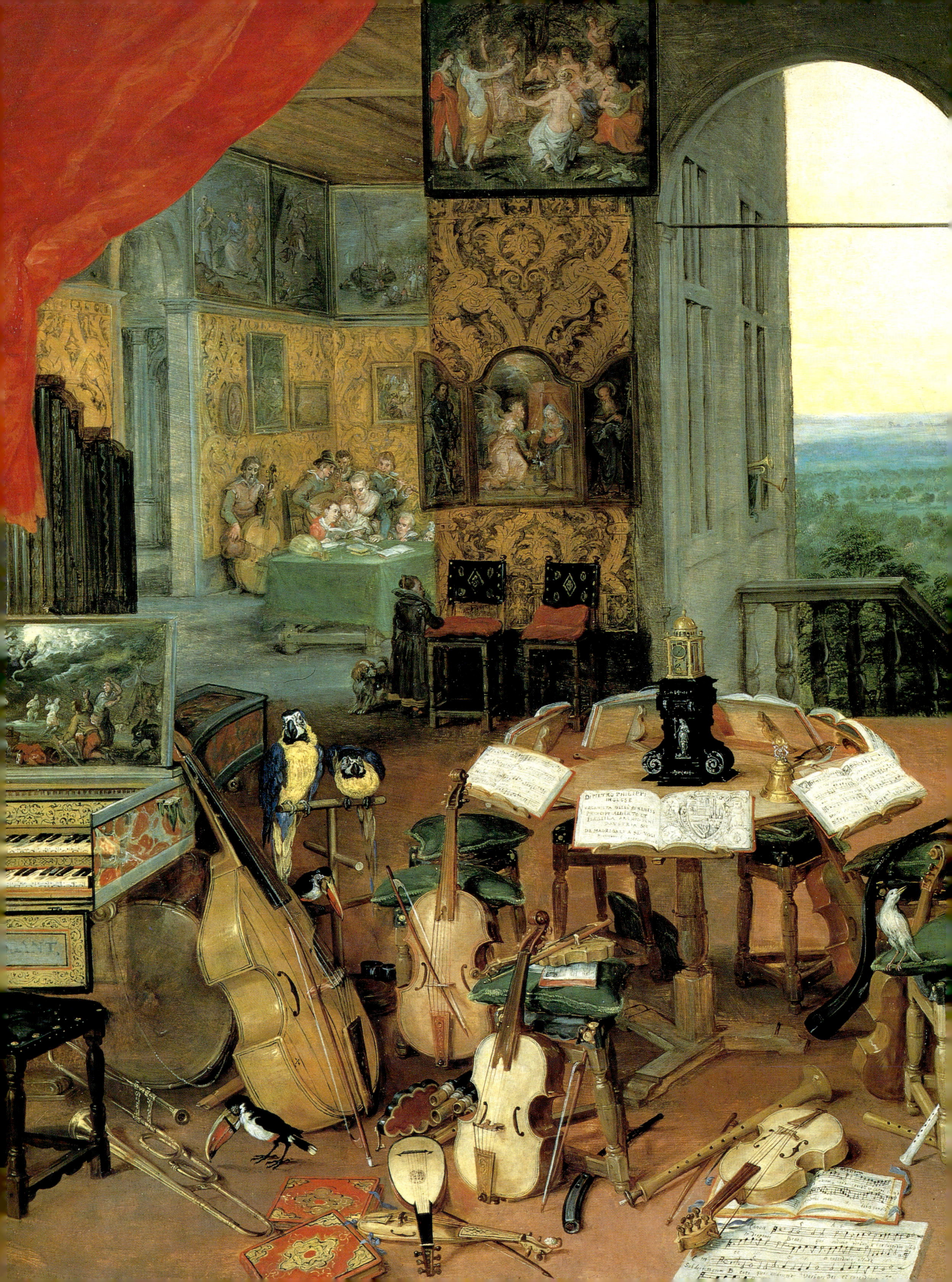
DI PIETRO PHILIPPI
INGLESE
PRINCIPI ALBERTO ET
DAVSTRIA &c
DE MADRIGALI A SEI VOCI

ÚLTIMOS PASOS

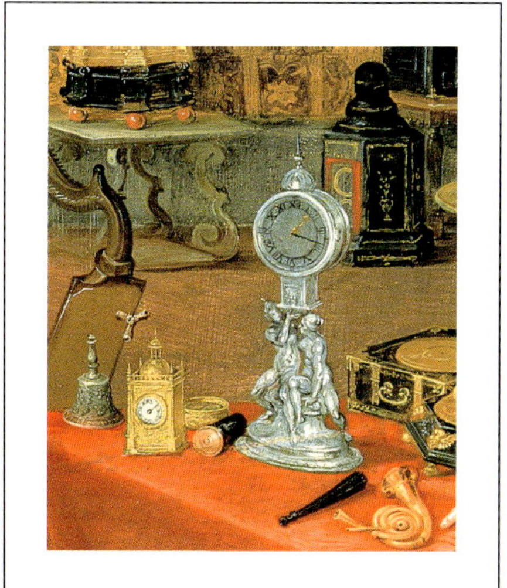

Dos detalles de uno de los cuadros de Brueghel de Velours dedicados a los sentidos, en este caso el oido. Son los últimos minutos para tres horas largas de visita.

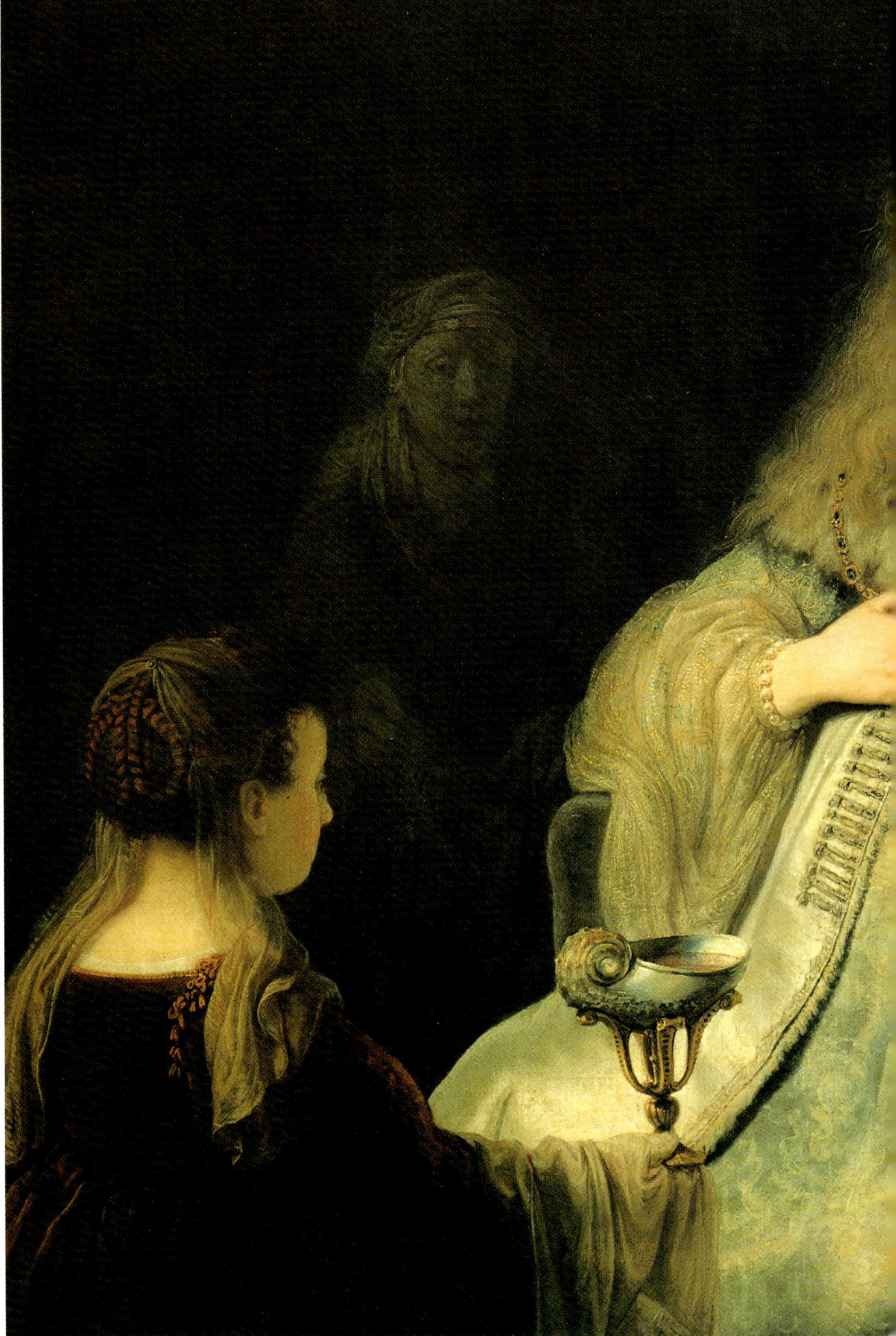

Artemisa o Sofonisba es el título de este espléndido Rembrandt, con el que nuestro museo compite en calidad, que no en cantidad, con otras pinacotecas depositarias de la obra de Rembrandt. El tema en cualquiera de las dos versiones es apasionante, ya que ambos casos son muestras de amor conyugal, trufado de platonismo y muerte. Si aceptamos la denominación del catálogo, tenemos a Artemisa, soberana de Pérgamo, preparada para ingerir las cenizas de su marido Mausolo, diluidas en la concha que sirve de copa. Una joven sirvienta, en primer plano, y una anciana , que surge de la penumbra, son testigos de la escena.

La modernidad

Como todas las de su género, esta visita se terminará entre abreviaturas.

Nuestra escala ascendente del realismo al romanticismo, de Velázquez al Greco y Goya, alcanza a las alturas. Acabamos de tropezar con las sombras de Rousseau y de Bernardin de Saint-Pierre, que rondaban los cuadros. Más allá de esto, más cerca del dominio de la música o de la poesía, ya no están sino Delacroix y los impresionistas, es decir, el siglo XIX. Pero con ellos saldríamos fuera de lo que puede contener una pinacoteca de arte antiguo. En el Louvre se encuentran hoy los Delacroix y hasta los

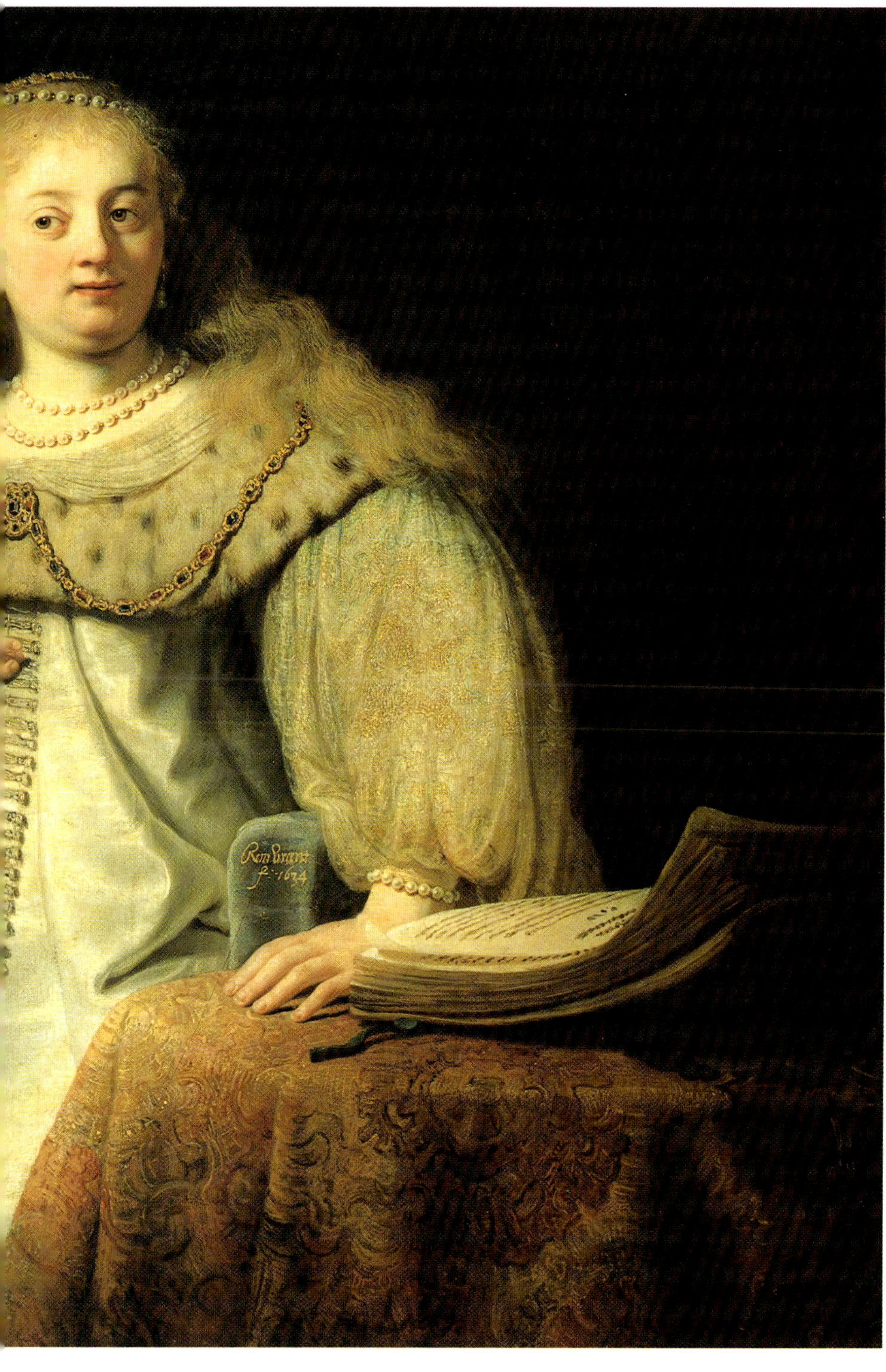

Si por el contrario consideramos el tema como propio de la historia de Sofonisba, hemos de aceptar que la copa contiene el vino envenenado que Sifax, el esposo cautivo, manda a su mujer, para que muera envenenada, antes de caer en poder de sus enemigos. La historia nos dice que la enamorada bebió sumisamente el veneno. Ambos casos son de un hermoso patetismo, que no se traduce por la simple contemplación del cuadro, ya que lo que destaca a primera vista es la admirable figura de la modelo, posiblemente su primera esposa Saskia, embarazada, que polariza la atención por su porte y ropaje, gracias a la técnica tenebrista que la hace emerger de las sombras como un destello de luz.

Manet. En el Prado (queremos olvidar el contenido del que llaman *legado* Errazu), nada parecido. Seguramente es el Prado quien tiene razón.

Fáltales al amigo y al cicerone, para cerrar el ciclo del "arte antiguo", evocar tres nombres de artistas que se encuentran representados en el Museo de Madrid. Con el Greco y Goya, con Watteau, a quien aquellos saludaban antes –por la topográfica razón que ya se dijo–, Van Dyck, Jordaens, Rembrandt, son los anuncios más significados de la "modernidad" –entiéndase de lo que ha sido "la modemidad" durante un siglo, y que hoy (siglo XX, año 1923)[1] va dejando, por fin, de serlo.

Van Dyck

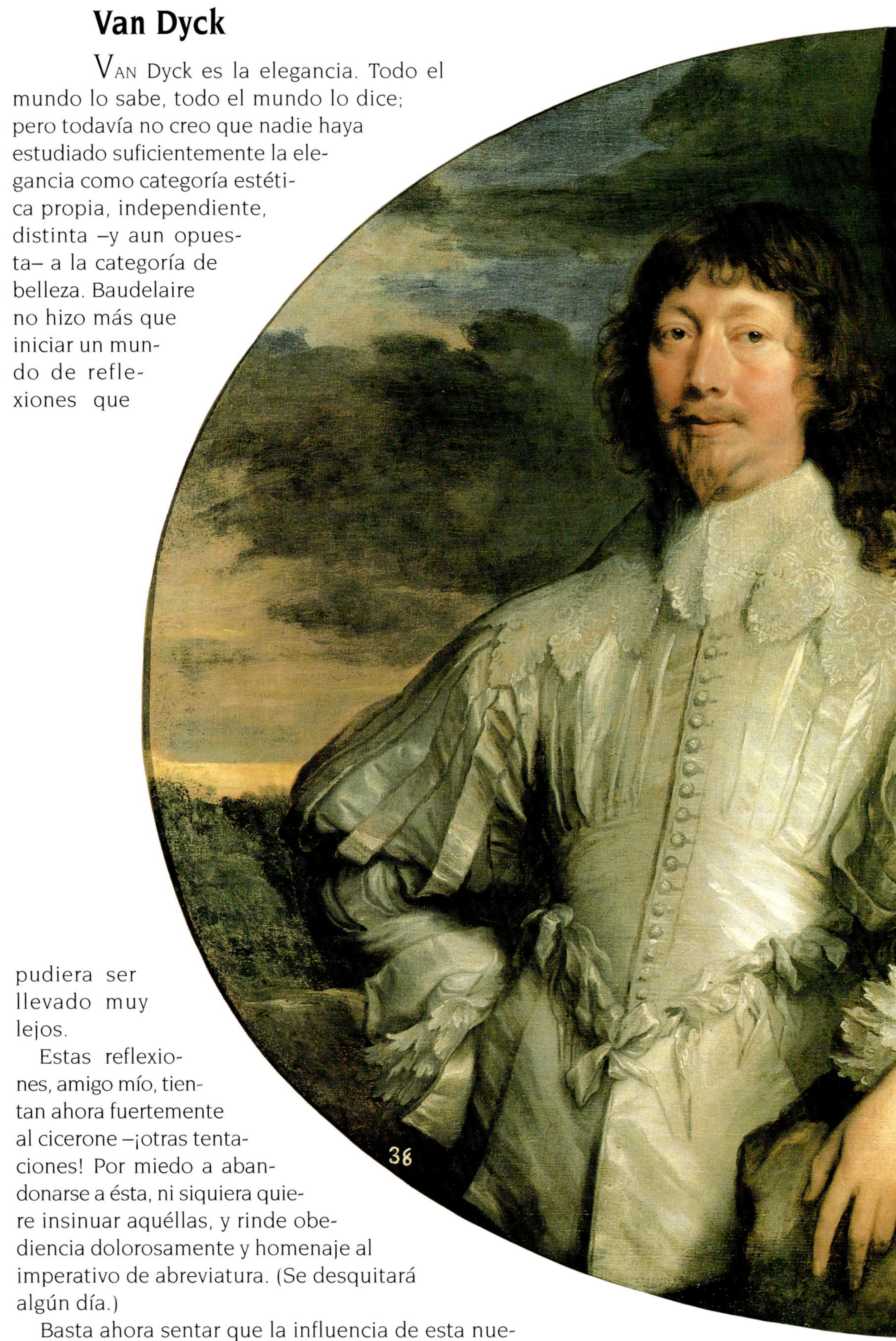

VAN Dyck es la elegancia. Todo el mundo lo sabe, todo el mundo lo dice; pero todavía no creo que nadie haya estudiado suficientemente la elegancia como categoría estética propia, independiente, distinta –y aun opuesta– a la categoría de belleza. Baudelaire no hizo más que iniciar un mundo de reflexiones que pudiera ser llevado muy lejos.

Estas reflexiones, amigo mío, tientan ahora fuertemente al cicerone –¡otras tentaciones! Por miedo a abandonarse a ésta, ni siquiera quiere insinuar aquéllas, y rinde obediencia dolorosamente y homenaje al imperativo de abreviatura. (Se desquitará algún día.)

Basta ahora sentar que la influencia de esta nueva categoría estética y su poder llenan el mundo moderno;

que un amanecer de su existencia –amanecer bárbaro y de conflicto todavía– lo encontramos en aquel retrato juvenil de Durero, antes conocido, y donde la elegancia no pasa, por el momento, de ser una voluntad. Pero que su clara mañana dichosa, en Van Dyck, sólo en Van Dyck se encuentra.

Se encuentra, por ejemplo, en el delicado juego pictórico en blanco y negro, que juega el conde de Bristol y el artista, para no citar el retrato del conde de Berg (1486 –LXIIB) o el de la condesa de Oxford (1481–LXIIB). Me gustaría reproducir ahora cierta fórmula, una vez empleada, para caracterización de este artista: "Reciba cada artista su paga de gloria: Van Dyck merece, además, un *plus de caballo*..." Pero no lo hago, porque entonces el crítico de un semanario de esta corte me censuró, diciendo que la fórmula estaba muy mal y que no se entendía.

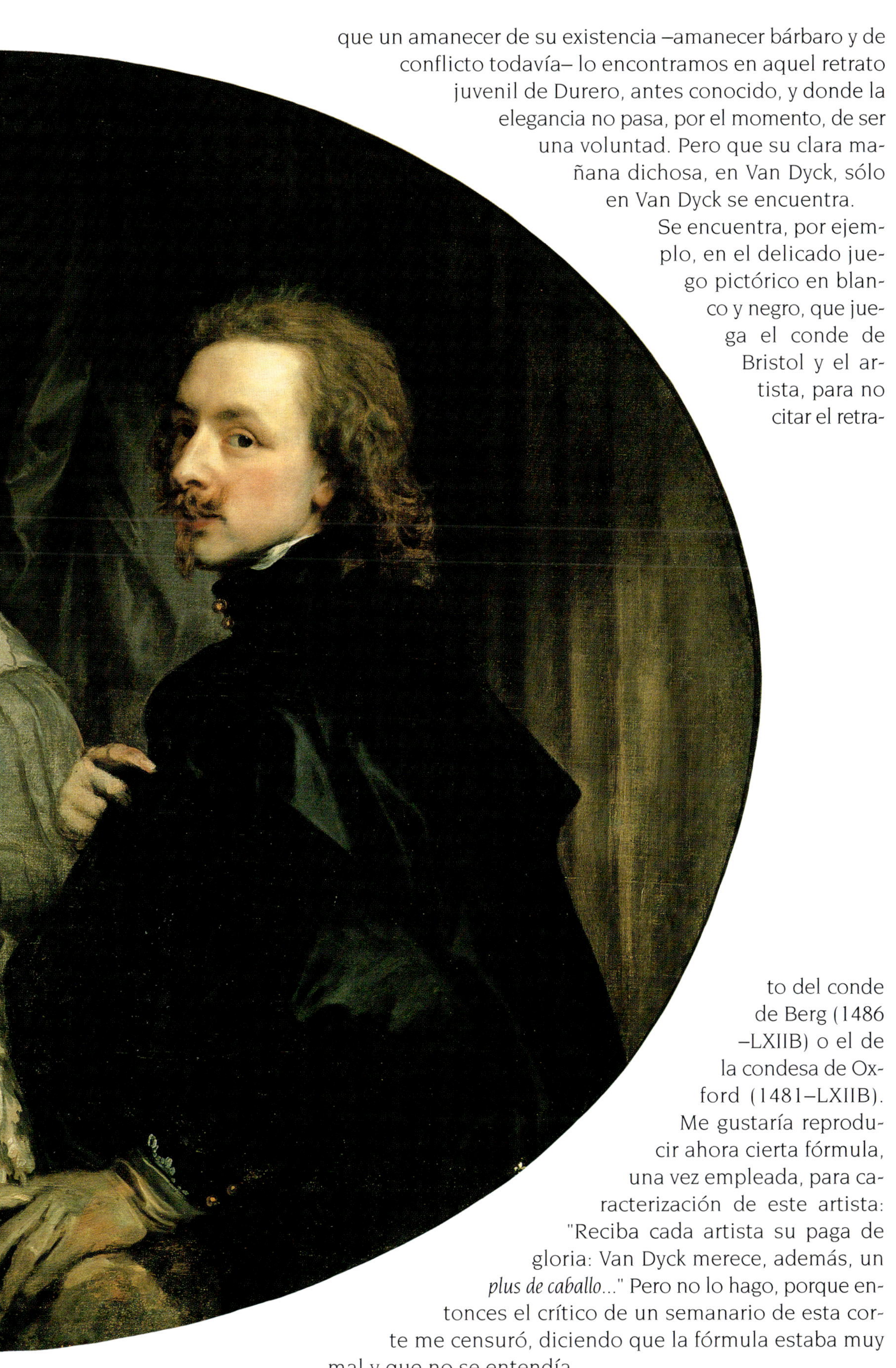

Muerto a los cuarenta y dos años de edad Anton van Dyck, que aparece a la izquierda de Sir Endimion Porter, tuvo una breve pero espléndida existencia. El cuadro reúne la totalidad de los rasgos estilísticos que convirtieron a este belga en el pintor de moda de Inglaterra en el primer tercio del siglo XVII. *En honor del pintor se ha acuñado el término "elegancia", como sinónimo de su obra. En honor de Sir Endimion habría que convenir en acuñar la palabra "intuición", como homenaje a su perspicacia para inmortalizarse junto a uno de los grandes de la pintura.*

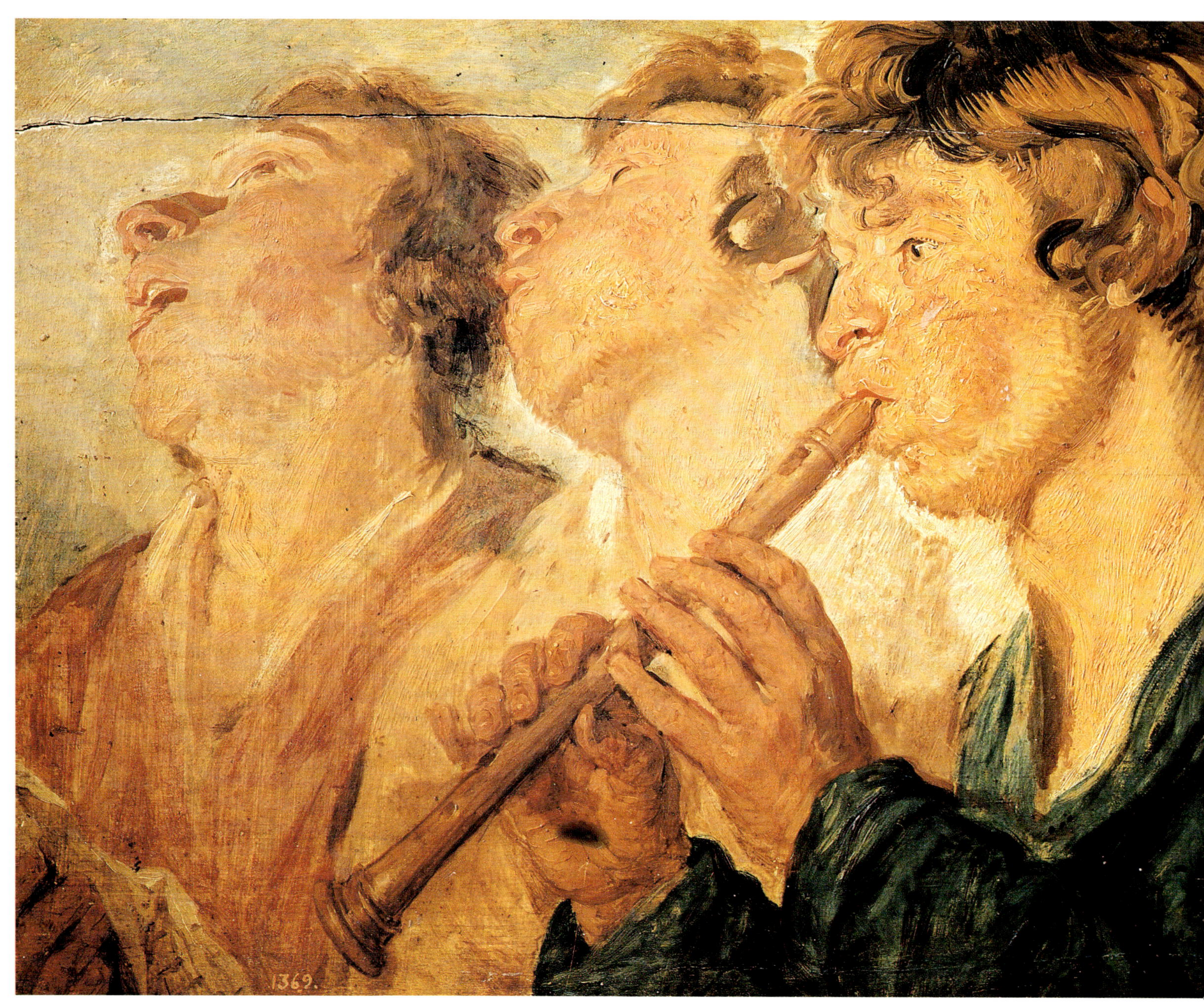

Los tres músicos *de Jordaens. ¿Qué hace un cuadro como tú en un museo como éste? La respuesta está en la firma y la fecha, no en la obra.*

Jordaens

De Jordaens, un solo cuadro, el más chico, que no es un cuadro en el sentido clásico de la palabra. Lo citamos precisamente por esto.

Una mirada para los *Tres músicos* (1550–LXIII), tan briosamente abocetados.

¿Por qué éste? Porque la modernidad de Jordaens se revela aquí en la técnica más *descaradamente* que en obra alguna del Museo, Goya inclusive. Este es el cuadro del Prado que menos *merece* estar en el Prado.

Es la única de las obras aquí presentes que, mezclada a las exhibidas en cualquiera de las exposiciones oficiales celebradas en los últimos años en cualquier capital europea o americana, no desentonaría.

Sea esto dicho en honor suyo, sea dicho en vergüenza suya.

La puerta

LA puerta. Y el reloj.

¿Tres horas dijimos? ¿Media hora de prórroga pedimos después? Bien; pongamos que hayamos invertido cuatro horas.

Dulces son de dormir las mañanitas de abril. Dulces de almorzar sus mediodías. Pero, almuerzo bien ganado, mucho más sabroso. Hay siempre, en el mismo apetito, una recompensa.

Y la verdadera recompensa es *el otro apetito*, el espiritual. El mejor fruto de una visita de tres horas al Museo del Prado *está seguramente en la necesidad del volver.*

Al otro lado de la puerta está el paseo del Prado, enfrente el Jardín Botánico, cerca el Retiro, retazos de la naturaleza, prisioneros de la ciudad. También Brueghel de Velours atrapó la campiña desde la balconada de una de sus obras dedicadas a los sentidos. No diremos aún adiós al museo.

NOTAS

[1] Fecha de la primera edición española del presente libro.

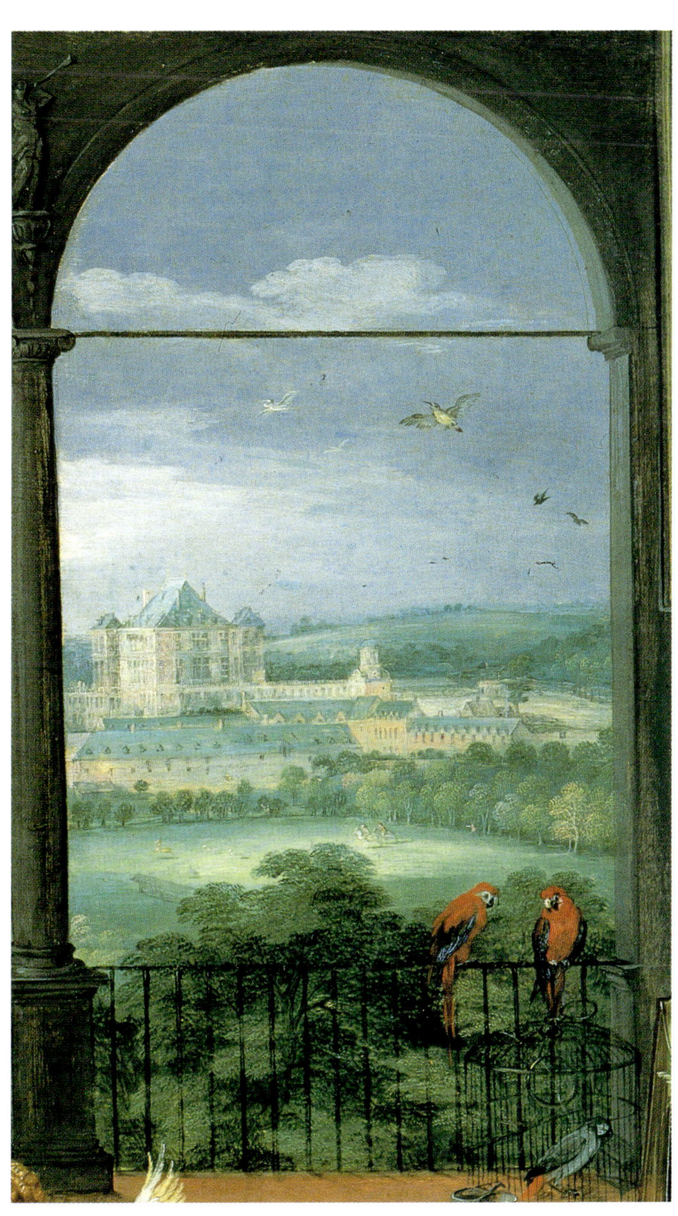

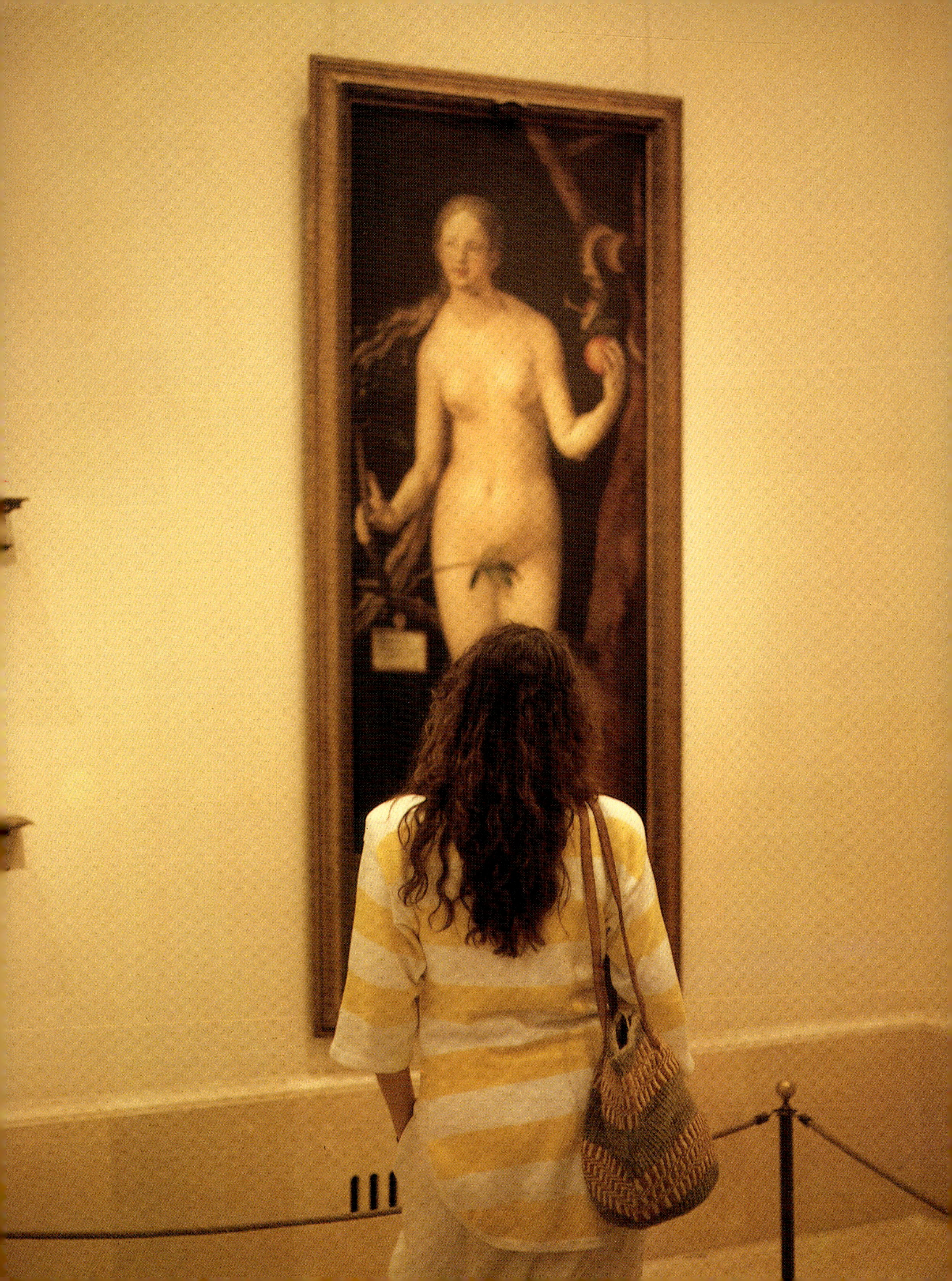

AVISOS AL VISITANTE DE LAS EXPOSICIONES DE PINTURA

Para la tarde siguiente a las tres horas del Museo

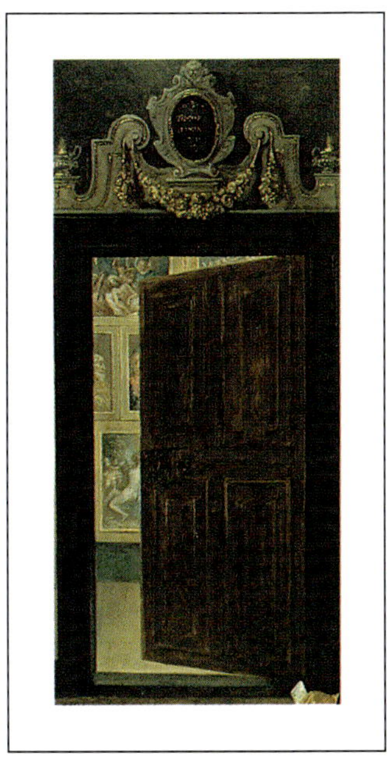

Si volvemos al museo, después de nuestras tres horas, veremos, por lo menos, más cosas en los mismos cuadros.

I

NUNCA olvidaré mis apuros en el París ocupado del otoño de 1942, cuando, el día de mi llegada y a la hora de ir a recogerse, mi amigo Pablo Mañé, el excelente escultor uruguayo, y Nena, su mujer, me dejaron en el Metro, para salir ellos por una estación próxima a su casa, diciéndome nada más: "–Tú debes bajar en la estación siguiente..." Al abandonar ésta, la absoluta oscuridad de una noche sin luna y con apagón de luces me sobrecogió. La plaza *des Ternes*, en su amplitud, ofrecía a mi desorientación siete u ocho avenidas que todas me parecían iguales. Ni un letrero visible, ni una tienda abierta, ni un agente a quien preguntar. Escurridizos y temerosos, unos solitarios transeúntes hostiles atravesaban los grandes espacios vacíos, con unas linternitas sordas, cuya vigilante rapidez acrecía aún la densidad de las tinieblas circundantes...

La pintura está donde quiere el trabajo del creador y la voluntad indagadora del observador. Las flores son un fragmento de Ofrendas a Flora, *de* Van der Hammen, *en el que el artista ha puesto un especial cuidado, que no pose el resto de la composición, por lo demás bastante vulgar.*

Suelo asociar ciertos remordimientos de conciencia a la evocación de este episodio de angustia. Suelo decirme que, a mi desamparo en aquella hora, puede compararse la situación de alguien a quien yo, tras de haberle prestado algún consejo y cierta guía para recorrer en tres horas el Museo del Prado, dejo de pronto; por manera que, si por la mañana al Museo, no le acompaño por la tarde a recorrer exposiciones y galerías, tal vez estudios de pintores, ganoso cada uno de enseñarle sus propias obras, con designio, más o menos transparentado, de lograr, ya que no compra suculenta, aprobatorio juicio.

Quizá el así abandonado no pueda abstenerse de pensar que yo, ayudador de cuestas abajo, me ausento justamente cuando la cuesta se empina. Que, por la mañana, el novicio hubiera podido pasarse sin mí, pues ya es sabido que al Museo se va a admirar. Ahora, en cambio, cuando la admiración sólo puede ser fortuita; ahora, cuando tantos riesgos hay de error; ahora, cuando mil elementos de equívoco, de turbación y de confusión entran en juego; ahora, cuando hay que enfrentarse con una producción artística no garantizada por dictámenes de autoridad, no abonada por el tópico, héteme alejado, dejándole a él huérfano de cualquier consejo o doctrina... De dónde una censura, que no necesito oír para justificar. En mis propios dentros se levanta el reproche de haber dejado, transcurrido un cuarto de centuria, al libro que sirve para visitar el Museo del Prado, sin la paralela compañía de otro que sirviera para visitar las exposiciones de Bellas Artes y los estudios de los artistas más quisquillosos.

Ciertamente, muchos textos existen ya –venerables algunos– donde se contienen las reglas que, para el arte, pueden gobernar no ya la visión y

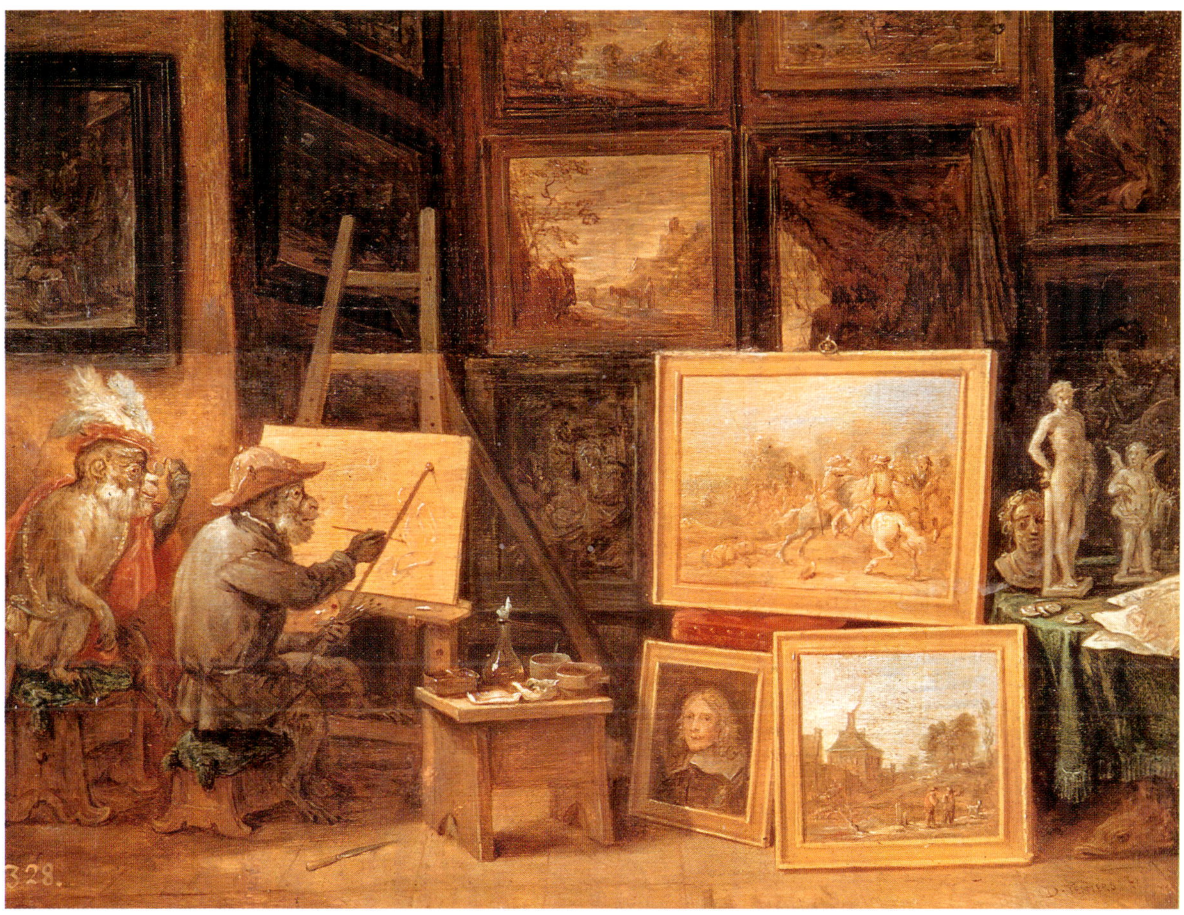

El mono pintor de David Teniers; la tabla pertenece a la serie de cuadros que posee el Prado de este pintor dedicada a la sátira social a través de estos simios. Teniers comparte con nuestro autor la teoría de que cualquiera puede pintar, y cualquiera puede opinar de pintura, otra cosa bien distinta es cómo se hagan ambas cosas. Y esto es válido hasta para los monos.

la mano, sino la crítica y el gusto. Tiempos hubo en que éstos tenían a su disposición ciertos preceptos que, en el ajuste como en la desobediencia tarifaban y justificaban el diagnóstico... Por lo dogmáticas, minuciosas y arbitrarias, tales preceptivas se desacreditaron... ¿Ni quién aceptaría hoy a las más encumbradas? ¿Qué obra consentiría en pertrecharse en mandamientos como los del *Tratado de la Pintura*, de Leonardo da Vinci, como los rimados de las octavas reales del poema de Céspedes? Sobre el primero, me decía la otra tarde el académico Chicharro que el pintor que se pusiera a seguir aquéllos al pie de la letra estaba tan avisado como la cocinera que compusiera sus guisos literalmente según el recetario de los catecismos gastronómicos, no digo ya de Paul Reboux, que tal vez no haya sido más que un tío con mucha guasa, sino del mismísimo Brillat-Savarin.

Pero cabría, por ventura, hacer algo que, con ser más humilde, resultara más preciso. Y, con lo más preciso, lo más eficaz.

II

Los *Pensamientos*, de Dominique Ingres sobre la práctica del arte, ya son otra cosa que las antiguas preceptivas. Instruyen más. Se los adivina engendrados por una personal experiencia y, allí donde se manifiesta su idealismo –y ello ocurre frecuentemente–, éste presenta un carácter más bien ético que estético, según se revela característicamente en la famosa frase del maestro: "El dibujo es la probidad del arte..."El

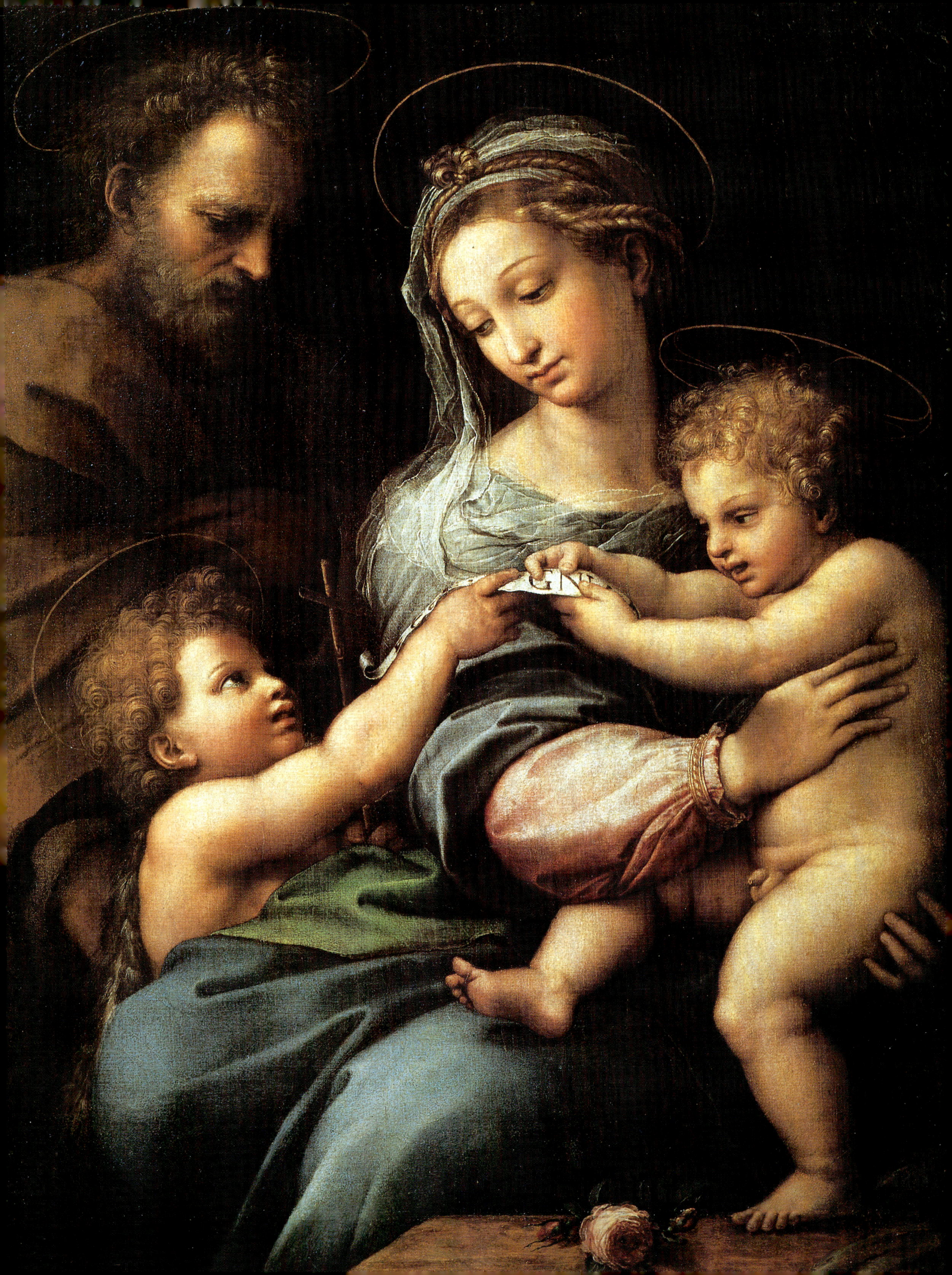

maestro tiene aquí, a su vez, un maestro. Ha tomado por tal a Rafael de una vez para siempre. Fuera de Rafael, según su criterio, no hay salvación. Aquí, el "canon", como en el caso de la estatua de Doríforo, es un hombre. Y muy interesante para nosotros el advertir la coincidencia entre esta afición de un artista casi empelucado, como Ingres, académico con tres vueltas de corbatas en el escote de la levita y debajo de las patillas de chuleta, y un artista contemporáneo nuestro, revolucionario y casi desnudo, como el curioso, escandaloso y estentóreo Salvador Dalí.

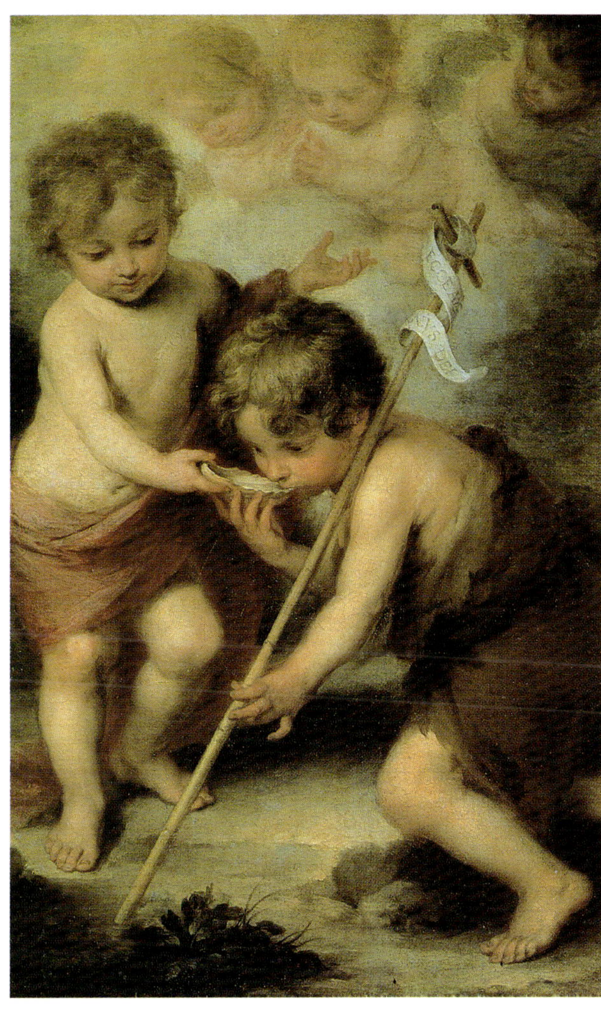

Más bien esta preferencia la hubiera dicho la gente, entre los contemporáneos, mía. Hace algunos años, el crítico Jean Cassou publicaba en París una especie de entrevistas imaginarias. Su juego consistía en fingir visitas como de reportero a las grandes figuras del pasado, tal como es costumbre periodística hacerlas con las contemporáneas. Una de tales visitas se supuso a Juan Augusto Domingo Ingres. Y, desde el comienzo, el visitante notaba: "Lo primero que me llamó la atención, al entrar en el estudio de Ingres, es lo mucho que mi visitado se parecía a Eugenio d'Ors"... Mucho en ello iba a holgarme yo, por mi parte, sobre todo si el parecido se extendía a algunas de las cualidades soberanas que adornaron al gran pintor. En dudas sobre esto, me contento con participar en alguna de sus opiniones. La relativa a la superioridad de Rafael se cuenta entre las mismas; y ya hemos visto que no soy en esto, a la hora presente, una excepción singular.

También comulgo en la creencia del maestro en lo que se refiere al valor inmenso que tiene el dibujo para la pintura. Ingres fue quien dijo: "Yo voy a establecer una academia de dibujo, y en la puerta pondré un rótulo que diga: *Academia de Pintura*."

Tan cumplida adhesión no me impide, con todo, el reconocer que, dentro del cuadro de los *Pensamientos*, de Ingres, las máximas que se refieren a las cuestiones sobre color y colorido no alcanzan el valor de precisión y de eficacia que tienen las que dan razón sobre el diseño y sus articulaciones para la representación de la forma. Y que las mejores entre las primeras son las que pueden considerarse como una preceptiva en el arte de dibujar con el color. Hay una de esas máximas, por ejemplo, que siempre me ha parecido soberana, y que debe ofrecerse una de las primeras a la enseñanza del hipotético amigo, a quien supongo, tras de recorrer en tres horas el Museo del Prado, en trance de apercibirse a visitar, en la misma jornada, exposiciones de galería y estudios de pintor. ¿Qué debe pensarse sobre aquellos cuadros donde el contorno de los objetos aparece como subrayado por una línea, más o menos gruesa, en función de corregir la incertidumbre de la frontera que separa la tinta de un objeto de la otra tinta que le sirve de fondo? "No se debe –contesta Ingres– colocar la tinta al lado del trazo; se la debe colocar debajo del trazo." Es decir, formando óptima unidad con él. Es lo que se llama, cuando se llega al virtuosismo, "pintura en plena pasta". Y grandeza fue de los pintores españoles adelantarse en el empleo de esa pintura. Y antes que los españoles, los portugueses; Nuño Gonzálvez, autor del *Políptico de San Vicente*, que hoy está en el Museo *das Janelas Verdes*, de Lisboa, precede en un par de siglos a Velázquez.

No muy lejos el uno del otro están los dos óleos de estas páginas. La Virgen de la rosa, *a la izquierda, obra de Rafael, que atesora el rico repertorio de ternura doméstica de la mayoría de sus obras de tema religioso. Es obvio que el genio no está en el tema, ni siquiera en la técnica, porque sino* los Niños de la concha *de Murillo, sobre estas líneas, tan tierno de asunto, y tan formalmente perfecto como el anterior, también sería obra maestra... y sin embargo, no lo es, salvo para alguna de las más beatas y preconciliares damas de* Acción Católica .

III

HAY que partir, al emprender la cuestión del color en pintura, de la consideración siguiente: la luz es un personaje que se encuentra siempre en el caso de hablar una lengua extranjera. La luz únicamente puede hablar por instrumento del color. Este la traduce más o menos fielmente. Siempre con un coeficiente mayor o menor de equívoco.

En relación al color, las teorías son, como no, complejas. Y es que el color es la salsa de la pintura. Para demostrarlo Jan Brueghel de Velours, se dedicó, casi con saña, a colorear este jardín y se permitió titular el cuadro como El Olfato, *en un atrevido intento de asociar sentidos no del todo coincidentes.*

Un día me encontraba yo en el castillo de Rue, cantón de Friburgo, en Suiza, y a los amigos manteles de los señores de Stoutz, cumplidos castellanos. Varias personas habían sido invitadas a aquel yantar, entre ellas el pintor Bosshard, su compatriota y una de las primeras figuras del Arte que he llamado "de entreguerras". Venía Bosshard, a la sazón, de Marsella, donde llevaba una buena estación pintando. Y venía en vena de locuacidad entusiástica sobre los prestigios pictóricos del ambiente meridional. "Lo que llama la atención en Marsella –nos dijo– es que el cielo es mas oscuro que las casas..." Oírse esto y estallar los comensales en casi unánime reprobación, todo fue uno: "Hombre –clamaban–, vaya colmo! ¡Decir que el cielo de Marsella es oscuro!" Pero yo estuve lejos de asociarme a tal reprobación. Yo, que había reparado más de una vez cómo en París, por ejemplo, y en general en las ciudades del Norte, la masa de los edificios se destaca en negro sobre un cielo blancuzco –en París es de color de perla– mientras que en mi tierra, y en un día sereno, las casas rosa, marfil, azul celeste, se desta-

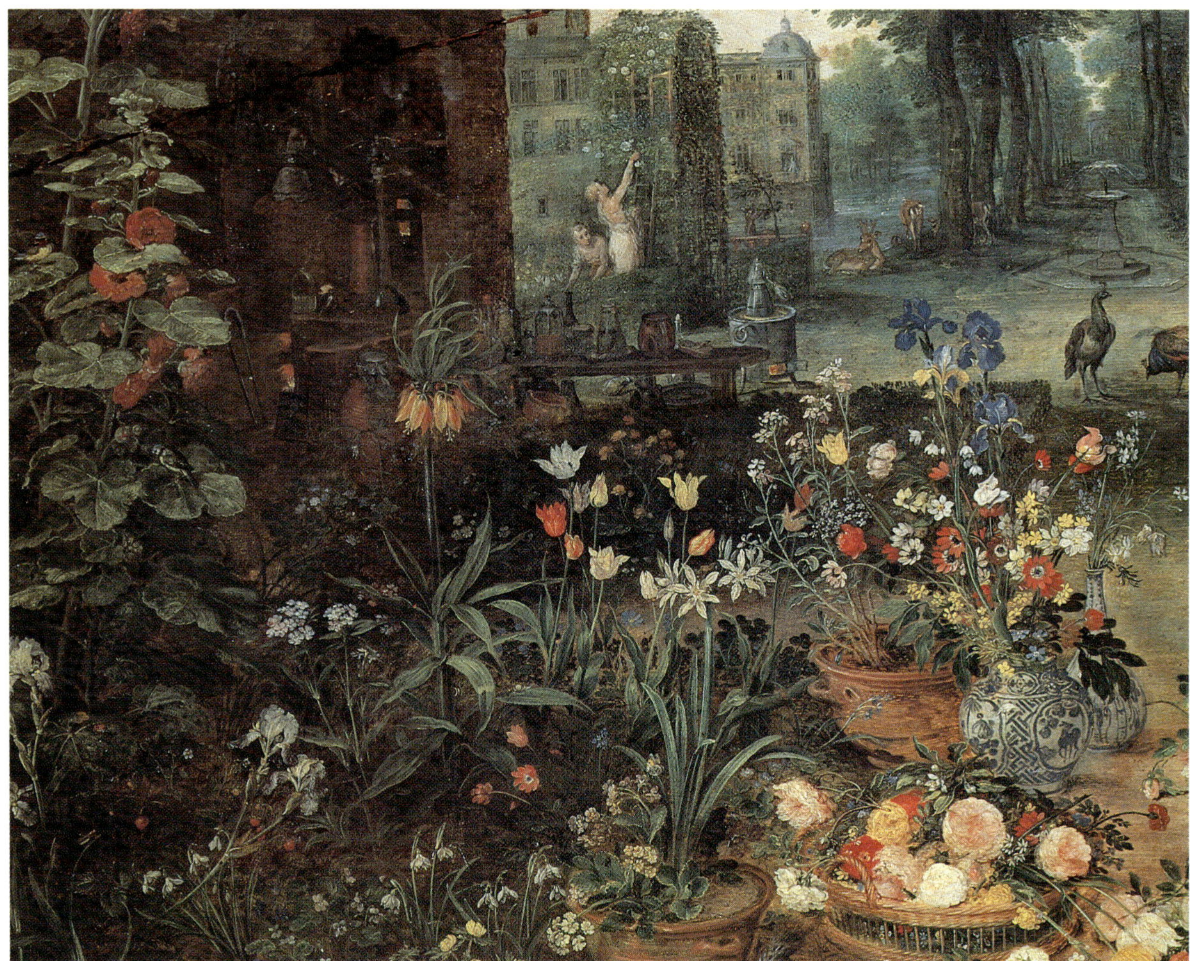

can, como bajo el peso de un cargado añil, cuando no ultramar, que un pintor debe reproducir, puesto a ello, con opacidades arbitradas por su paleta.

Quiere significarse que, en el diálogo que ópticamente se entabla entre el contemplador y los objetos que contempla, aquel no ha de entender al pie de la letra las sensaciones que éstos le proporcionan. Ha de *interpretarlas*, como instintivamente hacían los escandalizados por la afirmación de Bosshard. Este, fuerte en su experiencia técnica, les sorprendía, proclamando la verdad de una sensación que los otros, bajo el peso de versiones cenestésicas y hasta literarias, y hasta si se quiere tópicas, se saltaban a la torera. El pintor hablaba el lenguaje bárbaro del color. Sus oyentes no se habían desprendido, en la circunstancia, de la cultura de la luz... Bien lo escribió Goethe en la introducción de su magnífica obra –quiza aún no bien entendida– *Hacia la teoría de los colores*: "Los colores son los actos de la luz, sus actos y sus padecimientos." Como la posesión de una lengua diplomática es un buen agente para una política; un agente y, a la vez, un constante padecimiento.

Ahora bien: puesto a valerse de colores para representar la luz y sus diferencias de intensidad, ¿qué recursos tendrá la pintura para la expresión de los más luminosos? Tendrá el color reputado por mínimo de color; tendrá el blanco. Cuando, pues, se trate de figurar un volumen, el color que llamaríamos general del objeto representará en su variante más oscura los rincones más profundos del volumen; las superficies más salientes y destacadas se figurarán con el blanco.

Este otro fragmento del óleo anterior es más explícito, la dama, el neceser, el mapache y el niño, están envueltos en la densa atmósfera de colores que derraman aromas. Sin colores, ni el sabueso entendería el título. Y esto no es una teoría sobre el color.

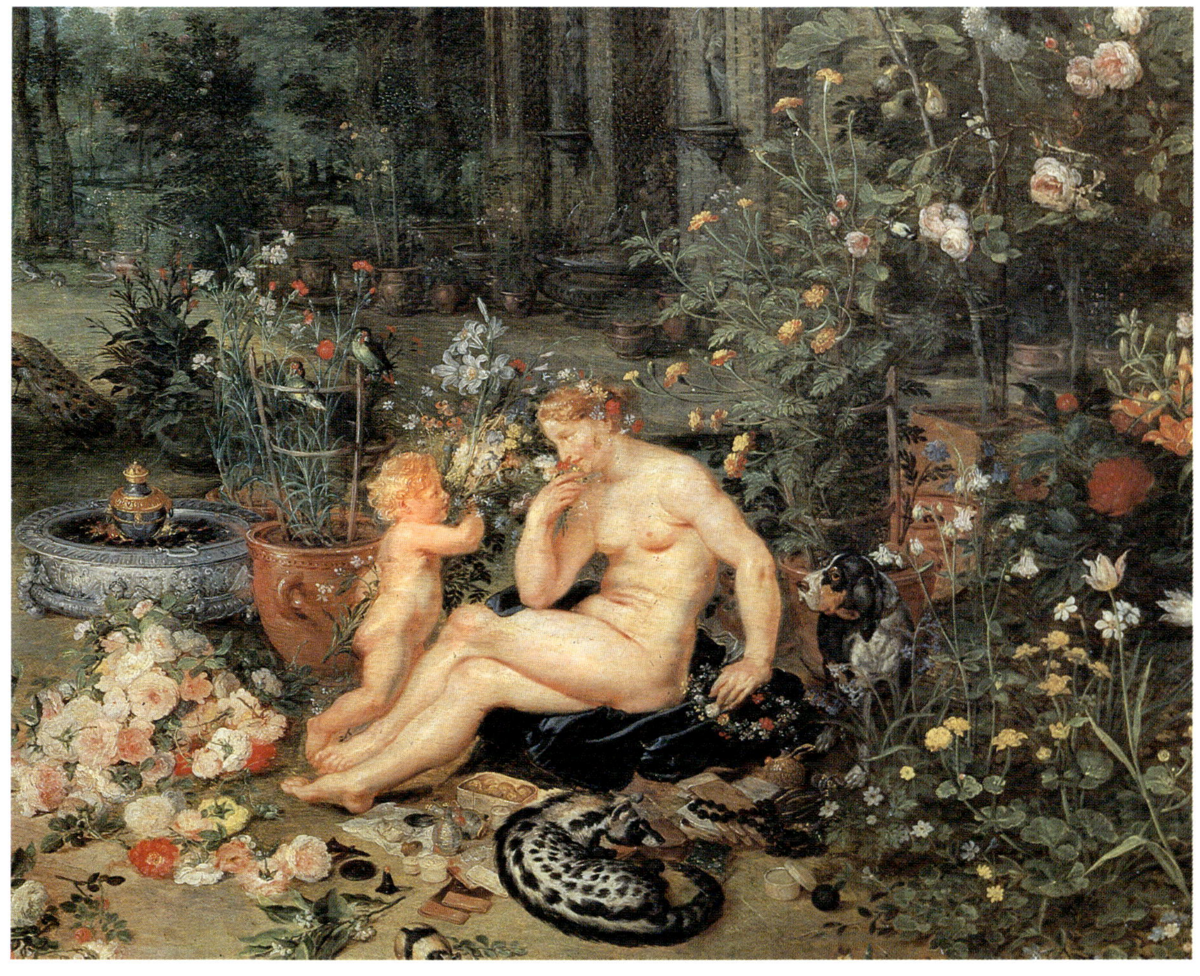

IV

Un volumen se expresa pictóricamente por medio de la coloración distinta en tres regiones contiguas. Los viejos maestros de dibujo de mi tierra las llamaban, respectivamente, "luz", "sombra" y "batimiento". El "batimiento", la penumbra, es la región intermedia entre la de sombra y la de la luz. La de sombra no puede llegar nunca al negro; su expresión consiste en el color general atribuido al objeto, reforzando su oscuridad localmente mediante la mezcla con diversos colores. Pero, en el otro extremo, la luz, sí, puede ser expresada por el blanco. Y a esta posibilidad corresponde cabalmente el peligro involucrado de su utilización.

Ingres decía: "Los reflejos estrechos en la sombra son indignos de la majestad del arte." Y en otro pasaje de sus *Pensamientos* advierte: "Los pintores se equivocan mucho cuando emplean desconsiderada y excesivamente el blanco en sus cuadros. El blanco debe ser reservado para las grandes ocasiones de luz; para estos resplandores que deciden el efecto del cuadro. Tiziano decía que fuera deseable que el color blanco costase tan caro como el ultramar." Y Zeusis, que era –nos cuenta Ingres– el Tiziano de la antiguedad, reprendía a quienes ignoraban cuán perjudicial puede ser en ello el exceso. "Nada es blanco en los cuerpos animados –proclamaba Ingres–; nada es positivamente blanco. Colocad, por ejemplo, una hoja de papel al lado de una de esas mujeres tenidas por resplandecientes de blancura..."

Efectos de sombra y luz con capacidad para el volumen los obtiene Zurbarán para su Agnus Dei, *un pequeño cuadro que, en la sala dedicada e este pintor, parece querer pasar desapercibido, pero pongamos un poco de atención en relación al contraste del blanco sobre el negro, y aparecerá todo un tratado sobre la materia.*

Pero lo más grave aquí es, peor aún que la demasía en el empleo o que la estrechez en los reflejos, la impericia que deja el blanco de los mismos como aislado en la superficie coloreada, dotándola de un contorno que contradice fatalmente el modelado del volumen que se trata de representar. Claro es, por otra parte, que un artista puede querer *no representar el volumen*. Pero entonces debe resignarse a que su obra no pertenezca específicamente a la pintura, sino más bien al arte decorativo, al cual, es verdad, corresponden acaso dos buenos tercios de la llamada pintura moderna. De querer representar el volumen, como de querer tocar las castañuelas, vale más, según el aforismo famoso, hacerlo bien que mal.

Y no lo hacen bien los incapaces de fundir el blanco reflejo de la luz, en su matizado batimiento, como a su vez éste, en la sombra del oscuro "color local". Tal incapacidad constituye, declarémoslo sin ambages, uno de los síntomas que vende en seguida el origen de la pintura del aficionado. El pintor diletante, en su inexperiencia, se ima-

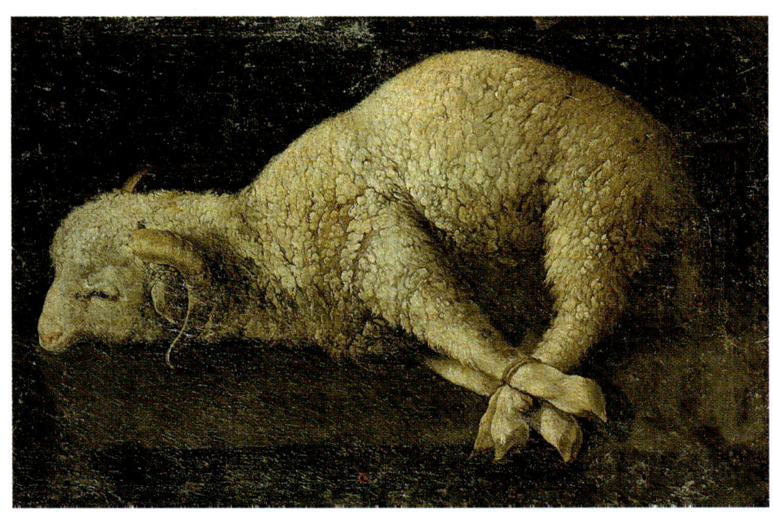

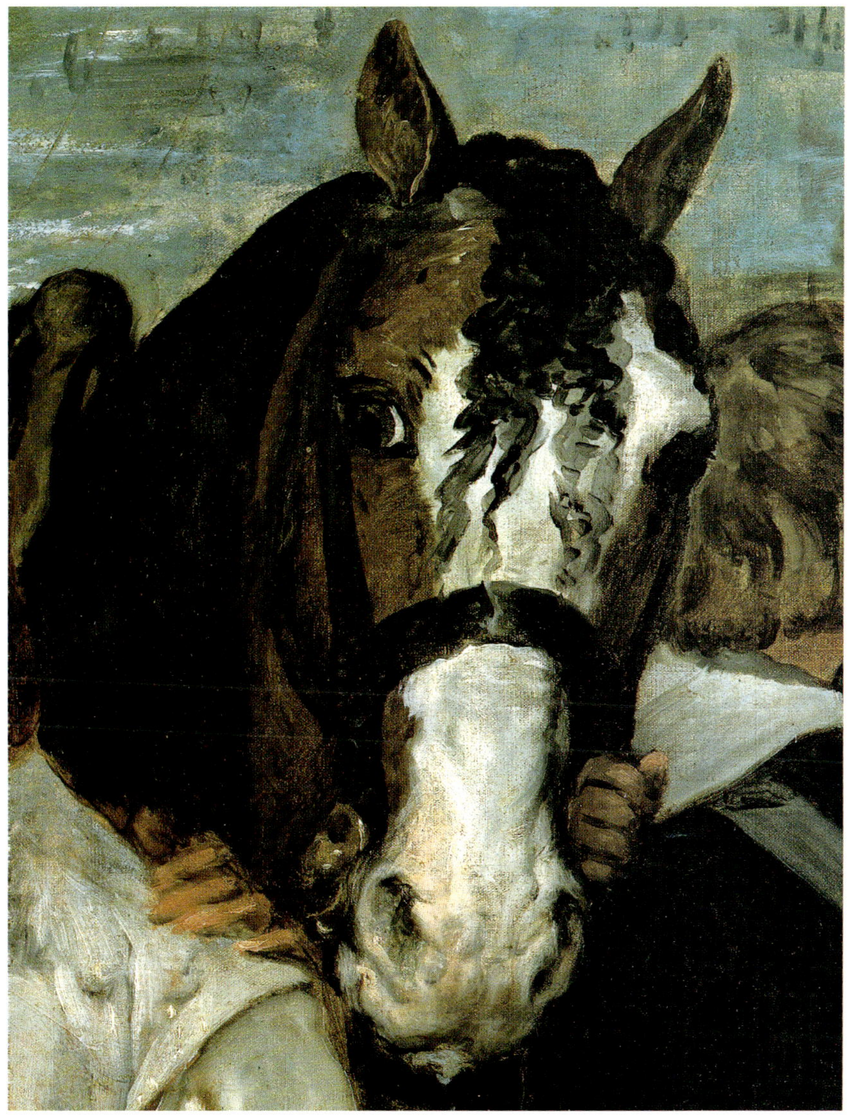

La proximidad al cuadro a veces es necesaria, para captar matices. En este caso es el cuadro el que se nos aproxima. Velázquez saca "fuera del lienzo" la testuz de este caballo de Las Lanzas, *gracias al uso intenso de un blanco trabajado hasta el más mínimo detalle.*

gina haber levantado hasta el primer plano una superficie, cuando la ha tatuado con unas pinceladas blancas. Y no. Lo que ha hecho justamente es hundirla, dejando lo blanco montado en el aire. Con lo cual todo el cuadro se queda vacío, y en la misma situación, exactamente, en que se queda un tórax humano cuando su poseedor, vestido de americana, hace que asome por el bolsillo pectoral el ángulo o filo de un cándido pañuelo. Los buenos pintores, pañolitos así no los figuran nunca. Y eso no por cuestión de buen gusto o cursilería vestimentarios, como pudiera figurarse el habitual a los juicios sobre arte, según la crítica que nosotros llamamos "de asuntos"; sino por puro instinto de colorista, avisados sobre lo que pudiera descomponer el cuadro; al cual se procura, con tanto esfuerzo, dotar de una interior arquitectura compacta.

A mi cliente, tras de las tres horas de visita al Museo del Prado, yo invitaría a recordar las obras de los maestros para convencerse de la bondad de una regla que, para no hacer el primo en sus visitas de la tarde a estudios y exposiciones, le daría de buena gana. Lo primero le aconsejaría acercarse a los cuadros, para ver si el pintor ha logrado evitar –empleando los términos de Ingres– la *estrechez* de los reflejos blancos, que marcan el ápice de luz en los volúmenes. La pintura que no ha evitado esto es, sin discusión, mala. La que lo ha evitado *puede* ser buena. Y, sobre si es o no buena, ya cabrá ahí que se hable.

V

TODO el drama del color blanco en la pintura viene a resumirse en cierta muy anticuada guajira, donde se figura a una rubia y seductora belleza desengañarle a un pobrecito negro sobre sus atrevidas pretensiones. Y decirle:

"Que son mis ojos
color de cielo azul,
que no se han hecho para ti,
que no se han hecho para ti,
negro Jesús...
que se han hecho
para un blanquito
como un cristal..."

Términos que será bueno parangonar con aquellos otros de sentido cromático recíproco, y que tanto conocen los españoles en su Tenorio:

"¡Cuántas como ésta, al fulgor
de una luna transparente...!"

En el blanco se esconden los secretos que delatan las carencias de los aficionados y la maestría de los expertos. En el Retrato de Alfonso II de Este, *obra de Girolamo Carpi, el detalle de la mano sobre el libro es todo un prodigio de matices al servicio de la aparente monotonía del blanco.*

Ese término de parangón de la blancura con la transparencia revela ingenuamente todo el equívoco que en la noción –y, por consiguiente, en la aplicación– de la blancura puede encerrarse.

Ya hemos visto cómo Ingres nos prevenía de que en la Naturaleza el blanco no existe nunca en los objetos animados por más blancos tenidos. Y nos proponía para demostrarlo que pusiésemos a la vera del cuerpo de una mujer, cuya resplandeciente blancura fuese más famosa, una hoja de papel blanco. Y todavía cabe advertir cómo nuevo equívoco viene a conturbarnos ya al sencillo hablar de una "blancura resplandeciente". Porque también aquí una cosa es en rigor el resplandor y otra la blancura. Los tratadistas de óptica fisiológica han llegado inclusive a decirnos a última hora que aquí

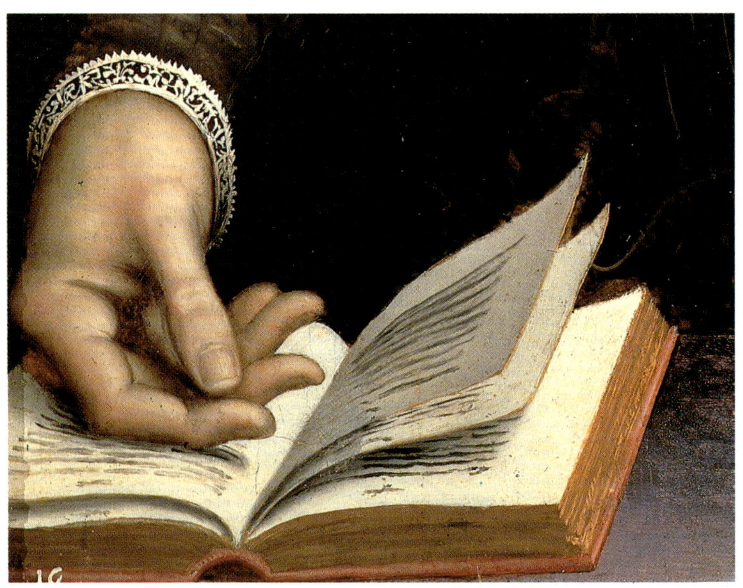

entran en juego dos órganos sensoriales, aunque se apliquen juntamente los dos a la función de la vista: un órgano que percibe el color, a cuyo registro pertenece la blancura; otro órgano que percibe la luz, a cuyo registro el resplandor corresponde.

El pobre pintor se encuentra enredado en esta confluencia y divergencia de las sensaciones. Su maestría en el colorismo le llevará a la magia de lograr que en un solo acto se realice en su obra una fusión análoga a la que se realiza en la Naturaleza. Para ello es necesario obtener en el tratamiento de un color local un paso de la luz a la sombra, donde el blanco, si se emplea, esté sostenido de tal modo que no puedan apreciarse sus límites. Y que permita, por ejemplo, si lo figurado es la cara de una criatura negra, que los pómulos de su cara o el brillo de sus tersas mejillas resulten independientes del todo del color utilizado para representar la tez. Haciendo como el grande y atormentado Cézanne, cuyo *Negro* se hizo famoso porque estaba enteramente pintado en azul.

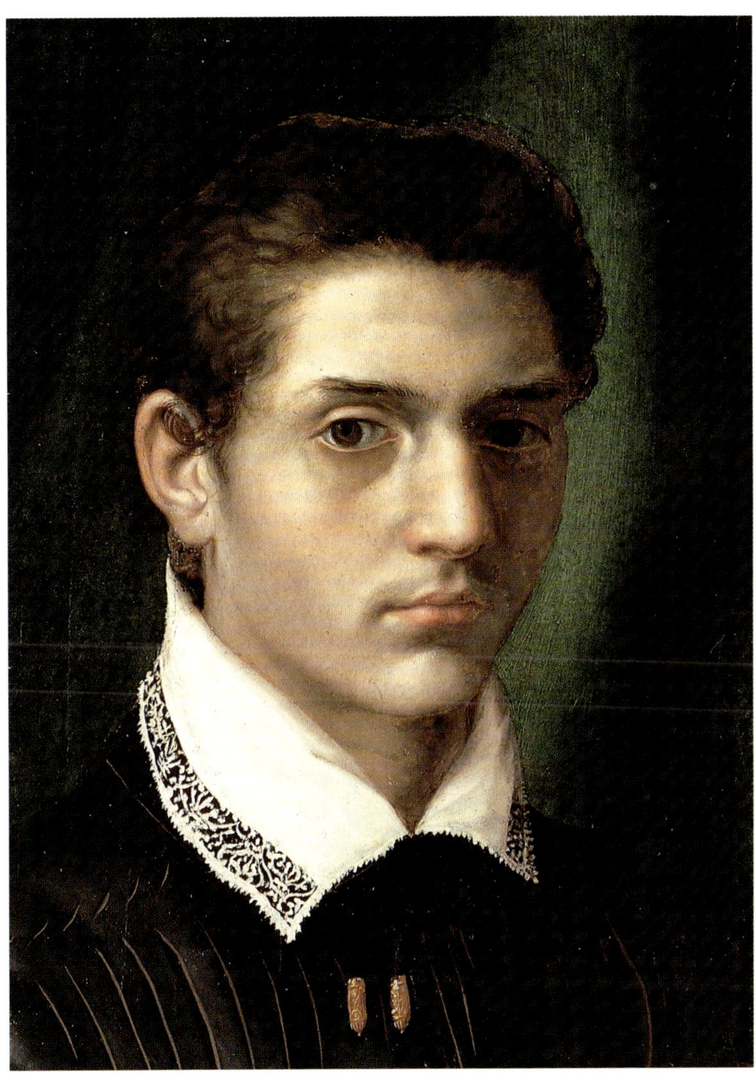

En el rostro de Alfonso II de Este, la sombra se desplaza en torno al lado derecho de la cara, en la que la aguerrida nariz actúa a modo de parteluz. El intenso brillo del cuello bordado sirve al pintor como si de un foco de luz se tratara. Es difícil superar tanto equilibrio entre luces y sombras.

Encima de esto, todavía se le exige al pintor otra cosa, y es que lo mismo el blanco que los demás colores se hallen trabados entre sí de tal manera que la masa general quede extendida en el cuadro, formando un conjunto de tan compacta unidad que las pinceladas, al dejar, si se quiere, huella de su rastro, no se individualicen, tirando por su lado cada una y sustantivando una parásita existencia, sino que se solidaricen en un sólido agrupamiento, como en una superficie bruñida; y eso aun antes de que el recurso del barniz las haga espejear. Algunos maestros han llegado a tal virtuosidad en este capítulo, que sus obras parecen materias cerámicas, como si el fuego hubiese intervenido en su coloración. Entre los antiguos resultó casi general ese éxito. Entre los novísimos cabe citar algunos, de quienes hay lugar para decir que ofrecen tal trabazón entre los colores casi como excelencia única, a la cual deben su gloria y reputación. El arte de Amadeo Modigliani, verbigracia, no pasaría de un balbuceo de primitivismo, renovado del de la escuela sienesa, si sus hombres no presentasen una trabazón de colores, llevada al extremo. En el francés Henri Rousseau, llamado por su profesión "el aduanero Rousseau"–que mejor tradujéramos en castellano por "consumero"–, debe ser mucho más celebrada, que la ingenuidad cómica de sus invenciones, la virtud de fabricar esmaltes con sus apretadas figuraciones de lo vegetal, destacándose en la enteriza intensidad de una luz de cielo. Al español Salvador Dalí, muchas torpezas escatológicas le son perdonadas, gracias a la misma cualidad que, en la minucia inclusive, ha restaurado, a la hora actual, alguna de las gracias del Cuatrocientos...

Para no meterse en el camino conducente a tales victorias de luminosidad, les queda a los pintores un recurso. Tal expediente ha recibido el de "claroscuro" por nombre. Pero acerca de eso del "claroscuro" convendrá que hablemos un poco.

VI

LA del "claroscuro" es, en realidad, una denominación bastante inepta. Si con ello se alude a la coincidencia dentro de la misma obra pictórica de elementos representativos de la sombra y de elementos representativos de la luz, ¿cuál deja de cumplir esa condición, como sea pictórica realmente, es decir, a poco, a querer figurar volúmenes, que alejándose de las planicies de lo puramente decorativo? El quid estará en la manera como los elementos de sombra y de luz se compaginen.

¿Que esta manera consista en la discernible contiguidad que para el tratamiento del color local hemos preconizado entre "luz", "sombra" y "penumbra"? Entonces no hay tal "claroscuro". ¿Que según libertad concedida por el llamado "impresionismo" la pincelada no se sujeta a esa distribución metódica, y unos colores enterizos, ya claros, ya oscuros, promiscuan en irregulares ayuntamientos? Tampoco hay que hablar de "claroscuro" en este caso... El "claroscuro", tal como aquí lo consideramos –y así es como debe considerarse–, señala una estación intermedia en el camino que separa la norma colorística de la Escuela de la desordenada espontaneidad del Impresionismo. En este punto intermedio, la sombra se mezcla *intersticialmente* con la luz.

Cabe decir que su descubrimiento técnico se produjo en la pintura de los Países Bajos por obra de un Rembrandt o de un Vermeer –Vermeer en lo más claro, Rembrandt en lo más oscuro– por contraste con la pintura boloñesa, la cual, llevando hasta el extremo la disciplina escolástica, *pintaba las sombras negras*, con lo cual agravaba su analítica separación de las zonas luminosas. Así, los inventores del claroscuro han sido modernamente considerados como unos *precursores* del impresionismo. Y los boloñeses, como lo más típico de la Academia.

David vencedor de Goliat, *creación juvenil de Caravaggio, dotada de todos los elementos estéticos y compositivos, que definen a este rebelde en la vida y en la pintura como el iniciador de una técnica, seguida o imitada por numerosos pintores, deseosos de su dominio sobre la luz y las sombras*

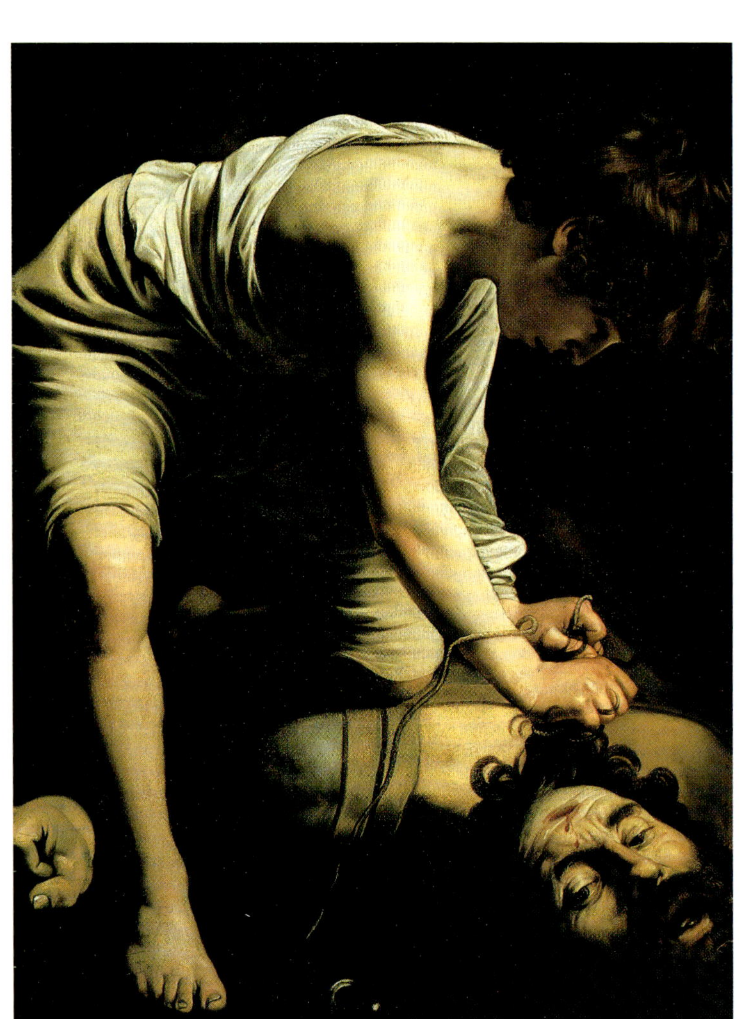

Sea el que fuera el sistema adoptado, lo menos que el juzgador de la obra de arte puede exigir del artista es que permanezca fiel a su sistema. Uno de nuestros contemporáneos pintó una vez el retrato de los hermanos Pío y Ricardo Baroja, en que éstos aparecían juntos. Pío –si el recuerdo no me engaña–, en primer término y sentado; Ricardo, en pie, en el segundo. Dos técnicas se reunían en esta obra, lo cual ya es peligroso; el peligro se agrava por el hecho de que una distribución de aquéllas había adjudicado a una de las figuras la expresiva irregularidad del impresionismo; a la otra, el cumplimiento de la disciplina en la representación de volúmenes, lo cual es arbitrario. Pero lo que llevaba la arbitrariedad al colmo es el hecho de que tal distribución había tenido lugar de un modo exactamente contrario al presumible, o sea, tratando impresionísticamente al personaje sentado en el primer plano y ajustándole al otro las cuentas de cada paso de la sombra a la luz. Esto produce en el contemplador un efecto de malestar: el malestar mismo que acompaña a la visión del monstruo, al choque con lo absurdo.

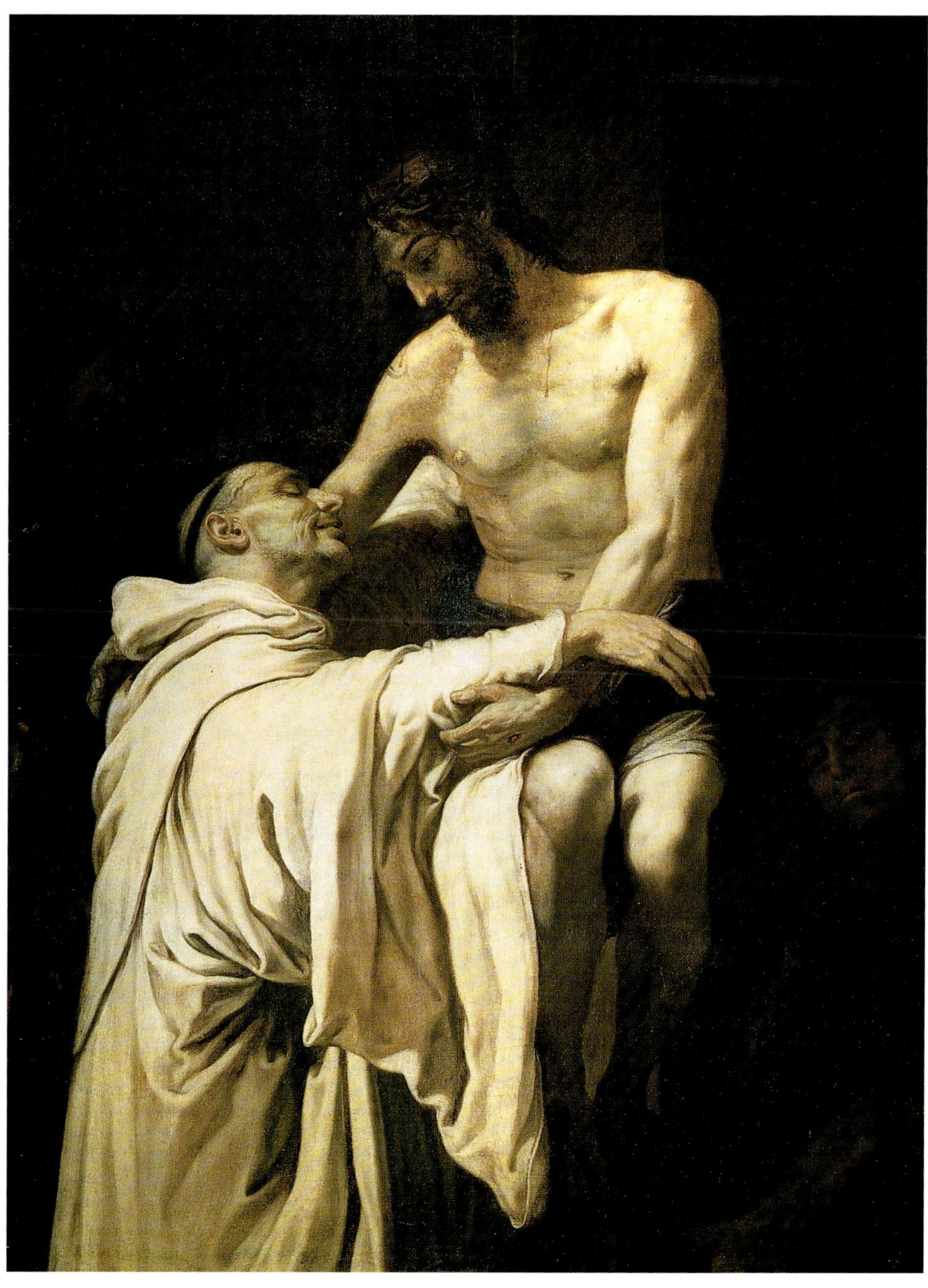

Cristo abrazado a San Bernardo, *de Francisco Ribalta. Un catalán afincado en Valencia, a partir de 1595; si bien será desde 1620 cuando logre captar en sus telas el vigoroso sello de Caravaggio, tras un viaje por Italia, en el que pudo admirar su portentoso estilo. En esta obra de un acentuado sentido místico-realista, la iluminación procede del lado izquierdo, afirmando los pliegues del hábito del santo y el atormentado cuerpo del crucificado. El fondo lo ocupa la base de la cruz y dos cabezas de ángeles, a derecha e izquierda, apenas visibles. El mismo Caravaggio se hubiera sentido orgulloso de firmarlo.*

Y no se crea que se trataba precisamente aquí de un artista inhábil. Ante muchas obras del que fue entre nosotros un ejemplar de superdotado, ante muchos cuadros de Joaquín Sorolla, se experimenta, debido a la misma causa, idéntico malestar: la técnica, vaporosa de puro fugada, que anima a algunos sectores del lienzo, se cambia en otros por una analítica minucia, que frisa en lo trabajoso y mezquino. La impresión que en el contemplador nace entonces no es la de una creación espontánea, sino la de un esfuerzo inconcluso. El cuadro parece exactamente *sin terminar*; pero no dejado así por capricho, sino por impotencia.

De Sorolla alabaron muchos contemporáneos suyos lo que, dentro de la mala información española del tiempo, se llamaba "el impresionismo"... Aprendamos hoy en él la moraleja del mal que puede hacer un impresionismo tomado a ráfagas.

VII

Los pintores venecianos, y el Tiziano muy especialmente, tenían la costumbre de preparar sus cuadros tendiendo desde el principio una casi acabada composición sobre el lienzo: una composición preparatoria en amarillos, ocres y bistres. La dejaban secar, y sobre la misma campeaban después las pinceladas de los varios colores, casi por transparencia, en ligeras veladuras, a estilo aproximadamente de pintor de acuarelas. Lo que se había quedado tras de esa mantilla policroma iba luego emergiendo poco a poco. Iba dorando el conjunto hasta lograr una estabilización áurea, en la cual la fusión de los colores se realiza por una especie de ignición. Y esto es lo que da a las figuras de Tiziano esta singular calidad de lámparas encendidas y a las del Tintoretto esta otra calidad de brasa mal oculta entre la ceniza.

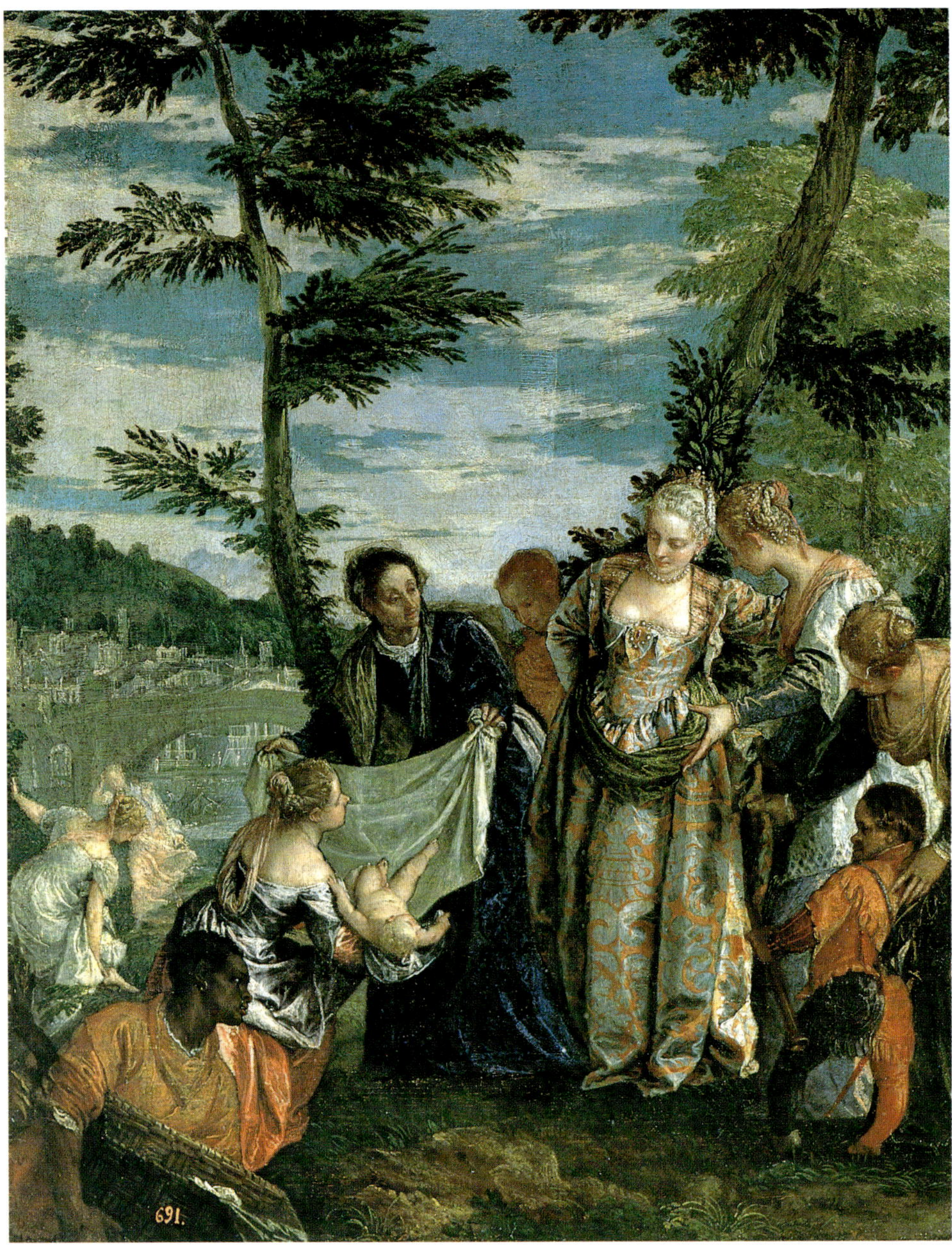

Entre los pintores de la escuela veneciana, tal vez sea Veronés quien más desconozca el sentido "historicista" en su pintura. Su producción, como la del resto de su escuela se empeña en mostrarnos oros, sedas y todo tipo de lujos. Uno de sus mejores cuadros en el Prado es Moisés salvado de las aguas, *en esta página. Constituye una pieza de exquisita suntuosidad por la descripción del recargado vestuario cortesano, y el resplandeciente paisaje de fondo, servidos ambos por un variado repertorio cromático, nada proclive al humilde blanco.*

Esto, igualmente, libertó, cabe decir, a los pintores de Venecia del problema de los blancos y hasta del de la trabazón de los colores. Aquellas obras suyas no parecen esmaltes; pero sí semejan a tierras y colores en el horno, que serán esmaltes mañana. En cuanto a la representación de volúmenes, el recurso de los venecianos les sirve a ellos para lo mismo que a Rembrandt el claroscuro. No hay blancos en la pintura de Venecia, como los hay en Rembrandt. Al igual que los mosaístas bizantinos –que en realidad fueron sus antecesores–, los coloristas de Venecia toman para la función campanal del blanco el oro; con la diferencia de que, si los bizantinos tomaban la luz del oro en los fondos, los venecianos la encarnan en las figuras y, capitalmente, en la epidermis de las figuras.

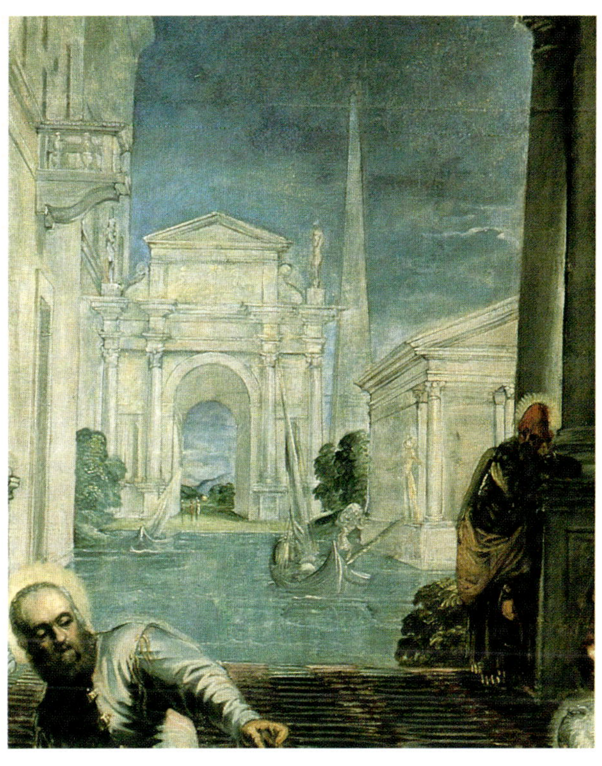

El detalle que mostramos en esta página es el fondo arquitectónico de El Lavatorio *de Tintoretto. El espacio escenográfico, de inspiración clasicista, requería de un tratamiento del color en consonancia con los cánones de la arquitectura, pero prevalece en él una tonalidad dorada que trata de limitar la fría atmósfera del cielo azul. Velázquez admiraba esta obra, no por el uso del color, sino por el buen uso del espacio y la perspectiva.*

Debe tenerse muy presente que este brillante resultado se obtiene tan sólo cuando la áurea luminosidad es subterránea, no cuando se la ensaya superpuesta.

Es decir, cuando el pintor se imagina que la misma puede proceder de un barniz que se tienda encima de la composición, más o menos teñido en tintas amarillentas y verdeantes. En otros términos: que lo que debe ir debajo es la luz, y el color –su acción y su pasión, según Goethe–, encima, cuando lo que hacen ciertos simuladores modernos es querer dar un resplandor a los muertos colores mediante la aplicación de un barniz o la superposición de un cristal. Tenemos una lección ejemplar del abominable resultado de la aplicación de barnices teñidos en la obra de un pintor contemporáneo nuestro, que tuvo tanto poder en la imaginación como escaso discernimiento en el gusto. Me refiero a Néstor de la Torre.

Néstor se figuró que podía dotar sus lienzos, ennegreciéndolos y amarilleándolos con una cocina *a posteriori* del patinado prestigio de lo guardado en los venerables museos. El resultado fue un adocenamiento agravado por una caducidad. Y no creo que el resultado hubiera sido mejor si el Picasso juvenil hubiese persistido en una técnica que le fue común con el catalán Isidro Nonell –su verdadero maestro, después de su padre–, y que consistía en *freír*, después de pintados, acuarelas, *gouaches*, pasteles y aun óleos. El brillo que así adquieren las pinturas es un brillo de mala ley.

Pero no estamos hablando para guía de pintores, sino del amador del arte, que, tras de haber visitado por la mañana, y armado de respetos, el Museo del Prado en tres horas, se lanza por la tarde, y apercibido al juicio propio, al proceloso mar de las exposiciones de pintura. A éste más que a aquélllos –que bien calado se lo tienen– le importa saber que una de las señales de la pintura mal hecha estriba en los que se llaman *rechupados*, y en francés *repentirs*, o sea, "arrepentimientos"; y que proceden de las correcciones superpuestas cuando el error no estaba ni fresco ni secado, con lo cual sale un brillo parásito y una opacidad desdichada: el uno y la otra situados donde no se quisiera. Esta catástrofe no se ve siempre en las exposiciones. Hay más bien que adivinarla, en prevención de la existencia de artistas adeptos del "tente mientras cobro". El buen aficionado, sobre todo si no le asiste la experiencia, no debiera jamás formular su juicio sobre la obra que se le exhibe, y menos adquirirla, sin haber establecido previamente acerca de ella una verdadera policía de *rechupados*. A las veces tardan éstos en manifestarse tanto como ciertas bacterias, que rondan días y días en la sangre, antes de decidirse a la erupción.

VIII

Y ahora, visitante mañanero del Museo del Prado, vesperal peregrino de estudios y exposiciones, cuando ya nuestro juicio sobre la pintura está guiado por ciertas soluciones sobre el problema de los blancos –quiere decir el de la relación entre el color y la luz–, sobre la trabazón de los colores, sobre el claroscuro, sobre esplendores y *rechupados*, vamos un poco más allá –quiere decir vamos un poco más adentro– y metámonos en la cuestión del dibujo. Cuestión sobre manera importante: como que se pudiera decir que todo el quid de las artes de la vista ahí está. Siempre lo de Ingres: "Voy a establecer una academia de dibujo. Y en la puerta pondré el siguiente rótulo: *Academia de Pintura*."

Bajo estas líneas toda una lección de oficio La lechera de Burdeos, *pintada por Goya un año antes de su muerte. Era el año de 1827 y el eterno aprendiz de Fuendetodos se lanzaba por los caminos de la pintura pura, combinando audazmente rápidas piceladas con una firme línea de dibujo, y una paleta de colores "pasteles", precursora de la que al final de este siglo los impresionistas parecían haberse sacado de la manga.*

Qué deba entenderse por dibujo, concepto es que admite varias versiones. Hay una, muy vulgar, que llama simplemente "dibujos" a las representaciones gráficas producidas en un solo color, y "pinturas" a las que ostentan varios y diversos colores. Según una interpretación diferente, hay dibujo cuando la obra ha sido hecha con lápiz, con una cualquiera entre las variedades posibles de este objeto; y pintura cuando ha sido hecha con un pincel... Interpretación que tiene el inconveniente de dejar fuera de la clasificación los llamados "pasteles", elaborados con instrumento que se parece al lápiz en lo de manejarse sin otro agente que el instrumento que los dedos dirigen, y se parece a la pintura por lo blanda que se ofrece la materia colorante. Sin contar con que pueden suscitarse sus más y sus menos respecto a si la pluma –que, por otra parte, tambien necesita de otra materia: la tinta– cabe, a los efectos de la definición, ser denominada igualmente lápiz. De inspiración más profunda es la separación que coloca en un lado las representaciones del volumen bajo la etiqueta de "pictóricas" y de otro lado

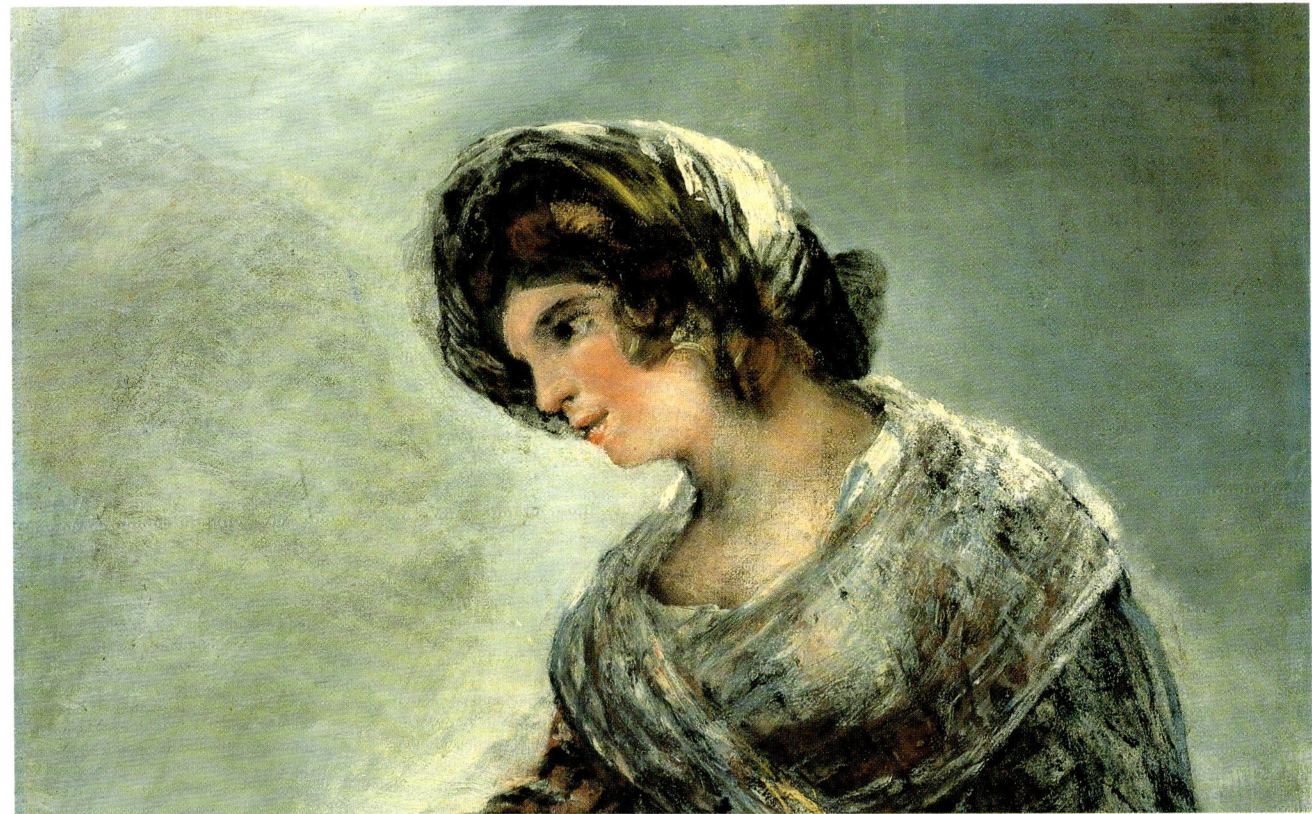

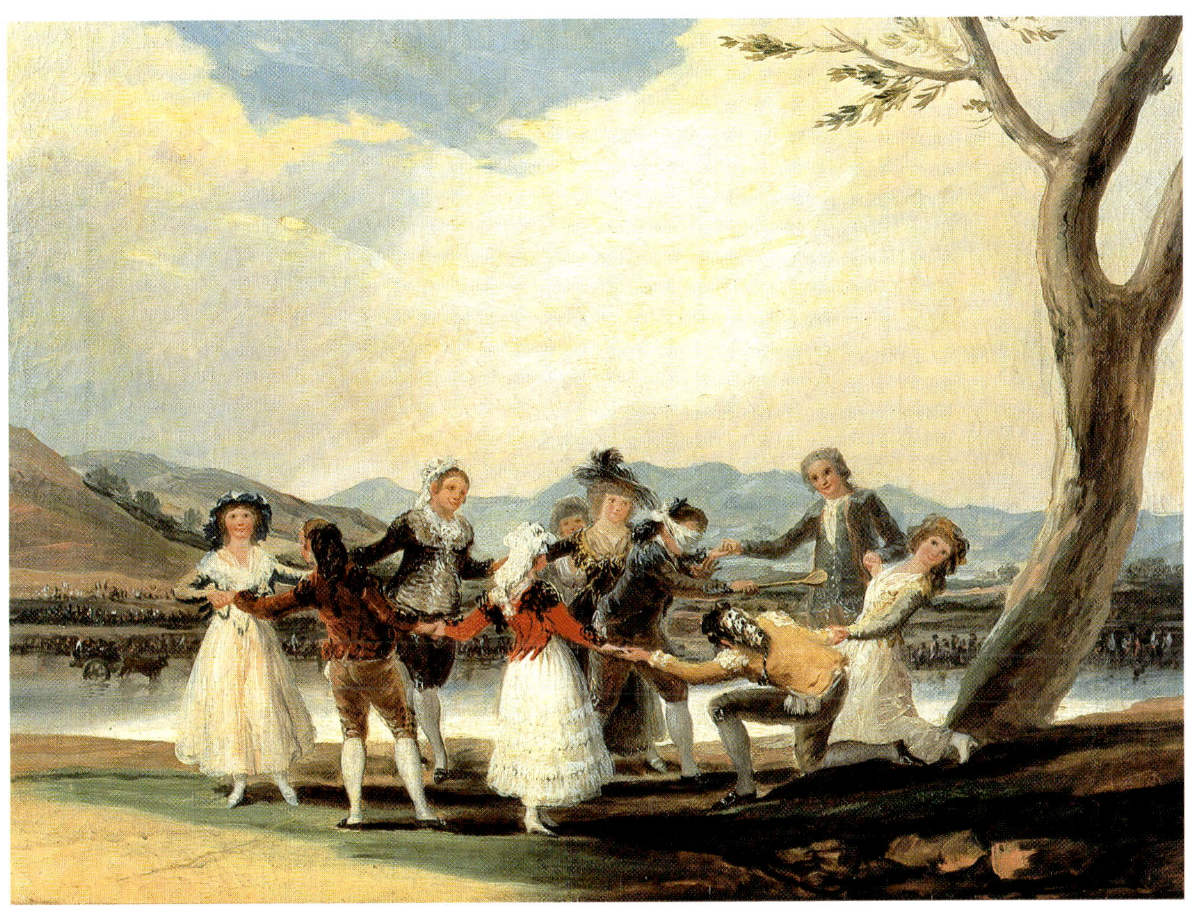

Este boceto de la Gallina Ciega, *pese a la aparente imperfección con respecto al cuadro final, posee unas líneas ágiles en el tratamiento del paisaje, que hacen del boceto una obra más "acabada" que el original.*

aquellas que persiguen únicamente los contornos, sean éstos exteriores o interiores al objeto individual representado, y cuyo carácter lineal permite considerarlas como diseños... Cuenta habida de todas estas dificultades, quizá lo más claro en el asunto estaría en que se adoptase la opinión más vulgar.

Conviene de todos modos retener, de la definición que hemos considerado más profunda, un detalle de trascendencia extremada. Las figuraciones en que el dibujo persigue el volumen se acercan más a lo pictórico, mientras que las otras cuyo objetivo es la línea deben aproximarse al guarismo, en la medida en que huyen de lo pictórico, y necesitan, por consiguiente, de una mayor dosis de abstracción. En las primeras, el ideal es la *corporeidad*, y su cualidad eminente será la *plenitud*; en aquellas otras cuyo ideal está en la abstracción, la calidad más eminente será la *pureza*. De las primeras, han sido ejemplo en la historia del arte los creadores al estilo del renacentista Miguel Ángel –que se preciaba de escultor principalmente– o el moderno Honoré Daumier. De las segundas, hay clásicos, como Rafael o como los japoneses, y, en primera línea, Hokusai. Tan legítimo, dentro del dibujo, es lo uno como lo otro. Lo que debe evitarse es correr dos liebres a la vez; o, lo que es lo mismo, querer verse igualmente alabado de corpóreo y de puro. La mayor parte de las reflexiones que la preceptiva de Ingres da sobre el dibujo tiene la desventaja de mezclar los dos ideales de la plenitud y de la pureza. Bien se adivina, por otra parte, que la ambición de Ingres aspiraría mejor a la pureza que a la plenitud. Por esto Ingres presenta continuamente a Rafael como norma suprema para el artista. De Ingres –citémosla otra vez– es la fórmula según la cual, fuera de Rafael, en materia de arte, no hay salvación.

IX

CUANDO Ingres escribe, como precepto para quienes dibujan: "Al estudiar la naturaleza, no tengáis ojos, primeramente, más que para el conjunto. Interrogadlo y no interroguéis sino a él", lo que expresaba en una ley de la representación del volumen. En cambio, cuando al final del aforismo, nos dice que "hasta el mismo humo debe traducirse en un trazo", resulta adentrarse en un dominio nuevo: el dominio de la expresión lineal.

No quiere esto decir que las palabras con que el maestro une el principio con el final de esta sentencia no tengan valor igualmente para la plenitud y para la abstracción: "¡La forma, amplia, y cada vez más amplia!" Tal amplitud excluye no menos la mezquindad detallista que la invasión de una forma cualquiera en el campo de la forma contigua. En la miniatura no hay amplitud de dibujo; en el impresionismo tampoco. Quienes han querido hacer del gran Daumier un impresionista, se han encontrado, como si un chasco recibieran, con que la verdadera prole de Daumier estaba entre los pintores modernísimos, en el Novecientos, antiimpresionistas por definición.

En relación a las "imperfecciones" de los genios, he aquí dos muestras. Trazos irregulares en la guerrera de Justino de Nassau, en Las lanzas *de Velázquez y en la página contigua, gruesos "brochazos", para el pelotón de* Los fusilamientos del tres de mayo *de Goya. A esto se le llama "sacar las cosas de contexto".*

Tal amplitud impone, igualmente, la necesidad de una construcción que no proceda por fragmentos. "Conducidlo todo a la vez", enseñaba Ingres. Todo, inclusive lo no destinado a ser visto. Nuestro amigo, el ya aquí citado escultor uruguayo Mañé, recibió un día de Auguste Rodin la siguiente recomendación: "Cuando usted quiera modelar una estatua en pie, al trabajar con este pie, proceda a separarlo de la masa, para que, teniéndolo en la mano, pueda usted ocuparse en analizar y plasmar los relieves musculares de la planta del pie, aunque aparentemente ese trabajo quede perdido, pues la tal planta ha de quedar oculta al reposar el pie en el suelo. Porque, si no lo hace así, luego los músculos de la parte superior del pie le bailarán." También Auguste Renoir tenía costumbre de decir: "Para que un cuadro sea bueno, conviene que sea malo por todas partes."

El visitador de estudios y exposiciones que atienda a estos preceptos, si, una vez oídos, se ejercita obstinadamente en la contemplación de obras de arte, llegará a comprobar que, mientras más sencillas son las formas, más ganan en firmeza. "Las bellas formas –siempre según Ingres– son planos rectos con redondeces." Por su parte, Cézanne añadía: "En la naturaleza no hay más que esferas y cilindros." Es lo que buscamos los cubistas, cuando el arte empezó a regresar del impresionismo. El error cubista consistió en tomar el camino como una meta. En contentarse con la representación de las esferas y los cubos, en vez de buscar la *recreación formal*, que saliese como término de una propedéutica en cilindros y esferas. También aprenderá la consideración, en primer término, cuando se coloque en presencia de una obra de pintura, de aquellos "valores espaciales", llamados también "valores táctiles", y el descubrimiento de cuya importancia es debido al crítico norteamericano George Berenson. Que sea del tal el descubrimiento no quiere decir que antes tales valores se desconocieran, sino que se apreciaban instintivamente, y, muchas veces, equivocándose y tomando por *un bulto* lo que era una cavidad. "Nunca jamás los contornos exteriores *hunden* al objeto –encontramos en la misma fuente magistral. Al contrario: lo *abomban*, lo arman como de una cesta de mimbre. " No hay catástrofe peor ni revelación más evidente de maldad en un cuadro que el que en él se vaya hacia atrás lo que debiera venir hacia adelante.

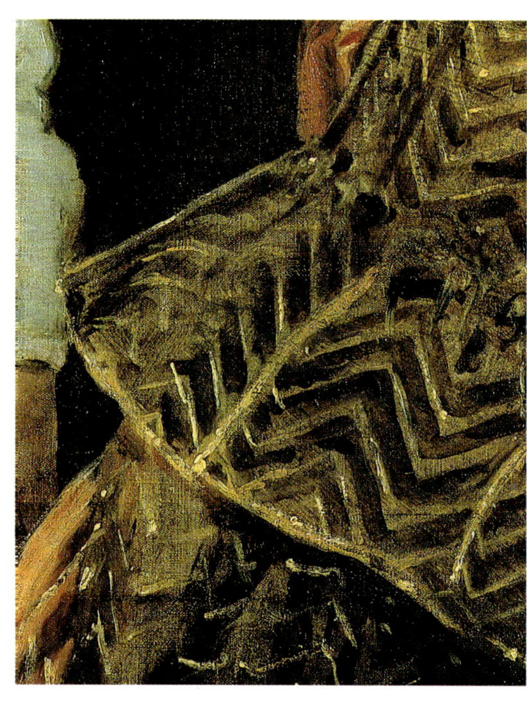

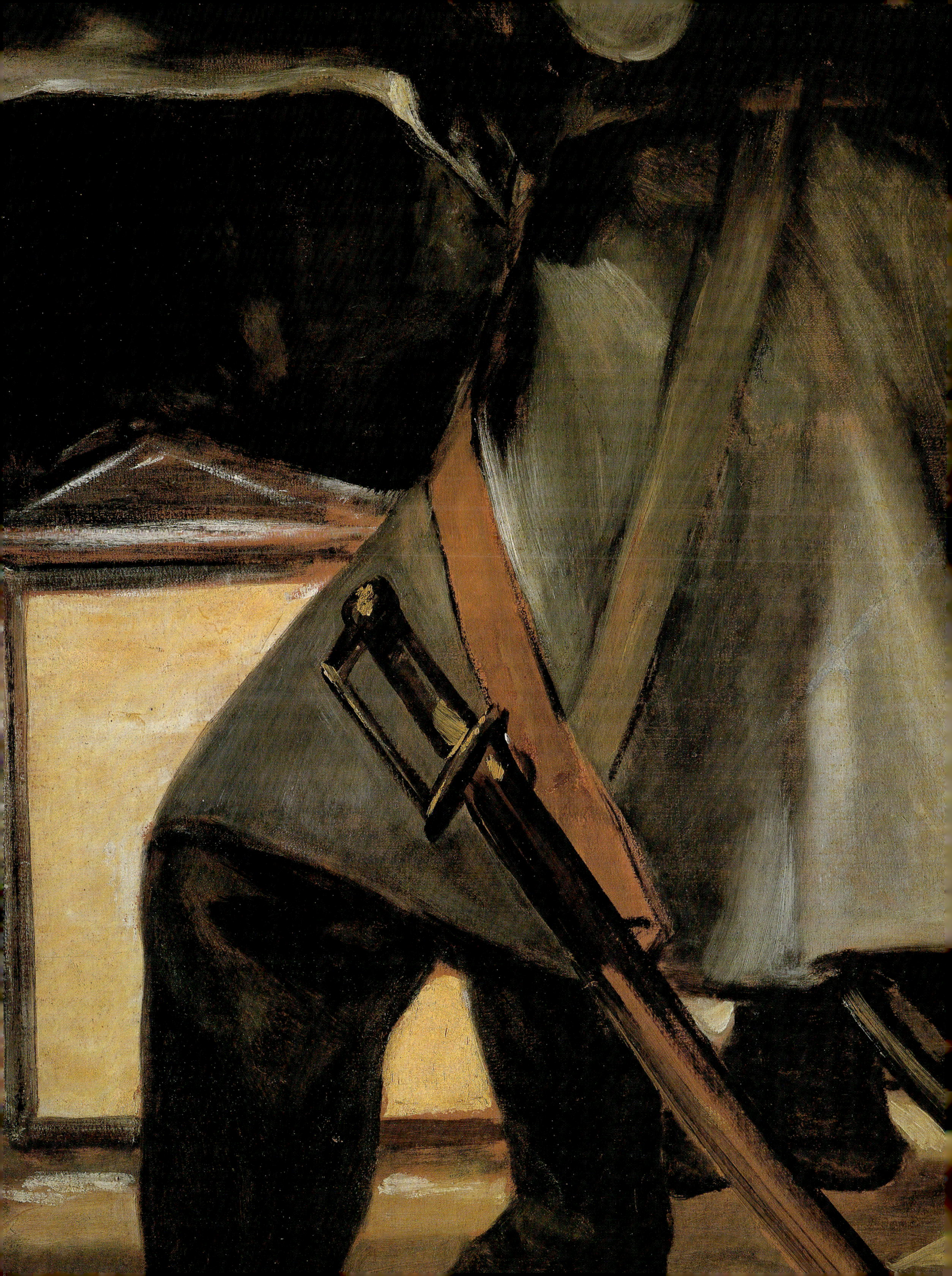

X

LA pureza en el dibujo era la cualidad que un día se apreció más en la pintura, y a la cual la antigua Academia –quiere decir la Academia hasta la hora del impresionismo –consagró atención privilegiada. La mayor parte de los preceptos escolásticos que perpetuaban la tradición académica estaban ordenados al logro de la perfección en este capítulo. Más de uno, entre tales preceptos, resultaba contraproducente o pueril. Otros eran, al contrario, de buen aviso. Por ejemplo, cuando los profesores de la Escuela advertían a sus discípulos que, de agruparse en un cuadro varias figuras, ninguna de ellas debe ocultar demasiado a la que tenía a su propia espalda, lo que establecían no era tan sólo una exigencia de la composición, en el sentido de conseguir la claridad ideológica del asunto, sino también una condición de la belleza en las líneas; ninguna de las cuales debe quedar disimulada en su desarrollo, ni trinchada, ni, por decirlo así, cortada en flor; con la aspiración siempre de alcanzar aquel punto de soberana tranquilidad y calma que tienen, y parecen haber tenido desde su nacimiento –mejor dicho, desde su concepción–, las obras maestras.

Muchos entre los pintores modernos han venido a poner, sin embargo, su ideal en la traducción directa de la agitación y el tumulto; es decir, de lo más lejano posible a la calma serena. No podemos colegir hasta qué punto esto que hoy se llama dinamismo fue consciente en el Greco. Ha de parecer sorprendente que una fuerza de orden tan musical como la revelada en sus composiciones de asunto se compaginara con el ejercicio de la arquitectura, que era profesión del pintor cretense. Cierto, hacia la misma época, empezó a florecer una pléyade de arquitectos barrocos, ávidos de introducir la presencia del movimiento en el equilibrio de las masas. Pero, así como la Música es un arte que nunca será enteramente clásico, en el sentido técnico de la palabra, el barroquismo en arquitectura no cabe que nunca llegue a consumar la aventura del di-

Si hemos de apreciar en un pintor preocupación obsesiva por el dibujo, mejor es que no elijamos a Goya. Pero, ante resultados como el que mostramos en esta página, el retrato de la infanta María Isabel, *de* La familia de Carlos IV, *de un trazo suelto y desenfadado, no parece que la perfección en el dibujo le hiciera mucha falta.*

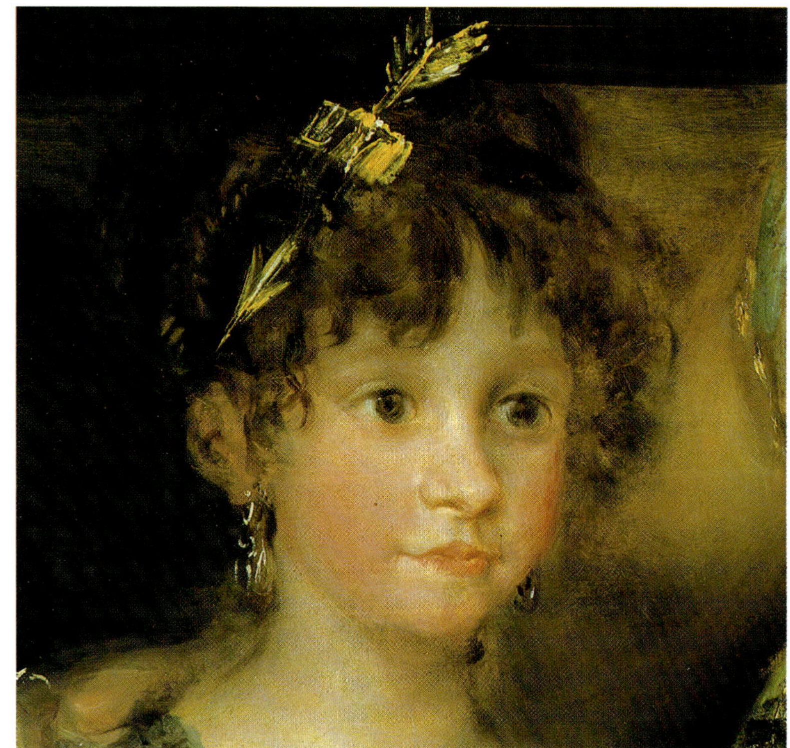

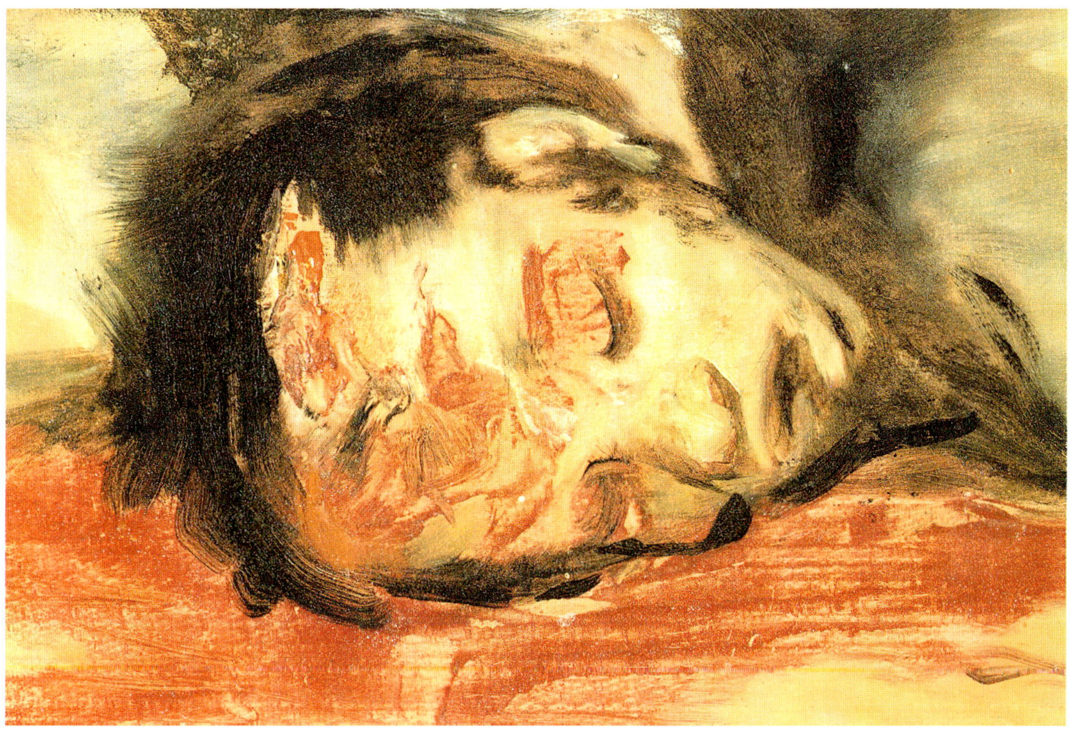

namismo. Las fábricas que produce la arquitectura han de presentar, por lo menos, la propiedad de tenerse en pie. Entre el estilo de las formas que vuelan y el estilo de las formas que pesan, son estas últimas las que, en primer lugar, preocupan al arquitecto, por barroco que sea o que se diga. En la pintura hay, indudablemente, mayor margen de libertad. Así, lo que no sabemos si en el Greco era consciente, lo es ya, sin duda alguna, en el Magnasco. Y con variedad infinitamente más grande en los registros y éxito más delicado en los arabescos, dentro de la obra de Goya, del cual cabe decir que la pureza del dibujo no le importaba una higa. Quienes, en España, se han dado al juego, ideológicamente tan turbio, de enlazar, dentro de una comunidad de tradición, el caso ya secular de Goya con el caso contemporáneo de Picasso, gentes son que no saben lo que dicen. No hay disparidad tan absoluta en la historia del arte como la que separa a estos dos pintores. Cabe decir que el último no halla sentido sino en la contradicción con la obra del primero. La persecución de la pureza de la línea y la cerrazón de los contornos han sido, en este último, tan constantes como pudieron serlo, con un material iconográfico tan distinto, en los más abstractos maestros de la Escuela. Cabría recortar siempre con unas tijeras las figuras de Picasso, y este aislamiento del contorno seguiría permitiendo reconocer a cada una. Mientras que, en los maestros del Impresionismo, y ya en Goya, así que compareciéramos nosotros con esas tijeras –que son las tijeras del análisis objetivo–, buenas noches.

Sigamos con Goya, esta cabeza destrozada por la descarga del pelotón de fusilamiento, fuera del conjunto al que sirve, apenas si es un boceto impresionista, pero resiste, mal que le pese a nuestro autor, el corte de las tijeras del análisis objetivo.

XI

"El dibujo es la probidad del arte", repetía a todas horas, ya lo sabemos, Ingres. Más exacto sería decir: su castidad. Hay estados en que, sin atenuar su virtud, la castidad toma otro repertorio de deberes. Hay estilos en que, sin merma de su integridad, el dibujo prefiere vigor a pureza.

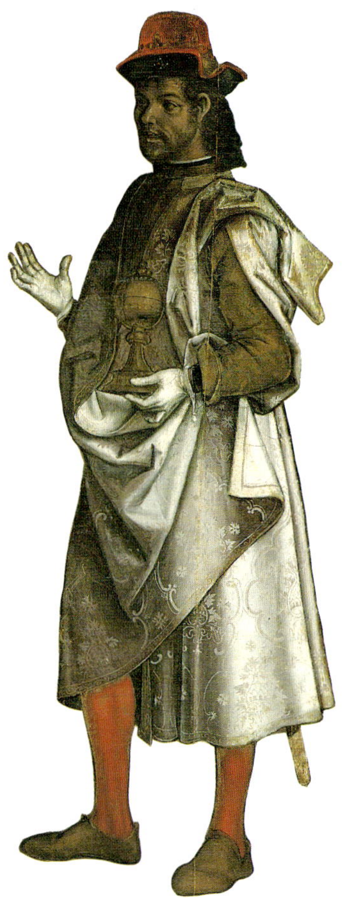

Este Rey Mago de Alonso de Berruguete ha sido silueteado de la tabla que ocupa en el museo, con el avieso propósito de demostrar que sólo con líneas no se hace pintura. Es una trampa injusta, sobre todo con el pintor Berruguete.

¡Cuidado! Conviene que en ninguna ocasión sea confundida la pureza con la fragilidad. La misma distinción que la moral mundana establece entre estas dos notas la debe establecer y mantener la estética.

Hay un artista español que a la hora actual ha logrado trazar algunas de las líneas más puras que nuestra pintura haya conocido. Hablo del donoso y desigual pintor Pedro Pruna. Desigual, porque, en otras ocasiones, las líneas de Pruna no son puras, sino simplemente frágiles. Me atreveré a decir que le pasaba lo mismo –y traigo aquí el ejemplo a fines de comparación– a este grande y llorado poeta nuestro, que acaba de morir, Manuel Machado. Sólo que, así como en Manuel Machado la fragilidad no era menos encantadora, cuando se mostraba, que la pureza, en Pruna, si ésta parece milagrosa, resulta la primera un poco irritante. Todo se le perdona al poeta en gracia a su gracia. Todo se le exigiría al pintor en gravamen de su inteligencia.

Lo habitual en la moderna pintura es que la ambición de pureza ceda el paso a la intensidad expresiva. En éste, como en otros muchos capítulos, la virtud se encuentra en los cabos; y el error, en el término medio. La mirada experta del buen gustador se aparta casi instintivamente en las visitas a exposiciones y estudios de aquellas obras cuya ingenuidad –o malicia, si el olvido es adrede– las ha dejado indiferentes al uno como al otro ideal. Esto se manifiesta precisamente en la ausencia de estilo. Toda obra importante, al contrario, contiene una especie de alusión implícita a algo que polariza los aspectos de su apariencia formal. No vacilaríamos en decir, si nuestra fórmula se entendiese a derechas, que cualquier gran obra de arte es, en cierto sentido, una obra de erudición. Todo el Renacimiento anduvo inflamado por el deseo de la imitación a los antiguos. Todo el arte contemporáneo más valioso encierra alusiones, paladinas o inconfesadas, a la que se llama "Escuela de París". Esta es la verdad, tanto si nos gusta como si no nos gusta... Reíos de quienes os hablen de "tener a la naturaleza como una maestra única" o de "afirmar la independencia de la propia personalidad" o de "no deberle nada a nadie", o de otras sonsainas. El "estilo" se llama tal estilo precisamente por el elemento colectivo, impersonal, que presenta en sí; lo de que "el estilo es el hombre" es una fórmula falsa y que, naturalmente, nos impediría hablar de "estilo gótico" o de "estilo rococó". El estilo no es el hombre, sino más bien "la persona", es decir, aquello que en nosotros reúne a la vez el individuo y la especie, y asume, en cada uno, la representación simbólica de los demás.

Y claro que, al llegar a ese angélico nivel, el artista tiene que repetirse. ¿Quién habló de "amaneramiento"? Los Museos no contienen, en realidad, obras más que de artistas amanerados. Y, en las exposiciones contemporáneas, son las obras de los artistas amanerados las únicas dignas de captar, ya de entrada, la atención del gustador auténtico de la pintura; así como en un salón son únicamente las señoras de cierta edad quienes captan, también de entrada, la admiración del varón de deseos experimentado.

XII

Un mirar diestramente ejercitado no se perderá, pues, al enfrentarse con una colección de pinturas en la selva de las creaciones desprovistas de estilo; es decir, de los monstruos. También sabrá evitar, sobre todo si su concurrencia es mucha, aquellas obras en que la monstruosidad no apunta, en modo alguno, como peligro; o sea, las obras pertenecientes a los estilos que llamaríamos "de munición". Aquel sastre de Huelva que únicamente conocía dos medidas para los chalecos –la del chaleco largo y la del chaleco corto– y que, al cliente sucesivamente quejoso de un primer ensayo de longitud desmesurada y de otro segundo peligroso de enfriamientos del duodeno,

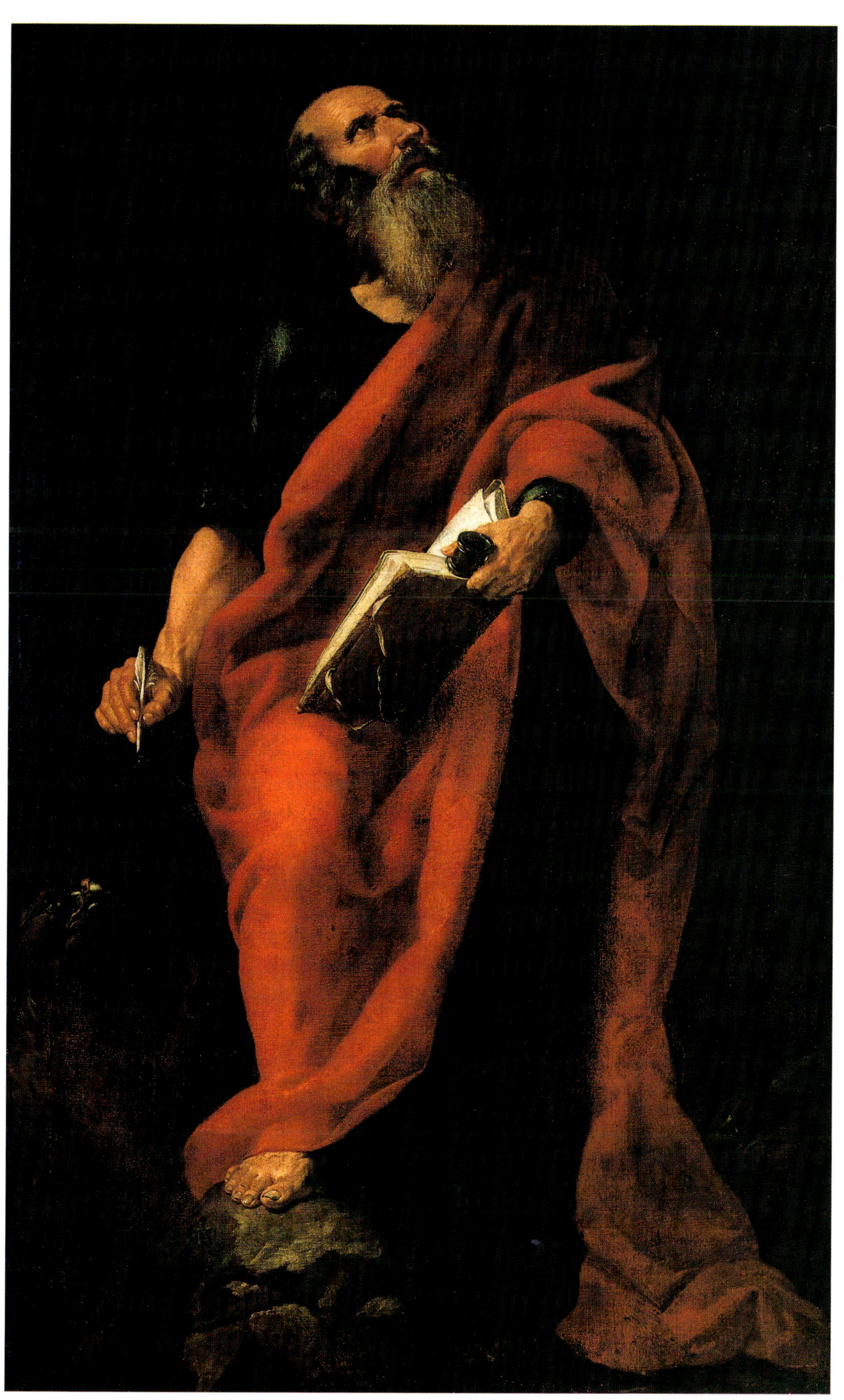

Acerca del "amaneramiento" de los pintores y la pintura, elegimos este San Juan Evangelista *de* Francisco Ribalta, *que se muestra en el Prado. ¿Por qué?* Pues a *los efectos de demostrar lo relativo del término.* Esta *obra de sobrecogedora fuerza busca la teatralidad a través de la pose del apostol, y refuerza el dramatismo de la escena, gracias a la llameante ráfaga de la túnica, que envuelve la figura surgida de un abismo de negrura.* No *se puede pedir más artificio, ni mejor forma para mostrarlo.*

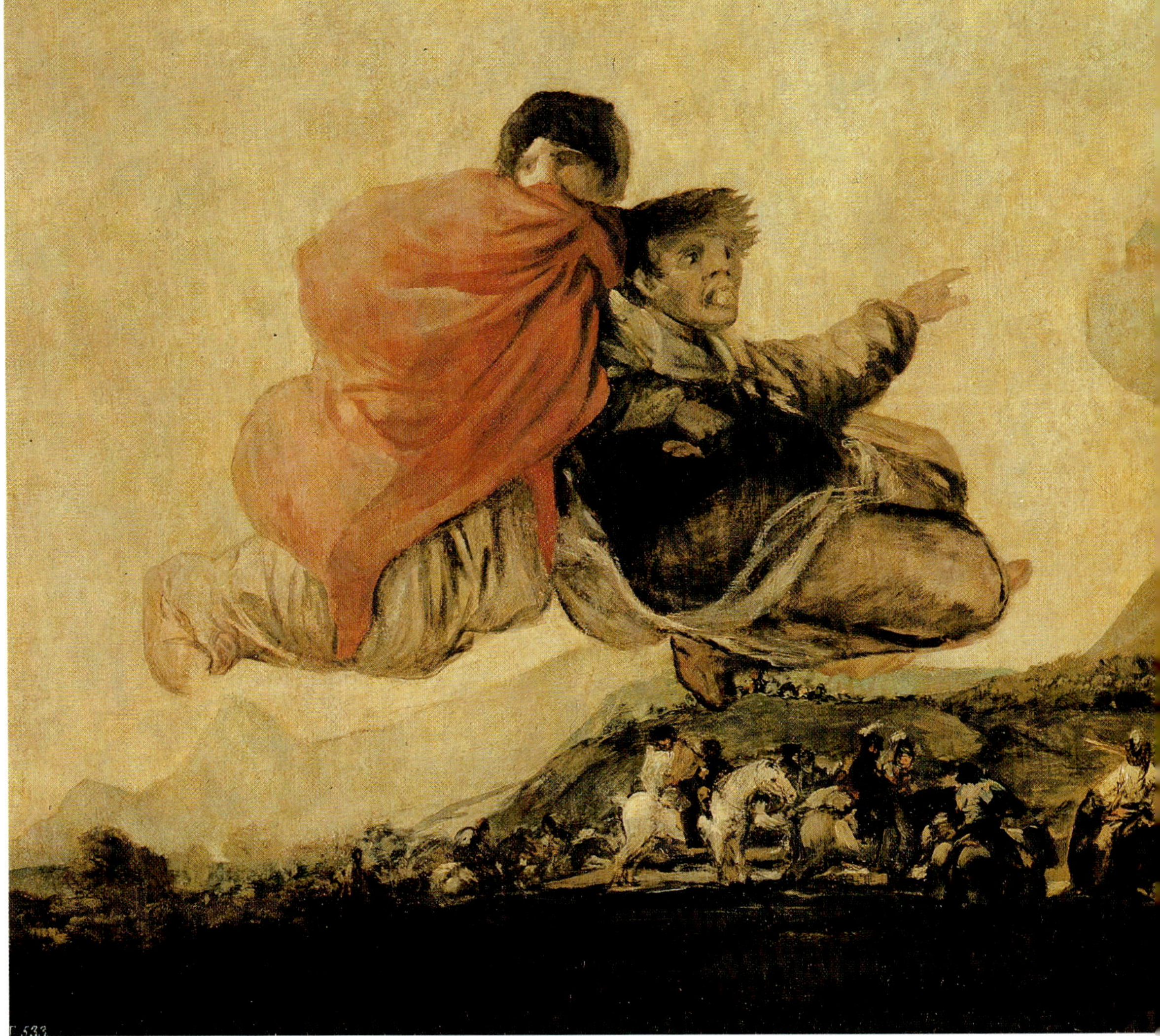

Para relacionar un estilo con su autor y época elijamos otra vez a Goya, y dentro de sus muy diferentes etapas la más compleja de relacionar con la pintura y las tradiciones culturales de su tiempo, la correspondiente a su etapa negra. La Visión fantástica, *que aparece en esta doble página, no parece encajar dentro de los cánones estéticos del primer tercio del siglo* XIX, *pero el trasfondo cultural de esta pintura es muy anterior a este tiempo.*

decía, en alegato de irresponsabilidad: "¿Qué culpa tengo yo, si usted no tiene cuerpo para chaleco?", caería en una Exposición de Bellas Artes, si no en el Escila de la imitación literal al antiguo, en el Caribdis del plagio, a los moldes nuevos de la "Escuela de París". Pero el visitante que imaginamos como aprovechador, por la mañana, de las lecciones del Museo del Prado y como prolongador, por la tarde, de las insinuaciones contenidas en este prontuario nuestro, no se parece al sastre de Huelva. Sabe distinguir, de lo que es automático, lo que es tradicional; y, de los repertorios formales de la moda, los repertorios formales de la época.

Un verdadero estilo respira siempre el aire de su época, sin seguir las modas en la puerilidad de su detalle. Un verdadero estilo se inscribe en una tradición, sin repetir pasivamente sus fórmulas. Pensemos, por ejemplo, en Goya, pintor que suele ser considerado como el tipo de la rebeldía, y a quien, por lo que se refiere al asunto, no le venía, en verdad, de un monstruo. Sin embargo, en lo tocante al estilo, ¿no le vemos de un lado entrar en una especie de conversación de influencias con los epígonos de la pintura carnavalesca, a estilo de Magnasco; de otro lado, con los retratistas ingleses, con los costumbristas flamencos, con los pintores rococó, mientras que continúa sin posible equívoco ciertas tradiciones de la pintura española? ¿Quién –de ver unos

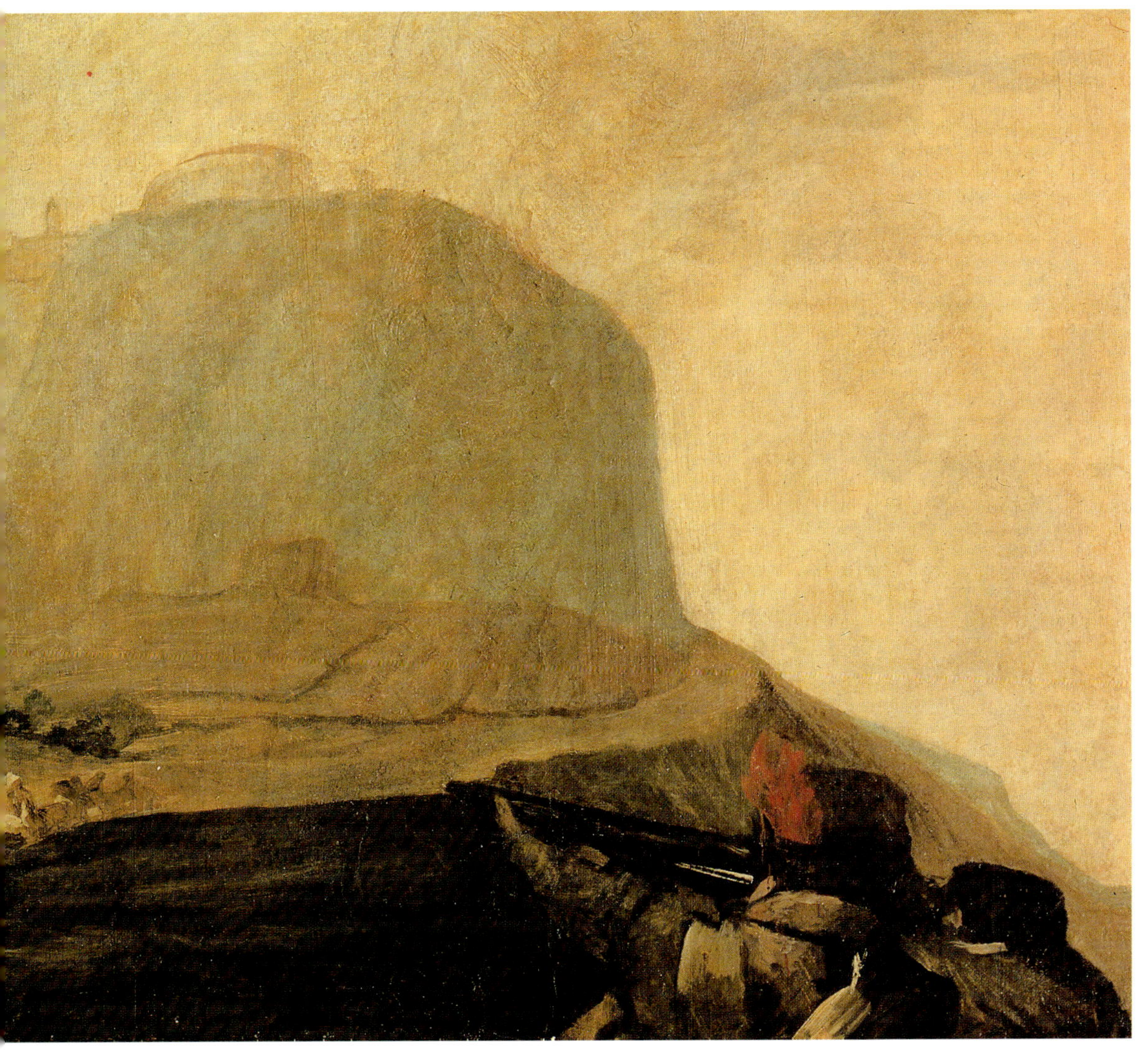

La escena puede ser una recreación plástica de la famosa novela picaresca de Luis Vélez de Guevara, El diablo cojuelo, *escrita en 1641, pero en la pintura hay relaciones con el presente, tal y como nos muestran los soldados del ángulo inferior derecho, y la caballería que asedia, la mole rocosa, referencias explícitas a la reciente Guerra de la Independencia. De esta forma, la técnica más revolucionaria se sirve de las fuentes literarias, o del pasado más cercano, para identificar al artista con sus motivos de inspiración y la crónica de su presente.*

cuantos Goyas por primera vez– no le sabrá nuestro? ¿Quién no le adjudicará al siglo XVIII, a su coyuntura con el siglo XIX? Esto –insistamos siempre en decirlo– es aparte de la cuestión del asunto y del pretendido "carácter" de los temas. No tratamos ahora de anécdotas, sino de estilos. De los repertorios de dominantes formales que permiten el establecimiento de una corriente comprensiva entre el autor y el espectador. Hay cuadros que parecen responder inmediatamente a nuestras preguntas. Hay otros a los cuales encontramos, por decirlo así, sordos, y que nos las hacen repetir demasiado frecuentemente en vano. Que, sin avergonzarse, escoja el visitador de exposiciones entre los primeros. Entre los que hablan el mismo lenguaje que él.

Esto de contestar inmediatamente a nuestra muda interrogación no quiere decir, en modo alguno, que el buen cuadro venda, así como así, su propio secreto. Hay que mirar mucho y volver a mirar, y mirar de varias maneras, antes que atreverse a formular juicios sobre el cuadro que nos ha llegado a interesar. Y, tras de ese mirar largo, repetido, variado, lo mejor es, cuando el juicio se formula, callárselo por de pronto. Juicio aventado, al madurar, no cuaja. Al propio que lo lanzó al aire le deja mal convencido. Mirar, mirar sin tregua. Esto ni siquiera es del todo voluntario. Las grandes invenciones de la pintura, a quien tienen delante, no le persuaden tan sólo, sino que le obseden.

XIII

PROCEDIENDO centrípetamente, de fuera a dentro, en nuestra labor de catequesis artística, hemos colocado nuestras notas sobre el estilo en lugar intermedio entre las referentes al dibujo y las que ahora vamos a dar, relativas a la composición. La materia se nos ha ido, a este paso, volviendo más difícil; el juicio del contemplador de la pintura moderna será aquí, en la misma medida, más arduo. Para ver cómo se presentan los blancos en un cuadro cualquiera, basta con tener ojos. Para valorar en el mismo la manera como están repartidas las masas, se necesita, si no rigurosamente ser arquitecto, por lo menos tener alguna disposición para la arquitectura.

Los viejos tratados preceptistas suelen contener, en punto a la teoría de la composición, más reglas que principios: semejantes, en esto, a muchos taurinos de nuestra amistad, que, para ilustrarnos, mientras la corrida se desarrolla, suelen traernos, tanto como poca doctrina, profusos dictámenes. No está el primor en decir "olé" o en decir "¡A la cárcel!" o en aconsejar que ninguna figura en el cuadro oculte cualquier elemento expresivo de la figura que tiene detrás; habría que explicar el porqué de este consejo y el porqué del "olé" y el porqué de la exhortación punitiva. Ciñéndonos por hoy a la pintura, nos vemos en el caso de confesar que ni siquiera en Ingres hemos encontrado la observación, por demás sencilla, de que la composición corresponde a la necesidad de someter la pintura a un orden arquitectónico, como el colorido corresponde a la posibilidad de sensibilizarla en el orden musical.

En la serie de Tintorettos, de asuntos bíblicos que posee nuestro museo, hay un denominador común en relación a la composición de las pinturas. Estas fueron ejecutadas para ser expuestas en oblicuo, con una inclinación de 45º, con respecto al plano, por ello en José y la mujer de Putifar, *bajo estas líneas, el techo de la estancia se nos viene encima. Es culpa del espacio (arquitectónico), no del cuadro.*

Habrá, pues, dos tipos de composición, según su alejamiento, más o menos grande, respecto de lo musical que tolere su disposición tectónica. La composición situada más lejos de la música sería la de carácter *simétrico*; si éste, al situarla tan lejos de la música, no la situara ya fuera del arte.

Lo extremo, queriendo permanecer dentro de él, es el tipo de composición *cerrada*, que no exige *simetría*, pero sí el equilibrio. Un sistema sutil y variadísimo de compensaciones, obtenidas por el volumen, bien por el color, debe tomar *equivalentes*, ya que no sean *iguales*, la derecha y la izquierda del cuadro. En lo que toca a la relación entre

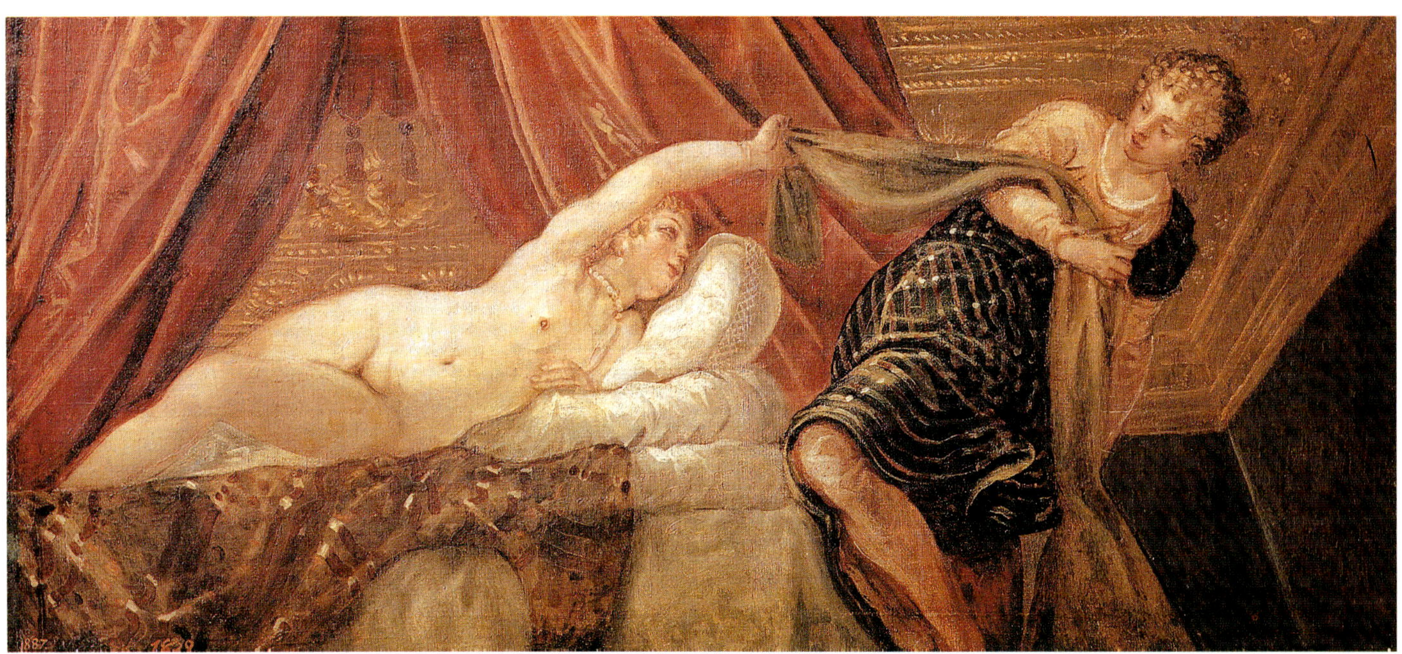

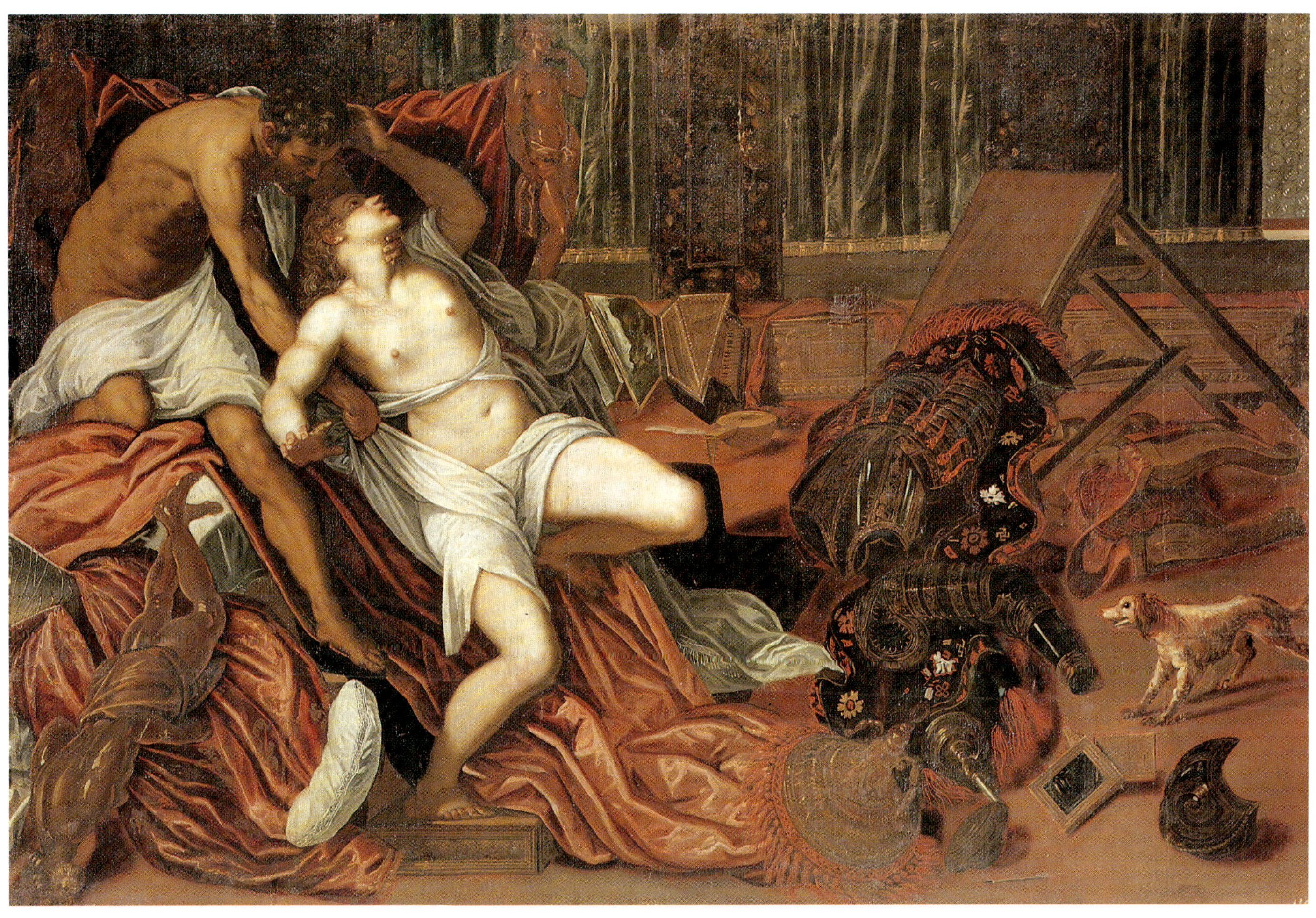

el alto y el bajo del mismo, ya no se produce la misma exigencia. La mayor parte de los cuadros que sobrepasan la nota puramente decorativa son, por arriba, de composición abierta, sin que esto mengue su carácter clásico, siempre subrayado por lo paladino de su obediencia a las leyes de la gravedad.

Pero existen obras de arte, principalmente desde el Impresionismo, en que lo abierto de la composición se coloca a la derecha o a la izquierda, o a los dos lados a la vez, y, en alguna, inclusive en la parte inferior. El más atrevido, dentro de la pintura moderna –antes de que ésta entrase en la zona de la locura–, fue Degas, el cual, a su vez, había sido precedido por nuestro Goya; cuyo retrato de Godoy, hoy en la Academia de San Fernando, puede tenerse, desde el punto de vista de las leyes de la composición, por en extremo escandaloso. En la acera de enfrente hay, desde luego, los antiguos, como Andrea del Sarto –a quien por su perfección en el componer llamaron sus paisanos Andrea *senza errori*–; pero también algún moderno, y magistral entre los modernos, se ha manifestado excelente en la composición cerrada; el gran Seurat principalmente, cuya influencia es tan decisiva en el arte contemporáneo. En el que nuestro doctrino podrá encontrar en las exposiciones próximas al Museo del Prado la composición abierta, propia del impresionismo, tiene por muestra la pintura de Eduardo Vicente. La composición cerrada tiene por tal a Rafael Zabaleta, cuyo clasicismo acabarán todos por reconocer. Zabaleta, en lo de cerrar, ha llegado al colmo. No es raro en él que la pintura quede igualmente cerrada por arriba.

En la parte superior La violencia de Tarquino *de* Tintoretto, *en este caso no hay justificación alguna, acerca del modelo compositivo, salvo la voluntad del pintor por desplazar la acción a la izquierda. Para compensar el eje de simetría, el veneciano ha colocado en equilibrio inestable, todo un baúl de* attrezzo.

XIV

ANDREA del Sarto –Andrea *senza errori*– es un pintor muy aburrido. Así ocurre muchas veces con las cosas tenidas por incapaces de falta o equivocación. Parece como si el riesgo de la imperfección acrecentara el valor de lo perfecto. Así, en el espectáculo circense, los saltos que valen son los que se realizan cerca del techo y sin red.

Pero no se crea: alguna equivocación debe de haber en un maestro reputadísimo por su fortuna en componer las que se llaman "estructuras en pirámide" –y son consideradas como las de mayor armonía entre todas– para que la contemplación de sus pinturas no nos arrebate. Mirándolo bien, encontraremos una falta en su labor.

Esta falla viene en el capítulo del enlace entre la composición y el asunto. Obra de arte hay cuya composición parece *impuesta* por el mismo asunto, de manera que su arquitectura traduce, al pie de la letra y directamente, una necesidad expresiva. En otras obras, la estructura se halla, simplemente, *superpuesta* al asunto. La estructura, en estas últimas, da al asunto nada más que una habitación, y no un vestido. Pues bien: en Andrea del Sarto, las formas alojan únicamente a los personajes. Mientras que, en Rafael, por ejemplo, no es sólo que las formas vistan a los personajes, sino que se identifican con ellos.

La Sagrada Familia *de Andrea del Sarto, todo el "aburrimiento" que denuncia* Eugenio d'Ors *se anuncia en la quietud del grupo. Tanta perfección de líneas y colores, sin un gramo de emoción, resulta puro envoltorio.*

Ahora, mi caro doctrino, colocado ante una obra de arte moderna, tu principal tema de reflexión y elemento de juicio –el principal; el primero, ya dijimos en su día que se limitaba a la cuestión del color–, tu trabajo crítico por excelencia ha de consistir en averiguar si, en lo que tienes ante los ojos, las formas aparecen como creadas por el asunto o nada más que soportadas por él. Lo primero no anula los preceptos extrínsecos sobre la composición, bien entendido. El precepto de que la figura que está delante no oculte nada significativo de la situada detrás de ella sigue teniendo en esta esfera de espontaneidad aparente toda su validez y su utilidad. Lo que ocurre es que la regla parece aquí *querida* con entera libertad por el asunto. En tanto que, en el otro caso, quien parece haber querido la regla no es el asunto ni es el artista, sino alguien ajeno a éste o situado fuera de aquél.

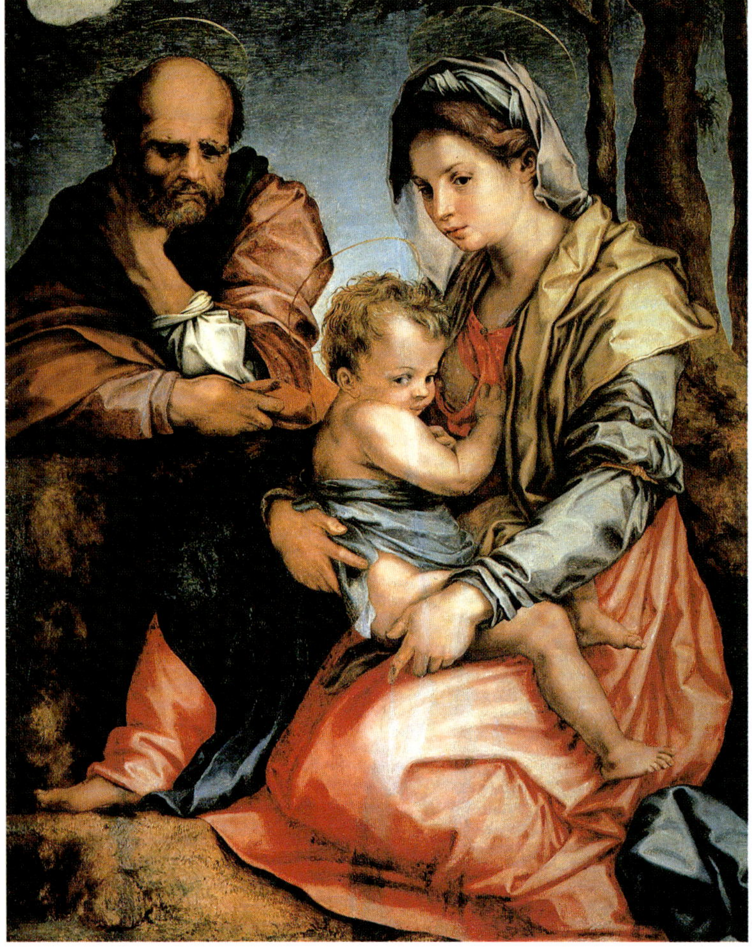

Vamos a un parangón, cuyo modelo te será más familiar. ¿A qué escritor llamas tú, caro doctrino, buen escritor? A aquel cuyas palabras y enlaces de palabras son a la vez correctos y apropiados. Si la dicción es en alguno apropiada, pero no correcta, su desorden insocial nos disgusta, y sólo podemos encontrarle absolución en el caso de una genial violencia, en que la transgresión de las reglas y de su medida hace como crear de nuevo otras reglas o medida. En el otro cabo está el escritor no apropiado, bien que sea correcto. Este te produce un efecto parecido al que te debe producir la pintura de Andrea *senza errori*, patrón de academias y seminario de bostezos.

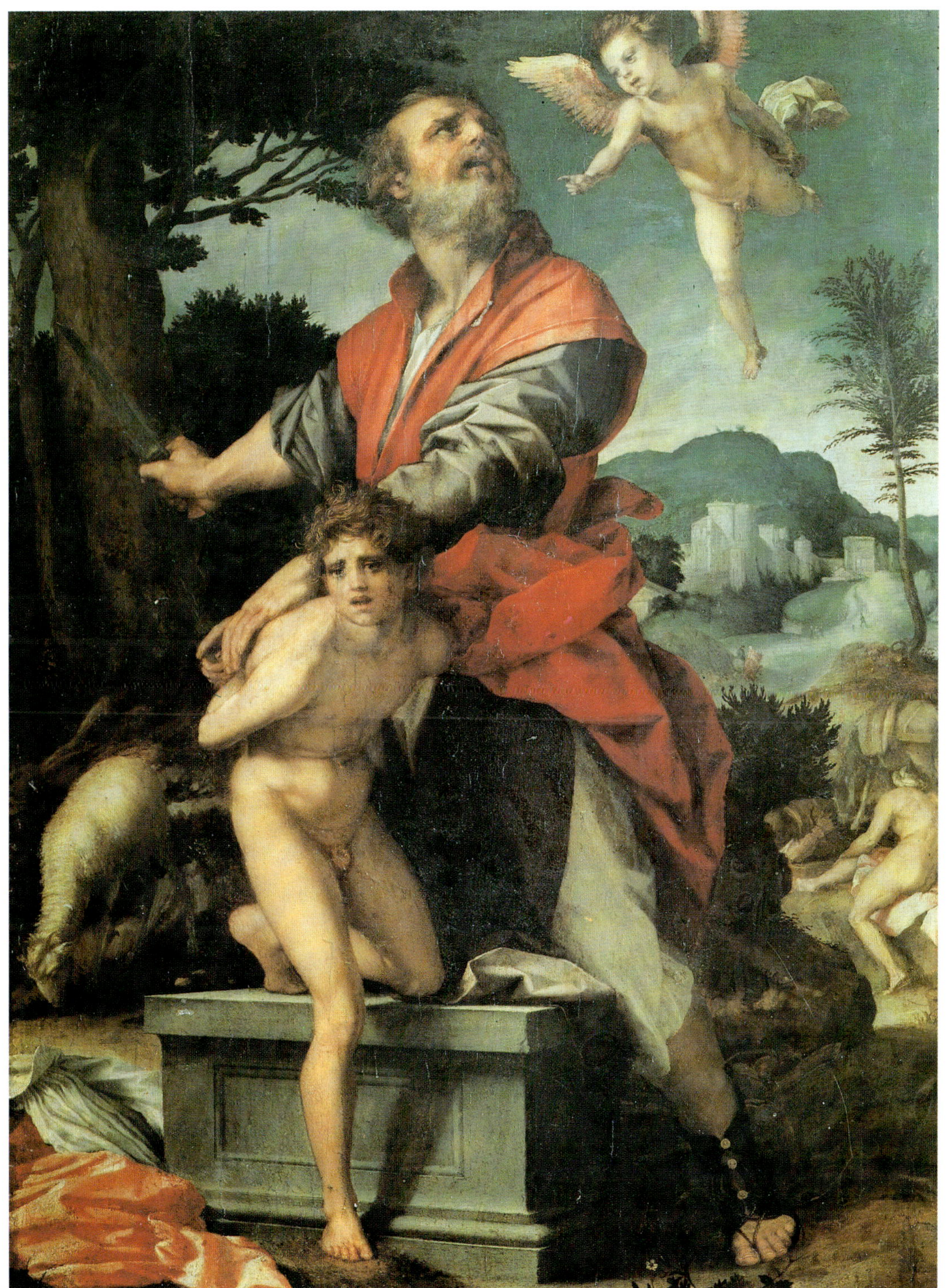

Aceptemos que el cuadro de la página anterior era demasiado quietista, y ello podría justificar la "perfecta" serenidad del pintor. Pues bien, he aquí un motivo más propicio a la pasión. Abraham se diría que escucha al ángel que le libera del penoso mandato del Señor, como quien atiende el parte meteorológico, dada su mirada al firmamento. Mientras, Isaac refleja en su rostro lo incómodo de estar a la pata coja, y que le retuerzan tan obstinadamente los brazos. Hasta la oveja, que finalmente pagará el pato, se aburre.

Ya sé, ya sé que la captación de este elemento y su valoración ante una obra singular son tarea larga. Pero ya te he dicho que a una pintura cualquiera, a menos de ser decididamente experimentado, conviene mirar muy largamente antes de dictaminar. Y, si el dictamen puede excusarse, vale más no decir esta boca es mía. Y, en punto a comprar –ahora que los artistas no nos oyen–, vale más, según los moralistas aconsejaban que se hiciera, antes de encolerizarse, contar todos los botones del chaleco, y, encima, los de la americana. Del chaleco y de la americana, de donde va a salir, si es que no salen del bolsillo pernilero, los voladores agentes de una compra, probablemente sin retrato.

XV

LA sabiduría por el pintor empleada en la composición de su obra; el gusto y la invención con que estructuralmente haya repartido sus volúmenes; el enlace y conexión de los mismos con las significaciones expresivas que hayan intentado ofrecer a la contemplación, tienen un enemigo natural en otros valores, a los cuales no han vacilado en atribuir la suma excelencia en la pintura ciertos teorizantes del arte. Nos referimos a los que su apologista más decidido y notorio, el crítico e historiador Berenson, nacido en la desoladoramente libre América, pero habitante de la encantadoramente sumisa Italia, designa con el nombre de "valores táctiles", es decir, los que procuran la ilusión de profundidad. Berenson, discípulo del filósofo Willian James, halla en el placer fisiológico que nos procura, este panorámico elemento del resorte de la calidad de una pintura. El virtuosismo por magia del cual, sobre la superficie de una tabla o lienzo, se reproducen los efectos del relieve y de la perspectiva, o sea, de la capacidad de nuestra mirada para dar la vuelta a los objetos y del triunfo de nuestro sentir en la ficción de una distancia, constituye seguramente el elemento que separa la verdadera pintura, como arte, del arte decorativo, al cual basta campear en una superficie plana los elementos de su composición, sin aspirar ni remotamente a las tres dimensiones.

¿Y por qué la ciencia de la composición puede ser enemiga de los valores táctiles? Porque éstos se orientan inevitablemente al ideal del realismo, como le ocurre a la escultura, mientras que la gracia de la primera está en el idealismo, en aquello por donde se aproxima la pintura a la arquitectura. En rigor, el criterio de Berenson únicamente podría servir para examinar la producción artística del Renacimiento, y aun no toda. Claro que las hipertrofias musculares de Miguel Ángel han necesitado de una propiedad figurativa en el relieve, que sólo podría lograrse cuando la libertad de abrir los cadáveres en autopsia condujo al progreso de la anatomía. Claro que la apertura del horizonte, que ya dulcifica el clasicismo de Velázquez, ha necesitado previamente de un empuje de los artistas hacia el paisaje, efecto del descubrimiento de la perspectiva. Pero los fondos sobre los cuales campean los abultamientos fingidos de Miguel Ángel son, en la Sixtina, lisos o muy vagos. Y la atmósfera en que viven las figuras de Velázquez, a cambio de su prolongación luminosa, dulcifican el relieve de éstos, bañándolos, según puede verse en *Las Hilanderas*, dentro de una relativa impresión. Quiere decir que, en el Renacimiento mismo, y después de él, las dos grandes adquisiciones de la pintura moderna no son aprovechadas simultáneamente. Quienes han querido practicar este doble aprovechamiento son ciertos pintores contemporáneos; especialistas, más o menos sinceros, en el engaño de lo que en francés se llama el *trompe-l'oeil*. Estos tienen la culpa del descrédito en que ha venido a caer la misma palabra "realismo". Sólo que este superrealismo es un realismo bobo y miserable, que no tiene nada que ver con el realismo de las nobles tradicionales escuelas.

El último de nuestros avisos al visitante de las exposiciones de pintura será, pues, éste: Que exija en la obra que está examinando la presencia de los valores táctiles. Pero que, una vez advertida ésta, se fije en si se ha establecido una jerarquía cualquiera entre el gusto por el relieve y el gusto por la distancia. Si uno de los dos domina, bien va. Si se ha pretendido la superioridad en los dos, que esta absurda ambición tenga el castigo que merece: el desdén hacia una solicitación ni siquiera contestada, así la de mujerzuela en esquina.

En la página contigua un fragmento del fondo de Las Hilanderas *de Velázquez. Después de* Tres horas, *y tras las enseñanzas de los* Avisos, *habremos de rendirnos a la evidencia de que en este museo se dan cita grandes pintores y pinturas, y lo que es más importante, grandes obras, dentro de las grandes obras.*

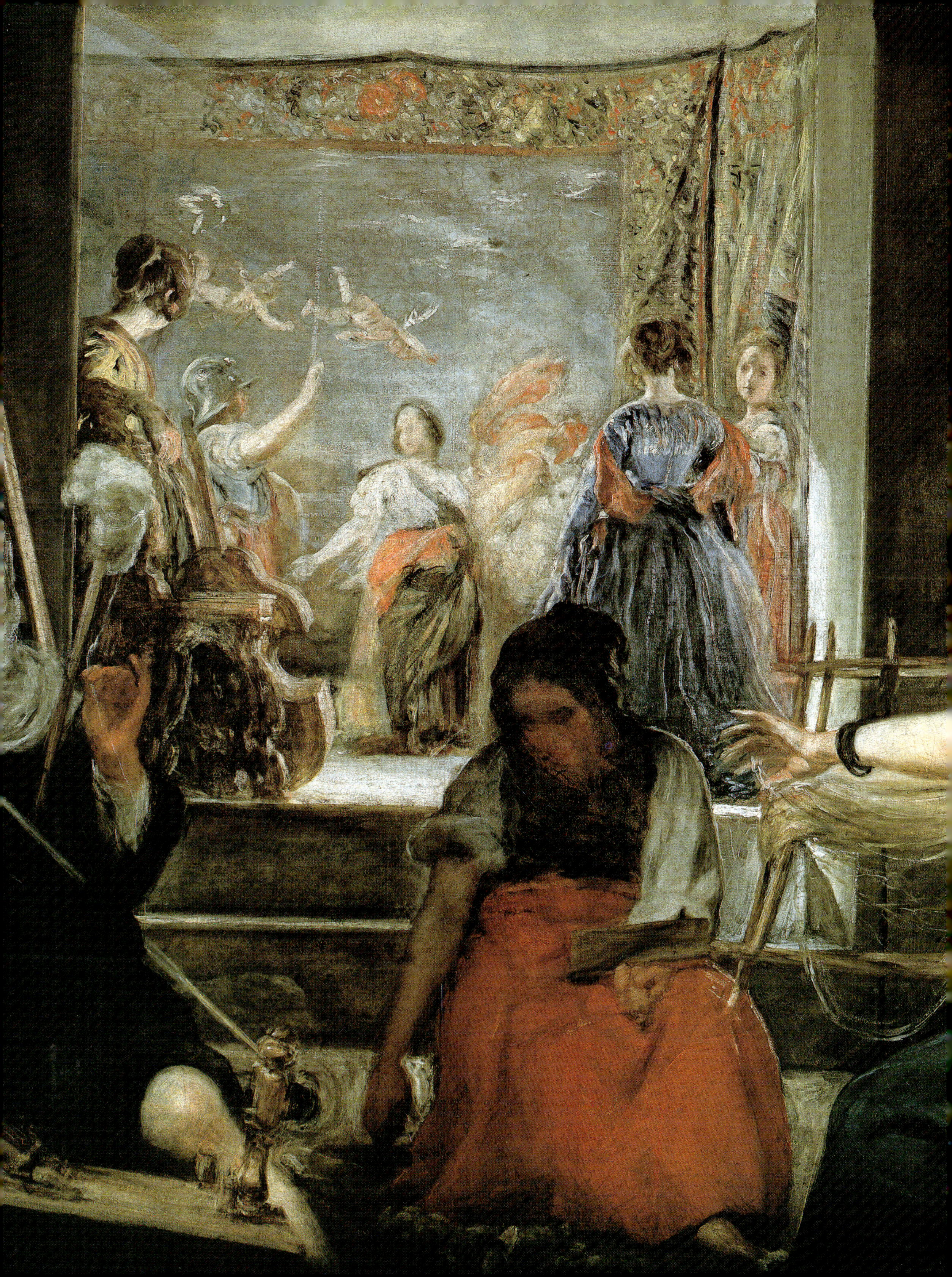

Confesiones[1]

LA preparación, la composición, la venida a la luz de tan leve tratado dieron escolta a distintas épocas y a varios azares de la vida del autor. Amanecieron aquéllas, lo primero, en ambiente cálido y oloroso, bien que no fuera ante fuegos de gran industria ni entre perfumes de cosmética. Quienes habían de acompañar al estudiante, su autor, al museo, eran so color de extensión universitaria –que hacía entonces, en nuestro país, sus pinitos sociológicos y regeneradores– los operarios, humildes, aunque artistas, de una de las entidades societarias de Madrid: el gremio de pasteleros y confiteros, a los cuales, por el momento, tenía más claras razones para seducir Murillo a Theotocópuli.

Menos altruistas, aunque todavía más empalagosas, fueron otras fuentes de experiencia didáctica que el estudiante había de ensayar, poco después, cerca de privados más galantes doctrinos. Acaeció eso en los años en que la pintura de Joaquín Patinir titulada *El paso de la laguna Estigia* (1616–LVIIA) estaba resguardada, y disimulada casi, tras de la diagonal superficie estratégicamente constituida por *la Anunciación*, del Angélico. Mis remordimientos me excusan de precisar las razones que valieron a esta obra de arte, en el casi vacío del Prado de entonces, por parte de la mocedad traviesa, extraviada en él, el nombre de *cuadro galeoto*. Ellas no estorbaron al deseo juvenil de glorificarlo, aunque esto representase, en acierto sentido, el malograrlo.

La reseña de nuestras confesiones de embriología literaria pudiera alargarse mucho. Las primeras improvisadas explicaciones noticieras o interpretativas cuajaron en los años siguientes, en abundancia traída, bien por las ocasiones de servicio, bien por los juegos de humor. Curiosidades extranjeras se añadieron, después, a otras múltiples, ya ingenuas, ya oblicuas. Al fin, la visita al Museo tenía que proporcionar, a quien había ya entrado en profesional actitud de escritor, un propicio argumento. Cuando resultó aproximadamente inexcusable su metódica satisfacción fue en la coyuntura en que el propio currículo personal giraba una vuelta. El autor se expatriaba; y, además, de dos modos mudaba la habitual audiencia de su producción; extendida, ahora, a algún confín distante y a extraño, si consanguíneo, continente.

Llegado, a aproximado nivel de la mitad de la centuria, el momento en que una actualidad de la librería ha querido convertir el volumen, tras de numerosas repeticiones, en juguete para el aguinaldo de una Casa editorial ilustre, el autor, incapaz de olvido, aunque tal quisiera, no puede menos de preguntarse, en su gratitud, las causas que han llevado tan poco reflexivo intento a tanta fortuna. Tiene ésta dos caras. Una, consistente en la aprobación ganada por juicios o dictámenes que si, a las veces, pudieron parecer, al principio, paradojas, traen, quizá, camino de convertirse en lugares comunes; la otra cara de la fortuna ha dejado la obrilla en un privilegio de hecho, que, a falta de méritos mejores, la coloca en algo parecido a una antonomasia. Tres generaciones ya, y en área extensa, han podido entender que el guía obligatorio para visitar el Museo del Prado era el compañero que quiso una vez dedicarle tres horas de amistad.

Casi desasistido de contraria opción posible, la forma y el lenguaje le habían propuesto. El cicerone había de ser lo contrario del cicerone convencional. Había de ser rápido, sin incompletud; clasificatorio, sin suficiencia; claro, pero no obvio; noticioso, sin oficiosidad; epigramático, sin merma del respeto. Se le forzaba a una expresión como la que un día entendieron los fabricantes de confites, pero que pudieron, no obstante, escuchar sin enfado los elucubradores de estéticas. A un lenguaje bueno, los domingos, para el asueto del escolar; los martes, para el recurso del opositor; los jueves, para la espera de la novia; los viernes, para el lucimiento del té; los lunes, para el chasqueado que se encontró con la clausura del Museo. Un lenguaje que no chocase al hablista, preocupado, inclusive, de aludir a las técnicas, ni embarazase al turista, moroso en el aprendizaje de las peculiaridades del idioma. Un lenguaje sin hastío para el vicioso cliente del Museo del Prado, ni retraso para el obseso por las fatales puntualidades de su reloj... Siempre, pero ahora más que nunca, un logro así será votado a la universalidad. Ahora, cuando el libro será tan pequeño como el grano de mostaza, pero esperanzado, por lo mismo, en el cumplimiento de su evangélica ventura.

En la edición normal de las *Tres horas en el Museo del Prado*, su contenido se completa con unos *Avisos al visitante de las exposiciones de pintura*. Sin duda, porque no se tomó Zamora en una hora, estos *Avisos* pueden esperar la ocasión benévola de un nuevo aguinaldo.

NOTAS

[1] Publicadas al frente de la edición de *Tres horas en el Museo del Prado*. Colección Crisol, núm. 6 (agotado), Aguilar, Madrid, 1952.

Ahora sí que nos vamos. Con lo aprendido, y un poco de osadía, en nuestra próxima visita al museo, podríamos jugar a los cicerones, siempre que nuestro auditorio lo compongan gentes bondadosas e incondicionales de nuestra nueva erudición. De lo contrario, "abstenerse aficionados".

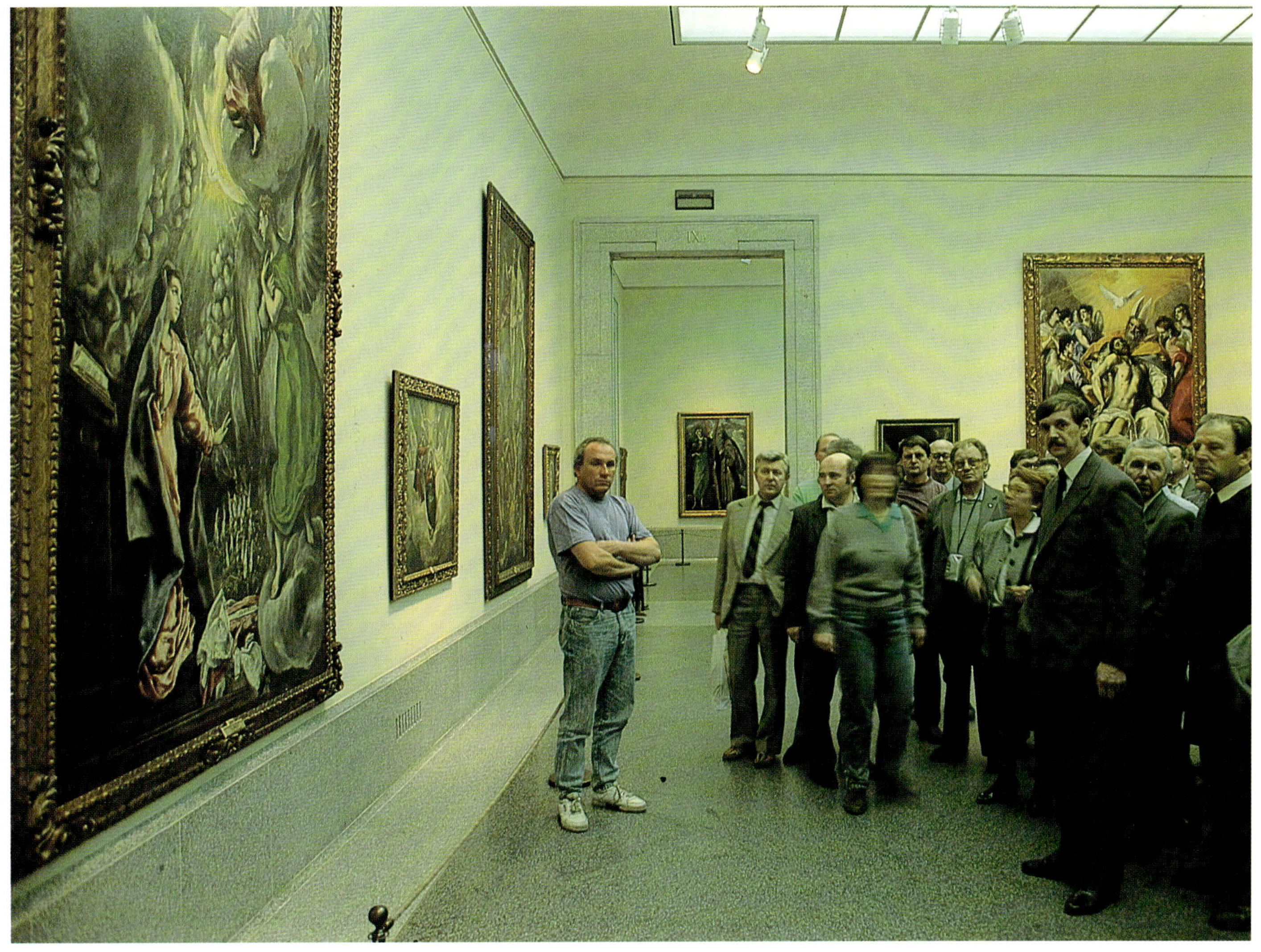

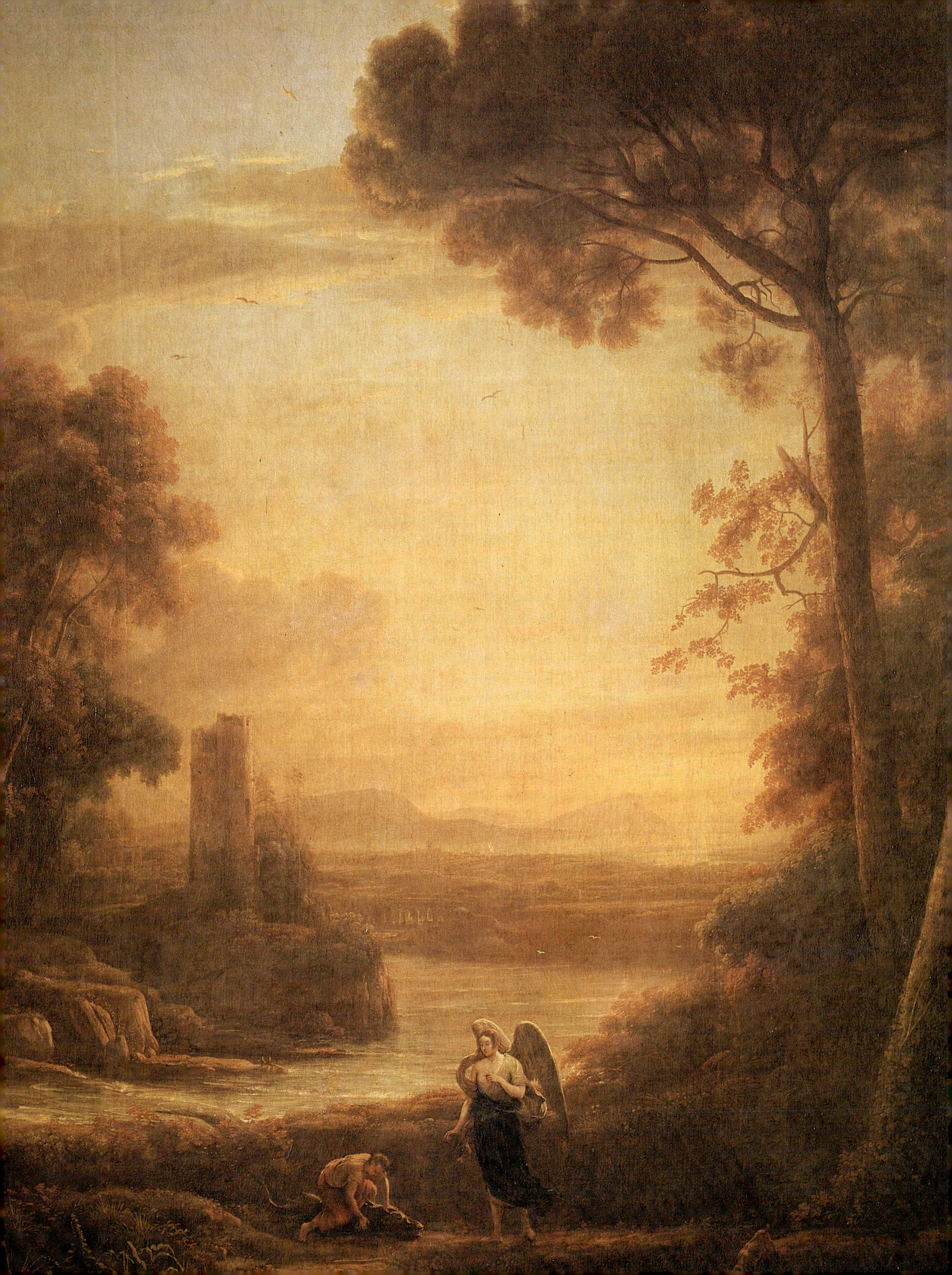

APÉNDICE

PLANOS DEL MUSEO

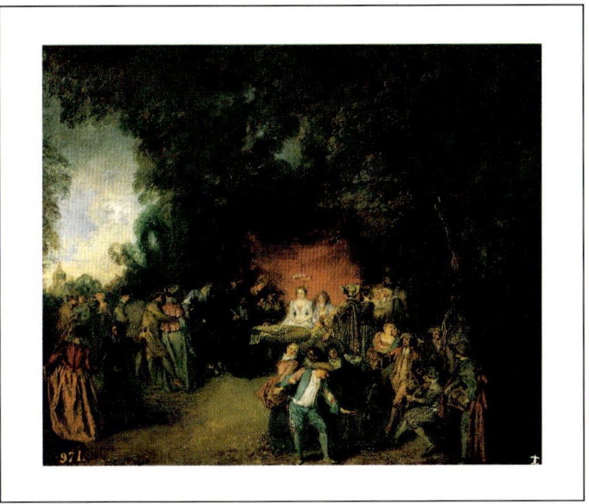

Sobre estas líneas, Capitulaciones de boda (2353-XXV) *de Watteau.*

A la izquierda, Tobías y el ángel (2255-XL) *de Claudio de Lorena.*

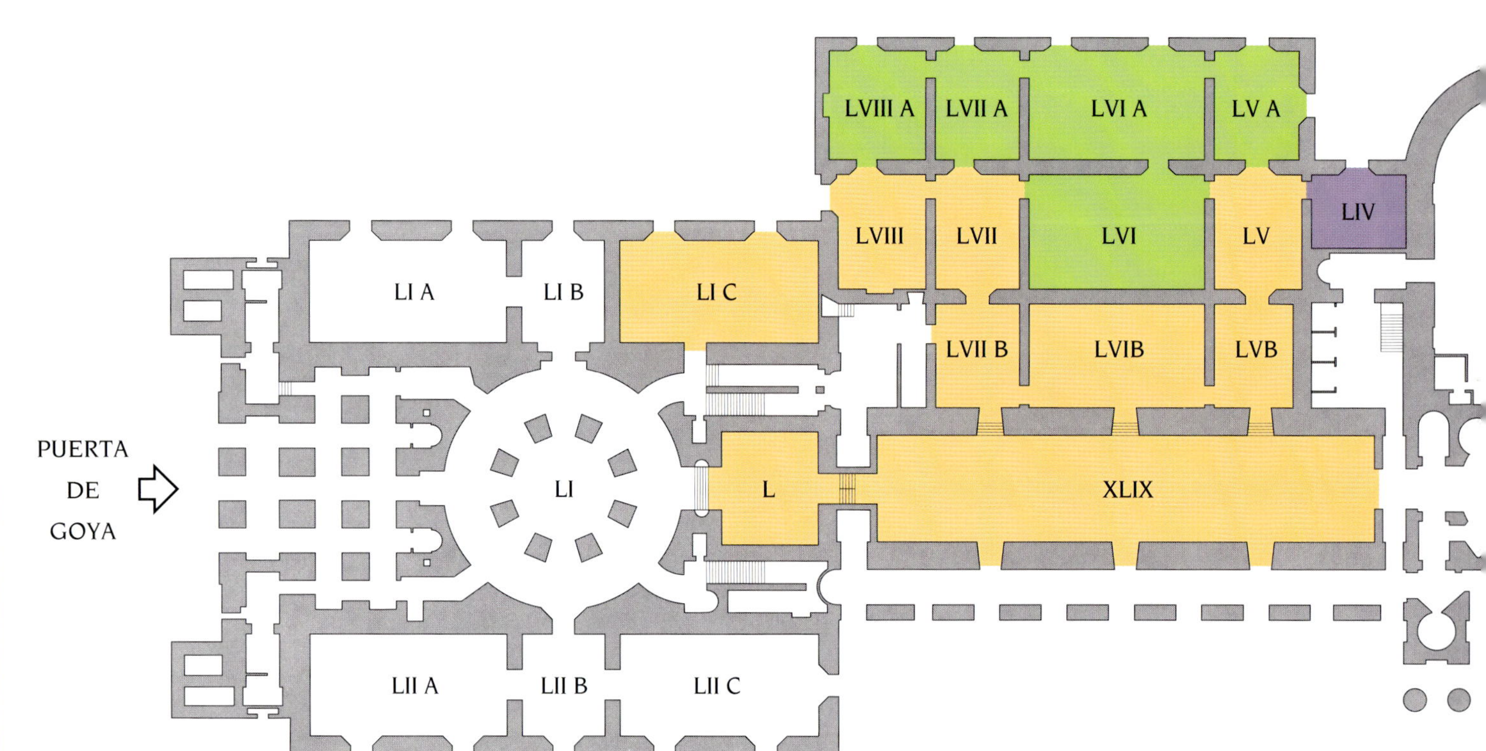

Escuela Flamenca

Roger van der Weyden (1399/1400-1464).
Dirck Bouts (ca. 1420-1475), LVIII.
Hans Memling (ca. 1433/35-1494), LVIII A.
Hieronymus van Aeken Bosch, El Bosco (ca. 1450-1516), LVII A.
Joachim Patinir (ca. 1480-1524), LVI A.
Pedro Pablo Rubens (1577-1640), LXI, LXI B.
Anton van Dyck (1599-1641), LXII B.
Jan Brueghel, El Viejo (1601-1678).
David Teniers (1610-1690).

. PRADO

BAJA

LX A
LXI A
LXII A
LXIII A
LIX
LX
LXI
LXII
LXIII
LXIV
LXV
LXVI
LXVII
LXI A
LXII B
LXIII B
LXXV
LXXIV
PUERTA DE MURILLO
LXXIII
LXXII
LXXI

LÁZQUEZ

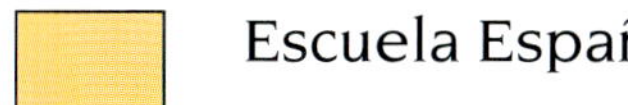

Escuela Española

Pedro Berruguete (ca. 1450-ca. 1504), LVII.
Luis de Morales "El Divino" (ca. 1500-1586), LV.
Juan de Juanes (ca. 1510-1579), LV B.

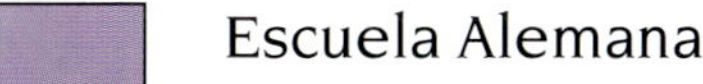

Escuela Alemana

Alberto Durero (1471-1528), LIV.

Nota de los editores: Los colores identifican las diferentes escuelas en las que se agrupan los pintores citados por Eugenio d'Ors en *Tres horas en el Museo del Prado*. Asimismo, los nombres de los distintos artistas corresponden exclusivamente a los citados en el texto de referencia, junto con las salas (en romanos) en las que se ubican en la actualidad los cuadros mencionados por el autor.

MUSEO

PLANT

VII A VIII B IX A X A
VII VIII IX X XI
II III IV V VI
VIII B IX B X B
PUERTA DE GOYA
I XXIV XXV XXVI
XL XLI XLII XLIII XLIV

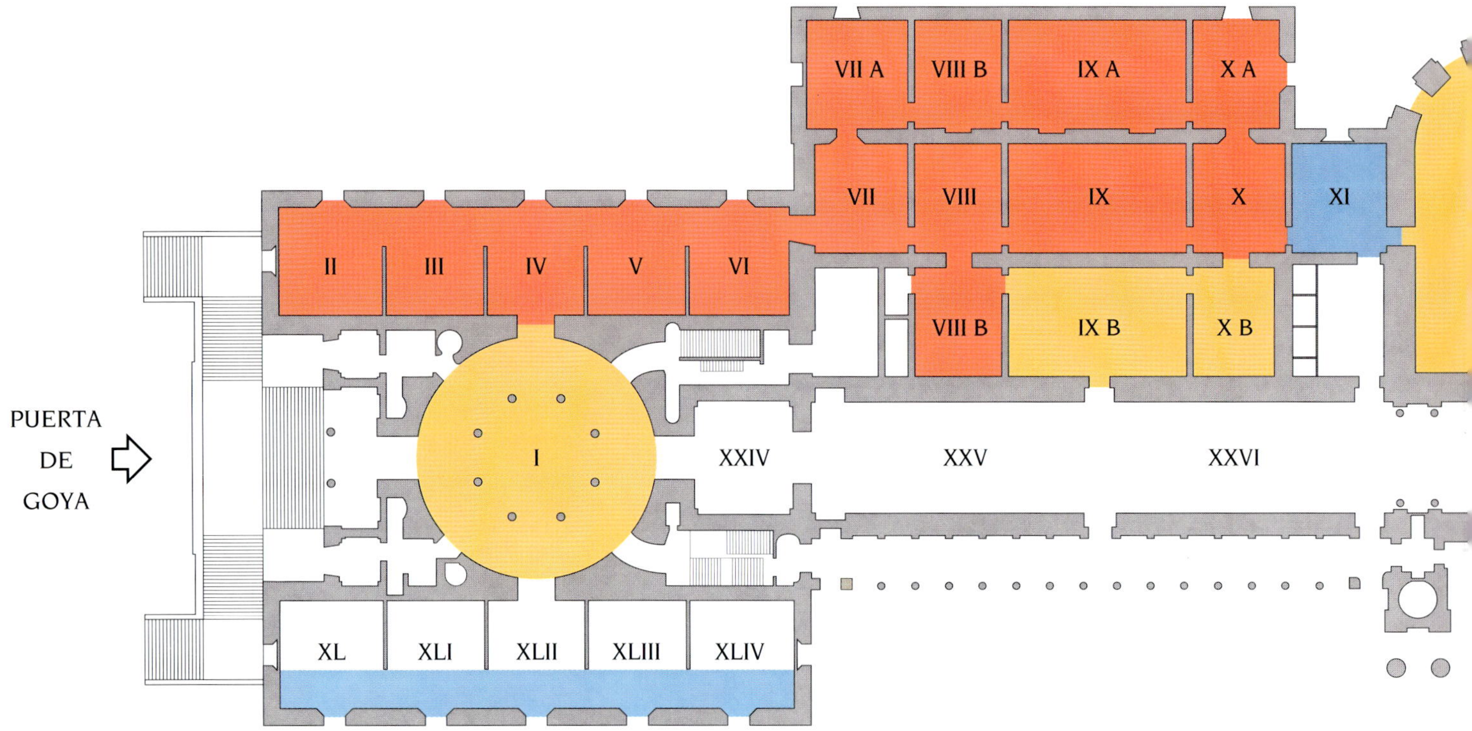

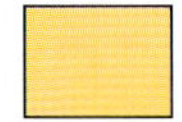

Escuela Española

Domenicos Theotocopoulos, El Greco (1540/1-1614), IX B, X B.
José de Ribera (1591-1652).
Francisco de Zurbarán (1598-1664), XVII A.
Diego Rodríguez de Silva y Velázquez (1599-1660), XII, XIII, XIV, XV, XVI.
Bartolomé Esteban Murillo (1618-1682), XVI B.
Francisco de Goya y Lucientes (1746-1828), XXXII, XXXVI, XXXVIII, XXXIX.

Escuela Francesa

Nicolás Poussin (1594-1665), XI.
Claudio Gellée, en España Claudio de Lorena (1600-1682), XL.
Antoine Watteau (1684-1721), XXV.

. PRADO

NCIPAL

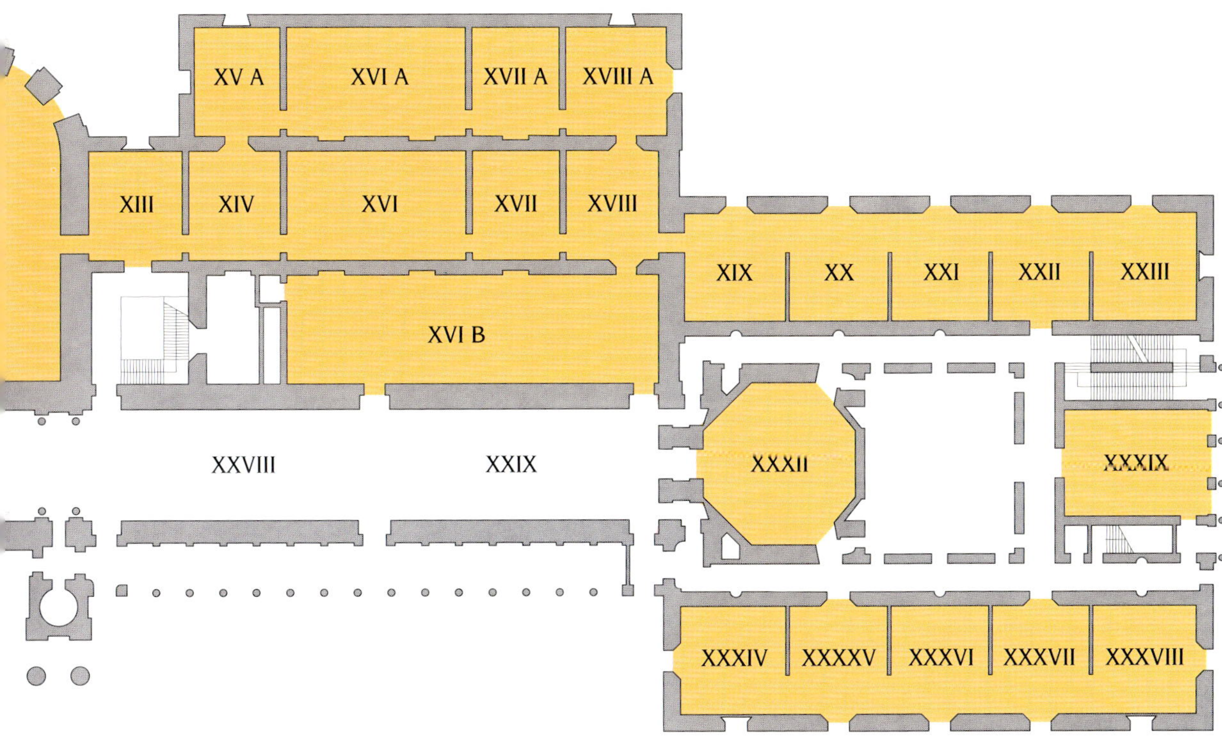

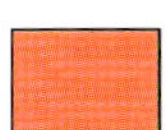

Escuela Italiana

Beato Angélico (1387-1455), IV.
Giovanni Bellini (1430-1516), VII.
Andrea Mantegna (1430/31-1506), III.
Giorgio da Castelfranco, Giorgione (1477-1510).
Jacopo Negritti, Palma el Viejo (1480-1528).
Rafaello Santi o Sanzio de Urbino, Rafael (1483-1520), II.
Andrea d'Agnolo, Andrea del Sarto (1486-1530), V.
Antonio Allegri, Correggio (1489-1534), VI.
Jacopo Robusti, Tintoretto (1519-1594), VIII A, IX A.
Paolo Caliari, Veronés (1528-1588), VII A.

APÉNDICE

ÍNDICE GRÁFICO

para
Tres horas en el Museo del Prado

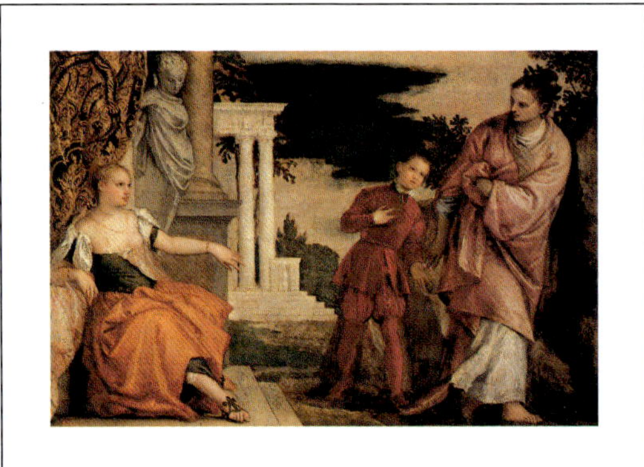

AUTOR:	VERONÉS
TÍTULO:	*La Juventud entre el vicio y la virtud*
REFERENCIAS:	(nº **499-VII A,** L. 1,02 x 1,53)
	(nº **de catálogo-sala,** soporte, formato)
ABREVIATURAS:	L. (Lienzo), T. (Tapiz), C. (Cobre)

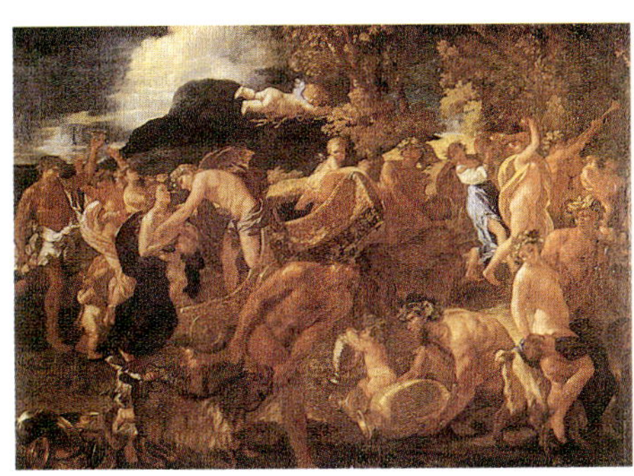

POUSSIN
Bacanal
(nº **2312,** L. 1,22 x 1,69)

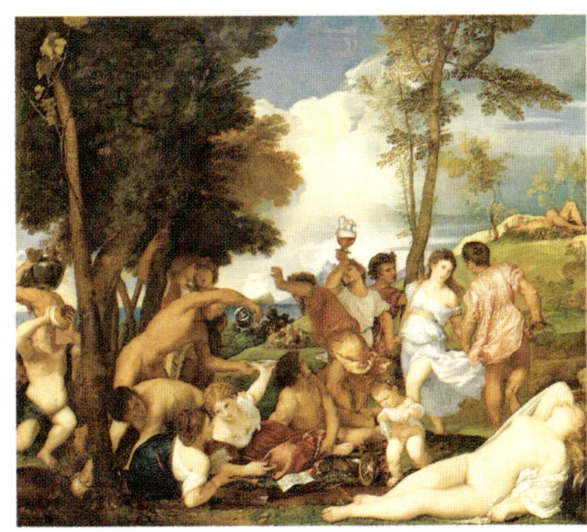

TIZIANO
Bacanal
(nº **418-IX,** L. 1,75 x 1,93)

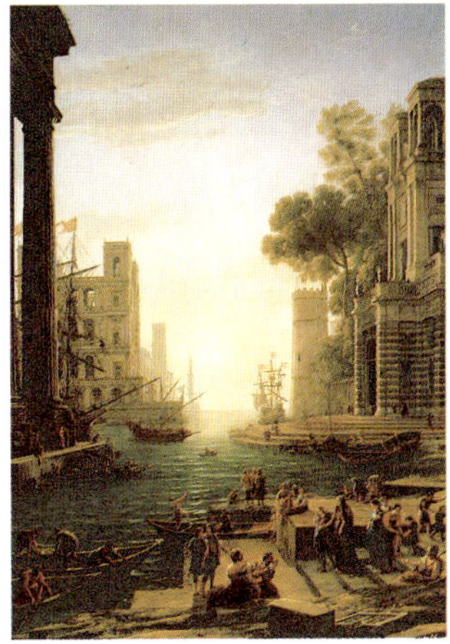

LORENA
El muelle de Ostia
(nº **2254-XL,** L. 2,11 x 1,45)

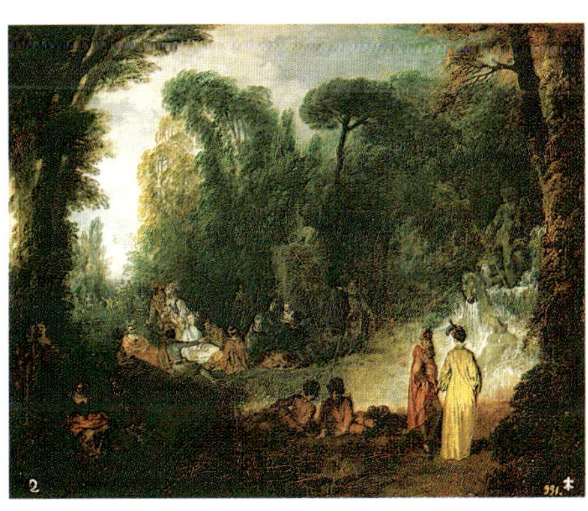

WATTEAU
Vista de Saint-Cloud
(nº **2354-XXV,** L. 0,48 x 0,56)

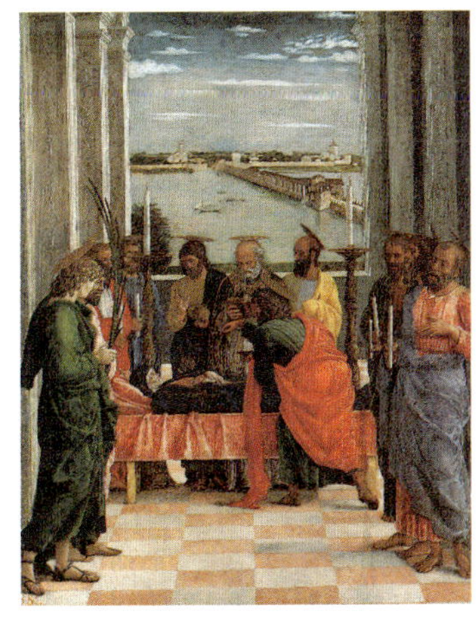

MANTEGNA
El tránsito de la Virgen
(nº **248-III,** T. 0,54 x 0,42)

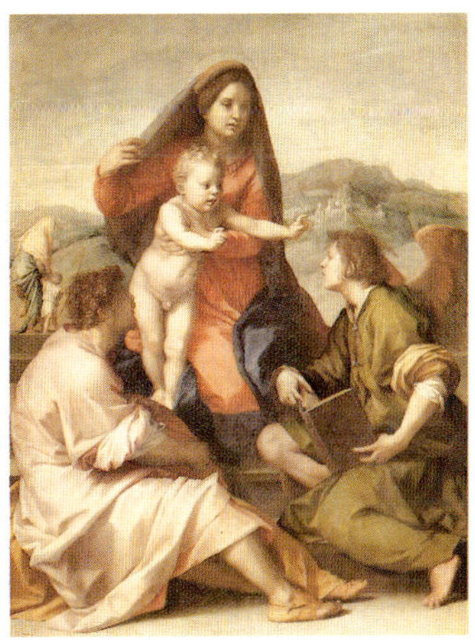

Andrea del SARTO
Asunto místico
(nº **334-V,** T. 1,77 x 1,35)

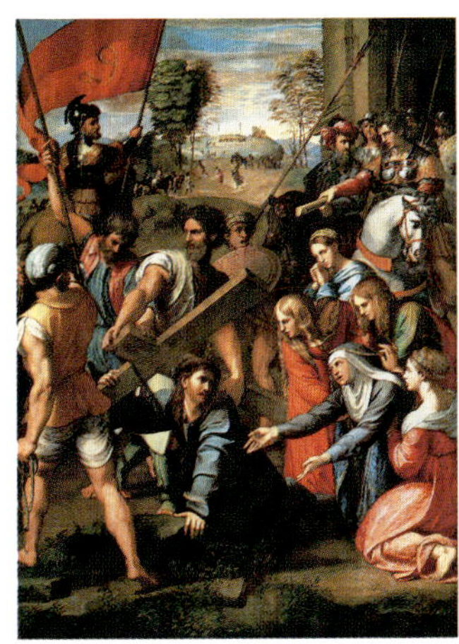

RAFAEL
Caída de Cristo llevando la cruz
(nº **298-II,** T. pasado a L. 3,18 x 2,29)

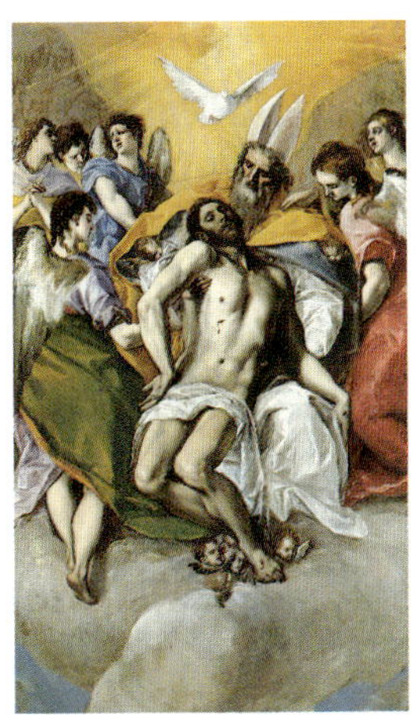

EL GRECO
La Trinidad
(nº **824-IX B,** L. 3,00 x 1,79)

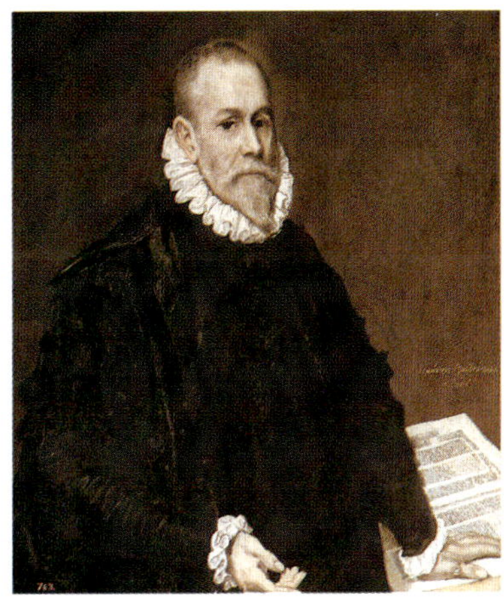

EL GRECO
Retrato de un médico
(nº **807-X B,** L. 0,93 x 0,82)

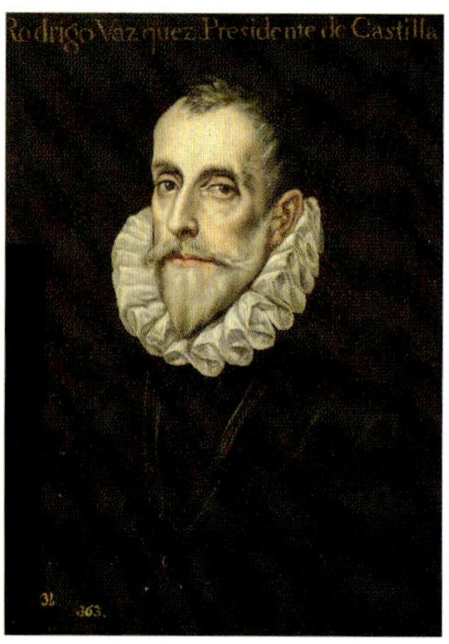

EL GRECO
Retrato de Rodrigo Vázquez
(nº **808-X B,** L. 0,93 x 0,82)

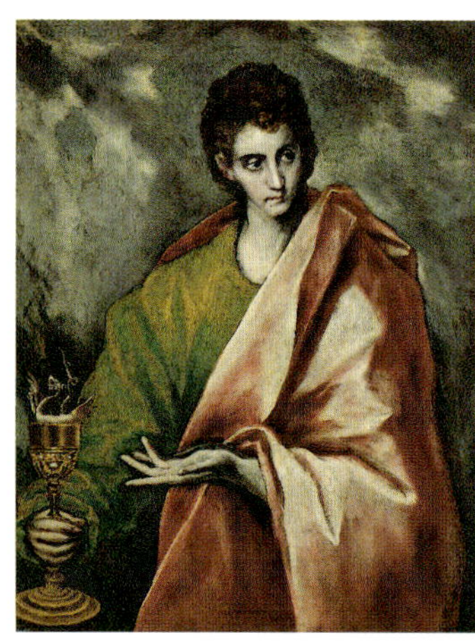

EL GRECO
San Juan
(nº **2444-IX B,** L. 0,90 x 0,77)

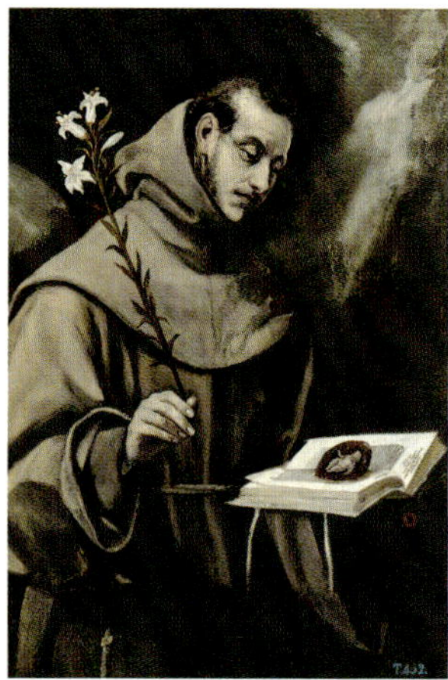

EL GRECO
San Antonio
(nº **815-IX B,** L. 1,04 x 0,79)

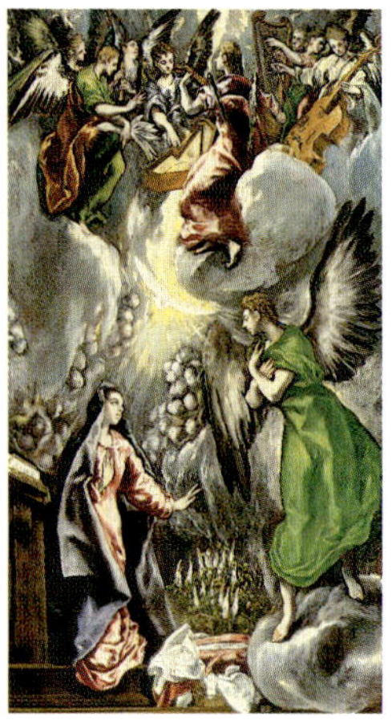

EL GRECO
La Anunciación
(nº **3888-IX,** L. 3,16 x 1,74)

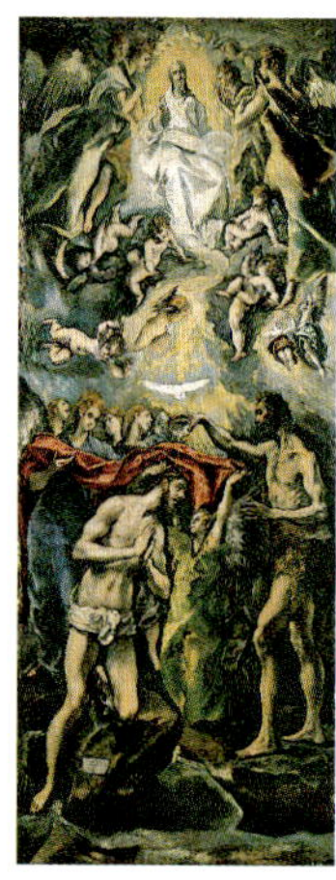

EL GRECO
Bautismo de Cristo
(nº **821-IX,** L. 3,50 x 1,54)

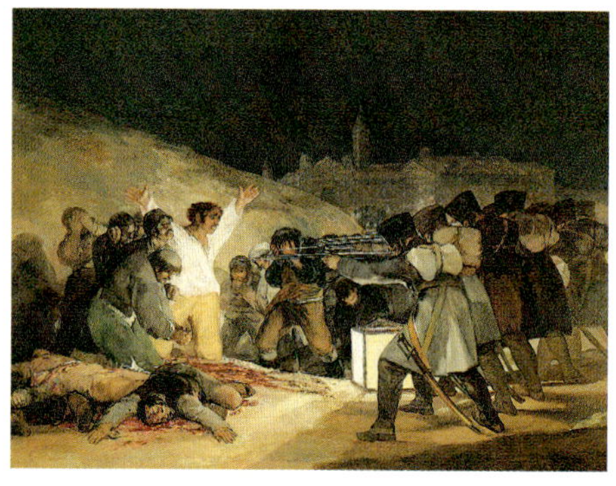

GOYA
Los fusilamientos del tres de mayo
(nº **749-XXXIX,** L. 2,66 x 3,45)

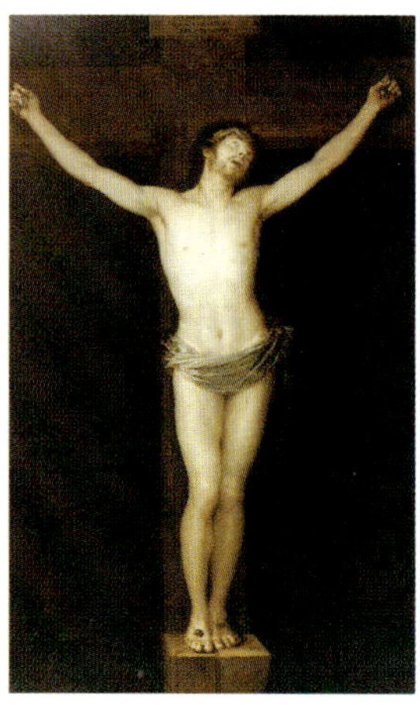

GOYA
Cristo en la cruz
(nº **745-XXXVIII,** L. 2,55 x 1,53)

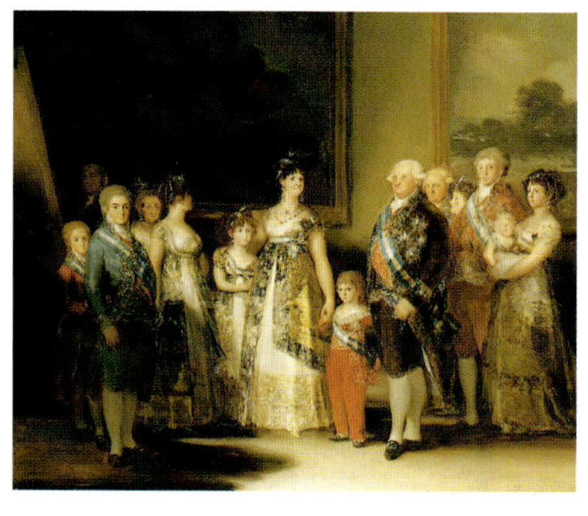

GOYA
La familia de Carlos IV
(nº **726-XXXII,** L. 2,80 x 3,36)

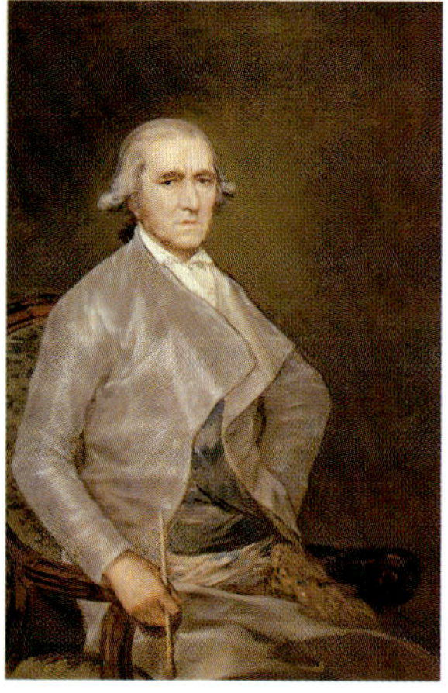

GOYA
Don Francisco Bayeu
(nº **721,** L. 1,12 x 0,84)

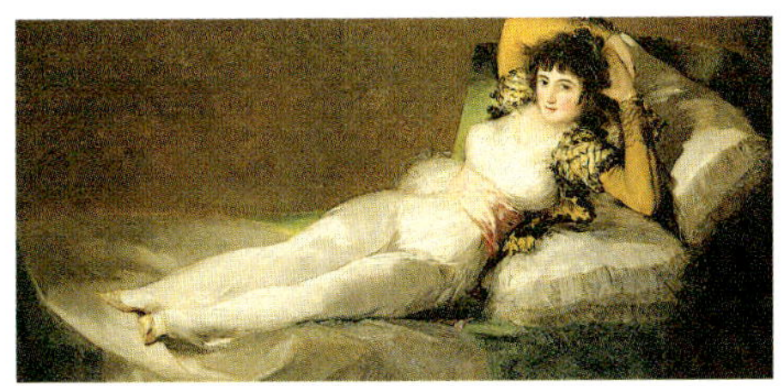

GOYA
La maja vestida
(nº **741-XXXVI,** L. 0,95 x 1,90)

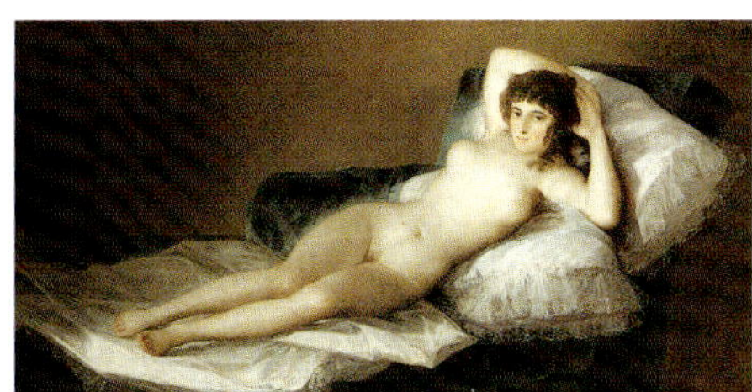

GOYA
La maja desnuda
(nº **742-XXXVI,** L. 0,97 x 1,90)

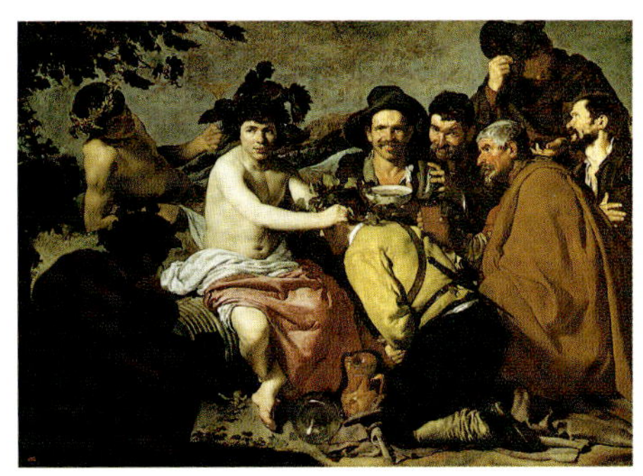

VELÁZQUEZ
Los Borrachos
(nº **1170-XV,** L. 1,65 x 2,25)

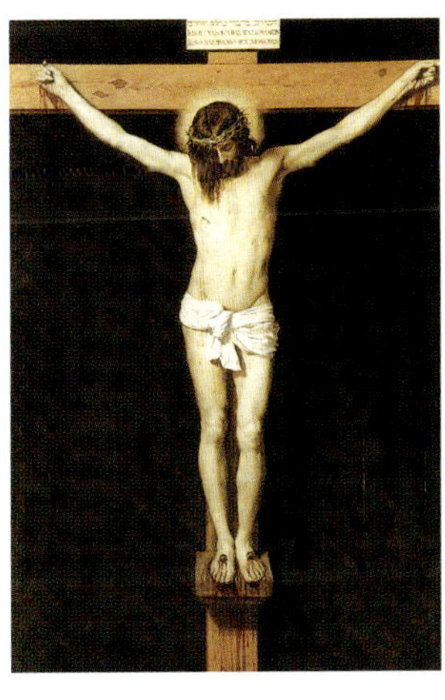

VELÁZQUEZ
El Cristo
(nº **1167-XIV,** L. 2,48 x 1,69)

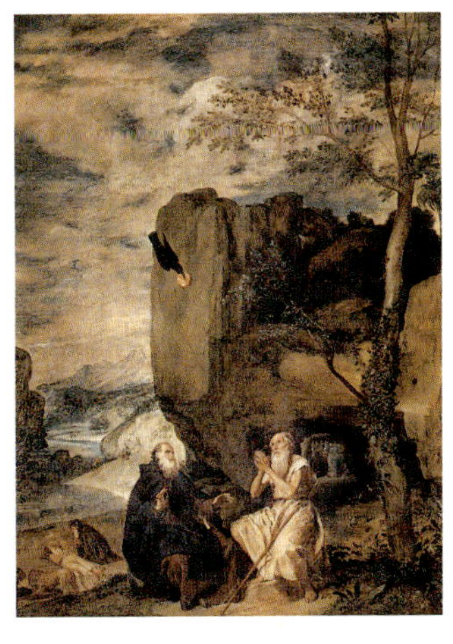

VELÁZQUEZ
Los ermitaños San Antonio y San Pablo
(nº **1169-XIV,** L. 2,57 x 1,88)

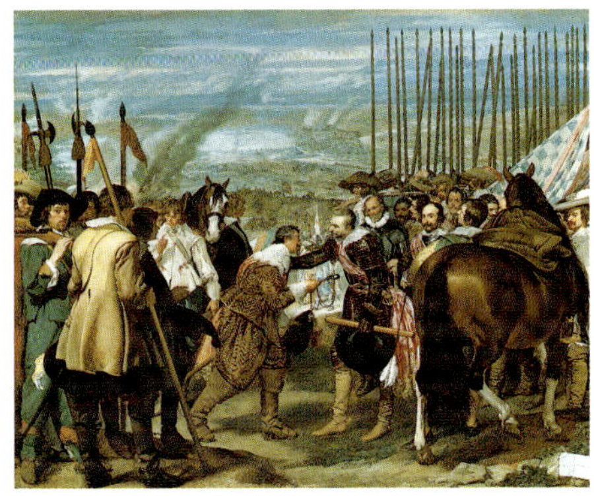

VELÁZQUEZ
La rendición de Breda
(nº **1172-XVI,** L. 3,07 x 3,67)

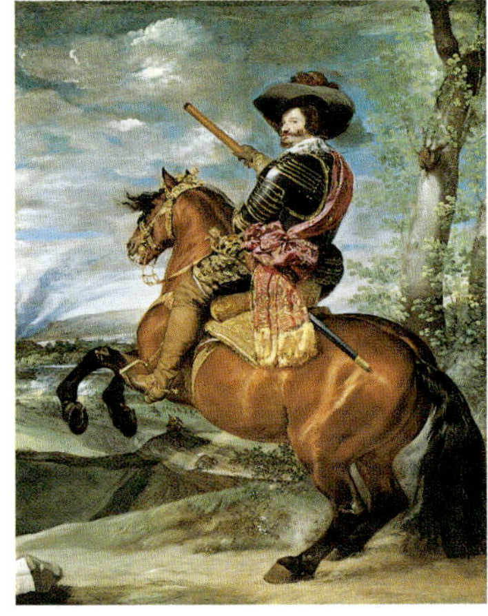

VELÁZQUEZ
El conde-duque de Olivares
(nº **1181-XII,** L. 3,13 x 2,39)

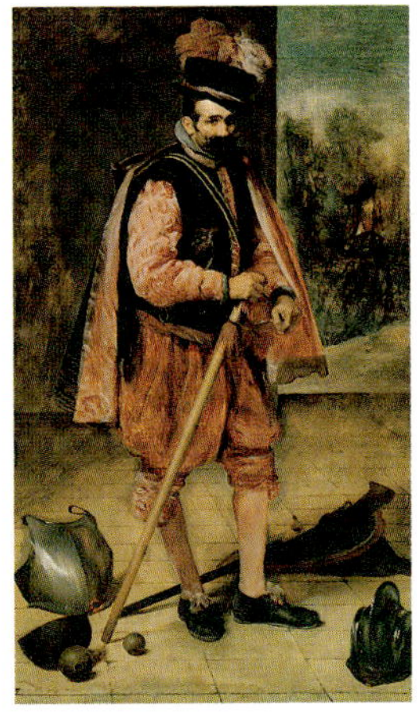

VELÁZQUEZ
El bufón llamado don Juan de Austria
(nº **1200-XVI,** L. 2,10 x 1,23)

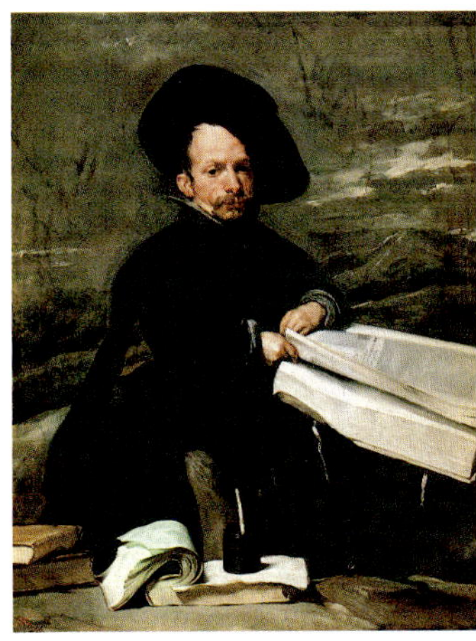

VELÁZQUEZ
El Primo
(nº **1201-XII,** L. 1,06 x 0,81)

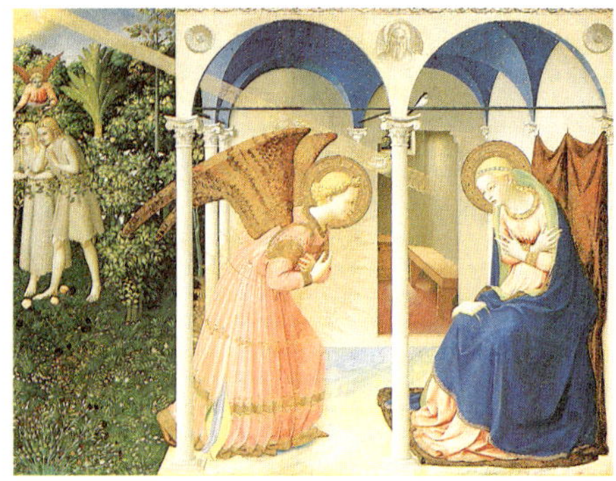

BEATO ANGÉLICO
La Anunciación
(nº **15-IV,** T. 1,94 x 1,94)

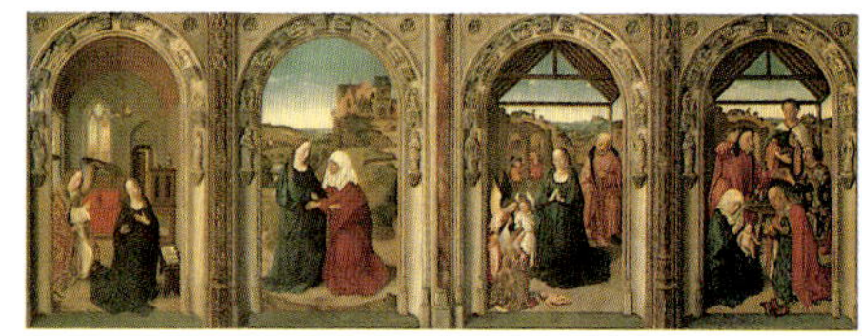

BOUTS
Tríptico
(nº **1461-LVIII,** T. 1,60 x 1,61)

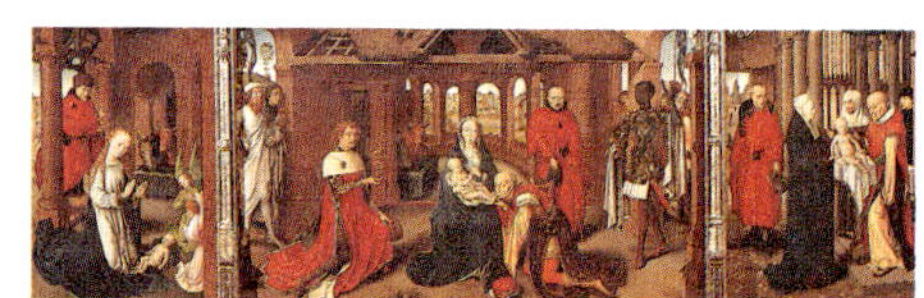

MEMLING
Tríptico
(nº **1557-LVIII A,** T. 1,90 x 2,08)

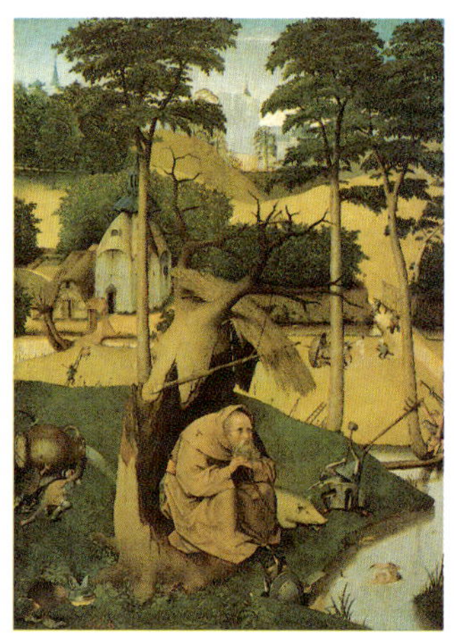

EL BOSCO
Las tentaciones de San Antonio
(nº **2049-LVII A,** T. 0,70 x 0,51)

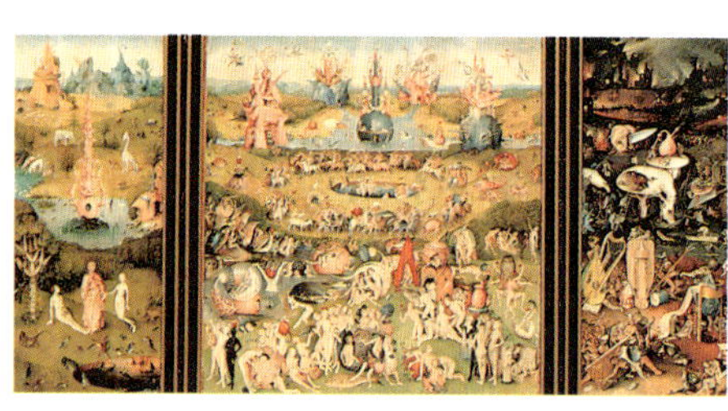

EL BOSCO
La Creación
(nº **2823-LVII A,** T. 2,20 x 1,95)

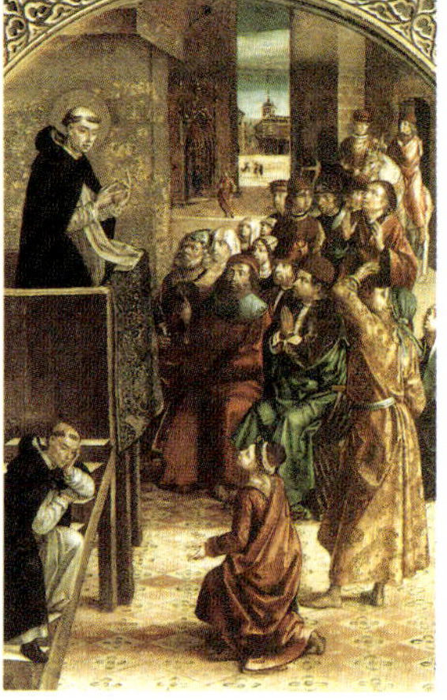

Pedro BERRUGUETE
Predicación de San Pedro Mártir
(nº **611-LVII,** T. 1,32 x 0,84)

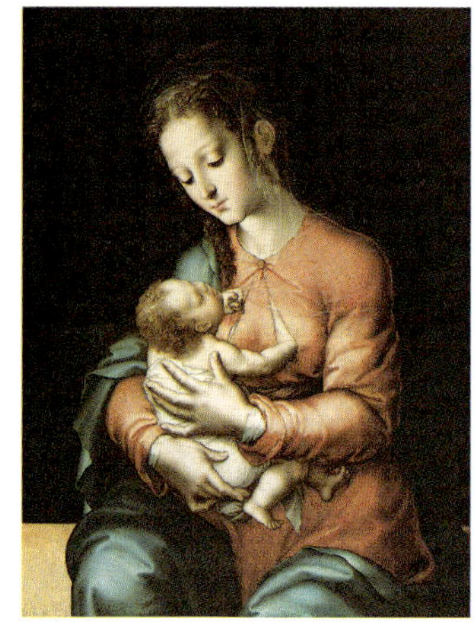

MORALES
La Virgen y el Niño
(nº **2656-LV,** T. 0,84 x 0,64)

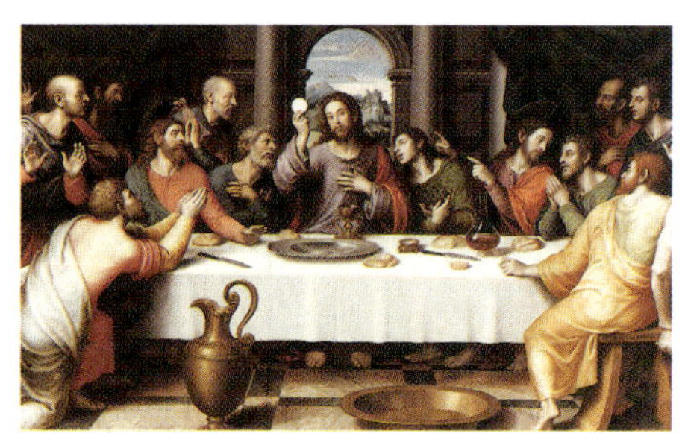

Juan de JUANES
Cenáculo
(nº **846-LV B,** T. 1,16 x 1,41)

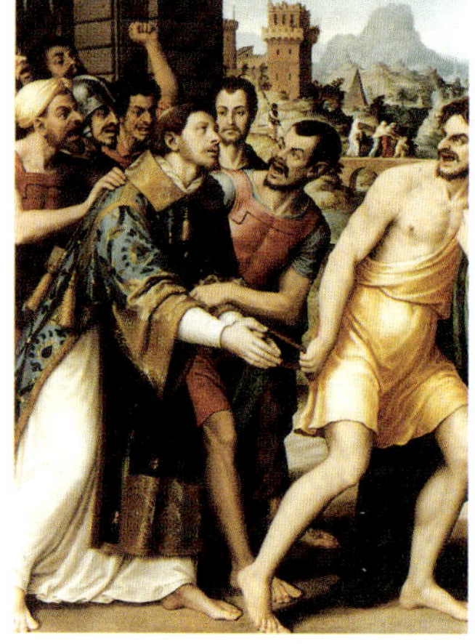

JUAN DE JUANES
San Esteban conducido al martirio
(nº **840-LV B,** T. 1,60 x 1,23)

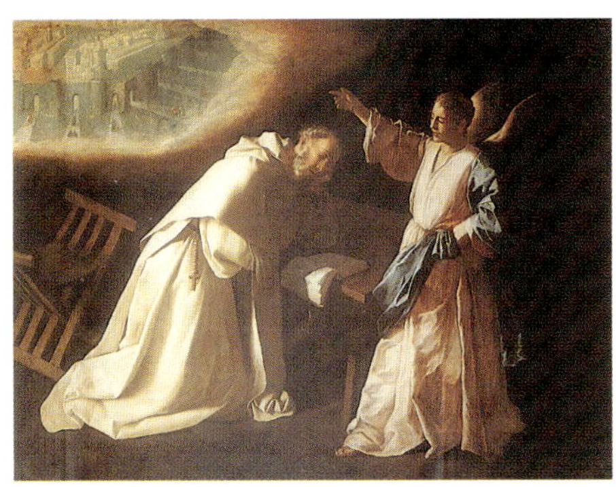

ZURBARÁN
Visión de San Pedro Nolasco
(nº **1236-XVII A,** L. 1,79 x 2,23)

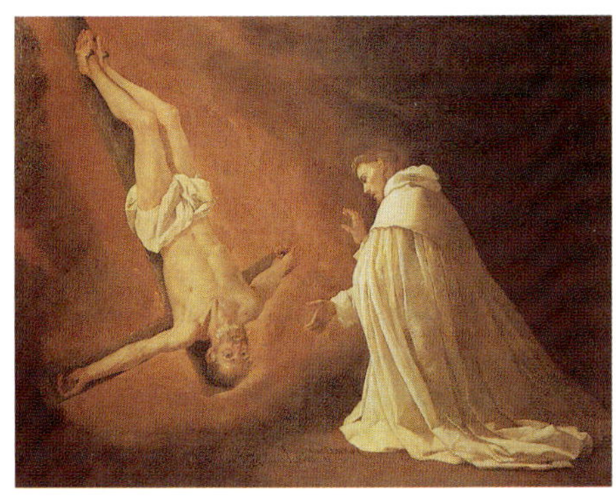

ZURBARÁN
Aparición de San Pedro a San Pedro Nolasco
(nº **1237-XVII A,** L. 1,79 x 2,23)

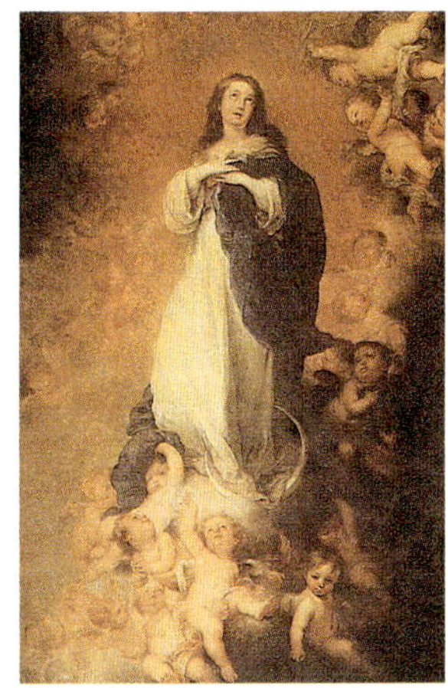

MURILLO
Inmaculada de Soult
(nº **2809,** L. 2,70 x 1,90)

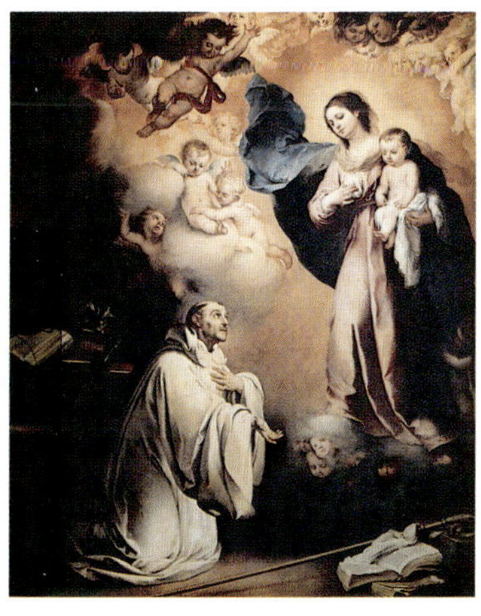

MURILLO
Visión de San Fernando
(nº **978-XVI B,** L. 3,11 x 3,49)

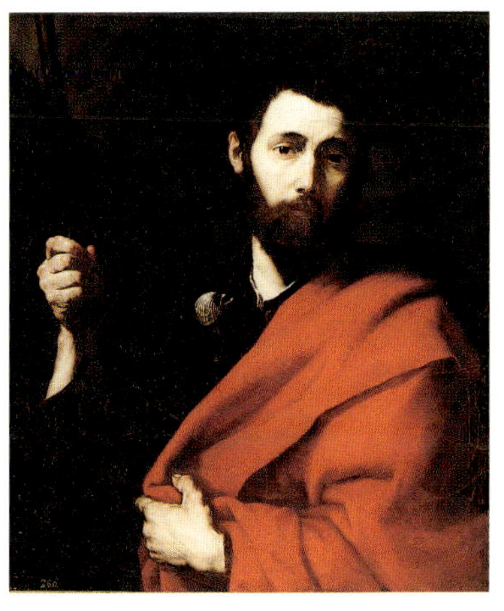

RIBERA
Apostol Santiago
(nº **1082,** L. 0,78 x 0,64)

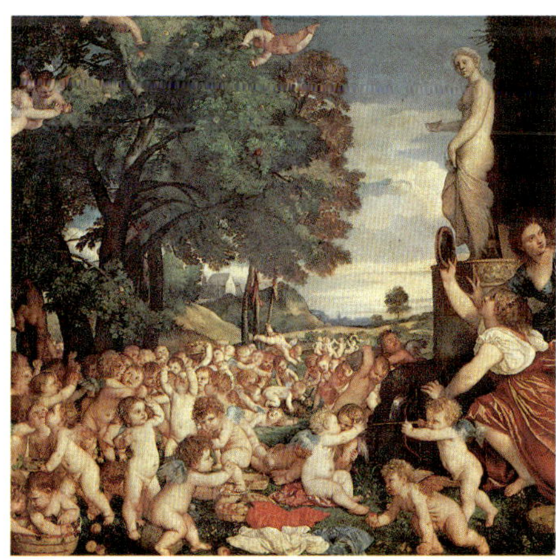

TIZIANO
Ofrenda a la diosa de los amores
(nº **419-IX,** L. 1,72 x 1,75)

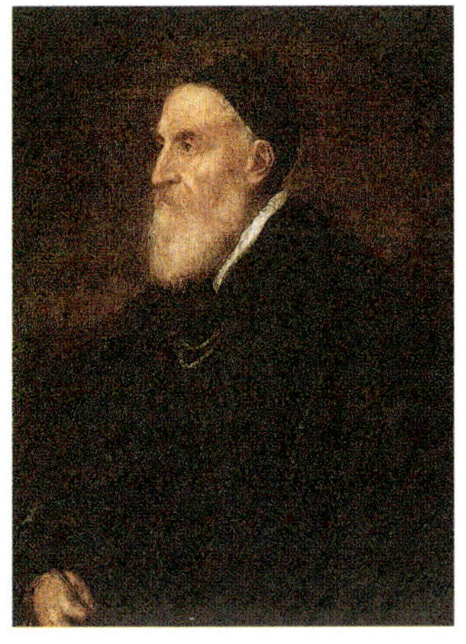

TIZIANO
Autorretrato
(nº **407-IX,** L. 0,86 x 0,65)

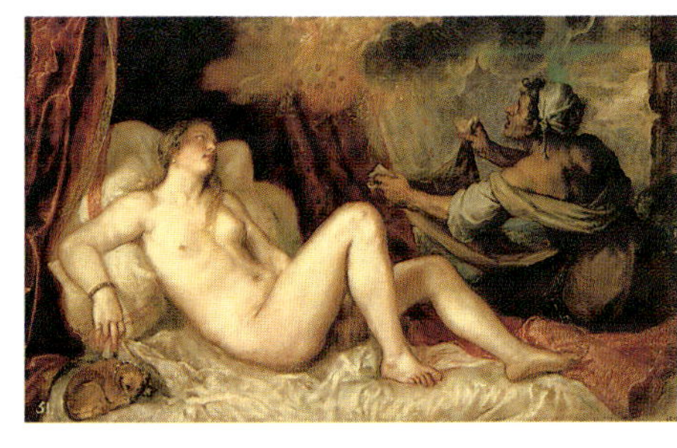

TIZIANO
Dánae
(nº **425,** L. 1,29 x 1,80)

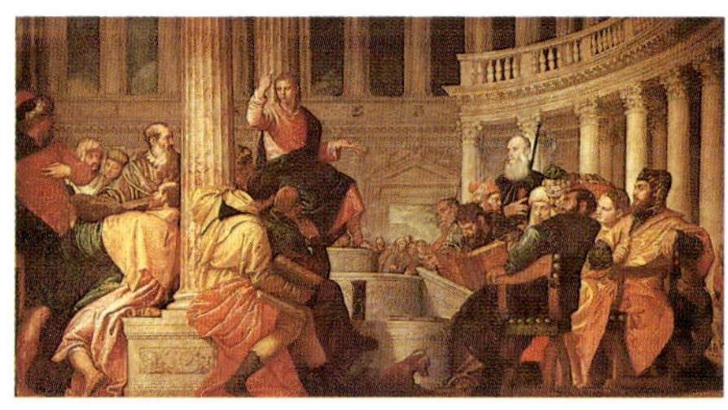

VERONÉS
Jesús entre los doctores
(nº **491-VII A,** L. 2,36 x 4,30)

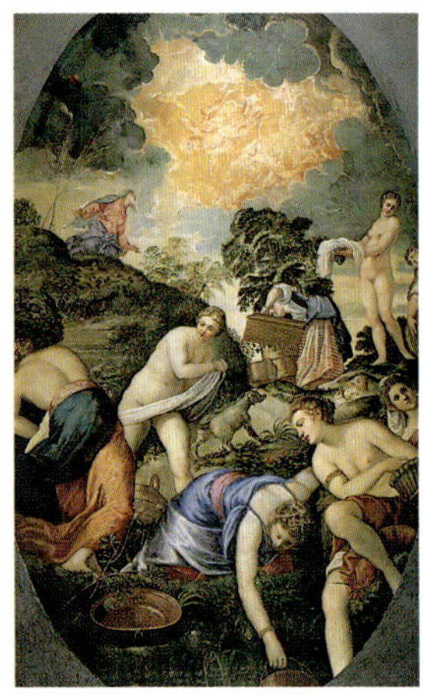

TINTORETTO
Purificación de las vírgenes madianitas
(nº **393,** L. 2,95 x 1,81)

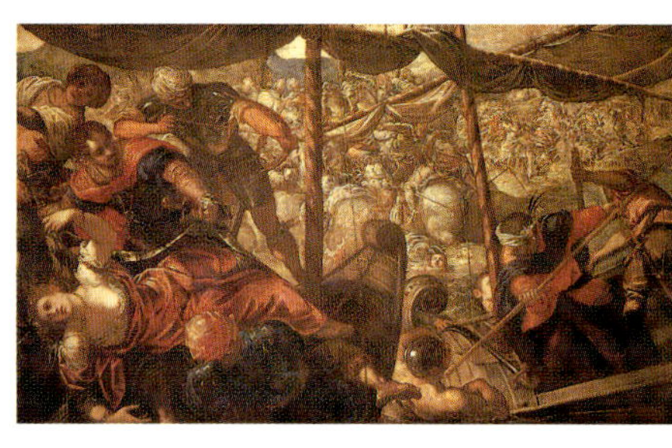

TINTORETTO
Batalla entre moros y cristianos
(nº **399-IX A,** L. 1,89 x 3,07)

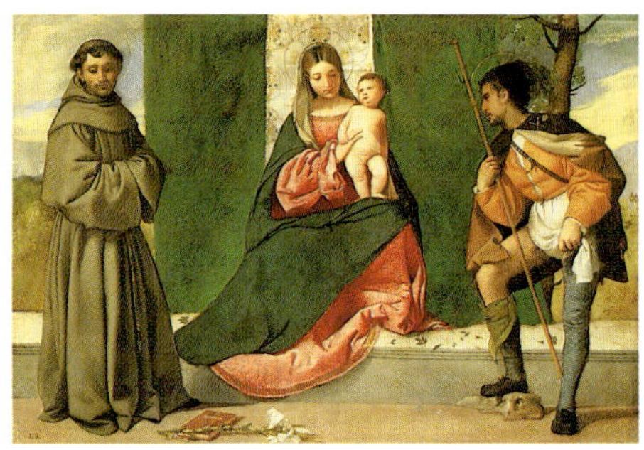

GIORGIONE
La Virgen con San Antonio y San Roque
(nº **288,** L. 0,92 x 1,33)

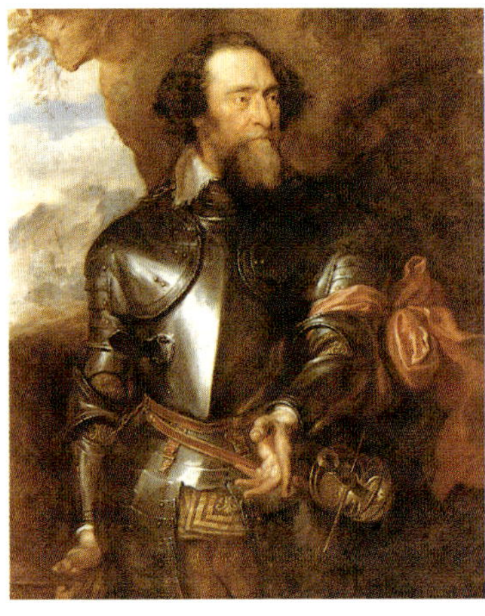

VAN DYCK
Conde Enrique de Berg
(nº **1486-LXII B,** L. 1,14 x 1,00)

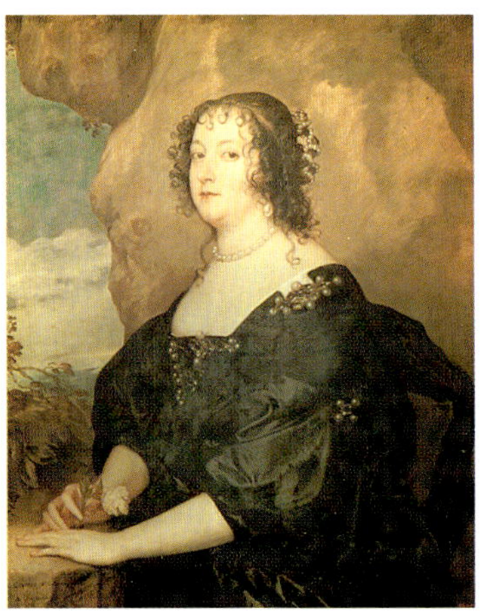

VAN DYCK
Diana Cecil, condesa de Oxford
(nº **1481-LXII B,** L. 1,07 x 0,86)

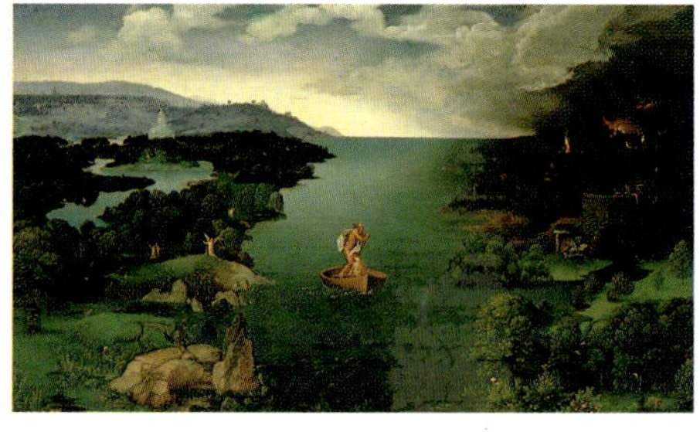

PATINIR
El paso de la laguna Estigia
(nº **1616-LVII A,** T. 0,64 x 1,03)

ÍNDICE GENERAL

CRÉDITOS FOTOGRÁFICOS Y AGRADECIMIENTOS

© De las ilustraciones:

AISA (Barcelona): 6, 10, 22, 24
Anaya: 26
Banco de la Imagen: 8, 29, 30, 34, 34-35, 37
César Lucas Abreu: 11, 28, 31, 32, 33, 201
EFE (Archivo gráfico): 21

El resto del material utilizado en la presente edición procede del archivo **Oronoz** de Madrid.

Agradecimientos personales:

A Dª Mª Pura Ramos, Jefe de Prensa del Museo del Prado, y Dª Natividad Galindo, Jefe del Departamento de Registro de Fondos Artísticos del citado museo, por su colaboración y amabilidad.

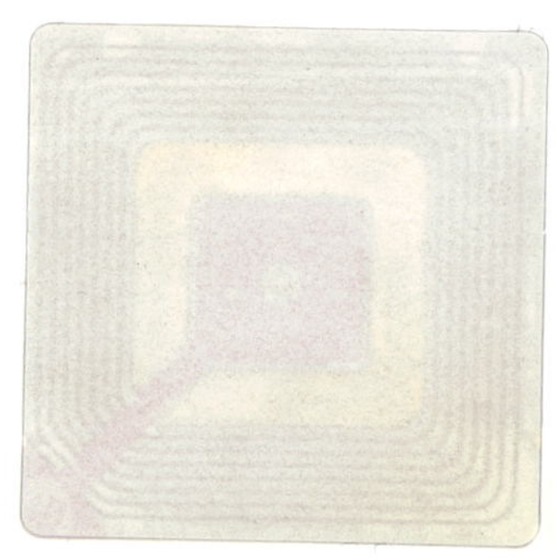